José María Toquero

FRANCO Y DON JUAN

La oposición monárquica al franquismo

**Prólogo de Javier Tusell:
Franco contra la Monarquía**

PLAZA & JANES

cambio

Portada de

JULIO VIVAS

Cuadro de la portada:

RAMON GONZALEZ TEJA

Fotos de las ilustraciones

ARCHIVO CAMBIO-16

Primera edición: Setiembre, 1989
Segunda edición: Noviembre, 1989

Editado por Actualidad y Libros, S.A. - PLAZA & JANES/CAMBIO 16.
Virgen de Guadalupe, 21-33. Esplugues de Llobregat (Barcelona)

Printed in Spain — Impreso en España

ISBN: 84-7863-004-X — Depósito Legal: B. 36.951 - 1989

Impreso en Sopena, S. A. — Cromo, 100 — L'Hospitalet de Llobregat (Barcelona)

ÍNDICE

A mi abuela Eugenia

Prólogo

FRANCO CONTRA LA MONARQUÍA

Reúne tres condiciones imprescindibles en un buen libro de historia. Es, en primer lugar, un libro con el don de la oportunidad. 1989 es el año del cincuentenario de la guerra civil, a la que se han dedicado numerosos actos, seminarios y estudios, pero es también el vigésimo aniversario de la designación de Don Juan Carlos de Borbón como Príncipe de España, sucesor de Franco. En un momento como éste tenía y tiene un especial sentido reflexionar acerca de lo que ha significado y va a seguir significando en el futuro la institución monárquica.

La segunda condición que debe reunir un buen libro de historia es estar elaborado de acuerdo con unos requisitos de calidad y de novedad que si resultan exigibles en toda ciencia no son menos imprescindibles en la Historia. Ésta no es un bien mostrenco sobre la que todo el mundo puede opinar o que está sujeta a las interpretaciones cambiantes de quienes quieren hacer de ella un uso partidista circunstancial. Es fundamental el uso de nuevas fuentes que informen sobre hechos poco o nada conocidos. En este aspecto resulta difícil exagerar la importancia del libro de Toquero que, por ejemplo, ha utilizado por vez primera de manera completa los archivos de Pedro Sainz Rodríguez o del Conde de los Andes. De esta manera nos proporciona una información nueva sobre el pasado de nuestra institución monárquica que tan decisivo papel ha jugado en la transición y del cual se sabe realmente poco porque quienes podrían hablar sobre el particular (Don Juan y Don Juan Carlos de Borbón) tienen la lógica prudencia de no hacerlo.

Pero hay también un tercer requisito para un buen libro de historia, que, a mi modo de ver, éste cumple con creces. Como se demuestra el verdadero oficio de historiador es reuniendo las características hasta ahora mencionadas, pero también sabiendo añadirles la especia de una tesis arriesgada sobre un punto cardinal de nuestro pasado. Arriesgada no quiere decir, por supuesto, carente de fundamentos, sino susceptible de discusión e incluso enfrentada a lo corrientemente admitido. La idea fundamental de este libro es, tal como se expresa en las conclusiones finales, resumiéndola muy brevemente, que la oposición al franquismo más importante cualitativamente fue la monárquica y no cualquier otra. Franco a pesar de haber promovido la Ley de Sucesión y de haber decidido el nombramiento de Don Juan Carlos como Príncipe de España, no sólo no fue monárquico sino que pretendía ser, por el contrario, él mismo un monarca.

Un indudable mérito de esta tesis es que tiene la virtud de enfrentarse a la visión admitida corrientemente, no sólo por la izquierda sino por la derecha acerca de nuestro más inmediato pasado. Es habitual entre los historiadores de izquierda, especialmente los comunistas, identificar su propia opción con la oposición al régimen por excelencia. Resulta comprensible que así sea no sólo para realzar el propio papel en el presente sino también para encontrar sentido a las numerosas penalidades sufridas en el pasado. Por otro lado en la derecha extrema se atribuye a Franco la condición de monárquico desde sus tiempos mozos. Frente a las actitudes republicanas o regencialistas de la Falange él siempre habría mantenido la fidelidad a la institución multisecular. Por eso si la Monarquía fue instaurada en España la razón estriba en la propia personalidad de Franco. Cuando se recuerda que la Monarquía restaurada no fue precisamente la del régimen que el general había representado, quienes así piensan tuercen el gesto y vienen a sugerir que se ha producido una especie de traición por parte de quienes recibieron de Franco una herencia que luego demostraron no merecer. Creo que la postura de Gonzalo Fernández de la Mora no está muy lejana a este tipo de actitud.

A mí me parece muy convincente la opinión de Toquero, que yo mismo he defendido en alguna ocasión. Con respecto a lo que es tradicionalmente esgrimido por la izquierda, opino que la primacía en la persecución o en el sufrimiento no implica una superior peligrosidad para el régimen; por otro lado la oposición monárquica tuvo una real virtualidad durante todo el régimen y también experimentó persecuciones por parte de quienes mandaban. Frente a la tesis de la derecha extrema me parece que es obvio que Franco tuvo como principal propósito durante toda su permanencia en el poder evitar una restauración monárquica, a la que además quiso privar de la continuidad dinástica y, sobre todo, de significado mediante la utilización del término «instauración» y que, en fin, Franco se comportó efectivamente como un Rey absoluto o medieval, de una manera que era radicalmente antitética de lo que hubiera debido ser la posición de un monárquico.

Hay, por lo menos, dos argumentos en contra de las tesis de izquierda según la cual la oposición monárquica habría sido poco menos que nada, comparada con la verdaderamente significativa que fue la comunista. En primer lugar, la Monarquía fue siempre la opción preferida de aquellas potencias que más influyentes resultaban en un contexto geográfico como el de España, es decir, los países democráticos occidentales. Éstos deseaban para nuestro país, a la caída de los dirigentes fascistas tras la Segunda Guerra Mundial, lo que un embajador en España denominó «un régimen estable y moderado» que sólo podía ser la Monarquía. La República les parecía que sería un régimen que, al recordar inevitablemente el pasado, traería también consigo una nueva presencia de la guerra civil en la vida pública española; además creían (probablemente, con razón) que Stalin quería en el flanco sur europeo un régimen susceptible de ser influido por los comunistas para desestabilizar toda la defensa occidental en la zona. Entre los vencedores en la Segunda Guerra Mundial fueron los británicos quienes con más decisión defendieron la solución monárquica aunque el Gobierno entonces existente en ese país no era de derecha sino laborista. No es, por tanto, una casualidad que la entrevista entre Gil-Robles y Prieto, primer indicio de una reconciliación civil que sólo se produciría treinta años después, se celebrara en suelo británico. Por todo ello, se puede decir que la oposición monárquica no sólo tuvo importancia desde esa óptica internacional sino que incluso resultaba la única viable. La República no se hubiera podido instaurar sin otra guerra civil y la guerrilla pudo ser heroica pero es impensable que pudiera derrotar a Franco y menos aún instaurar un régimen diferente en España ante la pasividad de los países democráticos.

La Monarquía no era la única alternativa viable para el franquismo desde una óptica internacional sino que, además, desde el interés del régimen también se percibía mucho más el peligro representado por los opositores monárquicos que por los comunistas. Para los comunistas Franco siempre tuvo una política única y brutal: consistía en la pura represión de la que puede ser una prueba evidente la ejecución de Grimau en 1953, al margen de todos los requisitos legales, ampliamente violados en el juicio. Llama la atención, sin embargo, que Franco apenas hablara de los comunistas en los Consejos de Ministros; tenía incluso una cierta admiración por la disciplina interna y el nacionalismo de la Rusia estaliniana y, por otro lado, como ha revelado un reciente libro de Luis Suárez, no tuvo inconveniente en mantener un cierto contacto indirecto con ella. Incluso la existencia del «peligro comunista» le servía a él para, aterrorizando a las masas conservadoras del país, justificar su propia presencia en el poder. Guy Hermet, uno de los más tempranos investigadores sobre el comunismo español reciente, nos ha dejado el testimonio de lo que significó, en un nivel popular, esa demonización de los comunistas: en los años sesenta encontró a un ama de casa rural que llamaba «comunista» a su hijo por no lavarse las manos. Con los monárquicos Franco se ponía mucho más nervioso hasta el punto de quebrarse su tradicional frialdad. He podido ver las notas tomadas en Consejo de Ministros por uno de sus miembros a la altura de 1946, cuando mayor era el peligro para el franquismo y las he publicado en un libro titulado *Franco y los católicos*. Allí el Jefe del Estado aparece reaccionando de una manera que bien puede ser calificada de histérica en contra de la alta burguesía española mucho más proclive hacia Don Juan de Borbón que hacia su misma persona. A lo largo de su dictadura a Franco le preocupó mucho más Don Juan (o, por citar otro ejemplo, Tarancón) que Dolores Ibárruri. Esto, por supuesto, no quiere decir que careciera de mérito la posición comunista sino que resultaba históricamente inviable.

La tesis de extrema derecha merece ser juzgada desde varios puntos de vista. En primer lugar, podría considerarse que, en realidad, Don Juan de Borbón era un hombre procedente de los mismos medios que Franco y que, en definitiva, no le interesaba otra cosa que un puro desplazamiento del poder para ejercerlo de la misma manera que él. Esta tesis en definitiva consistiría en considerar a Don Juan como una especie de aprovechado beneficiario de las rentas de la guerra civil. Lo único que hay de cierto en este género de planteamiento es el hecho de que Don Juan como pretendiente al trono, durante su etapa inicial, estuvo auspiciado por la extrema derecha que deseaba una ruptura con la tradición liberal de la Monarquía que representaba. Sin embargo esto sólo fue cierto durante una etapa muy corta en la que además las posibilidades de la Monarquía fueron muy escasas. La fecha más tardía para este tipo de planteamientos (que eran mucho más de sus consejeros que suyos) fue 1942, pero después de este año inequívocamente la Monarquía tuvo una significación liberal, aunque no necesariamente democrática. Es cierto que las declaraciones de Don Juan a veces fueron ambiguas y siempre procuraron partir de la necesidad de contar con la derecha, incluidos los carlistas. Sin embargo ha de contemplarse que muy a menudo se solicitaban de él posturas no sólo diferentes sino también contradictorias en un grado mucho mayor que se les hayan podido exigir a nadie en la historia de España. Quizás obró con poca cautela y con exceso de buena fe, pero incluso si hubiera sido Maquiavelo resucitado es muy probable que no hubiera conseguido mucho más de lo que logró por la sencilla razón de que al decidir Franco mantenerse en el poder nada, si no fuera otra guerra civil, era capaz de cambiar su actitud. En última instancia no se trata de que Don Juan de Borbón en un determinado momento decidiera plegarse al colaboracionismo con Franco sino que lo hizo ante la realidad, que parecía demostrar que, en 1948, una actitud de absoluto distanciamiento con respecto al régimen tenía poco que hacer. Se puede pensar (y ésa de hecho fue la actitud de muchos españoles disconformes con el régimen) que Don Juan se entregó a Franco al aceptar que su hijo se educara en España recibiendo, además, una formación de corte militar. Se debe tener en cuenta, sin embargo, que el joven heredero de la línea dinástica, ausente de España, apenas si hablaba el castellano. El libro de Pérez Mateos sobre la primera etapa de su vida revela que escribía tan lamentables galicismos como «envelopado» o «reusido a efectuar». Si Don Juan Carlos no se hubiera educado en España es probable que hoy no tuviéramos Monarquía y, si no hubiera tenido la específica educación que tuvo, es posible que el golpe del 23-F no hubiera sido derrotado.

La mejor demostración que desde 1942 Don Juan representaba algo muy diferente que Franco nos la da este último en una carta al primero fechada en mayo de 1942 cuya importancia no ha sido suficientemente recalcada. No se sabe qué admirar más en su texto: si la ignorancia de Franco, su radical convencimiento de que sólo su posición era correcta o la petulancia con la que trataba de convencer a su corresponsal de cuál debía ser el monarquismo adaptado a los tiempos de la España Imperial. Franco dijo entonces a Don Juan que él quería una Monarquía «como la de los Reyes Católicos, tan admirada como poco comprendida», es decir una «Monarquía revolucionaria, totalitaria», basada en hacer una revolución nacional, en el partido único y en la identificación con el Eje (aunque no dijera esto último así de manera precisa). Por supuesto, Franco lo que quería sobre todo era mantenerse en el poder, pero además tenía una visión peculiar de la Monarquía que no era precisamente un régimen para todos, ni de reconciliación. No puede extrañar que en otra carta a Don Juan, en febrero de 1944, hubiera incluso una especie de indignado repudio en contra de él: «Que Dios ilumine vuestro entendimiento, os perdone vuestros errores y maldiga a quienes os apartan del recto camino.» Ya se puede imaginar que las relaciones entre dos personajes uno de los cuales terminaba de esa manera una carta dirigida al otro no eran precisamente cordiales.

Si Franco pensaba eso, Don Juan fue dejando lo suficientemente claro a lo largo de toda su vida que lo que él significaba era algo muy distinto al régimen de Franco. Durante la guerra mundial, en enero de 1944, dirigió a Franco una carta en la que le expresó su opinión con toda aspereza y que no rectificó en ningún momento: «V.E. es uno de los contados españoles que creen en la estabilidad del régimen nacional-sindicalista, en la identificación del pueblo con tal régimen, en que nuestra Nación, todavía no reconciliada, tendrá fuerzas sobradas para resistir a los extremistas al término de la guerra mundial y que V.E. logrará, por medio de rectificaciones y concesiones el respeto de aquellas naciones que pudieran haber visto con disgusto la política seguida con ellas.» Lo que llama la atención en este texto no es que el juicio de Don Juan de Borbón no fuera totalmente acertado porque, a trancas y barrancas, Franco fue aceptado como una especie de leproso en el mundo occidental, sino que ambos pudieran mantener algún tipo de relación habiéndose intercambiado frases tan duras. La realidad es que esta postura de Don Juan no cambió con el transcurso del tiempo. Las declaraciones más estridentes a favor del colaboracionismo con el régimen no fueron suyas sino de algunos monárquicos que actuaban como oficiosos del dictador. Si Don Juan (y la Monarquía en general) se vio obligado a adoptar una actitud con frecuencia ambigua era porque no podía explicarse con la libertad con que lo hubiera hecho en un país libre y porque debía practicar lo que Gil-Robles describió como «una doble política de dificultades máximas» consistentes en ser aceptable por un lado para las masas y algunos dirigentes del régimen de Franco y, por otro, tratar de anudar una cierta relación de convivencia con la izquierda, derrotada durante la guerra civil. Por eso en ningún momento fueron cordiales las relaciones entre Franco y Don Juan; por eso, cuando este último hubo de describir sus conversaciones con el dictador lo hizo tildándolas de «poco o nada constructivas» y por eso, en fin, un personaje tan vinculado con la causa monárquica como Kindelán juzgó un «absurdo completo» la identificación entre la Monarquía de Don Juan y el régimen de Franco. En ningún momento Don Juan condenó a los manifestantes opositores del régimen que militaban entre sus partidarios ni tampoco aquello que hacían, como, por ejemplo, asistir a la reunión de Munich.

Se argumentará una y otra vez que la Monarquía estuvo con el régimen en cuanto que Franco consiguió que Don Juan Carlos asumiera la condición de Príncipe de España y, por tanto, de heredero suyo. Es verdad que así lo juzgamos todos durante mucho tiempo, pero no lo es menos que ésa no fue sino una manifestación más de esa «doble política» de la que hablaba Gil-Robles. Llegado un determinado momento Don Juan y Don Juan Carlos hicieron funcionar, en sus relaciones de cara al futuro, una especie de «pacto de familia» cuyos objetivos finales eran coincidentes, pero que obligaba a una determinada distribución de los papeles. A los ojos del historiador no puede ser más evidente este «pacto de familia» que mantenía en la reserva a Don Juan y, con Don Juan Carlos, intentaban la, en principio, dificilísima operación de realizar la transición pacífica desde la dictadura a la democracia. El objetivo —la democracia— era el mismo pero el modo era distinto. La evidencia de que este segundo procedimiento no encerraba «traición» alguna, como a veces ha dicho la derecha extrema, se impone si tenemos en cuenta que no sólo se siguió, estrictamente y en todo momento, la voluntad del pueblo español sino que además se optó por mantener la precisa senda que señalaban las leyes entonces vigentes. Por eso no tiene demasiado sentido que algunos personajes de la transición pretendan apoderarse de todos los méritos de la transición. En su esencia fue ésta una operación de la Monarquía como institución, aunque necesitara instrumentarse a través de los políticos del momento. Por otro lado, ese reparto de papeles no obsta para que en un determinado momento hayan podido existir tensiones entre padre e hijo quizá sobre todo debidas a la existencia de los inevitables personajes interpuestos.

Cabe preguntarse: ¿supo Franco o sospechó acerca de ese «pacto de familia»? Por supuesto sólo se puede especular sobre ello, pero hay ya suficientes indicios acerca de lo que el Jefe del Estado pensaba. Lo más probable es que hasta el final de sus días mantuviera esa confianza en su propio sistema y en él como fundador del mismo que le había caracterizado desde 1936. En realidad esa confianza no eran tantos los que la compartían, ni siquiera en el seno de su régimen y no era el sólo producto de la frialdad del general, sino también de su autocomplacencia, consecuencia de una carencia de formación y de sus muy limitados horizontes aunque él los juzgara con toda sinceridad como patrióticos. Una de las claves esenciales para comprender a Franco reside en su limitación como ser humano o como dirigente político; como decía Kindelán, años de adulación y estancia en el poder le habían proporcionado el «mal de altura», esa borrachera que afecta a los escaladores cuando están por encima de sus posibilidades y acaban desvariando. Franco creía en la bondad de su sistema y en la permanencia esencial del mismo. De ahí el respingo que, según cuenta Utrera Molina en sus recientes Memorias, pegó cuando ese secretario general del Movimiemto sibilinamente le sugirió la posibilidad de que Don Juan Carlos pudiera conducir un proyecto democratizador. Él estaba convencido de que la España del futuro seguiría la senda marcada por él, porque no sólo había actuado como un monarca en el sentido más etimológico de la palabra sino como un fundador de dinastía. Él pudo haber sido monárquico en su juventud pero no existe nada más radicalmente opuesto a lo que significa este régimen que la infeudación a una sola opción política partidista. Nada es menos monárquico que esos cubileteos perpetuos con candidatos alternativos para el puesto de futuro monarca que le sirvieran para conducir por lo que él consideraba la senda justa (que era la que él decidía) a quien era el único auténtico y correcto. Un monárquico hubiera respetado lo suficiente la dinastía como para oponerse a esa especulación sobre Don Alfonso de Borbón que dio tintes valleinclanescos a la fase final del franquismo. Definitivamente tiene razón Toquero: Franco no fue un monárquico; más bien hizo todo lo posible durante su larga dictadura para impedir que adviniera la Monarquía y, sobre todo, la reconciliación que ella significaba.

JAVIER TUSELL

1. ANTECEDENTES. CUESTIÓN DINÁSTICA

> *El destino de los Reyes es salvar a su pueblo y orientarles aun contra su propia voluntad.*
>
> PEDRO SAINZ RODRÍGUEZ

1.1. El monarquismo y la guerra civil

El pensamiento del general Franco sobre la restauración de la Monarquía quedó explícito en una misiva que con fecha 31 de diciembre de 1943 envió a Don Juan de Borbón. *Ni el Régimen derrocó a la Monarquía ni está obligado a su restablecimiento*, ya que *a*) La Monarquía dejó paso en 1931 a la República y los nacionalistas se levantaron contra una situación republicana; *b*) La posición del bando vencedor no fue monárquica, sino española y católica. Así lo estableció Mola; *c*) Los monárquicos constituyeron una minoría exigua entre el millón largo de combatientes que acabó con la República (1).

Las afirmaciones expuestas por el Jefe del Estado al heredero de Alfonso XIII, que La Cierva califica de *sencillamente ciertas* (2) son sencillamente subjetivas. El primer hecho que hay que destacar es que el Alzamiento militar sí tuvo carácter nacional, pero participaron al lado del Ejército, la masa campesina de Castilla, buena parte de la clase media del país y regiones enteras de mentalidad monárquica tradicional. Tradicionalistas, monárquicos alfonsinos, Acción Española, Ejército y, en menor medida, falangistas, agruparon la oposición antirrepublicana.

Los monárquicos, tanto carlistas como alfonsinos, fueron los primeros que se enfrentaron a la República. Estos últimos se acercaron a la doctrina tradicionalista y, en inteligencia con aquéllos, actuaron intensamente en la propaganda del mitin y del Parlamento, en la calle con grupos de acción y en contacto con los medios militares, propugnando incluso la solución bélica. Ya en diciembre de 1931 se fundó la monárquica Acción Española para crear una minoría directora con ideología tradicionalista, con el fin de *defen-*

der la licitud de la rebelión frente a la tiranía de un Estado que conculcaba todos los derechos naturales y perseguía sañudamente a la Iglesia (3).

El apoyo falangista al levantamiento militar fue escaso. La Falange Española durante la República no tuvo fuerza. Había afiliados falangistas que, a su vez, lo estaban a otros partidos de derecha. La Falange fue uno de los elementos que se sumaron al Alzamiento siendo, por su número, muy inferior a cualquiera de los demás sectores políticos que lo integraron (4). Sin embargo, bastante avanzada la Guerra Civil, surgió la idea de utilizar el núcleo falangista para constituir sobre él un partido importante y, quizá más adelante, un Estado. Para incrementar la Falange se convirtieron en bandos de este partido numerosos regimientos de soldados voluntarios que se habían presentado sin filiación política alguna, a los que se les puso la «camisa azul» e impartió una fuerte dosis de adoctrinamiento falangista. De esta forma artificiosa se fabricaron centurias de combatientes falangistas simulando un estado de opinión que no existía en el país.

Sin duda, no desconocía el general Franco que el Movimiento Nacional fue preparado y dirigido por un comité de hombres civiles, casi todos monárquicos, con los cuales estaba en íntima relación José Antonio Primo de Rivera, aunque reconociendo la escasa importancia de las fuerzas juveniles que él podía aportar. En esta época, ni en la mente ni en los discursos de José Antonio aparecía ninguna incompatibilidad entre la Monarquía y la Falange. Al contrario, Primo de Rivera celebró acuerdos con los monárquicos. El modelo de Falange en este momento parecía ser el Estado italiano con Rey y con fascismo. El líder falangista firmó con el jefe de la minoría parlamentaria de Renovación Española, Antonio Goicoechea, un convenio en el que se especificaban las condiciones de ayuda mutua y, de un modo taxativo, acordaban que Falange, si llegaba a adquirir volumen y fuerza en la opinión nacional, apoyaría la restauración monárquica (5). Este documento estaba en manos del secretario del Bloque Nacional, Jorge Vigón, cuando estalló la Guerra Civil. Otra prueba de las excelentes relaciones de José Antonio con el partido monárquico es el verdadero poder que otorgó a Antonio Goicoechea autorizándole para, en su nombre, tomar cualquier clase de acuerdos o compromisos para entonces o para el futuro relacionados con el movimiento que se preparaba (6). En 1936 se comprometió Primo de Rivera a someterle sus discursos para que no pudiese caber la duda de que en ninguno de ellos se ofendían ni los principios ni la actuación monárquica. Las fuerzas políticas antirrepublicanas querían un régimen antiparlamentario y solicitaban la Monarquía, *no como remate, sino como piedra angular del sistema* (7).

Como he comentado, los militares se organizaron en contacto con los políticos monárquicos y la conspiración que habían comenzado los directivos de Acción Española. La indiscutible designación de la jefatura militar recayó en el general Sanjurjo. A sus órdenes, el general Mola organizó el levantamiento y el coronel Galarza, asiduo de Acción Española, a quien llamaban «el técnico», fue *el jefe del Estado Mayor de la conspiración*. Calvo Sotelo, indudablemente, el jefe político. Éste defendió en el Congreso al Ejército y se hizo públicamente solidario con el levantamiento militar que se estaba preparando. Pedro Sainz Rodríguez, por otra parte, fue el encargado de acordar con la Italia de Mussolini un pacto por el que *en el caso de que por las circunstancias políticas de España, hubiera un alzamiento contra la República, el Gobierno de Italia le auxiliaría, prestándole apoyo incluso militar si ello llegara a ser necesario*. Este acuerdo lo negoció Sainz Rodríguez con autorización y en nombre de Goicoechea, Calvo Sotelo y Rodezno. Fue Italo Balbo, en nombre del Partido Fascista italiano, quien intervino en estas conversaciones (8). En el Archivo de Sainz Rodríguez se encuentra el borrador de una minuta para una entrevista a celebrar entre Alfonso XIII y Mussolini en la que se recogen las buenas relaciones entre ambos antes y durante la Guerra Civil española. *La actitud respecto a Italia la fijaron los monárquicos españoles de acuerdo con directrices pactadas con el Partido Fascista ... Italia ayudó directamente a la preparación de la conspiración, origen del actual Movimiento* (9).

A los trabajos de la conspiración incubadora del levantamiento militar era ajeno el general Franco. Las organizaciones conspiratorias antes descritas procuraron atraérselo. Sin embargo, no quiso comprometerse seriamente a nada. No obstante, llegaron al acuerdo de que se le mantendría informado de cuanto se hiciese para ver si, en algún momento, decidía sumarse a la sublevación.

Franco había sido destinado meses antes del levantamiento militar a Canarias. Allí se encontraba también, en calidad de confinado por el Gobierno republicano, el general Orgaz. Cuando ocurrió el asesinato de Calvo Sotelo y se inició en toda España la conmoción que culminó en la Guerra Civil, se produjo en el archipiélago un conato de motín popular en contra de los rebeldes. Informado el general Franco de las circunstancias que iban a producirse, estableció contacto con los directores de la conspiración y éstos le ofrecieron un avión para su servicio. Para convencer al general Franco los organizadores de la sublevación habían enviado a Canarias al diplomático Sangróniz, que más tarde sería Jefe del Gabinete Diplomático del Generalísimo y Director con éste de la Política Internacional durante la primera mitad de la Guerra Civil. Llegado el aeroplano, Franco, vestido de paisano y con la documentación» de Sangróniz oportunamente camuflada, se trasladó al Marruecos francés, dejando encargado al general Orgaz de hacer frente a los acontecimientos de Canarias. El general Orgaz dominó las islas y se convirtió en Jefe militar de ellas durante los primeros días de la sublevación.

Ésta se había realizado ya en todo el norte de España y en la totalidad de la península con desiguales éxitos en las distintas capitales. También se pronunció el Ejército de África al mando del entonces coronel Yagüe. Cuando los acontecimientos habían llegado a este punto, decidió el general Franco sumarse al ya sublevado Ejército de Marruecos, a cuyo frente se puso como jefe de más graduación y prestigio entre la tropa de África. Desde allí dirigió las operaciones militares de las fuerzas del sur, penetrando en la península cerca de un mes después de todos estos acontecimientos. Y no entró en Andalucía con buen pie porque entorpeció la labor del general Queipo de Llano que mandaba esa zona. Queipo llegó a comentar a Fal Conde que iba a fusilar a Franco (10).

En contra de las apreciaciones del Generalísimo, el peso monárquico fue decisivo para que el bando Nacional se hiciera con la victoria en la confrontación bélica. No voy a perderme en cifras, pero en todo caso el apoyo del carlismo al Movimiento Nacional fue cuantitativamente importante. Los monárquicos alfonsinos, con menor organización que el carlismo, se afiliaron a este sector político para participar en el Alzamiento (11).

Don Juan de Borbón, con el beneplácito de su padre, Alfonso XIII, intentó tomar parte en la contienda bajo el seudónimo de Juan López. Calado con la boina roja quiso unirse a la columna que mandaba el general García Escámez. Acompañaron al Infante Don Juan, el marqués de la Eliseda, el conde de Ruiseñada, Vegas Latapie, Juan María Zunzunegui y el Infante Don José Eugenio de Baviera. Por orden del general Mola, el teniente general Dávila solicitó a Don Juan que abandonara España. Cuatro meses más tarde, Franco recibió una carta del Infante Don Juan en la que solicitaba permiso para embarcarse en el crucero *Baleares*. El Generalísimo se lo prohibió aduciendo *el lugar que ocupáis en el orden dinástico y las responsabilidades que de él se derivan* (12). Al cumplirse el primer aniversario del levantamiento, Franco comentó a *ABC* de Sevilla que tenía el deber de no poner en peligro la vida de Don Juan *que algún día puede sernos preciosa*. Sin embargo, lo que Franco pretendía era apartar a Don Juan de Borbón del territorio español para que no pudiera disputarle la Jefatura del Estado. En este sentido, Luca de Tena invitó a Alfonso XIII a que tomara parte en la contienda: *Mi consejo es el siguiente: que mañana a primera hora embarque Vuestra Majestad con nosotros en la avioneta que nos ha traído. Y a Burgos. Podré equivocarme, pero creo sinceramente que a Vuestra Majestad no podrán echarle tan fácilmente como lo han hecho con el Príncipe de Asturias hace pocos días* (13). También Don Jaime de Borbón solicitó a Franco plaza para incorporarse a la zona nacional, quedando *al grito de Viva España, enteramente a su disposición* (14).

Es absolutamente cierto que Franco se sumó al Alzamiento Nacional cuando los monárquicos lo habían preparado y ya estaba en marcha. Las palabras que el Generalísimo explicaba a Don Juan de Borbón no eran objetivamente ciertas. Además, si el Movimiento Nacional no se había realizado para restaurar la Monarquía, mucho menos se preparó para institucionalizar una dictadura. Franco olvidaba que fue nombrado únicamente Jefe del Gobierno del Estado español y que su elevación a la Jefatura del Estado supuso un auténtico golpe de estado. Es, además, incuestionable que si el levantamiento no tuvo carácter monárquico, fue plena y rotundamente antirrepublicano; ninguna de las fuerzas políticas que actuaron en la preparación y ejecución del levantamiento tenían el signo de republicanos.

1.2. Primeros síntomas de oposición en el bando nacional

Cuando los monárquicos conocieron la tentativa franquista de abordar una unicidad política, reaccionaron en seguida. Los tradicionalistas que simpatizaban con Don Juan de Borbón fueron quienes aceptaron la Unificación. El conde de Rodezno, jefe de los carlistas navarros, era partidario de ella y de lo que, tanto carlistas como alfonsinos, pensaban que la unión iba a traer consigo: la restauración en la persona del Conde de Barcelona. El 22 de marzo, de la reunión de comisarios carlistas realizada en Burgos salió un telegrama para Franco explicando su postura próxima a la Unificación (15). En Salamanca mantuvieron conversaciones el conde de Rodezno, el monárquico alfonsino José María Pemán y el falangista Julián Pemartín.

En marzo de 1937 José María de Areilza supo por Rafael Olazábal que el regente de la Comunión Tradicionalista iba a desplazarse a Roma. A la capital italiana acudieron Vegas Latapie, Zunzunegui, José Ignacio Escobar, Don Eugenio de Baviera y el mencionado Areilza. Éstos convencieron a Don Juan para que mantuviese una entrevista con Don Javier, que tuvo lugar el 19 de marzo, en el parque del Pincio. El regente de la Comunión Tradicionalista no solicitó al Conde de Barcelona ninguna declaración de principios. Éste se mostró a sus partidarios «eufórico». Es muy probable que entre las dos personalidades estuviese presente el tema de la Unificación (16).

Un mes más tarde, José María de Areilza se entrevistó en San Juan de Luz con Don Javier: *con exquisita cortesía nos oyó exponer la iniciativa de fusión voluntaria para adelantarse a lo que, de todas maneras, había de llegar* (17). También Sainz Rodríguez trató de convencerle y contestó que la Unificación era imposible porque supondría la desaparición de la Comunión Tradicionalista. *Mire usted* —dijo Sainz Rodríguez—, *al general Franco eso de la Comunión le tiene sin cuidado y hará el decreto; no le consultará a usted y usted se encontrará ante el hecho consumado. ¿Piensa sublevarse ante el general Franco? Puede que a ustedes les tuviese más respeto que a cualquier otra fuerza política, porque los requetés pesan mucho en el frente de guerra. Por eso creo que la Comunión tiene fuerza suficiente para, sumándose a este acuerdo de Unificación pactada, conseguir que el general Franco se vea obligado a respetarla. Ése es el interés de la fórmula que le propongo. Sería una Unificación en que la doctrina histórica del tradicionalismo se podría coordinar perfectamente con lo sindical y lo social que es lo que más le interesa a la Falange, y el resto de los grupos políticos no tendrían inconveniente en aceptar el predominio de esas dos fuerzas; puede que así lográsemos parar ese decreto de Unificación que significa el fin de la independencia política de todos los elementos sumados al Alzamiento y el principio de una dictadura personal.* Don Javier no se convenció y declinó el ofrecimiento del político monárquico. Quien sí aceptó la táctica fue Hedilla: *La única manera de salvarnos todos* —le dijo— *es que aparezcamos juntos en una Unificación realizada por nosotros mismos* (18).

A pesar de todos los intentos de un sector de los monárquicos por adelantarse a la Unificación, ésta ocurrió como un acto unilateral del Caudillo. El apoyo a la Unificación de los monárquicos alfonsinos y de la C.E.D.A. no sirvió para que ésta desembocase en la Monarquía. El nuevo y único partido del Régimen estaba constituido por los 26 puntos de la Falange concediendo a los tradicionalistas la remota posibilidad de la restauración de la Monarquía.

Un estudio anónimo sobre el «Movimiento Nacional y el Manifiesto de 1945», infiere que Franco optó por el régimen totalitario por varias razones. *Tal vez sea la primera la decisión ya tomada aquella fecha por la Jefatura militar, de seguir disfrutando el poder si el resultado de la guerra era favorable al bando Nacional, pues, partiendo de esa hipótesis, ya no cabría otra posibilidad que la Dictadura, a diferencia de si se hubiese pensado en la restauración del régimen tradicional, con el que eran concebibles y factibles otras posibilidades democráticas para la organización del Estado.*

La pretendida unidad no se consiguió nunca, tanto entre los falangistas como entre los requetés existían elementos que no cejaban en mostrar su insolidaridad con el «artilugio unificador». El resto de los españoles miraba el nuevo partido con pasividad y la fiesta nacional del 19 de abril, día de la Unificación, decretada el 16 de abril de 1938 no contó con el fervor nacional y cayó pronto en el olvido.

Los monárquicos no tardaron mucho tiempo en posicionarse en contra del predominio absoluto que la Falange estaba alcanzando en la zona nacional. Máxime cuando la política que encabezaba el Generalísimo parecía dirigida a olvidar cualquier punto relacionado con la Monarquía. Cuando iba a celebrarse el segundo aniversario de la constitución del partido único, *El requeté* se hizo eco de que el sentimiento antimonárquico no se disimulaba en las filas nacionales. El grito de «*Viva España*» se acoge con recelo. *El de «Viva el Rey» es impronunciable. ¿Como en tiempos de la República?* (19).

El predominio que, sin cesar, obtenía la Falange, la actuación del Gobierno en materia religiosa y la influencia que los alemanes ejercían en España —*aborrecemos la estadolatría, tanto como amamos a España. Ni marxismo, ni fascismo, ni nazismo; españolismo...* «Aceptamos la dictadura como un bien transitorio abominando de ella como forma de gobierno» (20) hicieron que los carlistas se alejaran cada vez más del Régimen. Los contactos de éstos con el Foreign Office habían ido ya muy lejos en diciembre de 1938, hasta el punto de estar dispuestos a obviar el tema dinástico si, a cambio, conseguían la paz en España, un apoyo de Inglaterra al Partido Carlista y un cambio en la Política Exterior española, atenazada por Alemania e Italia (21).

También se produjo en plena Guerra Civil el desvío de los monárquicos alfonsinos. Uno de los casos más significativos es el de Eugenio Vegas Latapie que durante mucho tiempo fue el alma de Acción Española. En 1932 le expulsaron del Consejo de Estado por conspirar contra la República. En octubre de 1936 fue nombrado vocal de la Junta Técnica de Estado y en abril del 37, mes de la Unificación, secretario general de prensa y propaganda. En marzo de 1938 formó parte de la Legión con el nombre de José López Vega bajo el mando del general Yagüe. En julio de este mismo año fue confinado a Ceuta bajo el aspecto legal de un destino forzoso ordenado por el general Franco a espaldas y en contra del ministro de la Guerra, por intentar atraer al campo monárquico a su superior, el ultrafalangista Juan Yagüe. Fue destituido telegráficamente del cargo de consejero nacional de la Falange la víspera de celebrarse la primera deliberación de ese organismo, por su activa actuación monárquica y antifalangista. Ya en mayo de 1937, en presencia de Sainz Rodríguez, conde de Rodezno, Valdecasas, Montes y Pemán, había descalificado al general Franco advirtiendo la posibilidad de que institucionalizara una dictadura. El general había prohibido continuar la propaganda doctrinal de Acción Española (22). También Juan Antonio Ansaldo fue acusado de pretender traer a España a Don Juan de Borbón y proclamarle Rey en Pamplona (23).

1.3. Don Juan de Borbón, titular de la Corona

La situación española en 1940 inquietaba a los monárquicos. El problema de la Justicia parecía irresoluble. La Iglesia tenía más de veinte sedes vacantes, sin lograr ponerse de acuerdo ni siquiera para el nombramiento del Cardenal Primado. La Universidad era prácticamente inexistente. La vida intelectual parecía retraerse un siglo. El Ejército empezaba a ser considerado como instrumento de opresión y de abuso. La política autárquica despertaba toda clase de recelos en el sector de la economía mundial, sobre todo por la adopción de una actitud de repulsa ante cualquier intento de aportación de capitales extranjeros, totalmente obligada para la economía nacional. Era preciso un cambio de política en todos las órdenes para lograr la tan necesaria ayuda exterior. España necesitaba material de transporte, abono para la agricultura, materias primas para determinadas industrias y alimentos baratos.

La dirección del país era mala. Cuantos hombres civiles y militares prepararon y realizaron el levantamiento fueron alejados de la vida pública debido a la aventura totalitaria que el Generalísimo había emprendido. Además como tampoco contaba con hombres eminentes de la media España no nacionalista, el régimen tenía que acudir a personas sin formación que jamás pensaron en trabajar en la vida pública ni en la administración del Estado. Sainz Rodríguez apuntaba que estaban en contra del régimen *las izquierdas arrepentidas y las que, sin arrepentimiento, anhelan un régimen menos arbitrario e injusto.* El pequeño grupo falangista primitivo a los que molestaría *el aire cedista de todo esto, el carácter «petit-bourgeois» del sedicente Caudillo y el exceso de exhibicionismo eclesiástico en ceremonias y festejos.* Y un sector del Tradicionalismo estaría en actitud agresiva porque aunque no acababan de puntualizar quién era el Rey, comprendían, desde luego, que no lo eran ni el Caudillo, ni su cuñado. Para Sainz Rodríguez la caída de Franco evolucionaría o bien hacia la Monarquía, lo que sería *una rectificación de la desviación sufrida por el Movimiento merced a la intromisión de Franco y familia*, o bien hacia la extrema izquierda. Para forzar el cambio propugnaba una presión, lo menos callejera y pública posible, de los elementos militares y la obtención del beneplácito del grupo de carlistas representado por Don Javier (24).

No había ocultado Sainz Rodríguez la importancia que tenía *dilucidar la cuestión de la persona que ha de encarnar la restauración monárquica*. En este sentido había aconsejado a Alfonso XIII que se proporcionara una información segura sobre el criterio de los elementos militares y que obrara en consecuencia. Creía necesaria la abdicación de Alfonso XIII para que las conspiraciones que se producían entre los militares fraguasen, debido a que había militares que, aunque eran monárquicos, recelaban del Rey.

Eugenio Vegas también se dirigió a Don Juan a quien recomendó el nombramiento de una representación oficiosa que aunase la organización y trabajara para lograr la restauración monárquica. Propuso la constitución de una Junta presidida por el duque de Sotomayor, jefe de la Casa Real de Don Juan, de la que podrían ser vocales Cirilo Tornos, Ignacio Satrústegui, José María de Areilza y Juan López Ibor. Intentaba Vegas con este comité dar continuidad a los trabajos *episódicos e inconexos* para acabar con aquel régimen que se caracterizaba *por un vertiginoso desgaste y descrédito de la situación, a un ritmo tan arrollador, que antes de mucho no subsistirá nada que pueda desgastarse* (25).

Igualmente los carlistas criticaron la situación corrupta del Estado Español. Un informe de *El requeté* sobre la situación de España en 1940 apuntaba *la aversión, repugnancia y odio* de los españoles hacia los falangistas del conglomerado de F.E.T.; la *mala voluntad y asco* hacia Serrano Suñer y el *desprestigio* alcanzado por el Generalísimo. Para los tradicionalistas todo el problema de España estribaba en la falta absoluta de confianza en los gobernantes y en el régimen imperante, *lo que hace posible y probable cualquier cataclismo, aun el más inesperado* (26).

Alfonsinos y carlistas coincidían en sus críticas hacia el Régimen. Por ello deseaban acabar con los viejos pleitos y solicitaban ardientemente la abdicación de Alfonso XIII. Los más activos intentaban esa abdicación desde tiempos de la República. Desde el sistema y desde los sectores tradicionalistas más antiliberales, cuando intentaban desvirtuar a la Monarquía alfonsina la presentaban vinculada a *hombres, procedimientos y doctrinas viejas y agotadas*. Por ello solicitaban los monárquicos *la dolorosa necesidad de la renuncia de Alfonso XIII* (27). En este sentido un «Informe sobre la situación política» veía en la abdicación de Alfonso XIII *la mayor y más eficaz de las armas para lograr la restauración, realizándose el acercamiento de las ramas dinásticas.* Al quedar unificados los anhelos de la opinión monárquica de España en un solo hombre, tenía el Ejército libre el camino para apoyarle fuertemente (28).

El 15 de enero de 1941 renunciaba Alfonso XIII sus derechos en su tercer hijo, Don Juan de Borbón, obligado por las *inexorables circunstancias históricas.* Comprendía Don Alfonso que su persona podría ser un obstáculo para la restauración de la Monarquía, *sobre todo en quienes convivieron conmigo y tomaron después, de buena fe seguramente, rumbos distintos.* Se sabía conocedor de patentizar pasadas rencillas y por ello sacrificaba toda consideración personal para *servir la gran causa de España.* Con ese espíritu y ese propósito ofreció Alfonso XIII la renuncia de sus derechos para que por *Ley Histórica de Sucesión a la Corona quede automáticamente designado, sin discusión posible en cuanto a la legitimidad, mi hijo el Príncipe Don Juan* (29). Efectivamente, en su testamento de julio de 1939, Alfonso XIII había hecho constar la renuncia de su hijo Don Jaime, *por sí y sus descendientes,* nombrando sucesor a Don Juan, por lo que asumió *el título de Príncipe de Asturias* (30).

Ante la renuncia de su padre, Don Juan solicitó a sus consejeros o colaboradores la viabilidad de publicar un manifiesto. Sainz Rodríguez propuso que redactara una carta dirigida a Don Alfonso dándose por notificado del acto de renuncia. Un manifiesto en estos momentos podría ser contraproducente. *Afirmaciones excesivas hechas para halagar a grupos sin fruto seguro ¿no pueden operar defecciones en otros sectores de opinión nacional? ... Algunas afirmaciones concretas —antifascismo en suma— a que nos obligaría nuestra conciencia católica en un manifiesto doctrinal, serían de inoportunidad manifiesta con los tanques alemanes en el Bidasoa* (31). Don Juan optó por enviar a su padre un escrito de aceptación. Al enjuiciar la labor de Alfonso XIII criticaba la ineficacia de formas estatales que Don Alfonso tuvo que adoptar *impuestas por los tiempos,* que significaron una desviación de *nuestra mejor tradición.* Se trata de una nueva declaración de tradicionalismo (32).

Días después de su abdicación, el último de febrero, fallecía Alfonso XIII. Los funerales por el eterno descanso de su alma se celebraron en Roma. Ante el esperado desenlace, los monárquicos más destacados, Vegas, Sainz Rodríguez, el marqués de la Eliseda, Areilza, etc., habían trabajado activamente en la organización del transporte del mayor número posible de españoles a Roma. Con la máxima discreción establecieron contactos con los directores de Renfe y de la Transmediterránea. Cuando ocurrió el luctuoso suceso, se anunció inmediatamente que saldría para Roma un tren especial desde Madrid y el vapor *Mallorca* desde Valencia (33). En el último momento el Gobierno prohibió la salida del barco y de numerosos autobuses (34).

El régimen hizo lo que buenamente pudo para impedir la asistencia de españoles a la capital italiana, con el fin de minimizar el fervor monárquico que en estos momentos recorría España. Serrano Suñer, entonces ministro de Asuntos Exteriores, ha negado el impedimento gubernamental a la partida del barco con destino a Roma (35). Sin embargo, tanto Jaime Cortezo como Enrique Satrústegui en sendas cartas enviadas al matutino de la calle de Serrano, señalaron que la travesía del barco en que varios centenares de monárquicos españoles se preparaban para trasladarse al funeral de Alfonso XIII, en Roma, fue suspendida por el Gobierno. El primero escribe textualmente: *Es absolutamente cierto que con motivo de la muerte de S.M. Alfonso XIII —y para asistir a su entierro— se fletó un barco que habría de salir del puerto de Valencia. Incluso puedo afirmar que un grupo de españoles ya estábamos a bordo del mismo cuando se suspendió la travesía* (36). También Vegas Latapie comenta que cuando el *Mallorca* se disponía a zarpar su capitán recibió la orden del Gobierno de suspender la salida, alegando que el barco podría chocar con alguna mina puesta por los ingleses. Sainz Rodríguez, que fue uno de los pasajeros desembarcados, dijo sarcásticamente que haría saber al Gobierno italiano que el Mediterráneo estaba libre de toda mina, pues si hubiera habido la más mínima posibilidad de que existieran, Serrano Suñer habría dejado partir al buque sin ninguna vacilación, ante la posibilidad de deshacerse tan fácilmente de tantos enemigos políticos suyos (37).

El fallecimiento de Alfonso XIII impresionó al pueblo español. Los balcones de Madrid y de otras ciudades se llenaron de colgaduras en señal de duelo (38). Hamilton, corresponsal entonces en España del *New York Times*, señaló cómo *hasta los más pobres sacaron la bandera nacional, o una sábana con el retrato de Don Alfonso prendido a ella, si no tenían nada mejor con que expresar su dolor* (39). Los miembros de la nobleza se precipitaron al hotel «Ritz», residencia de Don Fernando de Baviera, para exteriorizar sus simpatías firmando en el libro que se había colocado al efecto en el vestíbulo del hotel. Durante dos días, la fila de los que acudían se extendía por la acera (40). Un grupo de republicanos españoles, encabezado por el ex alcalde de Madrid, Pedro Rico, telegrafió al secretario de Don Alfonso manifestando su condolencia.

La muerte de Don Alfonso de Borbón nos emociona sinceramente. Su dignidad de Soberano que le hizo inclinarse ante el pueblo español y ceder el poder a la República, para evitar lágrimas y san-

El 12 de octubre de 1935 contraían matrimonio en Roma el Infante don Juan de Borbón y Doña María de las Mercedes.

Don Juan de Borbón en los funerales que con motivo del fallecimiento de su padre, Alfonso XIII, se celebraron en la capital italiana.

gre, le aseguró en esa hora el máximo respeto para él y para la Familia Real... La muerte transporta a Don Alfonso a la Historia. Nosotros nos inclinamos respetuosamente ante su memoria y personalmente y en nombre de otros muchos refugiados españoles, queremos expresar a su viuda e hijos nuestra sincera condolencia.

Ante la efervescencia monárquica de estos momentos, Serrano Suñer se apresuró a redactar un decreto de honras y luto oficial, *no queriendo que fueran las últimas las del Gobierno* (41). Sin embargo envió a todas las Jefaturas provinciales un telegrama prohibiendo los comentarios excesivos sobre la muerte del Rey de España:

> Esa Jefatura cuidará muy especialmente reiterar directores periódicos su demarcación orden prohibiendo artículos o comentarios con motivo de la muerte de Don Alfonso de Borbón. Igualmente queda prohibido dar cuenta en los periódicos de ningún acto religioso o civil que se celebre, aparte de los funerales oficiales acordados por el Gobierno, en la relación o nota que se publique. En cuanto a actos celebrados en Roma con motivo del fallecimiento podrá publicarse todo lo que sea informativo que envíe a los periódicos la agencia Efe. Se encarece que esta consigna sea vigilada por esa Jefatura para procurar su más exacto cumplimiento (42).

Hamilton sintetiza perfectamente esta ola de monarquismo que recorrió España. *Franco decretó duelo nacional, pero en esta ocasión no se necesitaron advertencias de la policía fascista para inducir a los españoles de las clases humildes a exteriorizar sus sentimientos* (43). Sainz Rodríguez comentó que con ocasión de la muerte de Alfonso XIII se había producido *un verdadero plebiscito claramente expresivo de la voluntad de las masas populares* (44).

Don Juan de Borbón agradeció la asistencia a los españoles que acudieron a Roma, a los que dio a conocer el texto de la carta de aceptación de los derechos dinásticos que, con tal motivo, envió a su padre cuando éste renunció a la Corona en su favor (45). Realizó también una clarividente declaración. *Suceda lo que suceda, nadie pensará jamás que la Monarquía puede ser el coto cerrado de un grupo o de una clase, sino recinto acogedor, para todos abierta y por todos sostenida* (46).

Estas palabras habían sido objeto de una fuerte discusión entre los monárquicos. Los ex ministros del Gobierno Berenguer y similares aconsejaron al Conde de Barcelona que no realizase manifestación alguna, y en último término, como gran concesión, se limitase a la simple lectura de la mencionada carta de aceptación. Otro sector en el que se encontraban Eugenio Vegas y José María de Areilza entendían, por el contrario, que era imprescindible que el nuevo titular de la Corona hiciese una explícita declaración de su regia personalidad hablando a los españoles. Tal posibilidad causaba en el primer grupo *profundo pavor, por estimarlo nada menos que una declaración de guerra y ruptura con el actual régimen* (47). Esta división de pareceres en cuanto al modo de actuar del Conde de Barcelona se dará en todo el período que estamos estudiando.

2. CONFIGURACIÓN DE LA OPOSICIÓN MONÁRQUICA

No hay nada que hacer; la Monarquía podrá no resolver nada, pero todos los españoles la quieren.

Conde Ciano

2.1. Los monárquicos y la Segunda Guerra Mundial

La actuación monárquica en tiempos inmediatamente posteriores al fallecimiento de Alfonso XIII se encuentra obstruida por la falta de unidad en las filas monárquicas y por el hecho de que una política monárquica excesivamente militante pudiera dar pábulo a una intervención alemana en *territorio nacional*. No obstante comienzan a realizarse actos episódicos, movimientos aislados, que serán la base de una posterior oposición más o menos organizada.

Gil Robles es el primero en señalar ese temor a la invasión alemana. Requerido por el general Orgaz para que las gentes de Acción Popular colaborasen en un movimiento de tipo monárquico, expresó ese sentimiento fundado en que los movimientos conspiratorios dentro del Estado español pudieran ser el pretexto para tal intervención, *comprometiendo la suerte de la Monarquía* (48).

Todavía hoy no está clara la posición de los monárquicos respecto al conflicto bélico mundial. Suárez Fernández, citando a K. J. Rulh, escribe que en abril de 1941 se encontraba en Berlín un enviado de Don Juan de Borbón y que el general Aranda, a su vez, mantuvo contactos con un alemán, Hans Thomsen, y con su jefe, Erich Gardem. El mensajero que apareció en Berlín en 1941 tendría la pretensión de que un funcionario del Ministerio de Asuntos Exteriores le acompañase a Roma para negociar con Don Juan. Dijo que existía un núcleo de monárquicos que deseaba rechazar las influencias anglófilas para reforzar la vinculación de la Monarquía con el III Reich. En una segunda conversación, el agente monárquico, cuyo nombre no aparece por ningún sitio, insistió en la influencia aliadófila también sobre Franco y en la necesidad de sustituirle por la Monarquía. Parece ser que el 28 de abril se celebró una conferencia secreta en Madrid entre el general Aranda, Bernhardt y el mencionado Hans Thomsen. El general habría prometido que si se patrocinaba un golpe militar en España, Alemania saldría beneficiada porque tendría un aliado más seguro (49).

Suárez Fernández exagerará lo que, de existir, fueron nimios contactos sin ninguna importancia y sin representación alguna del titular de la Corona. Giménez Arnau, en sus memorias, escribe que, en un encuentro casual con Don Juan de Borbón, le explicó los contactos que Ribbentrop pretendía establecer con él, *a lo que el hijo de Alfonso XIII elegante y patrióticamente se limitó a dar la callada por respuesta* (50). Por otra parte, Aranda fue el primer general que anticipó que Alemania perdería la guerra.

Los monárquicos, salvo contadas excepciones, no disimularon su simpatía por una victoria aliada en la segunda conflagración mundial. Pedro Sainz Rodríguez en una reunión con un grupo de ministros planteó, ante el cariz apasionadamente germanófilo en que estaba sumida la política española, la necesidad de una agrupación que pudiera desarrollar *una discreta y tolerada actividad pública de carácter aliadófilo.* Con el asentimiento de Franco, Sainz Rodríguez propuso el asunto al general Vigón, quien objetó que *no merecía la pena acometer tal empresa, puesto que era imposible que Alemania perdiera la guerra* (51).

A partir de este momento, los elementos monárquicos más decididamente aliadófilos, que en estos momentos es sinónimo de antirrégimen, por las connotaciones que España tenía con la Alemania de Hitler, se lanzan clandestinamente a lograr un acercamiento con Inglaterra. Precisamente entre los papeles de Sainz Rodríguez se encuentra un documento que señala la existencia de una Junta Nacional, con residencia en Madrid y Lisboa, que acordaba con Inglaterra trabajar por la neutralidad española y por el cambio de régimen en España. En el hipotético caso de que el Gobierno español tolerase la penetración alemana, los españoles, *procurarían promover toda clase de resistencia violenta a la invasión.* Por su parte, Inglaterra se comprometía a respetar la neutralidad española, a no realizar acuerdos con los elementos vencidos en la Guerra Civil española y a proporcionar ayuda económica al régimen español que sustituyera al franquista. El acuerdo quedaba condicionado a su aceptación por el Gobierno de los Estados Unidos (52).

Este acuerdo no prosperó, pero los contactos entre monárquicos e ingleses son obvios. En su primera conversación con Sir Samuel Hoare, embajador inglés en España, además de tratar temas referentes a la marcha de la guerra mundial, Sainz Rodríguez le explicó que el retorno a la formación de un gobierno encarnado por los hombres que se encontraban en el exilio, *colocaría de nue-*

vo a España en un clima de guerra civil, siendo la mejor salida del Régimen una restauración de la Monarquía (53).

En el mismo sentido la convicción del general Aranda de la derrota de Alemania le impulsaba a propugnar la restauración de la Monarquía Constitucional en la persona del Conde de Barcelona. *Se planteó una negociación con Inglaterra y se acordó que en caso de una invasión alemana de la península, se constituiría una junta o gobierno monárquico aliadófilo en Canarias del que formaría parte el general Aranda* (54). Sainz Rodríguez dijo a los ingleses que representaba al Conde de Barcelona y al conjunto de los monárquicos alfonsinos y a gran parte de los carlistas, y que contaba con la colaboración en la empresa del coronel Caballero, Director General de Seguridad (55).

El origen del intento de proclamar la Monarquía en Canarias surgió al trascender que la proyectada entrevista entre Hitler y Franco, en Hendaya, obedecía al propósito del primero de tomar el Peñón de Gibraltar y colocar sus tropas en territorio español, a los dos lados del estrecho. Si el mariscal Rommel hubiera ocupado la costa norteafricana hasta el canal de Suez, el Mediterráneo habría sido un mar controlado por los alemanes. Para lograr estos objetivos era necesario que las tropas españolas colaborasen con las alemanas. Entonces un sector monárquico fraguó el proyecto de preparar la instalación de la Monarquía en el archipiélago canario, en la persona de Don Juan de Borbón, para ponerlo en práctica en el momento en que se supiera que las tropas alemanas habían entrado en el territorio español. *Se contaba con el asentimiento de las guarniciones del archipiélago, y con el apoyo de las escuadras de la aviación de los aliados. Esta reacción habría sido fulminante, y cuando el Alto Mando alemán hubiera tenido las primeras noticias, su gran temor, que la aviación aliada se instalase en Canarias, se habría consumado* (56).

Sin embargo, a pesar de estos movimientos aliadófilos, los monárquicos mantuvieron la lógica postura de la expectación. Conversando con personalidades representativas, Sainz Rodríguez, cuyo posicionamiento aliado está más que demostrado, había llegado a la conclusión de que era obligado un «doble juego» hasta que el tiempo aclarase el horizonte. *No es tema seguro como muchos creen* —decía al comienzo de la guerra mundial— *un triunfo definitivo de Alemania. La nueva guerra acaso sea dura y no tan rápida como se dice en la propaganda española del Eje. De unos y otros beligerantes debemos procurar obtener la simpatía para la restauración monárquica española solicitando de ambos que no apoyen o sostengan ninguna otra fórmula y que dejen a nuestra Patria determinarse por el libre juego de los factores políticos y sociales internos* (57).

2.2. Primeros movimientos en favor de la Monarquía

La política monárquica en 1941 comienza a bifurcarse. Un sector de los monárquicos aconsejaban la inacción, la espera, ganar tiempo... Este grupo estaba encabezado y reforzado con *su evidente prestigio* por Juan Vigón (58). Se limitaban a la simple colaboración con el régimen esperando que la Monarquía se restaurase sin empuje de nadie. El otro sector estaba representado, principalmente, por Eugenio Vegas, Sainz Rodríguez, los generales Aranda y Kindelán y, también en estos momentos, José María de Areilza. Sainz Rodríguez solicitó en julio de 1941 a Don Juan de Borbón la actuación contra el Régimen de un modo prudente y categórico a la vez, obligado por *la actitud de los tradicionalistas y de los elementos militares más destacados y decididos a actuar* (59). Entre los papeles de éste existe un documento —«Nota sobre la urgencia de un organismo rector»— que se quejaba del *desgobierno del partido monárquico* y solicitaba la constitución del mencionado organismo para que cesaran las iniciativas personales o de grupo, *sometiéndose disciplinadamente todos los monárquicos responsables al mando de S.A* (60).

En el mismo sentido había solicitado Vegas Latapie al Conde de Barcelona que se alejara de la política relajada que patrocinaban los colaboracionistas y entrara de lleno en la lucha política poniéndose a la cabeza de los monárquicos. *No se me oculta —decía Vegas— que no dejarán de sonar en vuestros oídos, o de desfilar por escrito ante vuestros ojos, consejos y dictámenes que le prescriben un total silencio y quietud. Muchos de los que tal opinan habían estado en la proximidad del Rey Alfonso XIII durante los últimos años de su reinado, y los hechos trágicos y dolorosos se pronuncian contra sus dotes de previsión y acierto, ya que no supieron ver, ni por tanto prevenir, la serie de catástrofes que se iniciaron el 14 de abril de 1931.* Es una clara alusión al general Vigón que representaba a Don Juan, de forma oficiosa, cerca de Franco (61). También Sainz Rodríguez aconsejó al Conde de Barcelona que reservase al general Vigón los informes que ellos le enviaban hasta que éste le diera los suyos: *Me parece que está en una situación excesivamente contemporizadora* (62).

Los monárquicos partidarios del silencio y la quietud hablaban de Regencia. Posiblemente por su afán en seguir ostentando los cargos que Franco les concedió, consideraban a Don Juan demasiado joven (63). No era más que un pretexto hartamente pueril porque a esa edad había fallecido Alfonso XII después de reinar diez años, Napoleón era ya Primer Cónsul y Carlos I había sido elegido emperador. El mismo Don Juan en la contestación a una carta de Franco en la que éste trataba de manifestar la irresponsabilidad de los monárquicos que intentaban ponerle en *abierta oposición con el Movimiento* y le señalaba como *único representante de la Corona española*, requería al Generalísimo la institucionalización de una Regencia por la que la sucesión *quedaría resuelta sin solución de continuidad*, impidiendo situar al país *frente al hecho consumado de un Príncipe en el Trono* (64).

Don Juan opta por seguir la política que capitaneaba su antiguo preceptor, quien parece tener en estos momentos alguna influencia sobre el titular de la Corona. El coronel de aviación, Ansaldo, señala en sus memorias una conversación que tuvo con el Conde de Barcelona en 1942. Don Juan se felicitaba por la táctica que había seguido: *Verás que estaba en lo cierto el año pasado. Todos los informes que llegan y que tú me confirmas, indican que la situación es hoy mucho más favorable que en aquella época para nuestros propósitos, y que esta táctica de esperar da buen resultado* (65).

No obstante, sería incorrecto apuntar como única razón de la política adoptada por el Conde de Barcelona la influencia que el general Vigón y el sector colaboracionista tenían sobre él. Existen motivaciones mucho más complejas e importantes. La presencia de las divisiones alemanas en las fronteras del Bidasoa determinaban la imposibilidad de emprender movimiento político alguno en España porque podrían dar lugar a recelos y servir de pretexto para cualquier conato de movimiento invasor. Así se lo hizo saber también Don Juan a Ansaldo en conversaciones posteriores. Además conocía la decidida posición de los generales que, por encima de sus convicciones monárquicas, mantenían su lealtad al Generalísimo de los Ejércitos y pese a inclinarse favorablemente por la restauración de la Monarquía, no deseaban que se hiciera nada *sin Franco, ni contra Franco* (66).

En esta coyuntura, la actuación de los monárquicos no pasa de ser esporádica (67) y personalista, sin ninguna organización. Lo más importante se reducía al intento de atraerse a personalidades que se movían en sectores cercanos al Régimen. Ya en el otoño de 1941 los Servicios de Información del Gobierno transmitían noticias del descontento de un sector de la Falange, que se autodenominaba auténtica y que se caracterizaba por sus fuertes críticas al Generalísimo. Pedro Gamero y Eugenio Montes, a quienes la policía señalaba como posibles inspiradores de este grupo, conectaron con el general Aranda, que se hallaba ya de lleno en contacto con los diversos sectores políticos desilusionados para aglutinarlos en torno al Conde de Barcelona (68). Anteriormente, en el Club

Marítimo de Las Arenas, en Bilbao, en un acto organizado por Eugenio Vegas, Ansaldo disertó sobre la mala situación política de España después del Alzamiento Nacional. Sostuvo que su resultado había defraudado totalmente las ilusiones que en él se pusieron. Era por lo tanto necesario, respecto a Franco y a su «tinglado», emprender una actitud de hostilidad *de intensidad igual o superior a la que había sido norma de Acción Española con referencia a los gobiernos republicanos más izquierdistas* (69).

Vegas, Sainz Rodríguez, y Areilza se acercaron al estamento militar, queriendo atraer hacia la Corona a los más prestigiosos generales. Así, Monasterio, capitán general de Zaragoza, no esconde su posición fundadamente monárquica. Anteriormente pasivo, estimaba que era preciso *operar rápidamente,* por lo que creía oportuno que hubiese en España una representación política del Conde de Barcelona que aunara *las voluntades militares y civiles* (70). En estas conversaciones con el Ejército surgió la conveniencia de fijar por escrito una fórmula política a la que pudieran asirse, en el caso de que la cuestión se extremase, provocando la caída de Franco. Con este fin se escribió un documento que ofrecía una fórmula viable para la preparación del cambio de régimen que debería precederse de un plebiscito o referéndum. Se trataba de impedir que la segunda restauración apareciese como resultado de una sublevación militar. Esta fórmula consiguió una gran aceptación y se redactó previo acuerdo con los tradicionalistas navarros. El documento fue comunicado exclusivamente a los 10 o 12 generales más importantes y adictos (71). Se redactó además un escrito en el que se expresaba de una manera correcta y bastante severa y exacta, quién era el culpable de la difícil situación en que se encontraba la nación. Este escrito circuló por España y se entregó también a los generales.

Todas estas gestiones fueron fructuosas porque los generales acordaron tener una entrevista colectiva con el Jefe del Estado al concluir la reunión de la Junta Superior del Ejército. El 15 de diciembre de 1941 se celebró en El Pardo la mencionada reunión del Consejo Superior del Ejército bajo la presidencia de Franco. Su director, el general Kindelán, en presencia de los también generales Orgaz, Saliquet, Dávila y Ponte, expuso al Generalísimo la gravedad de la situación española que pasaba por una *pérdida de prestigio* del Jefe del Estado, *de su persona, Mi General*, del Ejército y del partido. En el descarrío de la Justicia Militar, fuera de su misión específica e impregnada de la aplicación de una ley excesivamente dura y poco elástica; en el empleo prodigado del servicio de individuos del Ejército en puestos civiles; y, por último, en la inmoralidad que alcanzaba a los elementos militares en el desempeño de sus funciones, cifraba Kindelán el descrédito del

Ejército. El del Caudillo se debía al ejercicio de los cargos de Jefe del Estado y Jefe del Gobierno. Para paliar esta situación propuso el Director del Consejo Superior del Ejército el *retorno de los militares a sus actividades profesionales* y la rectificación de puntos doctrinales con el obligado cambio de personas y con la *separación de los cargos de Jefe del Estado y Jefe del Gobierno.* Franco tenía que convencerse que había seguido una política equivocada y que llegaba el momento de *rectificarla decididamente* (72).

Que el acto tuvo una trascendencia importante lo prueba el hecho de que una carta de Eugenio Vegas que lo exponía se encuentre en varios archivos diferentes (73). *Franco nada concreto respondió a sus interlocutores. Tomó buena nota de sus deseos. Se lamentó con ellos de que las cosas no marcharan bien. Hizo suyas las discrepancias con personas y procedimientos determinados, etc. Pero exhibió, como era natural, los consabidos argumentos del peligro exterior, la revolución pendiente, las dificultades materiales y los demás tópicos al uso.* La importancia del acto radicaba en que, por primera vez, el Ejército, por su más alto organismo director, realizaba una manifestación política discrepando de la evolución de la política nacional. Se ha creado el órgano de protesta, el hielo se ha roto y el primer paso está dado. La creciente gravedad de las circunstancias obligarán a intervenciones más decisivas. Éste será el punto de partida de una actividad política del sector monárquico no óptima, pero sí mejor organizada.

2.3. Comienza la represión

Al mismo tiempo que la política monárquica empieza a hacerse más ostensible, la opresión del Régimen se acrecienta. Multas, deportaciones, descalificaciones personales en los medios de comunicación monopolizados por el régimen, etc., sufrirán de lleno, a partir de estos momentos, los monárquicos. *En la España de hoy están prohibidos los periódicos y círculos monárquicos, no se autoriza ninguna suerte de propaganda en pro de tales ideales, constituye una grandísima dificultad comunicarse con el Rey* (74), comentaba Vegas Latapie.

El propio Franco va a intentar frenar esta creciente oposición. Con motivo de su viaje a Barcelona en enero de 1942 hizo alusión a una futura restauración de la Monarquía. *Primero tenemos que hacer los cimientos, la base sobre un pueblo, y cuando haga falta coronaremos la obra* (75). Suárez Fernández apunta que en Barcelona Franco manifiesta su decidido monarquismo. Sin embargo, no era más que un «cebo» para que los monárquicos permaneciesen inactivos. También ve el profesor medievalista en las palabras pronunciadas por Don Juan a los asistentes a los oficios religiosos celebrados en Roma, con motivo del primer aniversario de la muerte de Alfonso XIII, una coexistencia de puntos de vista entre Franco y Don Juan que no existen (76). Decía el Conde de Barcelona en ese discurso que la Monarquía, por su autonomía propia, no necesitaba *contemporanizar con nadie ni halagar a ningún sector determinado*. La presentaba además como conciliadora, obviando la Guerra Civil, y *ajena a todo espíritu de rencor o represalia* (77).

Stohner, embajador de Alemania en España, era consciente, en marzo de 1942, que el Conde de Barcelona había abandonado la pasividad y se mostraba más diligente. *Invita a los partidarios notorios de la restauración —en especial a los generales— a que hagan manifiestos escritos acerca de la necesidad de una restauración de la Monarquía.* Apreciaba también que el movimiento monárquico continuaba *tomando auge*, aumentando el número de partidarios de una restauración *antes del fin de la guerra* (78).

Por estas fechas nombró Don Juan, por medio de dos cartas autógrafas (79), un comité formado por Sainz Rodríguez, Areilza, conde de Fontanar, marqués de la Eliseda, Pedro Careaga, Vegas Latapie y Alfonso García Valdecasas. También estaban integrados en él los coroneles de Estado Mayor José María Troncoso y el duque de Francavilla. Este comité realizó una importante labor cerca de elementos militares y civiles descontentos con la evolución del Régimen. Las reuniones se celebraban en el domicilio de José María de Areilza. Con motivo de una de ellas, en la que se intentaba atraer al general García Valiño a las filas monárquicas, Vegas Latapie y Sainz Rodríguez recibieron una orden de deportación a las Islas Canarias y el Gobierno clausuró la editorial «Cultura Española». El marqués de la Eliseda consiguió del embajador de Francia en Madrid, François Pietri, la extensión de un visado a favor de Vegas para que pudiera atravesar hasta Suiza *la Francia sujeta al Gobierno del Mariscal Pétain* (80). Sainz Rodríguez supo por el propio ministro de la Gobernación, general Valentín Galarza, que existía una orden de confinamiento contra su persona. El ex ministro de Educación, después de pasar *un tiempo prudencial* encerrado en un piso madrileño, cruzó la frontera portuguesa el 23 de junio de 1942 (81).

H. Heine, que desconoce muchos e importantes aspectos de la política monárquica, cree que las órdenes de confinamiento se debían a los encuentros y conversaciones con los aliados y al intento anteriormente citado de formar un gobierno monárquico en las Islas Canarias. *Una indicación de que el mismo Régimen —que no debía haberles ignorado*— *no tomaba esos planes en serio lo encontramos en el hecho de que esperase hasta junio de 1942 para amenazar a Sainz Rodríguez y Vegas Latapie* (82). Sin embargo, Sainz Rodríguez explica que el hecho de que fueran Vegas y él confinados a la vez le hacía pensar que la causa de estas medidas no fueron las negociaciones con los ingleses, puesto que Vegas era totalmente ajeno a ellas. Creía que se debieron a una indiscreción del general Valiño (83).

El general Franco había escrito nuevamente al Infante Don Juan rogándole que se identificara con F.E.T. y de las J.O.N.S. y prohibiera *a cuantos se titulan vuestros amigos estorbar o retrasar este propósito.* Dibujaba una Monarquía similar a la de los Reyes Católicos porque las posteriores habían sido de *la mala escuela, de la Monarquía decadente y sin pulso* y señalaba que las personas estaban por encima de las Instituciones. Aquéllas y no éstas *harían a España capaz de cumplir su misión histórica* que era incompatible *con la precipitación de etapas que intentan inspiraros.* Tales inspiradores no tenían otro fin que lograr ambiciones políticas, privilegios, intereses materiales y vanidad; *sin contar a los aspirantes a condes y marqueses.* Por el contrario, el proceso revolucionario que España había emprendido culminaría con el ofrecimiento a Don Juan de Borbón de la *Jefatura total del pueblo y sus ejércitos,* entroncando *con aquella Monarquía totalitaria que, sólo por serlo, vio dilatarse sus tierras y sus mares* (84).

Con estas adoctrinadoras palabras, Franco pretendía frenar dos hechos consumados: el distanciamiento del pretendiente alfonsino, que se aleja de la ideología totalitaria del Régimen franquista y el empuje de la causa monárquica que, aunque sea negado por Franco *(Ese sentimiento monárquico que os quieren hacer ver existente en nuestro país es falso),* y por algunos historiadores (85), es históricamente incuestionable. Existen varios testimonios del aumento del sentimiento monárquico del pueblo español.

Stohner escribe el 18 de marzo de 1942 a su ministro de Asuntos Exteriores que *el movimiento monárquico en España ha adquirido tales proporciones que antes o después habremos de contar con el hecho de la restauración* (86); y Machensen expresa confidencialmente al mismo ministro que *la corriente de opinión pública en favor de la restauración merece, ciertamente, una gran atención* (87).

El 12 de junio de 1942 el Conde Ciano anota en su diario: *Los informes de Lequio (embajador italiano en España) relacionan el viaje de Serrano Suñer cada vez más con la cuestión monárquica. Serrano ha hecho visar su pasaporte para Suiza, donde actualmente se encuentra el Rey. Mussolini es hostil a la restauración y esta mañana habló extensamente en tal sentido. Pero no hay nada que hacer; la Monarquía podrá no resolver nada, pero todos los españoles la quieren* (88).

Ernesto Carpi, en febrero de 1942, entregó a la Secretaría particular del Duce un informe que resaltaba que la situación en España era propicia para la Monarquía. La mayor parte de la población se mostraba cercana a ella y los alemanes habían iniciado ya contactos con los representantes monárquicos. Italia debía, por lo tanto, tomar una posición al respecto para conseguir en un futuro *ventajas sea de índole económico o político.* Presentaba a los falangistas como hombres *sin preparación y sin experiencia* y señalaba que los únicos que se oponían a la restauración eran los integristas de Fal Conde y *los que han encontrado un empleo retribuido en la organización de la Falange* (89).

Del otro sector en liza, el embajador inglés en España, Sir Samuel Hoare en el relato de su «misión especial» en España describe también el creciente sentimiento monárquico del pueblo español. Dice que entre 1940 y 1942 hasta los republicanos *estaban dispuestos a unirse a los monárquicos para destituir a un gobierno resuelto a entrar en la guerra.* En esta época los rumores públicos en las apartadas calles de las ciudades y en los pueblos hacían referencia a que nada *ha marchado bien desde que el Rey dejó España* (90).

François Pietri, embajador francés en España, se explaya en su libro de recuerdos sobre este asunto: *Mi primera sorpresa fue notar que el calificativo de «regio» se encontraba mantenido por todas las partes donde lo había fijado la larga tradición de España, como si, en realidad, el general Franco no se considerase más que el gestionario provisor de un trono fatalmente destinado a ser restablecido un día u otro* (91).

Con el propósito de acallar el descontento de los monárquicos, el 17 de julio de 1942 Franco presentó ante el Consejo Nacional del Movimiento, presidido por Serrano Suñer y del que era Secretario General José Luis Arrese, el proyecto de Ley de constitución de las Cortes. Parece ser que Serrano Suñer y Arrese intentaban convertir el Consejo Nacional en una Cámara Legislativa única, lo que significaba el establecimiento de un régimen de partido totalitario (92). Pero con la constitución de las Cortes, Franco marca el inicio de abandono de la aventura totalitaria. No hay que olvidar que en mayo, cuando el Generalísimo escribió al Infante Don Juan, le rogó que se adhiriera a la política del partido único para que pudiera ser el titular de una posterior monarquía totalitaria.

El señalado empuje creciente de la oposición monárquica y el avance de los aliados serán el detonante de la andadura del nuevo organismo, utilizado más como disfraz que como cauce político. *No puede decirse* —dijo el Conde de Barcelona en el Manifiesto de Estoril— *que encarnen la voluntad de la Nación el organismo, que con el nombre de Cortes, no pasa de ser una mera creación gubernativa.* Cuando algunos procuradores monárquicos solicitaron a Don Juan permiso para asistir a la supuesta Cámara Legislativa, señaló que no veía inconveniente en la participación en el «nuevo organismo», al que nunca llamó Cortes, *si con ello puedes contribuir a dotar a nuestro país de instituciones justas y benéficas, así como a acelerar el directo advenimiento del régimen monárquico sin fórmulas transitorias de ninguna clase.* Si la labor de las Cortes se orientase en forma contraria, *vuestra presencia en él dejaría de estar justificada* (93).

2.4. El atentado de Begoña

Todo disfraz utilizado por el Régimen para sobrevivir y todo intento de perduración falangista eran contestados con crudeza por los monárquicos de ambas ramas. En febrero de 1942 los estudiantes tradicionalistas lanzaron un manifiesto por el Rey y contra la Falange. A principios de mayo, en la Universidad de Santiago, jóvenes carlistas apoyados por «juanistas» entraron en liza con el elemento estudiantil de la Falange. Los disturbios, alargados durante varios días, determinaron el cierre de la Universidad. El rector, Ruiz del Castillo, denunció el comportamiento de los falangistas, dimitiendo del cargo que ocupaba al ser desoída su denuncia.

Los incidentes se reflejaron en la universidad madrileña. Los estudiantes falangistas asaltaron a los monárquicos *arrancándoles de las manos un emblema que representaba el blasón real y la divisa del Rey Juan III.* La reyerta ocasionó el cierre de la universidad y hubo un total de 18 heridos. En diversos lugares del país se encarceló a los portadores de las mencionadas insignias (94). Circularon también por el país hojas de la Falange que arremetían duramente contra los monárquicos, que se habían unido con *clericales, masones y judíos* para *iniciar una campaña derrotista* (95). El teniente coronel Barba recibió una serie de anónimos, todos ellos antimonárquicos: *La juventud de España no tolerará jamás una Corona real sobre el cenit del Estado; Camarada: La F.E. y nuestros caídos te reclaman fidelidad a tu juramento. La Monarquía jamás* (96).

Ya en el mes de abril, el general Varela había protestado al Generalísimo por los desmanes de la Falange: criticó la artificialidad de F.E.T. y de las J.O.N.S., donde veía un problema *de fondo y no de forma*. La Unificación no se había logrado y *la persecución de F.E. a los tradicionalistas existe*. La uniformidad de ambos partidos no se practicaba y el recelo de los prelados hacia el partido era una realidad debido a que *la educación de la juventud preocupa mucho a la Iglesia*. El bilaureado general Varela parecía hablar en nombre del Ejército que *no ve con simpatías los enchufes de gente joven sin preparación, que no guarda el debido respeto a las autoridades militares*.

A lo largo de la conversación arreciaron las críticas contra la Falange. *La gobernación del país con Falange es desastrosa, con checas, policía privada, secuestros, etc. Son gente de Falange sin control del Estado. Son vergonzosos los millones que se lleva el partido, que se considera sin control por las gentes honradas. Los nuevos sueldos sin oposición de la Falange son, de entrada, de más cuantía que la paga de capitán. La persistencia de mantener hombres sin preparación por el solo hecho de ser falangistas, desprestigia al Régimen. Se comenta por todo Madrid los «Muera Cristo Rey y la Iglesia» dados por los falangistas en la procesión*. Tampoco Serrano Suñer se libró de las críticas del ministro del Ejército, pues no acertaba a comprender cómo el Generalísimo lo mantenía en su puesto; *no tiene un solo acierto en la labor de gobernante*. Sobre el último desfile militar dijo que había existido mucho menos entusiasmo, *en la película no se aplaude ya al Generalísimo*.

Proponía el general Varela una solución, que calificaba de única, para impedir la disolución del partido: *ir derechos a la unificación radical; nombrar igual número de ministros falangistas que tradicionalistas e independientes; igual en Diputaciones y Ayuntamientos*. Concluyó el general Varela citando dos posibles gobiernos. En ninguno de ellos se encontraba, por supuesto, Serrano Suñer (97).

Las indicaciones del general Varela fueron desatendidas y los incidentes continuaron. Como ya se conoce, el 16 de agosto se conmemoraba en la Basílica de Begoña una importante celebración carlista contra la que los falangistas vizcaínos prepararon un atentado terrorista. La presencia del general Varela en la conmemoración hizo que el atentado tuviera una amplia repercusión en la política nacional.

El general Vigón, visitó a Varela en Bilbao y convinieron, en principio, exponer a Franco el problema político exigiéndole una rectificación total. El planteamiento habrían de hacerlo conjuntamente los cuatro ministros militares, los tenientes generales que tenían proyectado celebrar en Madrid una reunión del Consejo Superior del Ejército (98). De tal asamblea —y esto estaba decidido antes de producirse el atentado falangista— saldría el apoderamiento del general Varela, como ministro del Ejército, para que solicitara al Caudillo en nombre de todos los generales y asistido por ellos, un cambio radical en la política nacional (99). Conversando sobre el asunto el conde de los Andes y el general Vigón, llamó Serrano Suñer *quien al parecer, y según después supe, estaba muy alarmado de la gravedad del caso y de la necesidad de castigarlo, y como consecuencia de los anteriores tratos con el general Vigón* —escribía Andes— *de convencer entre todos al Generalísimo que era llegada la hora de desaparecer como Jefe de Gobierno.*

Aunque la crisis del verano del 42 inquietó a Franco, se resolvió, sin mayores consecuencias que la destitución de Serrano Suñer. La manera, un tanto autónoma, de proceder del general Varela y la política apaciguadora y profranquista del también general Vigón lo hicieron posible. Tanto el general Aranda como el conde de los Andes culparon a Vigón de la pasividad del Ejército. Mientras el primero le acusaba de ser *el punto flaco por donde se rompe la cuerda* del enfrentamiento del Ejército a Franco; el segundo recordaba al propio general que su continuación en el Gobierno —ministro del Aire— le perjudicaba y suponía *despilfarrar su valor moral y su prestigio*, pero que, en definitiva, tenía ahora una fuerza tanto más grande cuanto mayor fuera la influencia que los descontentos le imputaran en la solución de esta crisis. Le instaba para que utilizase sus influencias, saliera en el menor plazo posible del Gobierno e intentara derribarlo si nada conseguía (100). Vigón, lejos de observar estos comentarios, se lanzó de lleno a apaciguar los ánimos de políticos y militares. Esteban Bilbao, que había dimitido como ministro de Justicia, recibió el día de la crisis a Julio Muñoz, que era portador de una carta autógrafa de Franco en la que le rogaba, con los mayores encarecimientos, desistiera de su dimisión prometiendo atender en sus quejas al Tradicionalismo. El ministro de Justicia no retiró la dimisión en esta ocasión. Sin embargo, posteriormente, el general Vigón le convenció alegando *el peligro de que si la crisis no se resuelve, España se convertirá en el teatro del segundo frente* (101).

Según fuentes italianas, el general Varela se mostró, ante Franco, indignado por la situación; criticó, una vez más a la Falange; y se resintió porque su boda con Casilda Ampuero, de familia tradicionalista, no había sido reflejada en la prensa merced a la censura falangista. La conversación *degeneró en un altercado* y Franco se vio obligado a sustituirle inmediatamente (102). Sin embargo, fue el general Varela quien presentó a Franco su irrevocable dimisión. El conde de los Andes le comentó que no consideraba viable su renuncia y, sobre todo, que no consintiera que el Generalísimo continuara dándose por desentendido, porque se exponía a que su dimisión se olvidase y todo quedase diluido en una burla. El general respondió negativamente advirtiendo que estaba dispuesto a

Ramón Serrano Suñer cesará como ministro de Asuntos Exteriores y como Presidente de la Jefatura Política de F.E.T. y de las J.O.N.S.

El ministro del Ejército, general Varela, mantenía fuertes discrepancias con Franco y con Serrano Suñer.

Blas Pérez ocupó la cartera de Gobernación en la crisis de septiembre de 1953. En la fotografía aparece junto a su compañero de Gabinete Ibáñez Martín.

José Luis Arrese, ministro secretario general del Movimiento (a la izquierda de Franco), quien se atribuía la salida de Serrano Suñer.

denegar el mando solemnemente, que el Ejército estaba con él y que, desde el nuevo puesto que ostentara, actuaría en consecuencia. No obstante, Varela no parecía dispuesto a obviar el asunto como si fuese un nimio incidente. Estaba en contacto con los tenientes generales, los cuales, a excepción de Moscardó y Saliquet, a los que calificaba de «débiles», le apoyaban. Pensaba que todo concluiría en la formación de un gobierno puente que haría las *veces de Regencia para traer la Monarquía.*

La carta dimisionaria que el general Varela envió al Caudillo —según un informe del conde de los Andes— señalaba que no podía continuar en su cargo porque el Gobierno había desnaturalizado en absoluto el espíritu del Movimiento y que lo que debía ser «unión sagrada» se quería imponer «a estacazos». Se quejaba del tono empleado por el Generalísimo en sus discursos, propio de un régimen anarquista y advertía que sólo podría continuar en su cargo si se dieran los siguientes supuestos: castigo inexorable de los culpables, expulsión del partido de los instigadores, declaración oficial del Gobierno condenatoria de esta política y formación de un gobierno con autoridad que rectificase totalmente el pasado erróneo. En una audiencia que tuvo con el Jefe del Estado, éste trató de retenerle, *le lloró, le aduló y, por cierto, le dijo que había sido muy buen ministro de la Guerra, pero con una excepción, la de no haber respondido enteramente a los sentimientos de la Falange.* Después de insistir mucho, Varela cortó diciendo que no podía hacerle perder más tiempo porque su resolución era irrevocable (103).

La crisis se cerró con el cese de Serrano Suñer en el Ministerio de Asuntos Exteriores y en la Presidencia de la Jefatura Política de F.E.T. y de las J.O.N.S., que es asumida por Franco. Le sustituyó en el Ministerio Francisco Gómez Jordana. El general Asensio Cavanillas relevó al general Varela en el Ministerio del Ejército y Blas Pérez González ocupó la cartera de Gobernación en sustitución del general Galarza Morante. El pequeño movimiento ministerial sólo satisfizo a Franco. Éste tuvo que amenazar al general Asensio con abandonar la Jefatura del Estado lanzando un manifiesto que dejara caer en el nuevo ministro del Ejército toda la responsabilidad. *Invocando el deber de disciplina* —dijo Asensio al conde de los Andes— *y la suerte de coincidir el momento en que barajaba todas estas circunstancias con el de enternecer a Vigón y a Jordana, ha logrado salir adelante, pero el rencor y la guerra sorda entre el Ejército y la Falange continúan.* También Andes conoció por Jordana que éste no sabía por qué volvía al Ministerio de Exteriores, de la misma manera que nunca supo por qué había salido de él. Suponía que le reclamaban para formar un gobierno en vista de las circunstancias y la aspiración de los generales; que le habían ofrecido el Ministerio de la Guerra y que ni Dávila ni él lo habían querido aceptar; *y que si se quedaba en Exteriores era porque esperaba que desde dentro lograría la formación de ese gobierno-tránsito.* Hasta el general Vigón se quejó a Franco de la resolución de la crisis. El Jefe del Estado le contestó sorprendido: *Yo creía que con la salida de Serrano te ibas a poner tan contento.* Ocurría que Vigon no podía siquiera apuntarse la baza de la salida de Serrano porque hacía varios meses que había cesado la ofensiva contra éste. En los informes fechados con anterioridad a la crisis que el general Varela recibía diariamente, se comentaba ya que Serrano Suñer era un hombre políticamente fenecido. Además Franco, en los comentarios que realizaba sobre su cuñado, se apuntaba el cese de Serrano como una decisión personal. Decía que era *un canalla que en su odio y envidia a Arrese (condenado a muerte por Franco, es su hombre de confianza) sin reparar en medios había urdido el complot de Begoña y cometido después la iniquidad de pedir justicia inexorable con sus propias víctimas* (104).

Las conclusiones políticas del atentado y la consiguiente crisis son nítidas e importantes. El Ejército gana en fuerza y cohesión, pero ya no van a resultar sus directores los entonces tenientes generales, sino los generales jóvenes y, muy singularmente, Asensio que mantenía inmejorables relaciones con sus compañeros de generalato. Asensio planteó en el primer Consejo de Ministros la necesidad de que el Gobierno hiciese una declaración condenando lo ocurrido en Begoña, lo que originó la división del Gobierno, negándose a la propuesta los ministros falangistas y apoyándola los ministros militares más Benjumea y Bilbao. Franco aceptó la publicación en la prensa de una nota ecléctica condenando todas las violencias.

Se acrecienta, por otra parte, la crisis de la Falange, que se encuentra dividida entre los seguidores de Arrese y el grupo de Luna, Ridruejo y falangistas afines a Serrano. La caída del «cuñadísimo» representaba el ascenso directo de Arrese, quien atribuía la salida de Serrano *a su gestión personal de convencimiento de Franco durante el verano del Pazo de Meirás* (105). La caída de Serrano marca, indudablemente, el fin de la política de «similitud» con los países del Eje. Franco deja caer en Serrano toda la responsabilidad de su política. Comentaba el Generalísimo *a todo el que le escuchaba* que su cuñado era *un malvado y un desleal y único culpable de todos los males que en España acontecen.* Está clarísimo que la continuidad de Franco pasaba, irremediablemente, por la caída en desgracia de su cuñado, a quien presenta ahora como el dueño de España; apreciación que coincide con la de los políticos contemporáneos de Serrano Suñer y que supone un gran error mítico. Sólo Franco era el artífice de la política seguida por Serrano Suñer. Se pretendía que Franco la obedecía, cuestión incompatible con la destitución del hipotético omnipotente. La política que encabezaba Serrano era la política de Franco. El fracaso de la política totalitaria traía consigo la destitución de quien la acaudillaba, es decir, del Generalísimo. Franco, maquiavélicamente, deja caer todo el peso del fracaso en su cuñado. Más aún, cuando el conde de los Andes piensa que el Caudillo ha destituido a Serrano *por el mal sabor de verle en trato con sus ministros para preparar el abandono de la Jefatura del Gobierno y estableciendo mientras tanto una cabeza puente en la posible restauración de la Monarquía.* Es cierto que Serrano Suñer no disimulaba sus deseos de acercamiento a la Corona. Hospedó en Madrid a miembros de la Familia Real y se rodeó de elementos que tenían esta significación política. Tusell no descarta que incluso pudo ser Serrano quien aconsejó al conde Ciano el contacto con Don Juan de Borbón (106).

La última de las consecuencias fue el acercamiento entre las dos ramas dinásticas. No fue Fal Conde quien se benefició ante la opinión carlista porque hasta diciembre la cabecera de la Comunión Tradicionalista no solicitó a sus seguidores *la retirada absoluta y total de todos los cargos de F.E.T., de Sindicatos y Corporaciones Públicas.* El sector tradicionalista descontento con Fal Conde, dirigido por el capitán de requetés Aramburu, presidente de la Diputación de Guipúzcoa, se acercó a la órbita «juanista».

2.5. Enfrentamientos con el régimen

Ante el estado de descomposición de la vida política y social de España, Don Juan de Borbón prepara una manifestación pública. El 22 de agosto, cuando la crisis aún no se había resuelto, solicitó a Sainz Rodríguez un proyecto de carta al Caudillo *haciéndole ver que no pienso ponerme a discutir con él tratando de refutar sus argumentos.* Pedía también la preparación de un manifiesto que debía ser:

> ... breve, en tono brillante y de gran altura, enarbolando la bandera de la Monarquía Tradicional. Debería tal vez ser encabezado razonando el silencio guardado hasta ahora. No puedo tenerlos (a los españoles) más tiempo en la creencia de que mi silencio significa compenetración con el estado actual de cosas. Hacer historia del Movimiento Nacional con objeto de demostrar la pureza del origen del mismo. Hay que dedicar un párrafo a la justicia en el sentido de dar esperanza a tanta gente condenada o asustada. Ítem tocar

con benevolencia el problema regional. El internacional muy vagamente con objeto de no dar ocasión a interpretaciones tendenciosas, por parte de ninguno de los dos bandos (107).

Sainz Rodríguez redactó el manifiesto que no llegó a hacerse público, pero sí fue conocido por algunos generales y carlistas que, como Rodezno, estaban descontentos con la línea seguida por Fal Conde. El Cardenal Segura y, probablemente también Franco, conocieron la existencia del manifiesto. Apuntaba Carrero Blanco que *acuciado por unos y otros de los muchos españoles que lo visitan*, el Conde de Barcelona estaba dispuesto a hacer pública una proclama que, *por moderada que fuese, y cabe pensar que no lo fuera mucho habida cuenta de la actividad de algunos de sus consejeros, resultaría antipolítica y podría ocasionar grandes males* (108).

Pero en contra de lo expresado por Carrero, fueron los monárquicos quienes frenaron a Don Juan. Aranda, uno de los mayores partidarios de que el Conde de Barcelona actuase con decisión, desaconsejó el manifiesto *dada la tónica política actual nada propicia a su adecuada repercusión* (109). También a Gil-Robles, que comenzaba a laborar en pro de la restauración monárquica, le parecía *prudente esperar*. Una declaración de este género, caracterizada por una discrepancia total con el Régimen, sería *una verdadera ruptura con la situación* que implicaría una acción coactiva sobre el Gobierno y una excesiva intervención del elemento armado en la restauración, con *un período más o menos largo de violencia cuya responsabilidad no dejaría de achacarse por algún sector a la impaciencia del Rey, y en todo caso exponerse a complicaciones internacionales, hoy todavía posibles* (110).

Don Juan había solicitado a Gil-Robles consejo acerca del momento político que el ex dirigente de la C.E.D.A. le dio en los siguientes términos: 1.º, *Alemania tiene perdida la guerra*, 2.º, *Franco no dará paso a la Monarquía. Pero siempre fui opuesto a dos cosas:* 1.º, *a que se rompiera con Franco, y* 2.º, *a que se identificara con él.* Gil-Robles lo razonaba así: *Franco, como consecuencia de la Guerra Civil tiene una legitimidad de hecho que no se puede ni debe combatir y encarna un régimen de fuerza que no es propio de una Monarquía, que debe presidir y encarnar un Régimen de Derecho. Franco es el vencedor de una Guerra Civil. El rey debe ser pacificador. Ni estorbarle, ni defenderle; quedarse en su sitio en espera del momento en que la nación le reclame. Porque la mayor fuerza de la Monarquía está en que España la necesite* (111).

La probable invasión alemana de la Península Ibérica seguía inquietando a los monárquicos. El embajador Hoare creía muy probable que se produjese esta posibilidad, de acuerdo con Franco, o en contra de la voluntad del Caudillo, en un momento en el que los aliados ganaban terreno (112). El Conde de Barcelona se enfrentó a esta hipotética invasión de España en sus declaraciones al *Journal de Genève*.

> Para la Monarquía restaurada no es concebible ninguna actitud que no sea la de una absoluta neutralidad, la de una escrupulosa e imparcial neutralidad, completada con la firmísima resolución de defenderla, no importa a qué precio, hasta con las armas en la mano, si un país, cualquiera que fuere pretendiese violarla. Si la integridad territorial de España no fuera por desgracia respetada, seguro estoy de que el pueblo español sería lo que ha sido siempre, duro y bravo contra el invasor. Si Dios nos reserva esta prueba, mi espada de soldado español estaría al frente de mi Patria.

Las palabras de Don Juan son una clara advertencia a las posibles pretensiones alemanas de invadir la Península Ibérica, aumentadas ahora al producirse el desembarco aliado en el Norte de África. En estas declaraciones que sustituyeron al manifiesto, el Conde de Barcelona hacía público también su concepción de la Monaquía. Aspiraba a ser el Rey de todos los españoles *definitivamente reconciliados* (113). Franco contestó al Conde de Barcelona en un discurso pronunciado al constituirse el III Consejo Nacional de la Falange. La Monarquía debería *subordinarse a la realización y permanencia de nuestra Revolución Nacional* (114).

Los informes de la Presidencia reflejaban un movimiento monárquico inusitado hasta la fecha. Hablaban de la existencia de un comité juanista en el que figuraban el duque de Sotomayor, que ostentaba la representación de Don Juan en el interior, el duque de Almodóvar, José María de Areilza y el general Alfredo Kindelán. Este último fue obligado a cesar en la Capitanía General de Cataluña. Las causas de la destitución de Kindelán, según reza un informe del general Aranda, *fueron haber ido, previo acuerdo conmigo, a raíz de la movilización a decir a Franco que no era posible la guerra a favor de nadie y mucho menos de Alemania; para ello debía Franco resistirse a toda presión si no había compromiso que a ello obligase. Y si lo había, marcharse de España para no cumplirlo, alegando le obligábamos a ello los generales* (115). El general Franco había intentado atraerse a Kindelán ofreciéndole una Cartera ministerial. Éste, lejos de aceptarla, requirió al Generalísimo que proclamase la Monarquía y desempeñara él la Regencia *durante cierto período*. Franco contestó que no deseaba prolongarse en el cargo y que pensaría en lo que Kindelán le expuso. Dijo además que ofrecería el Trono al Conde de Barcelona. Sin embargo, posteriormente, comentó al mismo general que no estaba dispuesto a restaurar la Monarquía, *apoyándose en que los monárquicos somos «cuatro gatos» y en que la Falange arraigaba sóli-*

damente en el país (116). Carrero Blanco veía como única solución para acabar con el problema monárquico, ahora que la policía señalaba que la agitación monárquica era tan cuantiosa como la comunista (117), que Don Juan estuviera *de perfecto acuerdo político con Franco*, cuestión que podría lograrse en *una entrevista que sería de toda conveniencia* (118).

Franco no escuchó a Carrero Blanco y acentuó, en contra, la represión, frenando todo acto monárquico. En el segundo aniversario de la muerte de Alfonso XIII, que iba a celebrarse en España, pensaban los monárquicos exhibir ante el Régimen y ante el mundo la importancia de la agitación monárquica. A través del duque de Sotomayor, se había llegado a un acuerdo entre Franco y Don Juan para organizar, en la iglesia de los Jerónimos de Madrid, los funerales por el reposo del alma de Alfonso XIII. Presidirían el acto miembros de la Familia Real y habría sido de iniciativa y responsabilidad totalmente monárquica si el Caudillo no lo hubiese prohibido en el último momento. Temía éste que se produjera una gran manifestación monárquica y convocó una ceremonia oficial en El Escorial, en memoria de todos los Reyes de España, a la que Don Juan prohibió la asistencia de los monárquicos (119). El duque de Sotomayor, que se dispuso a dar por buenos los funerales de El Escorial, dimitió de su cargo de representante del Conde de Barcelona. En Lisboa, la embajada española celebró un funeral exclusivamente por el alma de Alfonso XIII. *Acudió bastante gente y el embajador se presentó «cómicamente» vestido de falangista* (120).

Un número amplio de los procuradores designados por el Jefe del Estado militaban en las filas monárquicas. Convencido del auge de esta opción y para atraerse a este movimiento político, pretendió el Generalísimo que los monárquicos creyesen que, en plazo corto, iba a restaurarse la Monarquía. Los informes de la policía de 10 y 20 de febrero de 1943 detectaban el convencimiento, en sectores monárquicos, que estos nombramientos garantizaban en plazo corto la restauración monárquica (121). El duque de Alba contestó a la pregunta del Rey Jorge VI de Inglaterra sobre el momento de la restauración en España, que existían muchos españoles que la anhelaban y esperaban con entusiasmo, y que el mismo Caudillo había dicho en más de una ocasión que aquella solución constituiría la cumbre de su obra (122). También Alba comentó posteriormente a Franco que era preciso realizar la restauración antes de que finalizase la guerra si se querían evitar días trágicos.

El 13 de mayo se constituyeron las Cortes con un acto corto y frío, imponiéndose por su número los falangistas. El discurso de Franco reiterando su concepción totalitaria de la Monarquía produjo un general desengaño, *pues unos esperaban la amnistía, otros la Monarquía y Regencia y todos algo.* Según Vigón, el discurso pronuncido por Franco no fue el preparado, *sino que hubo de modificarse a última hora a tenor de la carta de Don Juan a los procuradores.* Como comenté en el epígrafe anterior, les autorizaba solamente a ostentar su representación personal, de ninguna forma la de la Monarquía, y para intervenir en los actos que pudieran beneficiar a España, retirándose de este organismo tan pronto como se produjera algún ataque a la Corona. El general Aranda atribuía el tono de Franco a que éste había perdido *la esperanza de atraer a Don Juan a su servicio* (123).

Además, dos días antes de la constitución de las Cortes, Franco conoció la nueva carta que le dirigió el Conde de Barcelona, y que suponía un claro rechazo a la colaboración. Negaba su aquiescencia a la identificación con F.E.T. y de las J.O.N.S. porque ello implicaba la negación de la esencia de la Monarquía y equivalía a su *siembra de tempestades para la definitiva ruina de la Monarquía restaurada en plazo no lejano.* Para Don Juan, el problema del Régimen estribaba en la vinculación exclusiva del poder en una única persona, en la división profunda de la opinión política y en la situación creada por la conflagración mundial, dado que *la postura internacional del Régimen anda calificada en el extranjero, con acento más o menos fuerte y apreciaciones oportunistas, de análoga a la de uno de los bandos en pugna.* Por estas razones urgía el Conde de Barcelona la *instauración de un nuevo Régimen Nacional que, como el de la Tradicional Monarquía Católica, se halle libre de compromisos e implicaciones nocivas al conflicto de la neutralidad estricta* (124).

La carta de Don Juan coincide con una «violenta ofensiva» de Franco contra los elementos monárquicos. El 16 de marzo se publica en el B.O.E. la Ley de Defensa del Estado por el que se equiparaba al delito de rebelión militar las transgresiones de orden jurídico que tuvieran repercusión en la vida pública. No obstante, un grupo de monárquicos del interior compuesto, entre otros, por García Valdecasas, marqués de la Eliseda, Geminiano Carrascal, Ventosa, González Hontoria y Oriol, seguían luchando por constituir una Junta monárquica que defendiera los derechos de Don Juan. El marqués de la Eliseda organizó una comida en el Nuevo Club de Las Arenas que contó con la asistencia de Valdecasas, marqués de Quintanar, Víctor Urrutia y Ansaldo. Este último planteó un plan subversivo: el general Kindelán debería hacerse cargo nuevamente del mando de Cataluña proclamando inmediatamente la Monarquía. Como réplica a la acción ofensiva que contra Cataluña iban a emprender el Régimen y los alemanes, *se solicitaría el apoyo aliado, facilitándose el desembarco de sus tropas en la histórica bahía de Rosas.* Con anterioridad, Ansaldo había planteado ya la presencia de Don Juan en El Pardo acompañado de un grupo de generales, jefes y oficiales solicitando a Franco el abandono del poder como *servicio a los intereses de España* (125).

Los servicios confidenciales de la Dirección General de Seguridad captaron el acto organizado por Eliseda y el Gobierno ordenó a Ansaldo incorporarse a un nuevo destino militar en Valencia, negándose abiertamente debido a la importancia de su presencia en Madrid para continuar los trabajos conspirativos en favor de la restauración. El Gobierno le desterró entonces medio año a Cádiz, pero el coronel de aviación huyó a Portugal en un avión del Ejército del Aire. Solicitada su extradición, el Gobierno portugués lo incomunicó tres semanas en Lisboa, confinándole, posteriormente, en la isla de Madeira, mientras un tribunal militar le expulsaba del Ejército. También el marqués de Quintanar, Grande de España e Ingeniero de Obras Públicas, fue detenido cuando intentaba entrar en Portugal. Se le acusó de haber organizado la fuga de Ansaldo. En la Dirección General de Seguridad le comunicaron la orden de deportación a Ibiza (126).

3. AUGE DEL MONARQUISMO

Gritaré en los oídos del que se arrogó todo / Hay un hombre exiliado que es la historia que espera / danos lo que te dimos: la esperanza concreta de nuestros 20 años para depositarla en manos más leales / No toques más a España que es ya toda mentira y nadie la conoce / Míranos a los ojos, somos los que te dimos el triunfo en nuestra muerte / para pasar la antorcha al ausente olvidado / porque él es sangre ungida a la que tú has jurado / y le has crucificado a la vista de España.

ANÓNIMO

3.1. Los procuradores por la Monarquía

Durante 1943 los apoyos de la Monarquía aumentaron en todos los sectores. El hecho de que la conflagración mundial fuese adversa a las naciones del Eje, coadyuvaba a que las clases dirigentes del Régimen viesen en la Corona la institución capaz de frenar una «avalancha» revolucionaria y de lograr la reconciliación de los españoles. Así, el 18 de mayo aparecen en el diario bonaerense *La Nación* unas declaraciones de Gil Robles contrarias al Régimen franquista y favorables a la Monarquía. Frente a los que reducían *todas las soluciones posibles del problema político español a esta disyuntiva trágica simplista: o totalitarismo o comunismo,* Gil Robles señalaba la existencia de un tercer camino, *una solución nacional, nutrida de espíritu tradicional, y alimentada por la savia de los siglos: la Monarquía.* Apoyaba una Monarquía robusta; que respetara los derechos inviolables del ser humano; que fuera capaz de incorporar el pueblo a la vida pública, que alentase las personalidades naturales integrantes a la Nación; que no consintiera *privilegios injustos o de clase;* que garantizara la libertad del hombre y realizara la conciliación de todos los españoles.

Al comenzar el año, había circulado por España un manifiesto clandestino que esgrimía las mismas tesis que Gil Robles: *Un régimen decoroso que gozase de la aprobación de la gran mayoría de la opinión nacional no tendría nada que temer de una revolución demagógica provocada por el elemento comunista.* La permanencia hasta el final de la guerra del Régimen de Franco, *que es abiertamente incapaz, por su estructura, de mantener relaciones con ningún país aliado y que está fatalmente condenado a desaparecer, no solamente por esta poderosa razón, sino por la fundamental y deci-*

siva que a él se opone la inmensa mayoría del pueblo español en todas las clases sociales, constituiría *el único peligro serio revolucionario para España* (127).

El afán por mantenerse en el poder llevaba a Franco a toda clase de artilugios y cambios. En *Arriba* se publicó un fondo que decía que Falange no era una cosa inamovible, sino que podía y debería cambiar con los tiempos y los acontecimientos. *Es decir* —comentaba Aranda— *que si triunfan los aliados puede muy bien hacerse democrática, tirar por la borda algunos mandamases y seguir disfrutando del poder que, por lo visto, es el único objetivo de Franco y el partido* (128). Así, en Almería, Franco reiteró la invitación a la paz que había hecho Jordana en Barcelona. Esta solicitud para Aranda podía tener dos consecuencias: *una aislada de los aliados que se han dado cuenta a escape que este ofrecimiento no puede más que favorecer a Alemania, ni ser sino sugestión suya; otra, la contestación que ha dado Cordon Hull diciendo literalmente que no hay nada que hacer y que, dentro de poco, nuestro amo será el último fascista de Europa*. Los ministros de Negocios Extranjeros de Londres y Washington realizaron declaraciones coincidentes rechazando de manera despectiva la propuesta de mediación de Franco. La radio americana le atacó duramente *llegando a decir que quiere la paz de compromiso porque ése sería el único medio de mantenerse en el poder, ya que la victoria aliada significaría el fin del totalitarismo en el mundo* (129).

Al mismo tiempo que Franco enviaba una comisión de periodistas falangistas a Hungría para estudiar la Regencia de institución permanente, preparaba la contestación a la carta del Conde de Barcelona. La tesis se centraba en que su Régimen no era ni «provisional» ni «aleatorio». El hecho de que esta idea *pueda prender en vuestro ánimo* se debía a *las informaciones maliciosas o erróneas de elementos fracasados, extranjerizados o disidentes, apartados de la Comunidad Política Nacional*. El resto de la carta se reducía a la conocida retórica de Franco: La posición de España en el conflicto mundial había sido de simple neutralidad; discrepaba sobre la salida de Alfonso XIII de España y la consiguiente constitución de la República, *la colaboración del Rey con la dictadura fue uno de los actos más populares de su reinado, una de las etapas en que el Rey estuvo más cerca de su pueblo*; y señalaba que la característica del régimen monárquico se basaba en el poder supremo de una sola persona, que era precisamente lo que Don Juan le había reprochado. Franco no concebía otra Monarquía que la autoritaria, no pensaba que en una Monarquía Constitucional el poder está dividido (130).

El Régimen, al propagar que el triunfo aliado significaba la revancha de los vencidos en la Guerra Civil, utilizaba un punto de vista únicamente provechoso para los comunistas. Franco no admitía más política internacional que la de adhesión descarada al Eje y de insultos y agravios a Inglaterra y a sus aliados, y una política nacional que consumara la división moral de dos Españas irreconciliables. Don Juan se había posicionado contra esta política en sus declaraciones al *Journal de Genève* y en la carta a Franco del 8 de marzo, que marcan el inicio de una política monárquica más militante.

Igualmente, los monárquicos del interior solicitaron al Caudillo la restauración de la Monarquía. En el verano del 43, veintisiete procuradores dirigieron un escrito al Jefe del Estado, por conducto del presidente de las Cortes, solicitando sin tardanza la restauración. *Es indispensable que cuando la guerra termine España no se encuentre sumida en período constituyente*, sino que fuera ya un régimen definitivo, conforme a la tradición española y *adaptado a las circunstancias del momento presente*, que opusiera un *dique infranqueable a los embates de los factores internos o externos de disolución y revuelta*. En el orden interno, la Monarquía realizaría *la unidad moral de los españoles* y en el externo podría colaborar *en la organización del orden nuevo que prevalezca en el mundo después de la paz* (131). Firmaban el escrito el duque de Alba, Ventosa, Galarza, Pablo de Garnica, Yanguas Messia, Pedro Gamero del Castillo, Valdecasas, Manuel Halcón, Goicoechea, duque de Arión, Luis Alarcón de Lastra, general Ponte, almirante Moreu, Fanjul, conde de Ybarra, Jaime de Foxá y Antonio Gallego Burín entre otros.

La Junta Política acordó el cese de aquellos procuradores en Cortes firmantes del escrito que ostentasen la condición de consejeros nacionales por *grave indisciplina*. Alfonso García Valdecasas fue cesado en su cargo de Director del Instituto de Estudios Políticos y Juan Manuel Fanjul de la Vicesecretaría General del Movimiento. El duque de Alba renunció a su puesto de embajador en Londres y se le privó de su pasaporte. El catedrático de Derecho Civil, Ignacio de Casso, fue cesado como Director General de los Registros y del Notariado (132). Debido a las gestiones que el marqués de la Eliseda había realizado en la recogida de firmas para este documento, fue deportado por orden gubernativa a la isla de La Palma, en el archipiélago Canario. La deportación de 10 meses, le fue impuesta por realizar *actividades contrarias en este momento al interés de la Causa nacional* (133).

Los falangistas arremetieron en un escrito contra los signatarios del documento. Al grito de Viva España, Viva el Rey y Viva Juan III les criticaban llegando a la descalificación personal. *Los auténticos monárquicos tenemos que salir al paso de tan limitadas perspectivas y desautorizar a quienes tienen visión tan circunstan-*

ciada, porque la Monarquía ha de venir a España como una solución natural del Caudillaje y sin que influya para nada la marcha de la guerra (134). A propósito de este documento el *New York Times* llegó a decir que los monárquicos habían llegado a un acuerdo con Franco y añadía que esta noticia la tenía por conducto del secretario particular del Conde de Barcelona, quien rectificó la noticia nada más conocerse (135).

3.2. Los militares por la Monarquía

El verano de 1943 se presentaba, políticamente, muy movido. Don Juan había ordenado al Infante de Orleans la difícil misión de aclarar la actitud de los tradicionalistas, ponerse de acuerdo con los generales y apremiar a Franco para que intentara la restauración. Éste dijo tajantemente al Infante que él *escogería el momento de traer la Monarquía. Se lamentó de que Don Juan hiciera caso a un inadaptado como Gil Robles, un masoncete como Sainz Rodríguez, un inquieto como Valdecasas y un paranoico como Vegas Latapie* (136). Por las conversaciones que el Infante de Orleans mantenía con los militares fue obligado a incorporarse a su destino. Pero, sin embargo, la conspiración monárquica había alcanzado ya al Ejército.

Franco se inquietó de tal modo que hizo llegar un documento secreto, fechado el 17 de julio, a los tres ministros militares para que, con carácter *personal y reservado*, lo transmitieran a los capitanes generales a sus órdenes. *Repetidas informaciones que por su origen merecen crédito absoluto permiten ya concretar todos los aspectos generales de un vasto plan de acción urdido por la masonería internacional.* El supuesto plan consistía en apoyar una restauración monárquica democrática que virase, en plazo corto, hacia la república, *creyendo encontrar en el Príncipe Don Juan un candidato manejable.* Fundamentalmente, la masonería pretendía trabajar al Ejército *utilizando a aquellos afiliados a la secta a ellos pertenecientes y que permanecen desconocidos.* El inexistente plan trataba de concentrar *los intereses de los monárquicos de todos los sectores, de los descontentos, de los sancionados y de toda la gama de rojos, contra la Jefatura del Caudillo y en apoyo de la subida al Trono del Príncipe Don Juan;* plan que contaría con el apoyo y simpatía extranjeras. *Explotando la buena fe de unos, las ambiciones y apetencias de otros, y la estulticia de no pocos, se pretende traicionar a la Patria, hacer imposible en el futuro una ins-*

tauración monárquica duradera y de verdad en la ocasión oportu-
na; se pretende inutilizar la figura que podría mañana ceñir la Co-
rona de esta Monarquía y, por último, se intenta entregar a la Na-
ción al servicio del extranjero para más tarde precipitarla en el
comunismo (137).

En junio habían circulado por España *dos planchas masónicas* ⇐
en las que Magalhaes y Diego Martínez Barrio daban consignas
a sus correligionarios españoles para que apoyaran la candidatura
de Don Juan de Borbón. El hecho de que se transmitiesen palabras
contra Carlos VIII, pretendiente apoyado por los falangistas, induce a pensar que las dos planchas provenían de la Falange. Con toda
seguridad, el subsecretario de la Presidencia tomó como base, para
redactar el «Documento secreto» anteriormente mencionado, estas
planchas salidas de Falange y quizás inspiradas por Franco. En
ellas se hacía alusión al Ejército: *que la comisión militar se impon-*
ga al Tirano. Que las Capitanías Generales estén previamente «tra-
bajadas» para que, al pedirles amparo Franco, cuelguen los auricu-
lares sin respuesta. Apuntaban los falangistas la necesidad de que
los tradicionalistas colaborasen con Don Juan para reducir a
Carlos VIII. *Apoyemos todos la caída de Franco y la subida de*
Juan III. Hoy es la única posibilidad. La nueva vanguardia obrera
procedente de la III Internacional lo acepta. Y en la Democracia
podemos actuar libremente. Y debemos tener en cuenta que el can-
didato es manejable por indotado de voluntad (138). Franco pretendía con este «golpe bajo» neutralizar la posición monárquica del
Ejército que reclamaba a Franco la restauración de la Monarquía.

Los militares se inquietaban por el futuro de España y pensaban que no existía otra solución que la restauración monárquica. —
El diplomático Sangróniz dio cuenta a Sainz Rodríguez de un plan
del general Orgaz que se mostraba dispuesto a *proclamar la Mo-*
narquía en Marruecos en vista de los últimos acontecimientos, de
acuerdo con nosotros y siempre que contara con garantías inmedia-
tas de reconocimiento de Estados Unidos, Inglaterra y Argel. Decía
tener el general Orgaz el apoyo de 130.000 hombres y estar en contacto con otros generales. Pretendía pasar a la reserva y, una vez
en esa situación, volar a Lausana, requerir plenos poderes al Conde de Barcelona y volver a África para sublevarse. Nuevamente
fue el general Vigón quien frustró el intento de pase a la reserva
de Orgaz. Le llevó a hablar con Franco y cedió a instancias de
éste *en una conversación angustiosísima* (139). Sainz Rodríguez, por
su parte, consultó el caso a Gil Robles, el cual le aconsejó que
contestara dando largas al asunto y diciéndole que en esa materia
quien tenía que resolver era el Conde de Barcelona. El conde de
los Andes, encargado por Don Juan de sondear a los militares, se
felicitó de la frustración del levantamiento armado y persuadió al

En el verano de 1943 el ambiente que rodeaba a los generales españoles era de verdadero monarquismo. El general Orgaz, junto a Carrero Blanco (foto 1); el general Saliquet (foto 2); y los generales Yagüe, Moscardó, García Valiño y Monasterio.

*El general Antonio Aranda fue uno de los generales más pro-monárquicos del Ejérci-
to español.*

general Orgaz para que *no soltara de la mano el triunfo de África* (140). Los monárquicos desecharon la intervención armada porque equivalía, en mayor o menor proporción, a una lucha que no deseaban porque no querían que la Monarquía viniese impuesta por la fuerza.

Los *últimos acontecimientos* a que se refería el general Orgaz estaban relacionados con la guerra mundial: la caída de Mussolini. Por este motivo Don Juan envió a Franco un telegrama por conducto diplomático solicitando la *incondicional restauración de la Monarquía* y expresando que si continuaba Franco en la misma postura autoritaria, se vería obligado a salvar su responsabilidad histórica haciendo pública la correspondencia cruzada. *Por no haber intervenido en los asuntos de España durante este trágico período*, Don Juan se sentía capacitado para *ejercer una acción conciliadora y constructiva dentro y fuera de las fronteras nacionales*. La posición de Franco, en palabras del Conde de Barcelona, era inadmisible y si continuaba así adoptaría una postura de *ruptura definitiva* (141). Los monárquicos habían expresado a Don Juan las ventajas que acarrearía la circulación pública de su correspondencia con Franco. *Es necesario que chille, que publique las cartas, que levante una bandera frente a Franco distinta de la revolución, creando la posibilidad política de la Tercera España* (142). La respuesta de Franco no se hizo esperar. Su Régimen era el único *que asegura a España actualmente la paz interna, justicia entre los españoles y el respeto exterior*. La decidida posición del Conde de Barcelona se debía al *desconocimiento actual de España*. Esperaba Franco que la actuación de Don Juan no rompiese *una relación de tanto interés para nuestra Patria* (143).

La situación en Italia y el activo movimiento monárquico preocupaban a los alemanes. El embajador alemán en España preguntó al ministro de Asuntos Exteriores español si la agitación monárquica podría afectar a la estabilidad interior de España, si era inminente la restauración y si los sucesos de Italia repercutirían en España. El ministro contestó negativamente asegurando que sólo *la voluntad del Caudillo era la que regía los destinos de España*. Por ello, la Monarquía *se instaurará, si se instaura, cuando el Caudillo quiera por considerar que es llegado el momento; y que lo que también puedo asegurarles es que jamás vendrá impuesta por nadie, pues ante una intromisión extranjera, que hasta ahora no existe en absoluto, ya que constantemente hacen protesta de respetar nuestras cuestiones internas, España se levantaría como un solo hombre para defender su soberanía* (144).

La coyuntura del país mediterráneo influyó de manera directa y decisiva en el Ejército. Muchos generales, entre los que los servicios de información señalaban a Aranda, Vigón, Queipo, Varela,

Kindelán, Ponte, Dávila, Moreu, creían necesario implantar una dictadura que pudiera dar paso inmediatamente a la Monarquía. Tomando como base el señalado manifiesto de los procuradores, las agencias informativas lanzaron una noticia irreal: se constituiría en España una Junta provisional en la que Franco resignaría la Jefatura del Estado, procediéndose inmediatamente a la restauración de la Monarquía (145).

Aunque la noticia no era veraz, constituye una prueba palpable del ambiente monárquico que en el verano del 43 rodeaba al Ejército. En Estados Unidos el general Beigbeder realizaba también una importante labor propagandística. Hizo gestiones para llevar al convencimiento de los elementos oficiales, partidos políticos, sindicatos y fuerzas de relieve social que *la solución definitiva de España* era la Monarquía. Beigbeder esgrimía que el éxito estaba asegurado si Don Juan hacía pública su insolidaridad con Franco. *Si el Rey toma la decisión de romper con Franco el usurpador y comienza a dar órdenes y a tomar actividad internacional, creo fundamentalmente que en 15 días arrastra a los Estados Unidos, y con ello a todo el continente americano.* Pero si Don Juan continuaba callado, *si no toma una actitud enérgica (me decían) pueden ustedes despedirse de la Monarquía; porque después de la caída de Franco vendrá fatalmente la República.* En España, Beigbeder explicó sus conclusiones a los generales (146).

Como final de todo este proceso, el 12 de septiembre, un grupo de tenientes generales preguntaron a Franco si no estimaba *llegado el momento de dotar a España de un régimen estable*, que reforzase el Estado *con las aportaciones unitarias, tradicionales, inherentes a la forma monárquica. Aunque no se arrogaban la representación de la colectividad del Ejército, recordaban a Franco que ellos le invistieron de los poderes máximos en el mando militar y en el Estado* (147). Firmaban el documento Orgaz, Ponte, Kindelán, Dávila, Solchaga, Moscardó, Saliquet y Varela. El general Vigón no asistió a las reuniones del Consejo Superior del Ejército, de donde partió la idea, pero fue consultado posteriormente, negándose a signar el texto. El documento fue escrito de acuerdo con el Infante Don Alfonso de Orleans, delegado del Conde de Barcelona en España.

El Generalísimo no contestó a sus compañeros de armas. Se limitó a recibirlos uno por uno. La mayoría se sostuvo en la necesidad de la restauración y algunos *le han dicho francamente que tenía que marcharse y dar paso a la Monarquía, pues si no le echarían los aliados o los rojos.* A todos dijo que era monárquico, pero que no era aún la hora de la restauración, y que precisaba que el falangismo se desgastara aún más; *cosas todas que no siente* (148), comentó Aranda.

Muñoz Grandes comunicó a Kindelán que Franco le llamaría y recalcó la conveniencia de que ordenase sus ideas para la entrevista. Añadió que Franco sentía *gran cariño y admiración* por él, pero señaló que *todos esos generales me han visto cuando les plugo y ninguno me ha dicho el lenguaje del Consejo Superior del Ejército, luego algún diablo los arma contra mí.* Kindelán le respondió que era innecesaria la preparación de la entrevista, dado que sus ideas estaban *de antiguo concebidas y ordenadas:* Por el sesgo que llevaba la guerra mundial y por los errores del Caudillo, Franco estaba a punto de caer. *De ello le advierten a tiempo y con lealtad los mismos que le alzaron donde está.* Dos formas tenía Franco de evitar la caída: *él, que no tiene por costumbre ni obligación moral consultar a nadie, podría decir que el momento de la Monarquía había llegado y dar paso a un gobierno con encargo perentorio de hacerlo con un prólogo de medidas indispensables en tres meses.* La segunda opción, calificada como «mala» por el general Kindelán, consistía en la declinación del poder *ab irato* por la presión insostenible de los generales. Esta alternativa *podría redundar en disensiones militares que, aún dominadas, traerían consigo evidente perjuicio al país* (149).

Como represalia a la actitud del Ejército, grupos de falangistas produjeron alborotos en ceremonias militares. El ministro del Ejército reaccionó apoyando a Franco. Solicitó a Kindelán que si llegaba a la Escuela Superior del Ejército que él dirigía, un escrito subrepticio que trataba el documento de los tenientes generales comentando que Asensio lo había hecho suyo, desmintiera la veracidad del mismo. Sin embargo, Kindelán estaba firmemente dispuesto a luchar por el cambio de régimen. Había señalado a los generales que no era hora de unirse, que la unidad de los españoles no iba a poder salvar a un Régimen condenado a desaparecer. La solución estribaba en ir preparando su sucesión (150).

También Gil Robles se dirigió a Asensio para indicarle que *los aliados vencedores no perdonarán al Generalísimo su Régimen, suceda lo que suceda.* Éste saldría doblegado en el terreno militar *como aliado vergonzante de Alemania* y en el terreno doctrinal *como solidario del totalitarismo.* Era además *el más eficaz e insustituible aliado de la revolución* frente a la que habría que oponer *una rápida restauración de la Monarquía.* Indicaba, no obstante, que el Rey no debería venir *traído por el Generalísimo.* Un acuerdo entre Don Juan y el Generalísimo perjudicaría a la Monarquía porque daría *la sensación de ser continuadora del Régimen actual.* La solución al problema pasaba por una actitud decidida del Ejército, *nada de conspiraciones,* sino hacer ver a Franco que su política estaba *irremediablemente condenada.* Para el ex dirigente de la C.E.D.A., el Ejército creó la situación política española y la sostenía, pero podía y debería cambiarla *sin cuarteladas, sin traiciones, sin derramamientos de sangre, poniendo por encima de todo la lealtad a una Patria en trance de perecer* (151).

El documento de los tenientes generales ha sido interpretado de maneras divergentes, algunas insultantes para los militares que rubricaron el texto. Sergio Vilar dice que *en realidad era una forma indirecta de pedir a Franco mayor participación en los beneficios del poder* (152). Esta interpretación cae, sin duda, dentro de lo imaginativo. Es verdad que el texto es tremendamente respetuoso, pero era obligado que así fuera porque iba dirigido a un superior que, además, era Jefe del Estado. Aranda apuntaba que la «dulzura» de la carta de los tenientes generales fue precisa para que firmaran *algunos como Moscardó y Saliquet, y para que el ministro Asensio aceptase su entrega y transmisión a Franco* (153).

Además, hubo un texto primitivo redactado en términos mucho más duros: *El régimen político restaurado en España por propia decisión de V.E. ha sido declarado y definido oficialmente como de esencia totalitarista al servicio de la ideología falangista y su suerte definitiva está ligada al resultado adverso de la guerra.* Dejaban caer en Franco toda la responsabilidad alegando que *las altas jerarquías militares no fueron jamás consultadas* y, en todo caso, *mostraron su disconformidad con el Régimen* siempre que tuvieron oportunidad. Por ello señalaban ahora *que el camino emprendido es equivocado y no lo comparten la mayoría de los españoles que iniciaron el Alzamiento Nacional el 18 de julio, cuyo espíritu ha sido totalmente deformado y no corresponde al pensamiento que unió a lo mejor de la Nación contra el régimen felizmente derrocado.* Finalizaban solicitando la *SUPRESIÓN ABSOLUTA y urgente del Régimen totalitario y el restablecimiento normal de la Monarquía Católica Tradicional* (154). Seguramente Franco conoció este documento.

También es cierto que nadie esperaba que la solicitud de los tenientes generales tuviera trascendencia. Pero como afirmaba Aranda, es preciso señalar cuatro puntos importantes: 1.º El Ejército era la única fuerza con que podía contarse para dominar la situación; 2.º Los firmantes eran, en esencia, los mismos que confirieron a Franco el mando supremo y que, por tanto, tendrían el mismo poder para mediatizarlo o anularlo; 3.º Habían solicitado la urgente restauración de la Monarquía; y 4.º El Ejército había hecho constar su voluntad de sostenerla frente a todos (155).

3.3. Salida frustrada de Suiza

Desde finales de 1942 los monárquicos solicitaban a Don Juan que abandonase el país helvético y se asentara definitivamente, hasta el momento de la restauración, más cerca de España. En Suiza, Don Juan se encontraba realmente incomunicado. Percibía con tardanza el verdadero estado de la opinión pública y recibía como únicos informantes a aquellas personas que autorizaba Franco, que era, por esta razón, defensores del punto de vista oficial, colaboracionista o simplemente acomodaticio. Pensaba Sainz Rodríguez que la estancia del Conde de Barcelona en Suiza podría convertirse en *un verdadero secuestro.* Si la guerra pasaba a Italia o a las costas meridionales de Europa, la situación sería francamente incómoda desde todos los puntos de vista, incluso del de seguridad. Salazar, su embajador Teutonio Pereira, el embajador de la Argentina, Palacios y Samuel Hoare manifestaron a Sainz Rodríguez *confidencialmente pero con absoluta claridad y decisión* el asombro que les causaba la permanencia de Don Juan en un lugar *en el que en un momento dado los alemanes le podrían privar de libertad de movimiento* (156).

El establecimiento de Don Juan cerca de España sólo podía tener ventajas. La aproximación a la Península, situándose a dos horas de vuelo y a poco más de automóvil de varias capitales españolas, era un hecho de importancia psicológica. Además el Comité monárquico podría actuar con mayor eficacia en España al recibir las órdenes y directrices frecuentes y directas del Conde de Barcelona, que estaría en mejores condiciones de aglutinar a los sectores de derechas e izquierdas descontentos con el Régimen, e incluso podría facilitarse conversaciones con el Generalísimo.

Así, fue a raíz del desembarco aliado en África, *previendo su influencia en la situación moral de España,* cuando Gil Robles y Sainz Rodríguez aconsejaron por primera vez a Don Juan de Borbón el cambio de residencia *para situarse en condiciones de poder actuar* (157). Gil Robles apremió a Don Juan para que dejase Suiza, procurando *cuanto antes venir a Portugal,* donde estaría *en posición de actuar y tomar las grandes resoluciones que pueden exigir las circunstancias, tal vez decisivas para la Monarquía y para España* (158). Don Juan tenía que *aprovechar la situación internacional en estos momentos en que Inglaterra ya no espera nada de Franco y todavía le interesa el porvenir inmediato de España en previsión de la prolongación de la guerra.* Observaba Gil Robles que Don Juan contaba, en estos momentos, con la fuerza para polarizar cuanto en España y en el mundo actuaba contra Franco. Tal fuerza estaba demostrada por la actitud del Caudillo, «encajando» la carta de Don Juan y rehuyendo la ruptura. *Cuanto más enérgico se muestre el Rey, más sumiso se presentará Franco* (159).

La revolución argentina y el resurgimiento del Estado francés suponían, en principio, dos nuevos reveses para la política franquista. *Ya se queda España sin diálogo posible con Hispanoamérica que, en todas partes, dará apoyo a los rojos, y la nueva Francia puede ser también un nido de actividades rojas en las puertas mismas de España.* Como los monárquicos seguían en silencio y la actividad pública del Conde de Barcelona aparecía indecisa, cada día se dibujaba más claramente ante el mundo la visión de España dividida en dos: *la roja y la de Franco que incluye a los monárquicos.* Por ello, el gran servicio que la Monarquía podría prestar al país sería *levantar la bandera de una tercera España en acuerdo con los aliados.* Porque cualquier solución política para España pasaba evidentemente por un acuerdo con ellos. *Por esto es absolutamente imprescindible la gestión monárquica, para llegar a un acuerdo con Inglaterra* (160).

El 16 de julio Sainz Rodríguez y Gil Robles envían a Suiza un informe conjunto demandando una actuación más organizada. *La condición previa «sine qua non» para que el Rey pueda actuar es salir de Suiza.* Querían que Don Juan levantase una bandera en política nacional e internacional contra el Caudillo, *ya que por el lado de Franco no cabe esperarse nada.* La actitud oposicionista del Conde de Barcelona no producía los beneficios políticos adecuados ante la opinión española y extranjera porque no estaba suficientemente defendida. Criticaban, en fin, la falta de coherencia en las actividades monárquicas (161).

El Conde de Barcelona deseaba más que nadie el traslado a Portugal, pero existían varias causas que lo frenaban: por una parte, la división de opiniones en el sector monárquico; *los que, por ejemplo, aconsejan romper con la solución actual no ofrecen los medios para hacer efectiva, en sus últimas consecuencias, una actitud semejante. Los que le estimulan para que adopte una posición de concordia o de colaboración tampoco le brindan las garantías indispensables para llegar a ello.* En esta atmósfera de recelos y susceptibilidades Don Juan opta por *mantener la balanza en el justo medio, ya que no puede desconocerse que, por muy decisiva que sea la influencia del desarrollado problema exterior, la operación tiene que hacerse con el concurso de los españoles.* Además se extrañaba de que si el interés de los ingleses era tan grande como para llegar a suscribir compromisos, no le abordasen a él *siquiera fuera solamente para hacerle partícipe de su interés y buena disposición* (162). Las dudas que Don Juan mantenía sobre el apoyo de los ingleses no eran infundadas. El embajador Hoare temía que la presencia de Don Juan en Portugal pusiera en peligro el «Bloque Ibérico» y acercara España hacia la órbita de los Estados Unidos (163).

El 16 de julio volvió a escribir de nuevo Sainz Rodríguez a Suiza explicando las negociaciones con el Gobierno inglés:

1.º El Foreign Office no toma en consideración el problema de la restauración monárquica en España.

2.º El Primer Ministro, sin embargo, entiende que, en el momento presente, es interesante para Inglaterra la instauración de la Monarquía en nuestra Patria.

3.º Esa política de Churchill supondría, en el terreno práctico: a) facilitar los medios necesarios para que el Rey pueda salir cuanto antes de Suiza, siempre que no se encuentren otros medios de realizar el traslado; b) garantizar al Rey la seguridad de que, al salir de Suiza, podría establecerse libremente en Portugal o en el país que escoja; c) reconocer el régimen monárquico inmediatamente que sea instaurado en España.

4.º El Rey debe tomar rápidamente una decisión, pues si da margen a que estallen movimientos subversivos, no se puede garantizar la continuación de esta política favorable a la Monarquía. La caída de Italia parece marcar un límite que sería muy peligroso rebasar.

5.º El Gobierno inglés tiene la información segura de que el Alto Estado Mayor alemán estudia de nuevo los planes de una invasión de Suiza (164).

Finalmente, optó Don Juan por preparar el viaje sin intervenciones del Gobierno inglés. Fue Vegas Latapie quien, ante los cambios producidos en Italia, pensó en la amistad que unía al Conde de Barcelona y al conde de Marone. Con la ayuda de éste podría lograrse el traslado con el consentimiento del Gobierno italiano y a través de Italia (165). Ramón Padilla marchó hacia Roma para entrevistarse, en nombre de Don Juan, con el conde de Marone y solicitarle que rogara al mariscal Badoglio (encargado de formar gobierno tras la caída de Mussolini) autorizase la salida de un avión de pasajeros en el que Don Juan se trasladaría a Portugal. Ramón Padilla y el conde de Marone volvieron a Suiza dando cuenta favorable del estado de la negociación. El Conde de Barcelona retrasó unos días el viaje, *alegando como única justificación de la demora un único motivo de devoción*, lo que le supuso la protesta de sus consejeros.

Cuando Don Juan iba a salir para Italia le llegó la noticia de que la intervención alemana en el norte de este país había producido el cierre de la frontera. No obstante, llegó hasta ella, pero no pudo cruzarla. Las vacilaciones del Conde de Barcelona no se debieron exclusivamente a cuestiones privadas o devocionales, como él había señalado. Existían problemáticas mucho más complejas e importantes. Desde el interior un sector de monárquicos le había expresado la imprudencia que suponía el traslado a Portugal. Intentaban éstos que el Conde de Barcelona se acercara a España con el pretexto de ir a Portugal, parar en Tánger, *posición internacional a nuestro cuidado* y arrostrar desde allí la reacción de Franco. *Sublevar, si en tanto éramos poderosos, la zona y, sobre base fuerte y amplia, formar un gobierno monárquico autónomo.* Con este posicionamiento encuadraba, como ya hemos visto, la disposición de ánimos de Orgaz (166).

4. HACIA LA RUPTURA

España escucha hace tiempo un monólogo, y todo lo que no se aviene a él, oye al punto de ese monólogo la voz del insulto y de la vejación.
La buena doctrina enseña que cuando el Estado emplea procedimientos tiránicos, no sólo es lícito, sino que muchas veces constituye un deber, ponerse al margen de la Ley, que moralmente no tiene fuerza de obligar.

JUVENTUDES MONÁRQUICAS

4.1. Declaraciones del Conde de Barcelona a *La Prensa*

El 26 de octubre de 1943 el agregado inglés en Madrid, a quien se le había comunicado los proyectos sobre el posible viaje del Conde de Barcelona a Portugal, prometió hablar del tema a Churchill. A su vuelta, el 14 de diciembre, informó a los representantes de Don Juan que el problema de la restauración de la Monarquía española no interesaba ahora a los ingleses desde un punto de vista militar. No obstante, Sainz Rodríguez y Gil Robles habían enviado a Don Juan sendos proyectos de declaración en contra del Régimen. Rogaban que las declaraciones se hiciesen en forma de entrevista, incidiendo en las discrepancias con Franco y el sistema totalitario imperante. Intentaban que la personalidad del Conde de Barcelona se acusase ante la opinión internacional frente al Régimen franquista, para situarse como una posibilidad viable en el plano aliado y obtener seguridades de apoyo en la crisis española que originara la necesidad en que se verían los aliados de provocar la caída de Franco, obteniendo así, la adhesión de la mayor cantidad posible de sectores de opinión.

Solicitaban también el estudio de unas bases muy amplias *pero explícitas y claras a la par que flexibles,* enfocadas a dividir en tres sectores el problema de la futura organización de España: *a)* Organización social y económica; *b)* Cuestión religiosa y derechos personales; *c)* Estructura propiamente política del Estado y de los órganos de Soberanía. Estudiadas estas bases por el Conde de Barcelona, Gil-Robles y Sainz Rodríguez, por su *cuenta y riesgo personal* contactarían con los elementos de la izquierda moderada para intentar llegar a un acuerdo sólido con ellos, tras el cual Don

Juan nombraría un plenipotenciario de su confianza que, con instrucciones precisas, se pondría al habla con el Primer Ministro inglés para ofrecerle una solución factible y concreta del problema de España para el día de la paz y de la organización europea. Este plan se realizaría sin perjuicio de otras actividades —relaciones con generales, ayudas internacionales inmediatas, etc.— que pudieran permitir la implantación inmediata de la Monarquía con anterioridad al final de la guerra (167).

También el general Aranda pensaba que era preciso atacar cuanto antes todo lo que fuera totalitarismo, ya que mientras la masa presintiese vacilaciones, no se sumaría a los propósitos restauracionistas, sino en forma muy tibia y sin eficacia alguna. Como los monárquicos no tenían fuerza suficiente para dominar a la Falange (que contaban con la fuerza del poder) por la división del Ejército, era necesario atraerse a las izquierdas porque, pensaba Aranda, tenían mayor fuerza en las masas y el probable apoyo de los aliados. Por ello era preciso que la Monarquía se definiera en el terreno de la política real, organizara y realizara propaganda, pues *no bastan ya sus condiciones de tradición y continuidad*. La acción a emprender la dibujaba el general Aranda en siete puntos:

> 1.º Sacar de Suiza y rodear bien a Don Juan; 2.º Contacto inmediato con las izquierdas. Bases mínima coincidencia; 3.º Propaganda de acción organizada; 4.º Dirección indiscutible y con autoridad; 5.º Organización de los elementos de acción inmediata, y un aparato de gobierno posterior; 6.º Criterio único, y llevado por conducto único al exterior y al interior; 7.º Acuerdo de principios con aliados, a base de gran desconfianza.

Ante la evolución de los acontecimientos internacionales, las noticias recibidas desde Madrid y la «indecisión» del Conde de Barcelona, resuelve Gil-Robles, en los últimos días de 1943, escribir a Don Juan una carta en un tono excesivamente duro. *El crédito de V.M. ante los aliados está poco menos que agotado*. Decía que era necesario una clara actitud discrepante con el Régimen franquista y una actuación decidida y enérgica, debido a que la Monarquía española no contaba con el menor interés específico para los anglosajones e iba a quedar reducida a *uno de tantos aspectos parciales de la reorganización política de Europa*.

Se quejaba el ex dirigente de la C.E.D.A. que la causa monárquica continuara sin orientación. La solución a esta ingrata coyuntura pasaría por una declaración *enérgica y tajante* que permitiera una restauración sobre bases fundamentalmente nacionales. El mantenimiento de una actitud vacilante o haría imposible la restauración, o ésta quedaría a merced de *tendencias antinacionales que en breve tiempo la liquidarán.* Los últimos acontecimientos políticos aconsejaban esa rápida actuación. El general Franco, en peligro, había comenzado una serie de rectificaciones aparentes, que dejaban intacto el problema político. Cuando Franco tuviese la certeza de que su caída era inmediata, querría pactar con Don Juan. *Y entonces, será V.M. quien tendrá que enfrentarse con espantosos problemas insolubles en plena convulsión mundial, con la enemiga de los triunfadores, con la herencia de odios de régimen caído y con una ficción de instituciones políticas, que ni podrán mantenerse en vigor, ni por su descrédito permitirán la creación de otras semejantes* (168).

La carta de Gil-Robles es más cruda que realista. La evolución de los acontecimientos ha demostrado que la victoria de los aliados en la guerra mundial no significó el fin del régimen franquista. Un manifiesto real no hubiera reflejado un mayor apoyo de los aliados y sí, en el interior, una propaganda adversa a la Monarquía y a la figura de Don Juan con una orquestación similar a la producida con ocasión del «Manifiesto de Lausanne», que estudiaremos en su momento. Al contrario de lo que pretendía Gil-Robles, tal declaración habría unido aún más a Franco con quienes le apoyaban. Las Cancillerías entendían la posición de Don Juan. El Foreign Office conocía las cartas que Franco y Don Juan se habían cruzado y la posición política del Pretendiente. Las izquierdas del interior, trabajadas por el general Aranda, tenían también conocimiento de estos textos, y los exiliados sabían, del mismo modo, las pretensiones que Don Juan tenía de acabar, para siempre, con el recuerdo de la Guerra Civil. El mismo Gil-Robles anotaría en su diario que el hijo de Marañón, antiguo falangista, *hoy desengañado y arrepentido*, sabía, por referencia de Jordana que *los rojos más significativos —Sánchez Román, Ossorio, Martínez Barrio, Prieto, etc.— se habían reunido en Bogotá para firmar un documento favorable a la Monarquía* (169).

Es cierto, sin embargo, que Franco enviaba a Lausanne emisarios para que intentaran atraer al Conde de Barcelona a su posición. Por estas fechas viajaron a la ciudad suiza Vigón, Fernández Cuesta y Luca de Tena. Este último, después de tratar con Don Juan, redactó un informe que constataba la existencia de uniformidad de criterio entre Franco y Don Juan. *Me añadió que su mayor anhelo ha sido y sigue siendo actuar de acuerdo con el Generalísimo Franco, lamentando que algunos malentendidos puedan quebrantar la armonía y cordialidad que él desea mantener en todo momento* (170). El informe de Luca de Tena causó *sorpresa y desagrado* a Don Juan de Borbón, el cual rogó al conde de los Andes hiciera saber a los monárquicos que su pensamiento no era, en absoluto, concorde con el mencionado escrito (171).

También Vigón comentó al conde de los Andes que Franco era imprescindible, que la lección de Mussolini le había sido medicinal y que era menester reconciliar a Franco con Don Juan, *al cual, con motivo de su último telegrama, hemos estado los ministros monárquicos a punto de negarle obediencia.* Pretendía Franco formar una Casa Civil y Cuarto Militar al Conde de Barcelona. En ese sentido le escribió Vigón, desestimando Don Juan el proyecto por considerarlo como una «jaula dorada». Resultaba Vigón uno de los mayores escollos que tenía que salvar Don Juan. Había llegado incluso a negar a Don Alfonso de Orleans autoridad para representar al Conde de Barcelona en cosa distinta del trato oficial con el general Franco. Don Juan tuvo que escribir al Infante de Orleans otorgándole su representación íntegra y completa para todo género de asuntos de carácter público, aconsejándole la constitución de un consejo que le asesorase. En principio dejaba a su libre arbitrio la designación de las personas que habrían de complementarle, pero luego, atento a observaciones de Oliván y Vegas, dio encargo a Fontanar de confiar al Infante los nombres de las personas designadas: conde de los Andes, Juan Ventosa, Alfonso García Valdecasas, Cirilo Tornos y Geminiano Carrascal (172). A su vez, Gil-Robles fue nombrado por Don Juan representante de la causa monárquica en el exterior.

Comentaba el Conde de los Andes a Don Juan que debería seguirse *una línea de conducta expectante* en razón de los propósitos conciliadores más o menos auténticos de Franco y *las circunstancias que parecen favorecerle.* Ventosa y el Conde de los Andes habían explorado personas nacionales y diplomáticas, *imparciales por la índole de su situación y bien informadas, que coincidían en señalar que Franco tenía fuerza suficiente para arrastrar una parte del Ejército, si utilizamos los nuestros contra él.* Además, los generales más antiguos no gozaban del prestigio suficiente y los jóvenes, entre los que citaba a Muñoz Grandes, Asensio y Barón, estaban con el Caudillo porque les servía «de comodín». Vigón, por su parte, no tenía la adhesión de los generales viejos, pero cultivaba con mayor intensidad a los jóvenes *en calidad de mentor y padrino desinteresado.*

Los informantes de los consejeros de Don Juan pensaban que éste debería *hacer un alto el fuego,* sin que ello significara o pudiera ser interpretado como que variaba su posición, esperando, hasta conocer mejor, la evolución del general Franco. Ventosa y el Conde de los Andes, y de acuerdo con ellos Quiñones de León, señalaban que la actitud expectante podría armonizarse con el vigor de la posición de Don Juan, *en la cual debe progresar y no dejarse ganar la mano de nadie.* Indicaban la posibilidad de publicar un artículo de fondo en un periódico europeo que explicara los antecedentes y definiera la situación monárquica, suscrito de pluma autorizada y leída en Europa. *El mero hecho de consentirlo sin rectificaciones* —escribía Andes— *le daría autenticidad, sin mezclar al Rey ni sus allegados, en estos momentos en que Franco juega el vocablo con frases del Rey que él tergiversa con el designio vil de malquistarle el Ejército* (173).

El Conde de Barcelona, entre noviembre y diciembre de 1943, consultó en España dos proyectos de manifiesto. Solamente Vegas Latapie, y Sainz Rodríguez se pronunciaron favorablemente. Los consejeros de Madrid mostraron la opinión conocida anteriormente. Don Juan decidió por tres veces publicar el manifiesto, pero prevaleció el criterio de López Oliván, *deseoso* —según Vegas Latapie— *de no contrariar la opinión de los consejeros de Madrid* (174). Optó el Conde de Barcelona por hacer unas declaraciones a *La Prensa* de Buenos Aires. En ellas constataba Don Juan que ni él, ni las personalidades civiles y militares que se habían dirigido al Caudillo en *los términos más respetuosos*, insistiendo en la necesidad y urgencia de una restauración monárquica, habían logrado más que vagas promesas, *sometidas, además, a condiciones inadmisibles para el ideal monárquico y a un aplazamiento indefinido*. Se negaba Don Juan a identificarse con los postulados totalitarios de la Falange y a prestarse a que la Monarquía restaurada apareciera como coronación o remate de la estructura creada por el Régimen del general Franco. Añadía que únicamente la Monarquía tendría la suficiente capacidad para alcanzar la necesaria concordia de todos los españoles y para llevar a cabo las grandes rectificaciones que precisaba la política interior y exterior española. *El régimen republicano y el actual no han conseguido, ni conseguirán, armonizar el orden con la libertad en el interior, ni tampoco podrían ser factores positivos en el orden internacional futuro* (175).

4.2. Aumentan los enfrentamientos contra el Régimen

Las declaraciones de Don Juan a *La Prensa* coincidieron prácticamente con la contestación de Franco al Conde de Barcelona. Se trata de la carta mencionada ya en los *antecedentes*. El origen de esta misiva hay que localizarlo en otra en la que Don Juan explicaba a sus consejeros del interior las pautas a seguir. Por una imprudencia de la vizcondesa de Rocamora, que la introdujo en un buzón postal de San Sebastián, fue interceptada por los servicios secretos del Régimen. El Generalísimo, tras comentar que rescató la carta de manos de un agente extranjero y que por ella se había enterado de la intimidad del pensamiento del Conde de Barcelona, le replicó que trataban de engañarle, ya que *la supuesta ilegitimidad* de sus poderes, *una calumniosa situación de España, y un pobre concepto de los españoles,* no coincidían con la realidad.

Franco arrostraba la legitimidad que suponía la ocupación y la conquista, *no digamos el que engendra salvar una sociedad.* Se refería el Caudillo a la victoria en la Guerra Civil, obtenida *con el favor divino.* Como la nación disfrutaba *de una paz y un orden jurídico a tanta costa logrado,* condenaba la actitud de Don Juan por intentar menoscabar su autoridad soberana. No se explicaba el Caudillo cómo los monárquicos pretendían perturbar su orden jurídico, si él, no sólo no cerraba el camino a la instauración monárquica, sino que a ella se dirigía. *Nosotros caminamos hacia la Monarquía, vosotros podéis impedir que lleguemos a ella.* Terminaba Franco encareciendo a Don Juan que no realizara una política adversa al Generalísimo, contraria al Régimen, a *nuestra Cruzada Nacional.*

El pensamiento de Franco no coincidía con el del Conde de Barcelona, ante el cual aparecía como uno de los contados españoles que creía en la estabilidad del Régimen nacional-sindicalista. Éste no subsistiría al término de la guerra mundial, por lo que resultaba la Monarquía Católica Tradicional la solución más viable para España. Se negaba a identificarse con el Estado falangista por estimar *que ello era incompatible con la esencia misma de la Monarquía;* y no se mostraba dispuesto a ocultar su pensamiento por más tiempo, *ya que son muchos los que en España y en el extranjero interpretan mi silencio como una identificación con el Régimen presente.* Explicaba que no levantaba bandera de rebeldía ni incitaba a nadie a la rebelión; se limitaba a hacer pública la divergencia que siempre le había separado del Caudillo, *impidiendo así que la caída del Régimen nacional-sindicalista imposibilite la restauración de la Monarquía y prive a la Patria en tan críticos momentos de sus seculares instituciones, únicas que pueden oponerse al extremismo revolucionario* (176).

El embargo de petróleo fue el pretexto que utilizó Don Juan para telegrafiar a Franco. El Conde de Barcelona mantenía la misma posición y apelaba a Franco para que llegase con él a un *acuerdo que permita la restauración de la Monarquía en plazo breve, venciendo así dificultades y salvando a España de los peligros de una nueva Guerra Civil.* La contestación de Franco, tanto a la carta como al telegrama, es dura. Las diferencias y posibilidades de ruptura entre Franco y Don Juan se acrecientan. Las manifestaciones del Conde de Barcelona le alejaban *cada vez más del sentir de los españoles y muy especialmente del ideal con que cayeron esos hé-*

roes y mártires que con error invocáis en vuestra carta y que como Jefe y Caudillo que los condujo a la victoria tengo alguna autoridad para definir. Señalaba también que la Falange no era ni un partido, ni exótica ni totalitaria; y los monárquicos alejados del Movimiento lo habían hecho por no haber encontrado satisfacción a sus ambiciones personales. Lo más importante de esta carta es algo que se repetirá también en la contestación al telegrama: el cambio de tiempo del verbo caminar. *La Monarquía Católica Tradicional, a cuya instauración con paso firme y seguro CAMINÁBAMOS y que de no seguir estas desdichadas y públicas intervenciones ya hubiera sido proclamada, es todo lo contraria de la liberal y ecléctica que os están haciendo definir.*

La Monarquía que Franco pensaba instaurar era incompatible *con disidencias y conflictos, provocados por grupos monárquicos y con manifestaciones públicas de divergencia y hostilidad hacia el Régimen.* El Generalísimo se ponía al frente de las pretensiones de Don Juan de restaurar una Monarquía contraria al Movimiento Nacional. A las amenazas de Don Juan diciendo que no permanecería en silencio, contestaba Franco con otras mucho más duras. *Si el 18 de julio, sin apenas medios preferimos tantos españoles la para muchos loca aventura de lanzarse a la muerte para salvar a España, aun a costa de sensible sangre española, imaginaos lo que haríamos hoy para impedir que por ambiciones personales o por improvisaciones o intrigas extranjeras se intentara poner en peligro lo que tanto nos ha costado* (177).

Pese a las intimidaciones de Franco, Don Juan opta por continuar con sus acciones contrarias a la Falange y a todo lo que el Régimen franquista significaba. En sus declaraciones a *La Prensa* y en las cartas que dirigió al Generalísimo, había dejado claro su pensamiento. La contestación a la misiva de Gil-Robles de diciembre de 1943 y la enviada al Infante Don Alfonso de Orleans, se expresaban en el mismo sentido. En esta última indicaba que el silencio que había mantenido no era sinónimo de conformidad con la política interior y exterior del Régimen, sino que adoptaba esa posición *con el fin de impedir que la pública discrepancia mía y de la Monarquía pudiese servir de pretexto para la entrada en España de tropas extranjeras en auxilio de un Régimen semejante al de su país o al desembarco en las costas españolas del otro bando beligerante facilitado por el desorden interior convirtiendo a España en terreno de operaciones.* Recordaba el Conde de Barcelona las declaraciones al *Journal de Genève* y a *La Prensa*, y las cartas dirigidas al Caudillo por los procuradores, los tenientes generales y por él mismo, señalando que habían sido totalmente desoídas, e infería que la caída del Régimen traería consigo el *extremismo terrorista como secuela obligada de la república* que se implantaría de no existir la solución monárquica, *única capaz de conjugar la tradición con el progreso y de armonizar el orden con la libertad.*

Expuestas así las cosas, definida la insolidaridad de la Monarquía con el Régimen del Generalísimo, veía lógico el Conde de Barcelona que *los verdaderos monárquicos* no continuaran colaborando con él. No obstante, en esta ocasión declara simplemente que quienes estaban desempeñando cargos oficiales de carácter político lo hicieran a título personal, *y sin que de su colaboración con el Régimen pueda hacerse responsable a la Monarquía.* Concluía Don Juan, saliendo al paso de una maniobra, calificada de *absurda y antipatriótica,* por la que intentaban *disfrazar ante el mundo al Régimen presente con las apariencias y el nombre de la Monarquía,* que encarnaría, bajo el título de Regente, el general Franco (178).

El 25 de febrero de 1944 el Infante de Orleans había mantenido una conversación con Franco, sin que llegaran a ninguna conclusión. El Generalísimo continuaba inmutable en su posición de que la Monarquía no podría restaurarse más que con el Régimen y con la Falange. El 29 de febrero Orleans le escribió unas notas *con todo el cariño y leal compañerismo de nuestros viejos tiempos de academia,* rogándole encarecidamente reflexionase si era posible modificar su criterio. La carta iba acompañada de la otra que el Infante Don Juan envió a su tío (179). Sobre este asunto dice Suárez Fernández que el Infante, *que actuaba un poco como representante oficial de su sobrino el Conde de Barcelona,* escribió a Franco proponiéndole una actitud más flexible. Dice también que la idea de la Regencia no era más que una mala información de Don Juan y que la filtración de la carta que escribió a su tío hizo que arreciaran los ataques contra Don Juan y sus consejeros en *Arriba* y los demás diarios del Movimiento (180).

En este párrafo del profesor medievalista existen tres errores que merecen la pena significar. En primer lugar, el Infante Don Alfonso de Orleans no actuaba *un poco* como representante oficial de su sobrino, sino que era representante de su sobrino el Conde de Barcelona; en segundo lugar, la carta de Don Juan no se filtró, sino que circuló por España. Fue escrita para darse a la publicidad, y, aunque con tardanza, la carta fue impresa y repartida. Es muy posible que supliera, una vez más, al manifiesto; en tercer y último lugar, la idea de la Regencia ni era una falsedad, ni era una información desproporcionada. El proyecto de constituir España como reino comenzaba a fraguarse en estos momentos. En el archivo del general Varela hay documentos que se expresan en este sentido. El general Asensio explicaba a Varela, en un escrito fechado en 1945, lo que en 1947 sería la Ley de Sucesión. Con anterioridad, en febrero de 1944, en una conversación que mantuvo Rodezno con Franco, éste, tras comentar que Don Juan era un liberal y que sería preciso buscar un rey dentro de la Tradición, añadió que tenía proyectado constituir un Consejo de Regencia o del Reino, *con la misión de hacer una selección entre los candidatos al Trono tan pronto como él* —Franco— *faltara* (181). Si pensaba constituirse España como Reino sin rey, en el que Franco continuase siendo el Jefe del Estado, ¿cómo puede, entonces, calificarse de erróneo hablar de regencias?

El mismo 29 de febrero el Infante Don Alfonso visitó al general Asensio, al cual informó que Don Juan había comenzado a preparar un manifiesto para explicar su postura. El ministro del Ejército escribió a Franco rogándole que negociara con el Conde de Barcelona, al tiempo que ofrecía al Caudillo su dimisión. *Hay que lograr una rápida inteligencia con Don Juan para que no siga haciendo daño... si no llegamos a la instauración monárquica rápidamente el país quedará en poder de las izquierdas* (182).

La respuesta a la carta de Gil Robles nos señala las nuevas directrices de la política monárquica y sus impedimentos. Don Juan cree llegado el momento, *sin pérdida de tiempo*, de realizar una acción constructiva y enérgica. Estimaba que los objetivos inmediatos a alcanzar eran: 1.º Dar cohesión y unidad a las fuerzas monárquicas; 2.º Establecer unas bases políticas; y 3.º Encargar a una persona o a un director la acción política. Contestaba Don Juan a los nueve puntos en que Gil Robles trazaba un plan de actuación. El primero trataba sobre una manifestación pública del Conde de Barcelona, que ya había sido puesta en práctica con las declaraciones a *La Prensa* y ampliada ahora con la carta enviada al Infante de Orleans. En ella se abordaba también el segundo plan de actuación, relativo a la renuncia de los cargos que ocupaban los monárquicos en el Régimen.

Llegaba a la conclusión, por las noticias que recibía, *que no tardaremos mucho en tener que hacer frente a una campaña de ataques a mi persona y de un artificial confusionismo dinástico.* Llegado ese momento se vería en la necesidad de dar a conocer, *en forma de folletos y precedida de una introducción,* ciertos documentos que no citaba. Volvía a hacer hincapié en el asunto de la Regencia, ante el que se opondría con todas sus fuerzas, comenzando por dar a conocer un manifiesto o declaración. En cuanto al nombramiento de un Delegado, que constituía el tercer punto, quedaba parcialmente resuelto con la nominación del Infante Don Alfonso, al cual ayudarían en sus gestiones el ya mencionado comité. Solicitaba a Gil Robles que nombrase un representante directo suyo, sin perjuicio de que él mismo, con la colaboración de Sainz Rodríguez, *pudiera llevar a cabo ahí utilísimas gestiones relacionadas principalmente con la acción exterior.* El punto cuarto del plan de Gil Robles se refería, precisamente, a esta cuestión, al nombramiento de un representante para tratar con las potencias extranjeras. Existía, sin embargo, una dificultad. Cuando a finales de 1943 en Suiza intentaron contactar con los ingleses, el Foreign Office sostuvo la tesis de que los asuntos monárquicos debían ser necesariamente tratados por conducto de su representante en Madrid. Si prevalecía este criterio, la designación de Gil Robles para que, desde Portugal, llevara esas gestiones de acuerdo con el Infante estaría dificultada.

Para hacer realidad la recomendación contenida en el punto quinto, relacionada con la propaganda, eran necesarias dos cuestiones: el nombramiento de agentes monárquicos en el extranjero, y contar con fondos para hacer frente a los gastos que esa propaganda originaría. Sobre la recogida de las firmas contra el Régimen a que se refería el punto sexto, aunque desconocía las posibilidades para llevar a cabo esta acción, consideraba conveniente que fueran los elementos de Madrid quienes la emprendieran.

El punto séptimo trataba de los contactos con el elemento militar. El Infante de Orleans mantenía relaciones continuadas con este estamento, pero pensaba Don Juan que después de lo ocurrido con el documento de los tenientes generales no era factible promover en el seno del Ejército una actuación como parecía sugerir Gil Robles. Consideraba igualmente conveniente que se encargara éste en Portugal de llevar a cabo las gestiones encaminadas a ensanchar todo lo posible la base de apoyo a la Monarquía a que aludía el punto octavo. A título de información enviaba el Conde de Barcelona un apunte que resumía la conversación mantenida con una persona que decía representar a la *Junta Suprema de Unión Nacional*, a la cual Don Juan explicó que no era contrario a que se iniciase una aproximación con los elementos moderados de la izquierda. Finalmente, la constitución de un fondo de acción monárquica estaba ya en vías de realización.

En esta carta, en la que Don Juan explicaba que el plan de acción propuesto por Gil Robles estaba ya en marcha, argumentaba también que no era justo atribuirle, de un modo exclusivo, *los perjuicios que mi aparente pasividad hayan podido producir* (183). Es necesario reconocer que Don Juan de Borbón se encontraba en estos momentos en una posición difícil. Una actitud de confrontación total le anularía el apoyo de los sectores más conservadores del país, que, indudablemente, Don Juan necesitaba para acceder a la Jefatura del Estado. Además se habría adelantado la propaganda antimonárquica y el confusionismo dinástico al que Don Juan aludía y que ahora, al producirse el enfrentamiento entre Franco y el Conde de Barcelona, va a arreciar. Por otra parte, una actitud aparentemente pasiva, aunque no lo fuera en realidad, podría aparecer ante algunos sectores como contemporización con el Régimen. El conde de los Andes se quejaba de esta difícil situación y, aunque había aconsejado a Don Juan un *alto el fuego táctico*, se intranquilizaba por la indefinición pública del Rey que consideraba cada vez *más necesaria* (184).

4.3. Arrecia la represión

La actitud adoptada por Don Juan en sus escritos al general Franco, las declaraciones a *La Prensa*, la carta dirigida a su representante el Infante de Orleans, el célebre manifiesto de los catedráticos que analizaremos seguidamente y la circulación de un folleto que contenía una serie de documentos que demostraban la incompatibilidad de la Corona con el Régimen (185), hicieron que éste agudizara la actitud antimonárquica que había adoptado desde los inicios de la Guerra Civil. Esta acción se dibujó en tres sentidos: confusionismo dinástico; propaganda antimonárquica en la Prensa con insultos y vejaciones a personalidades monárquicas; y confinamientos, presiones, vigilancias y multas a este sector político. El confusionismo dinástico se centraba en la maniobra «carloctavista», a la cual Sainz Rodríguez calificaba como *el acto más indigno y antipatriótico de la Historia Política de España*. Para el ex ministro de Educación, Carlos VIII no era más que un *pretendiente de alquiler* de quien *movido únicamente por el afán ciego y suicida de continuar en el poder* abanderaba tamaña maniobra (186).

Los insultos y campañas de desprestigio fueron dirigidos fundamentalmente contra los monárquicos del exterior. Sainz Rodríguez fue acusado de masón y Gil-Robles, en el diario *ABC*, de traidor. El artículo del diario monárquico titulado «El apuntador de la República» solicitaba la retirada de la nacionalidad a Gil-Robles, al cual se le imputaba que durante la Guerra Civil había entregado a los republicanos la lista de los miembros de Acción Popular para que fueran fusilados. El artículo fue redactado por la Delegación de Prensa y sometido a consulta del general Franco. Aprobado por el Jefe del Estado fue enviado al mencionado periódico. Losada, entonces director de *ABC*, dijo que no podía publicarlo, siéndole obligada más tarde la publicación *sin excusas ni pretexto alguno*. Losada presentó a Luca de Tena la dimisión, el cual le apuntó que no debía dimitir ante él, sino ante quien le había nombrado. Acudió entonces a la delegación de Prensa, donde se le obligó a continuar en su puesto de Director. El Presidente de *ABC* envió un escrito a Gil-Robles conceptualizando el artículo impuesto a su periódico de *injurioso* y ofreciendo al consejero de Don Juan las explicaciones pertinentes. Le autorizaba además a que hiciera con su carta el uso que estimara conveniente (187). Ante la imposibilidad de defenderse en la Prensa no quedaba otro camino a Gil-Robles *que acudir al Jefe del Estado y al Generalísimo de los Ejércitos.* Solicitaba su comparecencia ante cualquier Juez o Tribunal imparcial que aceptaría con la sola condición de que el Jefe del Estado garantizara una completa libertad y publicidad tanto de las acusaciones como de la defensa. *Si el artículo de ABC «hubiera aparecido, por propia decisión del diario, en tiempos de régimen democrático, que V.E. tantas veces ha condenado, yo tendría abiertas las columnas de muchos periódicos para la rectificación obligada, sin perjuicio de la querella criminal, que de todos los modos voy a presentar ante los Tribunales».* Pero como la Prensa estaba *no simplemente censurada, sino netamente dirigida por los órganos estatales,* era el Régimen quien se hacía responsable de *los actos de la Prensa* (188).

Las acciones del Gobierno español no se limitaron únicamente a la injuria. El 25 de mayo, Oliveira Salazar comunicó a Gil-Robles que Nicolás Franco estaba realizando gestiones para que el ex dirigente de la C.E.D.A. fuera expulsado de Portugal o enviado a una isla. Debido a la resistencia del Presidente portugués, el ministro de Asuntos Exteriores de España, conde de Jordana, había llamado al embajador portugués para comunicarle, por orden de Franco, que Gil-Robles ejercía actividades políticas, que era representante del Conde de Barcelona y el *enemigo número uno* del Caudillo, y que Portugal no debería permitir que desde su territorio se hostilizara a un Gobierno amigo. Oliveira Salazar accedió y solicitó a Gil-Robles que se asentara en cualquier lugar de Portugal que no fuera ni Lisboa ni Estoril (189). Pretendía Franco que Gil-Robles no realizara actividades políticas ni se reuniera con Sainz Rodríguez, del cual también había solicitado el confinamiento.

Carrero Blanco remitió *por encargo de S.E.* unas notas y el texto de un telegrama para que fuera cursado al embajador de España en Lisboa:

> Es necesario gestionar del Gobierno portugués la expulsión de Portugal, o el confinamiento en lugar situado fuera de la Península, de los marqueses de Pelayo y del Sr. Sainz Rodríguez, por la activa campaña que desde Portugal llevan a cabo contra el Régimen de España y su Jefe del Estado, abusando de una manera clara de la hospitalidad portuguesa.
>
> La marquesa de Pelayo presume de sus relaciones de amistad con la Sra. del general Carmona, lo que, cierto o falso, obliga a obrar con tacto, energía y discrección (190).

La segunda nota era un apunte informativo sobre las actividades que desarrollaban en Portugal los marqueses de Pelayo. Hacían constar que la citada marquesa realizaba una intensa campaña, inspirada por Sainz Rodríguez, dirigida a destruir *la unidad de los españoles fomentando divisiones y alentando conspiraciones entre los elementos que integran nuestro Movimiento.* El primer paso de esta intentona había sido dirigido contra el Ejército, pretendiendo indisponer a éste contra el Caudillo. Fracasada la campaña, *aunque en algunos momentos produjo inquietud en sus intrigas,* habían cambiado su punto de mira, pero no sus objetivos.

... hoy el blanco de las maquinaciones de estos intrigantes es el Partido, al que se trata de minar fingiendo un acercamiento hacia la Falange y hacia las personas más implicadas en ella o más unidas por vínculos de parentesco con el fundador, para sembrar recelos y crear disidencias, llevando a su espíritu la confusión y la desconfianza hacia el Caudillo y las jerarquías actuales, pensando explotar con tal fin toda clase de resentimientos y desvíos.

Desde Portugal, Sainz Rodríguez dirigiría una organización clandestina, denominada «Ariete», formada por elementos intelectuales e implicados en la enseñanza oficial, a los cuales habría beneficiado desde su puesto en el Ministerio de Educación, evitando incluso que alguno fuera expulsado de su cátedra como consecuencia de su depuración. *Con estos elementos* —concluye la nota— *que se encuentran infiltrados en el medio oficial y en el Movimiento, intenta promover incidentes de rebeldía o disidencias que es necesario desmontar para evitar el espectáculo que ante el extranjero se trata de producir* (191).

Indirectamente culpaba el general Franco a Sainz Rodríguez del escrito que los catedráticos habían dirigido a Don Juan, recordándole que España necesitaba recobrar el Régimen monárquico:

En la Monarquía y en la persona de V.M. está nuestra esperanza de un régimen estable, de autoridad, de derecho, y de paz, que permita a España restañar sus heridas y realizar sus aspiraciones en el futuro concierto de los pueblos.

Los catedráticos monárquicos Julio Palacios, Juan López Ibor, Alfonso García Valdecasas y Jesús Pabón, fueron deportados y sancionados con una multa de 25.000 pesetas. Palacios fue desterrado a Almansa; Valdecasas a la villa zaragozana de Alcañiz, en Tordesillas fue confinado durante diez meses Pabón; y López Ibor en Barbastro. Cuando este último recibió la orden de deportación, había sido ya desposeído de su cátedra de la Universidad de Madrid (192).

La campaña antimonárquica del Régimen obligó al Conde de

Barcelona a reprochar al ministro del Aire, Juan Vigón, su pasividad, que contrastaba con las críticas que el antiguo ayudante de Alfonso XIII dirigía a quien fuera su alumno, desde que éste había abandonado la posición de silencio, *que tú me venías recomendando y que de haber seguido hubiera llevado a punto muerto en perjuicio de España, la Causa que yo encarno.* La obstinada pretensión del general Franco en perdurar ponía en peligro el logro de los ideales que *inspiraron la Cruzada,* favoreciendo y facilitando el advenimiento de los republicanos. Si la previsión del Régimen consistía en encerrarse en un búnker y tomar las armas para defenderse, el resultado sería el comienzo de una nueva guerra civil. Por ello, *el supremo interés de España exige que, al llegar el final de la guerra, haya desaparecido el Régimen presente habiendo dejado oportunamente paso a la Monarquía.*

A pesar de las dificultades, manifestaba Don Juan que la Monarquía obtendría el apoyo y respeto de las potencias que se mostraban hostiles al franquismo y explicaba que lo que estaba en juego no era ni su Corona, ni la situación de la Falange ni la del Generalísimo, sino el porvenir de España, *que es mucho más importante y substancial.* Por este motivo estaba dispuesto el Conde de Barcelona a escuchar de labios del Caudillo su opinión. Rogaba a Vigón propusiera en su nombre al general Franco la celebración de una entrevista en el lugar que se creyera conveniente, *comprometiéndose desde ahora, si me convence de que estoy en el error, a ponerme incondicionalmente a sus órdenes e incluso a su servicio en bien de España* (193).

La contestación del general Vigón fue la esperada. A pesar de su extensión es preciso realizar la necesaria referencia porque el escrito revela el pensamiento y la posición del Jefe del Estado, así como la de los monárquicos más franquistas, cuya cabeza visible era, en estos momentos, el rubricante del texto. Comenzaba Vigón negando la campaña antimonárquica y afirmando que el Estado español no ocultaba su convicción monárquica, pero que no por ello debería entregar la interpretación de su política, ni los métodos para realizarla. No podría admitirse además que ante la eventualidad de un triunfo aliado fuera preciso abandonar los objetivos marcados por el Régimen y plegarse a la presión de las izquierdas, como parecía interpretar el general Vigón de las palabras de Don Juan. *Si V.M. se une a ellos en el propósito de hostilizar el actual Régimen, en la forma que parece desprenderse de sus cartas —aunque no sea ésa la intención— ¿cómo no pensar que V.M. actúa, sin proponérselo, contra el interés de España?*

En el desconocimiento de la Historia de España de los últimos 20 años, cifraba el ministro del Aire la causa del hostigamiento de Don Juan a una Monarquía Tradicional hacia la que el Régimen caminaba *restaurando normas de vida y de gobiernos propios de la institución tradicional*. Indicaba también que Franco contaba con la adhesión de la mayoría del país y con la adhesión del Ejército; su posición política era más sólida de lo que pudiera imaginar el Conde de Barcelona; y en el exterior habían comenzado ya a conocer la realidad española. Pintaba, además, de color de rosa la marcha de la economía del país.

Añadía el ministro del Aire que no pretendían que el esfuerzo del Régimen, *bien sentido por la mayoría*, fuera reconocido y agradecido, pero tampoco tolerarían su obstaculización; y que la Falange sufría un desgaste orgánico por sus *excesivos deberes y responsabilidades inmediatas*, aunque había empezado a operarse ya una reacción por parte de la juventud. Proponía a Don Juan que no rechazara a Falange, dado que sus tendencias internas merecían ser consideradas *con inteligencia y simpatía*. Y en cuanto a la organización sindical, habría sido objeto de reformas y de críticas, pero imputaba una parte considerable de los desaciertos de gestión a las circunstancias creadas por la conflagración mundial.

El *desconocimiento personal y directo* de la situación de España por parte del Conde de Barcelona, y el *apasionamiento de inexactitudes* con que le informaban, eran las causas que hacían que el heredero de Alfonso XIII creyera que la persistencia del Régimen pudiera facilitar el advenimiento de los republicanos. La única posibilidad de que así ocurriese estaría en una restauración monárquica adversa al Régimen. Por ello señalaba Vigón: *la obra emprendida por el Régimen con toda honradez de propósitos nos parece indispensable para España; y, por lo tanto, buena y aceptable para la Monarquía.*

Finalmente, reconocía Vigón la generosidad del gesto de Don Juan al solicitar la entrevista con Franco, pero señalaba que no podría llevarse a efecto mientras el Conde de Barcelona no reconociese los logros de Franco. En este sentido, el Jefe del Estado acudiría gustoso a una entrevista cuando se hubiera llegado a una concordancia de ideas esenciales, sin la cual se correría el riesgo de que *al discutir posiciones de partida tan antagónicas*, resultara ineficaz la entrevista y se comprometiera *quizá sin remedio próximo, la deseada restauración* (194).

4.4. Posición expectante del monarquismo

La entrevista solicitada por el Conde de Barcelona no debe ser interpretada como un cambio de actitud o como signo de debilidad

*Pedro Sainz Rodríguez, ex ministro de Educación Nacional, fue uno de los más cer-
canos colaboradores de don Juan de Borbón.*

El impase en que se encontraba el movimiento monárquico en el invierno de 1944 obligó al Conde de Barcelona a publicar el Manifiesto de Lausanne.

de su posicionamiento. Sainz Rodríguez y Gil-Robles recibieron un escrito desde Suiza en el que se les explicaba que allí apreciaban como ellos la urgencia del problema; que se estaba actuando con toda la celeridad y energía que demandaba esa urgencia; que una acción impremeditada por falta de preparación podría malograr lo realizado con gravísimo daño; y que el retraso en la actuación no debería ser interpretado ni como inhibición con Franco, ni como temor a correr los riesgos que fuera necesario emprender (195).

Ocurría que las clases conservadoras, en sus diversos matices —Aristocracia, Banca, Clero, Ejército— estaban dominadas por el miedo al comunismo. Las victorias militares de Rusia, la situación interna de Francia, los atentados cometidos tanto en Madrid como en provincias, eran para las clases dirigentes del franquismo augurio o sinónimo de revolución. Sin embargo, no se produce en estos sectores la reacción que parecería más lógica: desembarazarse de Franco y Falange que merecían al mundo una mala opinión, adoptando una forma de gobierno que pudiera ganar las simpatías de los aliados occidentales. Al contrario, se daba una acción de autodefensa. La esfera conservadora del país no veía con seguridades una transición pacífica hacia el cambio de régimen. Contrariamente, pensaban que sería el preludio de serios disturbios contemplados entonces por EE.UU. con pasividad. Un informe de un diplomático inglés explicaba que este punto de vista no era en absoluto extrañable. Él había conversado con el encargado de negocios de su país y con el de Estados Unidos e infería que ni el Gobierno británico ni el norteamericano se habían trazado una línea de conducta respecto a España (196).

Dos hechos avalaban la posición de los dirigentes españoles: el acuerdo de exportaciones de wolframio a Alemania, dirigido a calmar la irritación de la Organización Mundial sobre Franco, y el discurso que W. Churchill pronunció el 24 de mayo en la Cámara de los Comunes cuando se debatía la política exterior británica. Tras explicar que España había adoptado durante la guerra mundial posiciones favorables a Inglaterra, concluía: *los arreglos políticos interiores de España son asuntos suyos, y como Gobierno no nos compete intervenir en ellos*. Sobre este discurso escribió el duque de Alba al ministro de Asuntos Exteriores, José Félix de Lequerica, que no podía considerarse como de simpatía por el Régimen franquista, dado que el Gobierno británico lo veía con repugnancia. Pensaba entonces el duque de Alba que no existía otra opción que la restauración de la Monarquía, *porque ésta vendría sin esos resabios que por fuerza, y es justo reconocerlo, hubo de tener en los comienzos de la guerra el presente Régimen*. Señalaba el embajador español en Londres el acierto del Generalísimo por haber mantenido a España fuera de la guerra mundial, pero razonaba que, al término de tal conflicto bélico, la posición del Caudillo sería difícil. Finalizaba parodiando a Shakespeare: *No es que quiera menos a Franco, sino que quiero más a España* (197). Las palabras de Alba no fueron escuchadas. La posición de Franco se había fortalecido por el apoyo de las clases dirigentes y porque las oposiciones no tenían suficiente fuerza para levantarse contra el Régimen.

Don Juan de Borbón comprendía perfectamente que *la actitud de ciertos países extranjeros*, el temor a los avances comunistas y el discurso de Churchill contribuyeron a reforzar la situación de Franco; que no podía pensarse en el éxito de ningún movimiento contra el Generalísimo; y que la restauración de la Monarquía, *a decir de muchos*, sólo podría llevarse a cabo, de momento, con la aquiescencia y el beneplácito del Caudillo (198). La actuación monárquica en el interior se encontraba, pues, varada. La inacción de los elementos directivos de la causa monárquica era absoluta. El delegado del Rey, *tal vez por razones de salud y disciplina militar*, no había podido realizar acciones eficaces. El Comité monárquico no se reunía, *y cuando lo hacía no faltaban representantes de intereses y partidarios del conformismo al uso que logran paralizar la acción* (199). El Conde de Barcelona se quejaba de que no tenía noticias ni de los trabajos ni de la opinión colectiva de los monárquicos del interior. Comprendía Don Juan las dificultades con que tropezaban dentro de España, a las que habría que sumar los obstáculos puestos a la comunicación por correspondencia y a los viajes. Por todo, pensaba que era el momento oportuno de realizar una acción que sirviese de detonante para que los monárquicos abandonasen la posición inhibitoria en que se encontraban sumidos.

5. EL MANIFIESTO DE LAUSANNE

Franco y su Régimen no tienen razón ante España y ante los españoles.

5.1. El manifiesto

Para romper la situación de impase en que se encontraba la Monarquía, Don Juan de Borbón solicitó a los monárquicos del interior un trabajo *activo y continuado* cerca de los elementos militares y civiles del Régimen para que comprendiesen cuál era la verdadera situación de España. Creía que era el momento oportuno para que un grupo reducido de significadas personalidades monárquicas se entrevistasen con Franco para incitarle a manifestar cuáles eran sus propósitos respecto a la restauración. Después de celebrada la entrevista o fracasado el intento, sería necesario presentar la solución monárquica en disconformidad con el Régimen. Aunque no se lograra, en principio, la inminente restauración, el Conde de Barcelona habría marcado claramente su posición, *debido a que el mantenimiento de una actitud silenciosa sólo puede llevarnos al desastre* (200).

Don Juan sabía que Franco no concedería la mencionada entrevista al grupo de monárquicos, ni explicaría sus propósitos sobre la restauración de la Monarquía y, mucho menos, que éstos fueran viables con su pensamiento. El Generalísimo había declarado a la «United Press» que la Monarquía no constituía para los españoles ningún problema y que sería instaurada por voluntad popular. Hablaba de instauración porque la Monarquía restaurada sería eminentemente social, recogiendo lo esencial de la tradición. En cuanto a la política exterior, explicaba Franco que la *tradicional caballerosidad española* había impedido que España atacase a Francia cuando ésta fue ocupada por los Ejércitos alemanes; que se había mantenido neutral de la manera más honorable; que las instituciones democráticas que funcionaban en otros países, en España se convertían en una· amenaza para la propiedad, la libertad y la moralidad familiar; y que el Régimen merecería, como recompensa a sus servicios por la causa de la pacificación, un asiento en la Conferencia de la Paz.

Las declaraciones de Franco fueron acogidas con disgusto y rechazo por la Prensa internacional. El *Daily Herald* las calificaba como una insolencia de la que sólo era capaz el *representante de la clase directora más estúpida y más arrogante de Europa* (201). La reacción de la Prensa internacional despertó en los monárquicos deseos de acción. El mismo Conde de Barcelona criticó las declaraciones de Franco, al cual produjeron *como español y como militar*, sonrojo. *Pretende hacer creer que fue él quien retiró voluntariamente la división llamada «azul» e insinúa estar dispuesto a establecer relaciones con Rusia, siendo así que nadie ha olvidado, y la Prensa de aquí (Suiza) unánimemente lo ha hecho constar, su discurso a la guarnición de Sevilla en la que espontáneamente ofrecía a Alemania, cuando la victoria parecía inclinarse a su favor, enviar un millón de españoles a luchar contra los rusos si el camino de Berlín se le abría.* Estaba decidido el Conde de Barcelona a enviar un manifiesto *público y solemne* al general Franco para que abandonase el poder y diera libre paso a la Monarquía. La solicitud iría acompañada de la conminación a los monárquicos para que rompiesen todo contacto político y de gobierno con el Régimen (202).

La actuación de Don Juan era autocalificada de «tardía». La pasividad que pudiera transmitir a la opinión pública era el resultado de haber intentado tratar de coordinar los contrapuestos y variados consejos que recibía de las diversas personalidades del campo monárquico. Por ello había consultado a Kindelán si los generales tenían algún proyecto importante que pudiera ser perjudicado por su pública actuación. Esgrimía su pensamiento y modo de actuación en un decálogo: Franco se había fortalecido por la reacción operada en las masas de derecha ante el riesgo de la vuelta triunfante de los vencidos en la Guerra Civil; no obstante a este revigorizamiento interior, Franco y su Régimen caerían a corto plazo arrastrados por el ambiente mundial que prestaría su ayuda a los republicanos españoles; los intereses de Inglaterra y de Estados Unidos estarían en pugna con el establecimiento en la Península Ibérica de un régimen extremista, obediente a las consignas de Moscú. Esta hostilidad no sería capaz de salvar al Régimen de Franco.

La restauración de la Monarquía, *deseada por todas las clases solventes de España y aún no realizada por la oposición exclusiva del general Franco,* constituiría la única solución merecedora del respeto y apoyo de los Gobiernos anglosajones; por esta razón no podría presentarse como continuadora del régimen nacional-sindicalista; en estos términos, la Monarquía sería exteriormente tanto más viable cuanto más contraria fuera al Régimen del general Franco. Si ante la crisis que en España iba a producirse no se contase con la solución monárquica, insolidaria y contraria a la Falange, los herederos del Régimen franquista serían los republicanos.

Era una necesidad que los españoles y el mundo entero conociesen con urgencia la posición de la Monarquía frente a la realidad española. *Los españoles sabrán que garantizo los ideales fundamentales del Movimiento Nacional liberándoles, de un lado, de las instituciones dictatoriales fascistas que hoy les oprimen, mientras que, por otro lado, cierro el paso a nuevas convulsiones y a la vuelta al poder de los extremistas marxistas.* Los Estados anglosajones verían en la Monarquía un régimen que imposibilitaría que el comunismo se estableciese en el Estrecho de Gibraltar y que, al mismo tiempo, descartara a un régimen fascista y a un gobernante incompatible con la significación de la victoria aliada. Por lo expuesto, urgía el Conde de Barcelona a tomar posición ante el mundo con la publicación de un manifiesto en el que, a la vez que se señalaban las características fundamentales de lo que sería la Monarquía, se solicitaba a Franco abandonase el poder en manos de los que a él se lo confirieron.

Se remitiría al Caudillo, por conducto de la Legación de Berna, un ejemplar del manifiesto, *acompañado de una carta personal redactada en términos del mayor efecto, en la que haría constar que doy tal paso en servicio de España sin animadversión alguna contra él ni sus colaboradores. Añadiré que si examina fríamente la situación, el mismo general Franco tendría que reconocer mi benéfica precisión negándome a confundir su causa con la de la Monarquía, y que en su fuero interno, incluso como político previsor y patriota, tiene que comprender que yo propague a los cuatro vientos la insolidaridad en que en todo momento hemos estado.* Ninguna gestión que se estuviera haciendo o se proyectara hacer en España a favor de la restauración monárquica debiera ser perjudicada por la publicación del manifiesto. La hipótesis de una Monarquía como continuadora y sucesora del Régimen franquista sería políticamente absurda; el manifiesto se lanzaría en Suiza. Contaba Don Juan con el beneplácito de Don Alfonso de Orleans y solicitaba al general Kindelán su aquiescencia (203).

El general Kindelán respondió afirmativamente a la oportunidad de realizar el mencionado manifiesto. Sin embargo, los monárquicos civiles se expresaron con vaguedad. Don Juan había ordenado sondear la opinión monárquica del interior: si pensaban que era urgente la restauración monárquica, o, si por el contrario, no deseaban o no creían poder oponerse a la actitud de Franco. Si, como ocurrió, los consultados se decantaban por el segundo supuesto, Don Juan expresaría públicamente su disconformidad con el Régimen franquista, requiriendo eventualmente a los elementos monárquicos a desolidarizarse del Régimen (204). Esta manifestación del Conde de Barcelona obligaría a los monárquicos más inseguros a decantarse por su Rey o por Franco; pero, en todo caso, sabría Don Juan con qué elementos podría contar.

El 19 de marzo de 1945, el heredero de Alfonso XIII hacía público desde Suiza el histórico manifiesto. Compartía los temores y la desilusión de los españoles y señalaba que la política exterior de Franco comprometía el porvenir de la nación debido a que su Régimen estaba inspirado en los sistemas totalitarios de las potencias del Eje, contrarias al carácter tradicional del pueblo español y a la futura organización del mundo. La España de Franco estaba, pues, en peligro de verse arrastrada a una nueva guerra civil porque la restauración de una nueva República se desplazaría a uno de sus extremos para concluir, igualmente, en una lucha fratricida. La única solución de paz y concordia la constituía la Monarquía Tradicional, capaz de reconciliar a los españoles. *Sólo ella puede obtener respeto en el exterior, mediante un efectivo Estado de Derecho y realizar una armoniosa síntesis de orden y de libertad en que se basa la concepción cristiana del Estado.*

Rogaba Don Juan al general Franco que reconociese el fracaso de su concepción totalitaria del Estado y abandonara el poder dando libre paso al régimen tradicional español. La aprobación por sufragio de una Constitución política; el reconocimiento de todos los derechos naturales de la persona humana y garantía de las libertades políticas correspondientes; el establecimiento de una Asamblea Legislativa elegida también por la nación; el reconocimiento de las peculiaridades regionales; amplia amnistía política; una más justa distribución de la riqueza y la supresión de injustos contrastes sociales, serían los principales objetivos de la Monarquía restaurada (205).

El manifiesto fue acompañado de una nota a la Legación de Berna en la que se explicaba que el Conde de Barcelona dirigía la proclama a los españoles después de haber tenido en consideración las ventajas e inconvenientes que para España podría suponer el acto realizado. El silencio y las condiciones inadmisibles para la Corona que puso el general Franco a la deseada entrevista de Don Juan de Borbón, en la cual éste habría expresado al Caudillo su pensamiento sobre el futuro de España, habían forzado a Don Juan a dar a conocer el manifiesto real. No deseaba con ello el Conde de Barcelona provocar sediciones ni incitar a la rebeldía. La contingencia de que el régimen falangista no podría sobrevivir por incompatible al mundo futuro aseguraban la necesidad de la Monarquía.

No se le oculta al Rey que, de momento, su actitud sea torcidamente interpretada e incluso tildada de poco patriótica, pero está percatado que muy pronto los acontecimientos confirmarán el desinteresado y oportuno acierto de su proceder. Es muy posible que en un próximo futuro muchos beneméritos españoles, partícipes de la Cruzada Nacional, deban a esta previsora actitud del Rey, ver garantizadas la seguridad de su situación presente y la realización de las ideologías religiosas y patrióticas por las que combatieron (206).

5.2. Reacciones

La proclama, seguida de un requerimiento a los monárquicos para que renunciaran a colaborar en la política activa con el Régimen franquista, fue acogido con escepticismo. Antonio Goicoechea, gobernador del Banco de España, antiguo dirigente del partido monárquico «Renovación Española», consideraba la obediencia a su Rey un pecado de lesa patria, y sentía grandes escrúpulos de conciencia en sumarse a ninguna manifestación de la opinión pública en que se regatease y olvidase *la justicia debida a los bien palpables esfuerzos del Caudillo*. Se autocalificaba de monárquico y partidario de Don Juan, pero no quería contribuir a destruir *al único elemento que hoy puede servir a España de arma de defensa contra los crecientes y amenazadores embates de la anarquía y del comunismo* (207).

La carta de Antonio Goicoechea fue manipulada por el Régimen y contribuyó a realzar la campaña antimonárquica que el Gobierno agudizaba en estos momentos en que contaba con la reprobación pública del Conde de Barcelona. El ministro de Asuntos exteriores envió una copia de la carta a todas las legaciones para que la transmitieran a los funcionarios de las Embajadas y Consulados. Pensaba Nicolás Franco que la carta de Goicoechea, que había gozado de representación en Cortes y Asistencia Jurídica, pudiera tal vez ser *una hábil maniobra monárquica para dar más importancia y continuidad al «manifiesto de Lausanne»*. Tampoco comprendía el hermano de Franco que si no iba a publicarse el manifiesto, *porque la publicidad habría de llevar aparejada su refutación, con la inconveniencia política de herir sentimientos y susceptibilidades o hacer imposible una cuestión monárquica que pudiera convenir*, se publicara la carta de Goicoechea que *no sólo no lo refuta, sino que ataca la política del Régimen* (208). El inexacto título de jefe de los monárquicos que a Goicoechea concedía la prensa extranjera, porque había sido presidente de «Renovación Española», era utilizado como banderín de la prensa antimonárquica, hasta el punto que algunas publicaciones señalaban que los monárquicos contestaban al Príncipe Don Juan.

Entre los republicanos no tuvo mejor acogida la proclama del Conde de Barcelona. En principio, los elementos que rodeaban a Maura pensaron que el manifiesto sería de efecto en España y que el Caudillo presentaría inmediatamente la dimisión. Apenas pasaron dos días comprendieron que sus cábalas eran equivocadas. En conjunto, los elementos republicanos no concedieron importancia al manifiesto, indicando que el triunfo sería de la República. Los españoles asentados en el SO. de Francia entendían que era tarde para implantaciones monárquicas, que el manifiesto trataba de frenar su revolución y que no era más que un escamoteo a la clase obrera de las reivindicaciones a que tenía derecho.

Según un boletín secreto y confidencial del Estado Mayor central del Ejército, los exiliados republicanos trataban de presentar a Don Juan como un peón de Inglaterra en el juego internacional, colocado por los británicos en España, aduciendo que era completamente extranjero por su educación y militancia en la marina inglesa, por su vida de destierro en Francia, Italia y Suiza, por la mentalidad y costumbres que había adquirido y por su contacto con españoles, *precisamente los menos españoles*. Para combatir las posibilidades de éxito que pudiera tener el manifiesto, levantaban otra candidatura al Trono de España: la de Don Juan Carlos. Pensaban que los monárquicos no aceptarían la Monarquía de Don Juan, y mucho menos los tradicionalistas porque Don Juan al cruzar la frontera procuraría tener *temple y juventud falangista*. Mencionaba el documento secreto del Estado Mayor central del Ejército que a los republicanos exasperaba sobremanera la solución de Don Juan porque temían:

> *a)* que agrade a Inglaterra; *b)* que agrupe a bastantes monárquicos «alfonsinos»; *c)* que atraiga a los tradicionalistas; *d)* que ilusione a los falangistas; *e)* que lo apruebe el clero; *f)* que logre convencer al pueblo; y *g)* sobre todo, que lo apoyaran los generales del Ejército.

Los republicanos exiliados en Francia veían con temor que España evolucionase hacia una Regencia amañada por el general Franco y compuesta por Doña María de las Mercedes, Don Carlos, suegro de Don Juan, el Generalísimo, el duque de Alba, Fal Conde o Esteban Bilbao y el cardenal Segura. Pensaban que la Regencia era una solución con vistas a engañar al extranjero y esperaban que fracasara, bien porque internacionalmente se empeñasen en eliminar al general Franco de esta combinación, o porque Don Juan no se resignara a dejarse suprimir (209).

Gil-Robles señaló que el manifiesto causaría buen efecto en el mundo y disgustaría a las derechas *egoístas y cobardes* (210) y Sainz Rodríguez apuntó que el texto comentaba todo lo que tenía que decir, sin entrar en peligrosas puntualizaciones propagandísticas. Pensaba que Don Juan había cumplido su deber aún arrostrando una momentánea impopularidad entre sus propios partidarios y señalaba que el destino de los reyes era salvar a sus pueblos y orientarles aún contra su propia voluntad. *Mis súbditos son como niños, gritan cuando se les baña*, cuenta que decía Carlos III. Suponía que Don Juan no había perdido ninguna posibilidad rompiendo con Franco, ya que éste no le entregaría nunca el poder por propia voluntad, procurando convertirle en una pieza que jugase a su favor. Con todo, calificaba el documento de tardío (211).

Sobre su proclama comentó Don Juan a Artajo que desde comienzos de 1944 había mostrado a Franco la necesidad en que se encontraba de dirigirse al pueblo para que tuviera constancia de su voluntad de gobierno y que desde entonces había recibido presiones *muy diversas y graves* para que lanzara el manifiesto, intentando con ello desbaratar las posibilidades de una República y ser el Rey de todos los españoles. Añadió que su manifiesto no era una pieza aislada de su pensamiento, sino que estaba en relación con todas las cartas que había dirigido a sus representantes en España, sobre todo la enviada al Infante de Orleans en febrero de 1944. Terminó señalando que sus palabras no deberían interpretarse como autonomistas, aunque sí pensaba respetar las peculiaridades culturales y ciertos fueros administrativos de las regiones; y que para él no existía más cristianismo verdadero que el de la iglesia católica (212). Los comentarios de Don Juan a Artajo no hay que leerlos literalmente. Si Don Juan hubiera hablado con un representante de la izquierda, a buen seguro habría utilizado distintos términos y diferentes postulados. Era política y la política es así.

El subsecretario de la Presidencia, Luis Carrero Blanco, reaccionó ante la declaración de Don Juan con comprensión. Argumentaba que se debía al desconocimiento de la situación interior de España y a una falta de *visión enorme* de la internacional. Pensaba que el manifiesto, *declaración pública de ruptura con Franco*, estaba inspirado por Vegas Latapie y Gil-Robles, *guiados por su resentimiento* y por Sainz Rodríguez, López Oliván y Madariaga, que obraban *al dictado de criterios no españoles*; por lo que creía conveniente no reaccionar con violencia ni desahuciar a Don Juan, aunque se pensara que él ya no podría ser Rey. Para evitar nuevas estridencias, un grupo de monárquicos *de confianza* se trasladarían a Lausanne para adoctrinar al Conde de Barcelona. Además creía importante abordar las Leyes Fundamentales, definiendo el

Régimen del Estado. Este debería ser la Monarquía, porque la República en España era sinónimo de desastre (213).

Se ha interpretado, de manera un tanto equivocada y tendenciosa, que el «manifiesto de Lausanne» iba dirigido al exterior (214). Sin embargo, aunque Don Juan tuvo en consideración la influencia externa, no fue ésta la única causa de la proclama, pues comprendía que el elemento interior era fundamental.

> ... El Rey piensa como ustedes, que el factor exterior es muy importante, pero *no lo considera, ni quiere considerarlo como único.* El elemento exterior, juega, a su juicio, en función del interior. Si las fuerzas de apoyo en el interior son escasas o se muestran desmayadas, el apoyo externo se delimitaría en la misma medida. Por lo tanto, ante la postura adoptada por Franco, estima el Rey que, sin descuidar lo exterior, lo primero que procede en orden al tiempo, es conocer con la exactitud posible cuál ha de ser la actitud de las personas que ostentan autoridad y que dicen estar a su lado (215).

Ya he apuntado, y es significativo, que uno de los motivos de que Don Juan lanzara el manifiesto era intentar despegar a los monárquicos del interior de los aledaños del Régimen. El «manifiesto de Lausanne» les obligaría a tomar partido por Franco o por Don Juan. Inferir que el documento de Lausanne estuvo motivado exclusivamente por la fuerza del ambiente exterior, es, cuando menos, una inexactitud.

La proclama de Don Juan fue difundida por la prensa mundial, pero la nacional silenció el manifiesto. Sólo el diario «ABC» fue obligado a insertar en sus páginas un artículo injurioso titulado «Afirmaciones necesarias», en el que se negaba al Pretendiente la formación precisa y se le criticaba por utilizar la posibilidad de una nueva contienda fratricida como argumento dialéctico:

> ... Nos duele que el mundo tarde en comprender a España; pero nos duele mucho más el alejamiento espiritual que de nuestra Patria tienen aquéllos cuya misión histórica reside especialmente en mirar la política y los hombres que la hacen con una visión amplia, de contenido permanente y de responsabilidad imprescriptible, sin que su visión llegue a enturbiarse, ni por el rencor de los vencidos, ni por la ambición de los incapaces (216).

Los monárquicos tuvieron que recurrir a las hojas clandestinas para explicar que el «manifiesto de Lausanne» *ha salvado a España* al romper la disyuntiva Franco o el comunismo; que el Conde de Barcelona no había criticado las esencias del Movimiento, sino su desviación y falsificación; y que no postulaba la democracia inorgánica, ni hablaba de conceder amnistía por delitos comunes, sino únicamente para los delitos políticos (217).

Ricardo de la Cierva afirma que, con el manifiesto, Don Juan de Borbón pierde toda posibilidad de suceder al Generalísimo por voluntad de éste (218). Particularmente opino con Tusell que es más fácil que Franco no pensara nunca en el Conde de Barcelona (219). Ahora como afirma de la Cierva, que la negación de la legitimidad histórica del poder de Franco exasperaba al Caudillo no puede negarlo nadie. Desde el «manifiesto de Lausanne» hasta el Congreso de Munich de 1962, pasando por la intervención de Satrústegui en la célebre cena del hotel Menfis, negadores todos de la legitimidad de Franco, fueron acogidos por el Generalísimo con indisimulada ira. Y eso era así por una única razón, su afán en perdurar por encima de todo y a costa de todo.

Aunque no fueron mucho los monárquicos que obedecieron al Conde de Barcelona y el manifiesto perjudicó su posición en los círculos conservadores españoles, debido a la interpretación tendenciosa de la prensa falangista, tuvo varios aspectos positivos para la Causa monárquica. El primero y más importante fue, sin duda, la definitiva desaparición de la República como posible forma de Estado para la España postfranquista. También significó una reactivización de los monárquicos más leales y activos (220). Así, el Infante Don Alfonso de Orleans, representante de Don Juan, y el general Kindelán, como lugarteniente, prepararon la organización de las fuerzas monárquicas:

> Acción, nuestra fuerza debe ser cada día más agresiva. Nuestra hostilidad contra Franco, sin miramientos de ninguna clase. Hay que buscar contacto con las izquierdas moderadas. Debe el Rey estar preparado para ir a Portugal en caso de necesidad. Es urgente se concreten las representaciones oficiosas del Rey en Londres, Nueva York, París y el Vaticano (221).

En julio de 1945 el general Kindelán pronunció un discurso en la Escuela Superior del Ejército, de la cual era director:

> ... En las nuevas circunstancias (Alemania había capitulado), el Ejército habrá de permanecer unido. Vendrá un cambio de régimen. El propio Generalísimo lo ha dicho en unas declaraciones. Se restaurará la Monarquía; y el Ejército, unido, permanecerá fiel a su Rey. Pronto veremos en el Trono de San Fernando al Augusto exiliado de Lausanne: nuestro Rey Don Juan III (222).

El general Kindelán recibió un oficio por el que cesaba del cargo de director de la Escuela Superior del Ejército. Era sustituido por el general Vigón. Ramón Garriga interpreta que el relevo no se debió únicamente al fervor monárquico de Kindelán, aunque lo calificaba de capital, sino a que el Generalísimo necesitaba un hombre de confianza en el puesto en el que se influía en la mente de los militares. Además, Vigón había sido germanófilo, por lo que sería el hombre ideal para justificar la conducta que el Generalísimo siguió durante la conflagración mundial. *Kindelán estaba libre del pasado de germanofilia y, por lo tanto, se encontraba en una posición superior respecto a su Jefe* (223).

5.3. Franco intenta captar a Don Juan

Medio año después de que Don Juan de Borbón dirigiera a los españoles el manifiesto, la situación internacional se desenvolvía como el documento regio lo había previsto: el final de la guerra con la derrota de las potencias del Eje; la declaración de Potsdam, excluyendo al Régimen franquista de la organización de las Naciones Unidas; la campaña mundial contra Franco y el Estado español; la Conferencia sobre Tánger, sin asistencia española; y la amenaza de bloqueo económico y ruptura de relaciones.

El Arzobispo de Toledo escribió una pastoral que coincidía, en líneas generales, con el manifiesto de Don Juan. El Arzobispo Primado comenzaba su encíclica justificando el Alzamiento Nacional contra la anarquía y el comunismo, recordando los actos de los hombres republicanos y los asesinatos de once obispos, miles de religiosos y muchos más seglares por el solo hecho de ser católicos, sin proceso ni sentencia alguna. Afirmaba que sólo cuando la Guerra Civil tuvo carácter de Cruzada la Jerarquía eclesiástica bendijo a uno de los bandos beligerantes, y en diversos párrafos del documento dejaba bien asentado que la Iglesia al adoptar su actitud, no propugnaba la instauración definitiva de un sistema totalitario. Era, exactamente, la actitud de los monárquicos que participaron en el Alzamiento Nacional, viendo después cómo iban desviándose sus ideales. Pero habrá aún mayores coincidencias entre el manifiesto y la pastoral del Arzobispo de Toledo que fue parcialmente comentada en la Prensa del Régimen, omitiendo sus aspectos más afines a la Monarquía:

> ... Procúrese por nuestra parte el cierre del período constituyente, asentando firmes e inconmovibles las bases institucionales conformes a la tradición histórica española y al grado de educación política del pueblo español. No se exponga a la Nación a nuevos bandazos que podrían conducirla al caos, pero ábranse sólidos cauces para manifestación de opiniones legítimas, por órganos natura-

les de expresión. Váyase también a una patriótica convivencia de todos los españoles.

Sin embargo, la posición oficial de la Iglesia fue cercana al Régimen. Alberto Martín Artajo, presidente de la Acción Católica, fue nombrado, con el beneplácito de la Jerarquía, ministro de Asuntos Exteriores. El nombramiento de Artajo supuso, como ha señalado de la Cierva, el apoyo al Régimen de la Iglesia y de la Acción Nacional de Propagandistas (224). No obstante, el nuevo ministro preconizaba, como la pastoral del Primado, la evolución del Régimen hacia el Catolicismo y la Monarquía. La tramitación de la crisis que llevó a Artajo al palacio de Santa Cruz no fue, sin embargo, fácil. Aunque al manifiesto no siguieron dimisiones espectaculares, salvando la del duque de Alba como embajador de Londres, muchos monárquicos rechazaron las apreciadas carteras ministeriales. Artajo solicitó, de acuerdo con Franco, el concurso de cinco correligionarios, *amigos políticos* de Gil Robles, a quienes ofreció otros tantos cargos gubernamentales. Solamente José María Fernández Ladreda, nombrado ministro de Obras Públicas, director general en el Gobierno formado al finalizar la guerra, aceptó el cargo invocando su condición de militar. Gil Robles hizo saber a Artajo que no contaba con el apoyo *de mis amigos*, ni en la Administración central ni en la local. Suponía, y no estaba equivocado, que del nuevo Gobierno surgiría un intento de negociación con Don Juan. *Conviene avisarle para que no se fíe lo más mínimo, y para que se mantenga firme* (225).

Las fuerzas monárquicas conservadoras del interior comprendían que la única forma de llegar pacíficamente a la restauración era el acuerdo con el Generalísimo. Según un análisis de la política del momento que recibió el general Varela, existía en España un ambiente difuso a favor de la Monarquía que se incrementaría hasta límites insospechados cuando el Generalísimo realizara propaganda en ese sentido, *ya que el respeto y el entusiasmo que zonas extensas de opinión sienten hacia su persona, constituyen un valladar para manifestaciones de tipo monárquico que pudieran interpretarse como censura o al menos de desconfianza para su persona y para su gestión*. La mayoría de las fuerzas conservadoras estaban defraudadas y discrepaban de la política seguida por el Generalísimo. Su ideología estaba en absoluto desacuerdo con el Régimen nacional-sindicalista. Sin embargo, el informante del general Varela incidía en la misma cuestión. *Los elementos moderados no combaten al Generalísimo ante el temor de que pierda su autoridad, que consideran necesaria para la ansiada evolución política, que consideran urgente necesidad* (226).

Parecía imponerse entonces la negociación. Carrero Blanco ar-

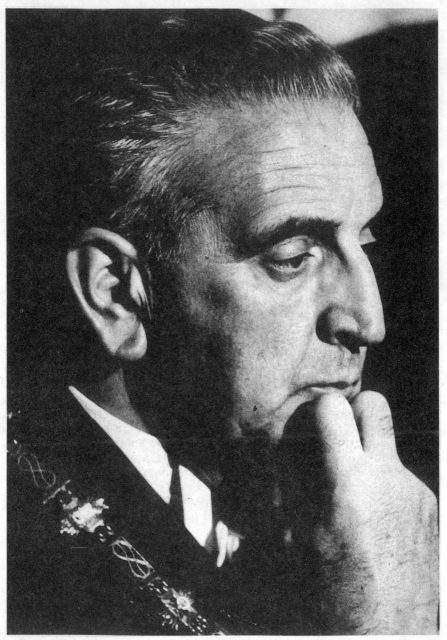

Alberto Martín Artajo, presidente de la Acción Católica, fue nombrado ministro de Asuntos Exteriores. Artajo deseaba un acercamiento entre Franco y Don Juan de Borbón.

El Conde de Barcelona en su residencia de «Villa Giralda», en Estoril. Don Juan de Borbón llegó a Portugal el 2 de febrero de 1946.

gumentaba que la Monarquía no podría venir más que traída por Franco con la colaboración de Don Juan, que, por supuesto, debería separar de su lado a aquellas personas *que por su misión masónica atentan en realidad contra la Monarquía;* condenar las actividades de «los rojos» en el extranjero; dejar al Caudillo la elección del momento y cooperar a dar la sensación de estabilidad al Régimen; y desautorizar toda conspiración o enredo que se urdiera en su nombre. Quería el subsecretario de la Presidencia que Don Juan permaneciera unido al Régimen para que éste no tuviera más oposición que la republicana, que nunca contaría con el apoyo de los anglosajones. En septiembre de 1945 Carrero entregó a Eugenio Vegas una extensa nota titulada «Consideraciones sobre el momento actual en España», en la que se hacía un estudio de la situación internacional y apuntaba que la posición adoptada por Don Juan era, *consciente, o inconscientemente, una traición.* Concluía que el Régimen iba hacia la instauración de la Monarquía Tradicional, pero que Don Juan debería esperar, con paciencia, a que Franco desapareciera físicamente (227).

Sin embargo, los monárquicos más activos tenían proyectos distintos, pues pensaban que la Monarquía iba a restaurarse en breve plazo. El general Aranda envió a Estoril el mecanismo que debería utilizarse para la transición de la Dictadura a la Monarquía; se constituiría un primer Gobierno, con una duración de tres meses, compuesto por militares en los cargos políticos, y civiles en los técnicos, presidido por un militar. Conservar el orden a ultranza; disolver el franco-falangismo; y hacer ambiente a la Monarquía utilizando prensa monárquica, concediendo una amnistía política real y mejorando la situación del pueblo, serían los fines del primer Gobierno de transición. Éste convocaría un referéndum sobre la aceptación de la Monarquía. El segundo Gobierno sería marcadamente político, sin plazo. Contaría con el apoyo del Ejército y de los sectores políticos. Estaría compuesto por dos o tres militares representando la totalidad del Ejército, cinco o seis monárquicos de variados matices, dos o tres republicanos y sindicalistas moderados y con opinión en las izquierdas (228).

También el general Kindelán manifestó a un corresponsal del *Manchester Guardian* que veía posible el establecimiento de un régimen monárquico en un plazo de seis meses y en la persona del Conde de Barcelona, sin golpe de Estado. *Por qué va a emplearse la violencia cuando la vía jurídica está a punto de triunfar.* Añadía que se sometería a la aprobación del pueblo español un pacto constitucional y se elegiría un Parlamento. Advertía el general que cualquier gobierno que intentaran formar los españoles refugiados sería rechazado tanto por las izquierdas como por las derechas. No admitía la alternativa Monarquía o República. Lo que sucedería al Régimen franquista, de no ser la Monarquía sería una guerra civil (229). El general Kindelán estaba tan convencido que iba a realizarse el cambio de régimen, que tenía redactado un decreto Ley de 15 artículos, sobre el que debería regirse el gobierno provisional de la Monarquía. Kindelán se reservaba la Presidencia del Gobierno (230).

El Generalísimo hizo unas declaraciones a la «U.P.» que no fueron difundidas en España y que lograron que los monárquicos se reforzaran. Además de manifestar que a Mussolini *jamás le tuvo gran estima*, dijo sustancialmente que no existía ninguna posibilidad en aquellos momentos de transición hacia la Monarquía; que no había en España fervor monárquico; y que para la realización de su programa necesitaba dos o tres años (231). Sin embargo, pese a estas declaraciones, el Generalísimo estaba muy interesado en atraerse a Don Juan. Solicitó al embajador Miguel Mateu Pla que se trasladara a Suiza para entrevistarse con el Presidente y rogarle que viniera a España, donde obtendría una residencia adecuada a su rango, con Casa Civil y cuantos servicios fueran necesarios. El Conde de Barcelona contestó a Mateu que él era el Rey y que entraría en España como Rey (232). También José María de Oriol se trasladó a Suiza para conversar con Don Juan. Oriol dejó traslucir a los periodistas que su labor era conseguir que el Conde de Barcelona se sumase a los esfuerzos de quienes querían cerrar el paso a la República. Don Juan rechazó la oferta que se le planteaba de suceder a Franco y presentó una propuesta de negociación con la izquierda. Según esta propuesta, Franco debería entregar el poder a una Junta de generales que se transformaría en Gobierno provisional para la convocatoria de un referéndum que proclamase la Monarquía, celebración de elecciones y reunión de Cortes Constituyentes (233).

En octubre, Oriol visitó nuevamente al Conde de Barcelona explicándole que el interés principal del Caudillo al estimular esas visitas era evitar que una información errónea de la situación arrastrase al Príncipe a un nuevo acto público que diera al traste para el futuro con toda posibilidad de orden monárquico y con daño gravísimo para su persona. Constituía para el Generalísimo una preocupación especial asegurar para el futuro la continuidad de la vida política y la sucesión de su mandato por los cauces tradicionales, pero sin perturbaciones. Consideraba que el servicio de la Nación exigía que el Príncipe no se anulase distanciándose de la España del 18 de julio, ni de su espíritu, que Franco y el Movimiento Nacional representaban. Sobre la entrevista que en 1944 solicitó Don Juan al general Vigón, comentaba que la lejanía y diferencia de posiciones eran tan grandes que hacían imposible la entente. Se negaba a que partidarios de Don Juan se entrevistasen con personajes designados por él para intentar limar asperezas y preparar una entrevista.

Las observaciones que el Conde de Barcelona hacía sobre las consecuencias en el exterior, eran fruto de una defectuosa información. Tenía que tener en consideración, además, la existencia de un divorcio entre la opinión interior de España y la exterior; lo que a España agradaba, en el exterior se impugnaba, y lo que el exterior quería, los españoles lo rechazaban. Ante este dilema, no cabría más que el servicio a la Patria. La posición adoptada por el exterior constituía para Franco un verdadero honor. La Monarquía que el exterior deseaba era la Monarquía puente, que conduciría a la República masónica. La evolución y perfeccionamiento del régimen español, no tendría nada que ver con el exterior, sino con la doctrina del Movimiento Nacional, elaborada y perfeccionada para servir a las necesidades de España. El reconocimiento de que el comunismo se constituía como un peligro para los occidentales, tendría que influir considerablemente en la política exterior de los pueblos; no sería probable en un futuro inmediato que los anglosajones debilitaran a quienes estaban llamados a confluir en el mismo bando de la resistencia.

Concluía con el desarrollo de siete puntos:

> 1.º Considero que en todo momento histórico, el servicio de España exige la unión de todos los españoles en la hora presente, sin exteriorización de diferencias que sólo sirven al interés extraño.
> 2.º Considero conveniente para el servicio de la Nación que el Príncipe y el Caudillo lleguen a un acuerdo sobre la apreciación de la situación de España y su evolución hacia la Monarquía.
> 3.º Este evolución se ha de sujetar a las necesidades de la Nación y no a las apetencias de los partidos.
> 4.º La Monarquía futura española ha de ser eminentemente social y encarnar las esencias espirituales, patrióticas, antiliberales y tradicionales de nuestra Cruzada.
> 5.º Ha de ser aceptada y proclamada por la Nación sin hipotecas extranjeras de ningún modo.
> 6.º Esta evolución no puede ser perturbada ni alterada por campañas políticas de descrédito, agresiones, injurias y calumnias como las que desarrolla un grupo minúsculo de españoles que se han erigido en representantes del Príncipe.
> 7.º Al Jefe del Estado español corresponde, como responsable de la Nación, interpretar los momentos en que haya de llevarse a cabo cada uno de los actos de evolución de la Nación (234).

Don Juan explicó a Oriol que no se había opuesto nunca a llegar a un acuerdo con Franco en el que se concretasen las modalidades de la transmisión de poderes. Estas modalidades deberían ser de tal naturaleza que no se prestaran a nada que pudiera hacer ver que el nuevo régimen tenía vínculos con el anterior (235).

Sabía el Conde de Barcelona que las visitas de los enviados por Franco no servían para nada positivo y, por el contrario, perjudicaban la posición adoptada en el «manifiesto de Lausanne», *pues con estos viajes en todo el mundo se podía creer que andaba en tratos y negociaciones con el general Franco* (236). Don Juan había dicho a Oriol que *en las conversaciones contigo siempre me manifesté inconmovible en la posición de insolidaridad con el general Franco y su Régimen conforme a lo dicho en el manifiesto de marzo último, en el que hacía pública mi actitud de siempre y en mi deseo de ir a la reconciliación de todos los españoles me expresé resuelto a impedir todo género de persecuciones por opiniones políticas, sean las tales falangistas, izquierdistas o socialistas, sin perjuicio de entregar a los tribunales ordinarios los delincuentes comunes* (237).

En este sentido, al deseo expresado por José María de Oriol de realizar una nueva entrevista con el heredero de Alfonso XIII, contestó que no deseaba nuevos tratos ya que su posición era firme. En conversaciones telefónicas insistió Oriol en la necesidad de la entrevista, reiterándole Don Juan de Borbón que no se trasladara a Lausanne y encargándole finalmente que se atuviera a las instrucciones que de palabra le diera Eugenio Vegas, en aquellos momentos en Madrid. De las conversaciones telefónicas con Oriol dedujo el Conde de Barcelona que tenía una propuesta de Franco para que celebrasen una entrevista en las proximidades de la fronetera franco-española.

Las instrucciones del Conde de Barcelona a Vegas fueron categóricas: *Ni nueva visita de Oriol ni entrevista con el general Franco.* Sin embargo, Oriol había recibido el encargo de Franco de proponer al Conde de Barcelona un rápido traslado a Portugal, a cuyo efecto, por conducto del embajador, haría saber al Gobierno de Lisboa que dejaba sin consecuencia el veto que hasta entonces había puesto a la residencia de Don Juan en dicho país, para celebrar con el Generalísimo una entrevista en alguna finca fronteriza. Artajo comunicó a Vegas que era imprescindible que Oriol viajase a Suiza y después viniera el Rey a Portugal. Si la entrevista fracasaba, el Conde de Barcelona estaría a tiempo de lanzar desde Lisboa un nuevo manifiesto (238).

5.4. Cambio de residencia

Gil-Robles estaba convencido que el acuerdo entre Franco y Don Juan era *poco menos que imposible*, y, en caso de aceptarse, el Conde de Barcelona no debería acatar compromiso alguno, ni admitir condiciones de ninguna clase en cuanto a la política futura de la Monarquía. Su legitimidad no podría ser siquiera puesta en duda y la única negociación aceptable giraría en torno a la *transmisión material de poderes*. Para Gil-Robles, Franco estaba más lejos que nunca de la idea de un arreglo y su propósito consistiría en comprometer al Rey con la entrevista y colocarles en ella *una de sus acostumbradas disertaciones* sin el menor resultado práctico.

Enviado por Artajo, Ángel Herrera había sabido por Gil-Robles las condiciones que deberían producirse para que pudiera tener lugar una entrevista entre Franco y Don Juan: entente de apoderados de ambas personalidades en la que se llegara a un acuerdo firmado acerca del reconocimiento del Conde de Barcelona y la creación, en plazo breve, de un Consejo del Reino como organismo de transmisión de poderes. No creía el ex dirigente de la C.E.D.A. que su propuesta se llevase a la práctica porque suponía que ni Herrera ni Artajo contaban *con la aprobación expresa de Franco,* ni pensaba que ninguno de los dos se hubiera atrevido *a darle traslado de mis puntos de vista* (239). No obstante, Gil-Robles había apuntado la necesidad de que Don Juan solicitara a Salazar permiso para trasladarse a Portugal, o se presentara en esta nación sin previo aviso. En el caso extremo de expulsión sería más fácil ir a Inglaterra. *En todo caso no creo que sea mala posición ante el mundo la de un rey perseguido por dos dictadores* (240).

También el Conde de Barcelona sabía que era muy ventajoso el viaje a Portugal y estaba decidido a ello, aunque no se le escaparan las pretensiones del general Franco. Temía que la actitud del Generalísimo se redujera *a un nuevo maquiavelismo* para dar la sensación a los españoles y al mundo de que contaba con su apoyo e inutilizar de este modo la Monarquía como solución. *Opinión, casi unánime, de mis consejeros es que Franco está convencido que los anglosajones jamás dejarán establecer la República en España por suponer ésta segura implantación de un régimen bolchevique infeudado a Rusia, y que si hoy los aliados le hostigan y ejercen presiones económicas, es porque creen que a su caída vendrá la Monarquía.* Por tanto, el Generalísimo quería conquistar a Don Juan y hacerle solidario suyo con la promesa de una futura restauración, presentando la solución monárquica compenetrada con el Régimen. De este modo los anglosajones dejarían de atacarle, ya que todo ataque contra Franco-Monarquía iría en beneficio de los republicanos.

No obstante, el Conde de Barcelona respondió afirmativamente a la propuesta de Franco, por lo que suponía el traslado a Portugal, pero la modificó con condiciones que garantizaban su independencia, y señalaba que su aceptación, en modo alguno entrañaba rectificación de la actitud hecha pública en el «manifiesto de Lausanne». Al contrario, Don Juan había declarado que no aceptaría un plebiscito organizado por el Régimen del general Franco porque estaba inspirado en los sistemas totalitarios del Eje, era contrario a los caracteres y a las tradiciones del pueblo español e incompatible con las circunstancias que la guerra mundial habían creado en el mundo. Recordaba que haría todo lo posible para establecer un régimen democrático en España y que bajo la Monarquía tolerante podrían realizarse cuantas reformas sociales fueran necesarias. Finalizaba indicando que las pautas de la Monarquía serían las señaladas en el «manifiesto de Lausanne», anotando que aceptaría el resultado adverso en el plebiscito convocado con todas las garantías de libertad (241).

Convencido Don Juan de Borbón que su propuesta iba a ser desoída por el Caudillo, recibió la visita del embajador español en Berna, portador de un telegrama cifrado del ministro de Asuntos Exteriores español, comunicándole la aceptación completa de su contrapropuesta. El traslado a Portugal iba a ser una realidad.

> No os alarméis, por tanto, con mi viaje, ni veáis en él una rectificación ni mucho menos una claudicación en la actitud que he venido siguiendo. Voy a Portugal sin otro compromiso que una vez allí organizar la entrevista con el general Franco, pero antes de que ésta se efectúe, deben estudiarse por representantes designados por ambas partes, los puntos que han de tratarse en la entrevista. Si ésta llega a efectuarse, expondré al general Franco las imperiosas razones que siempre, y más especialmente ahora, me obligan a no acceder a que la Monarquía sea la coronación y remate de su revolución totalitaria, ni a prestarse a ser continuadora incondicional (242).

Cuando el viaje del Conde de Barcelona estaba preparado, el general Franco le escribió para indicarle que su Régimen no era, en absoluto, interino y que la estancia concertada con Portugal era solamente de unos días y no definitiva. Los intermediarios habían hecho ver a Franco la existencia de concordancia en la posición de Don Juan y la suya. *La base de todas las conversaciones que con Oriol he tenido, ha sido, por su parte, la de tratar de llevar a mi convencimiento la absoluta identificación de V.A. con mi doctrina* (243). Don Juan había recibido un aviso de la Legación de

Berna para que no hiciera el viaje antes de que llegara la carta del Generalísimo. Franco no deseaba el traslado del Conde de Barcelona a Portugal ya que las conversaciones proyectadas no tenían sentido dado la antítesis de las posiciones.

Carrero Blanco, sin embargo, deseaba, a toda costa, la entrevista. En ella podrían darse tres supuestos: que Don Juan se convenciera totalmente, identificándose con el Movimiento Nacional; que Don Juan se convenciera sólo *a medias*, con lo que quedaría entonces el camino abierto para llegar a la solución anterior y, en ningún caso, la situación sería peor que la existente; que Franco llegase al convencimiento de que el Conde de Barcelona no podría nunca ser Rey de España. En este último supuesto pensaría el Régimen *en otra cosa*, eliminado incógnitas y avanzando *en la resolución de los problemas* (244).

Don Juan optó por trasladarse a Portugal y el 31 de enero su secretario entregó a la Prensa, *en previsión de las interpretaciones y de los comentarios a que su viaje pueda dar lugar*, una nota indicando que su desplazamiento tenía como motivo fundamental *ponerse en contacto más estrecho con la realidad de la situación interior de España*, sin que ello implicase cambio alguno en la posición que había reflejado en sus declaraciones públicas, *posición que está firmemente dispuesto a no cambiar, aún en el caso de que se presentara ocasión para hacerlo*. Concluía el escrito señalando que a nadie debiera causar sorpresa que, en estos momentos, en que se había manifestado en el extranjero la intención de tratar cuestiones concernientes a los asuntos internos de España, el Conde de Barcelona *haya decidido en esta hora dura acercarse a ella* (245).

El 2 de febrero de 1946 llegaba al aeródromo de Lisboa Don Juan de Borbón. Dos días más tarde expresó a Nicolás Franco que quería siempre el mejor servicio de España, a lo que subordinaba toda su política, y que ni deseaba precipitar las cosas, ni instaurar una Monarquía que no durase, ni tampoco sustraerse a ningún sacrificio si las circunstancias lo aconsejaban o el interés de España lo exigía; *que le había correspondido la parte difícil y amarga en estos tiempos de asumir unos deberes y que su postura y la de todos los que le obedecieran era estar a lo que más conviniese al servicio de España y cuando conviniese* (246).

La presencia de Don Juan en Portugal iba a estimular a civiles y militares y a coadyuvar a separar del Régimen a elementos conservadores. Precisamente un extenso número de éstos envió una nota de salutación al Conde de Barcelona.

El documento, generalmente conocido como «El Saluda», tenía una doble importancia: en su contenido, y en el número de sus firmantes y significación. Rubricaron el texto ex ministros, presidentes de banco, catedráticos, abogados, etc. Tal cúmulo de firmas no se debía únicamente al supuesto acuerdo inmediato entre Franco y Don Juan, ya que una porción considerable de los firmantes no eran colaboracionista. Evidentemente, el supuesto acuerdo pudo influir en un sector de los signatarios, pero no es obviable que el texto era de los más progresistas de la época. Mencionaban un régimen conforme con la tradición histórica, pero adecuado a las necesidades del momento y, sobre todo, válido para colaborar con las demás naciones que, por supuesto, eran las vencedoras en la guerra mundial, las naciones democráticas. No hacen referencia al Movimiento Nacional y sí a las libertades y a los derechos de la persona humana y a una cordial convivencia entre todos los españoles. Aún más, como el «manifiesto de Lausanne», señalaban que la Monarquía no sería cuestión de un partido o de una clase, sino de toda la nación. El hecho de que ningún personaje de los que participaron en las conversaciones entre Franco y Don Juan firmaran el texto es una prueba más que avala mi interpretación. Las firmas de Gil Robles y de Sainz Rodríguez, de seguro, impidieron que otros monárquicos más colaboracionistas o acomodaticios rubricaran «El Saluda».

Tampoco el acuerdo entre Franco y Don Juan era tan supuesto porque, como indicaba el embajador Antonio Gullón, Don Juan en sus últimas declaraciones confirmaba las anteriores, a saber, que *no se trata de una salida definitiva de Suiza del Conde de Barcelona, sino de un viaje de información que durará probablemente varias semanas* (247). El mismo Don Juan «confirmaba» a los periodistas portugueses que venía en viaje privado y familiar; y, además, hasta el primero de abril no acudió el vizconde de Rocamora a Suiza para recoger el archivo de Don Juan y trasladar a los Infantes a Portugal. Un mes antes de la circulación de «El Saluda» escribía Gil Robles: *Si con la firma de los documentos que están en preparación logramos demostrar que hay un buen núcleo de políticos, intelectuales, hombres de negocios, etc., que piden a Franco que se vaya, al mismo tiempo que preconizan y están dispuestos a apoyar una restauración de la Monarquía, se dará un buen argumento a los militares que empiezan a darse cuenta de los riesgos que están amenazando al país* (248).

Era indudable que «El Saluda» *con muchas firmas que el Generalísimo no juzgaba leales*, decía el informante del general Varela, implicaba una deserción hacia el campo monárquico, y quiso Franco, tomando medidas represivas, *cortar esta iniciada desbandada, atemorizando a los dudosos* (249).

Efectivamente, en el Consejo de Ministros del 15 de febrero dijo el Caudillo que «El Saluda» era *una declaración de guerra*, y por ello *hay que aplastarlos como gusarapos*. Añadió que se trataba de *trapacerías monárquicas* y era *una prueba más de la estulticia* de este sector político que contaba con el apoyo de *la Embajada inglesa* pero no del pueblo. Insistió en que la posición monárquica sólo favorecía a los comunistas y a los masones, por los cuales estaba inspirada la conspiración para lograr el *fomento de la desunión de España*. Rechazó la procedencia política y social de los firmantes del manifiesto. *La condición de «financiero» o de «aristócrata político» eran para él repugnantes.* Por todo, infirió el Caudillo *que el Régimen tiene que defenderse y clavar los dientes hasta el alma.* Propuso retirar los pasaportes y quitar a los firmantes los cargos que ostentaban, vigilar a los funcionarios y aplicarles las disposiciones legales, especialmente las fiscales. Fernández Cuesta, Blas Pérez y Carlos Rein asintieron las solicitudes del Generalísimo. Martín Artajo comentó que era preciso hacerlo *con habilidad y con moderación* (250).

En sendos informes que recibió el general Varela se comentaba que, durante el Consejo de Ministros, el Generalísimo propuso la destitución de todos los catedráticos signatarios del manifiesto, que el ministro de Educación los había defendido «tibiamente» y que Martín Artajo lo hizo de un modo más eficaz aduciendo la gran repercusión que iba a tener en el extranjero esta medida. Finalmente, se acordó sólo la destitución de sus cargos académicos.

Los alumnos del S.E.U. no quisieron entrar en las aulas, manifestando que no lo harían hasta que fueran expulsados los catedráticos firmantes del escrito de adhesión a la Monarquía. El ministro de Educación, antes de que los estudiantes iniciasen la huelga, había trasladado, o de un modo u otro suspendido a los funcionarios y catedráticos que rubricaron el texto. Al pretender los mencionados catedráticos cumplir con sus deberes académicos fueron rodeados por los estudiantes falangistas que daban gritos a favor de Franco, al tiempo que llamaban «traidores» a los monárquicos. Más tarde celebraron una asamblea en el Paraninfo de la Universidad en la que, entre otras cosas dijeron que había que acabar con *el pijo rojo de Don Juan.*

El rector de la Universidad comentó a Yanguas que había pedido a los catedráticos firmantes del manifiesto que no asistieran a clase durante quince días, indicándole la conveniencia de que se retirara. *Yanguas contestó que si era un ruego no podía atenderlo y que si se trataba de una orden, la cumpliría; entonces el rector le dijo que era una orden amistosa.* Cuando fue a salir del Rectorado un grupo de estudiantes le rodeó *llamándole traidor y gritando ¡Franco! ¡Franco! ¡Franco! y le siguieron en actitud amenazadora, en tanto que el rector y un ayudante pretendían detenerlos mientras el catedrático tomaba el coche, lo que al fin logró, no sin que sufriese una pedrada que le rompería los cristales del vehículo. Los grupos de muchachos siguieron al coche apedreándole por la calle un buen trecho* (251).

Jesús Pabón tuvo que hacer frente, *a unos cuantos matones de la «División Azul», lo que provocó a su favor una gran reacción de los estudiantes sanos* (252). Franco llegó a destituir a secretarios por oposición y de otros cargos meramente honoríficos. Algunos de los firmantes de «El Saluda», cuando intentaron retirar fondos de sus cartillas del banco, se encontraron *con la desagradable sorpresas de que su cuenta corriente estaba bloqueada* (253).

La reacción contra los monárquicos no cesó. Hubo varias multas en tramitación, una de 500.000 pesetas a la duquesa de Medina Sidonia, con motivo de un telegrama que dirigió a Don Juan de Borbón. La multa propuesta fue duplicada por el Caudillo. Pero lo más importante fue la deportación del general Kindelán a Garachico (Tenerife), recluyéndole más tarde en el Fuerte de Guadalupe. Le obligaron a tomar el tren en Aranjuez para evitar que fuesen los monárquicos a despedirle, debido a que el Gobierno temía grandes alborotos de orden público.

El confinamiento de Kindelán lo fundamentó el Generalísimo alegando que *los elementos monárquicos estaban tomando demasiado incremento y que había que darles un palo fuerte y para ello nada mejor que darlo a la cabecera de la organización* (254). El general Aranda fue también confinado en Endenocat y el Infante Don Alfonso de Orleans en Sanlúcar de Barrameda. Otros monárquicos, entre los que destacaba la duquesa de Valencia, dieron con sus huesos en la cárcel. *Existen más de veinte muchachos detenidos, la mayor parte por distribuir propaganda monárquica.* La policía aducía que la iniciativa de estas detenciones provenía exclusivamente del juzgado especial del Fuero de los Españoles (255).

6. EL MONARQUISMO Y EL RECHAZO INTERNACIONAL CONTRA EL RÉGIMEN

No hay que cegarse. El Régimen español va a quedar doblemente vencido: en el terreno militar, como aliado vergonzante de Alemania; en el terreno doctrinal, como solidario del totalitarismo.

José María Gil-Robles

6.1. Reacción en las filas monárquicas

El 9 de febrero de 1946 la Asamblea General de la O.N.U. se declaraba *convencida que el Gobierno del general Franco, impuesto por la fuerza con la ayuda de las potencias del Eje,* no representaba al pueblo español *y hacía imposible la participación de este último en los asuntos internacionales.* El 27 de febrero el Gobierno francés envió una nota *a los tres grandes* apuntando que el Gobierno de Franco *representa una amenaza para la paz en Europa,* y se declaraba dispuesto a llevar el asunto ante el Consejo de Seguridad, amenazando a España con el cierre de la frontera. Efectivamente, el primero de marzo el Gobierno galo cerraba la frontera de los Pirineos y cinco días más tarde el Parlamento noruego condenaba el Régimen franquista. Rusia daba también su conformidad para que el asunto español fuera tratado en la O.N.U. y Francia solicitaba a EE.UU. y a Gran Bretaña que declarasen el embargo de petróleo destinado a España.

Los Gobiernos de París, Londres y Washington publicaron una declaración conjunta condenando el régimen franquista y solicitando a los liberales españoles que intentaran *el medio de obtener la retirada pacífica de Franco.* En los meses siguientes a esta declaración aumentó el aislamiento internacional. Se produjeron las rupturas de relaciones con Rumania, Polonia, Yugoslavia, Bulgaria, etc. Más tarde la retirada de embajadores. Y, a finales de año, el 13 de diciembre concretamente, se reunió la O.N.U. para tratar el caso español. *En su origen, su naturaleza, su estructura y su conducta general, el régimen de Franco es un régimen de carácter fascista, establecido en gran parte gracias a la ayuda recibida de la Alemania nazi de Hitler y de la Italia fascista de Mussolini.* El comunicado de la O.N.U. amenazaba simbólicamente *con las medidas necesarias para poner remedio a la situación* si en un tiempo prudencial *no ha sido establecido un gobierno con autoridad emanada del consentimiento de los gobernados.*

El Gobierno español se había preparado para hacer frente a este posicionamiento internacional. Las veleidades pro Eje durante el conflicto mundial eran la causa directa que hacía que España se encontrara en esta situación. Cuando Franco fue más o menos consciente de que los alemanes no iban a ganar la guerra, comenzó a virar hacia los aliados. Recuérdese el problema del wolframio y las declaraciones de Franco en 1944 que causaron el asombro y la risa del mundo entero. Ya en 1945 con el comunicado de Potsdam, Franco cambió algunos ministros. Suprimió también el saludo brazo en alto y otros símbolos falangistas. Pero hay que apuntar, sin embargo, que las cesiones de Franco fueron nimias y resistió el cerco internacional sin grandes claudicaciones. El mismo «Fuero de los Españoles», legislado, sin duda, para que sirviera de fachada, tardó tiempo en entrar en vigor y nunca se respetó. En el Consejo de Ministros celebrado el 21 de julio de 1945 Franco minimizó el peligro de la situación exterior. ¿Qué importa la hostilidad? Lo importante era *ganar el mundo católico* y realizar *concesiones no esenciales.*

En octubre, también en un Consejo de Ministros, Franco tuvo en consideración el problema monárquico. Dijo que las *disidencias* de los monárquicos aumentaban el peligro exterior. La ambición, la influencia de la masonería y la buena fe de algunos eran las causas que hacían que los monárquicos se alejasen *de una Monarquía tradicional y fuerte; quieren gobiernos débiles, desorden, intervención en los negocios y si los españoles se lo dan hecho mucho mejor.* Pero como los aliados *no querían la revolución en España y comunista menos,* afirmaba Franco que no deberían *dar nada que no nos convenza y no tengamos decidido.* Estaba claro que Franco iba a aprovechar muy bien la «guerra fría». Pensaba entonces que hacer partícipe al pueblo de una Constitución, mediante un plebiscito, sería un acto importante. Si el Régimen realizara un referéndum podría mostrar ante el mundo una fachada democrática. Además creía conveniente que el tema sometido a refrendo fuera el de la cuestión sucesoria. Afirmaba Franco que convenía cerrar la Constitución abierta del Régimen siendo monárquica. *Si yo faltase, dejaría a la Nación mala herencia por no haber establecido sucesión* (256).

Aunque Franco y su Gobierno, a excepción de Artajo, no estaban decididos a realizar grandes reformas para acallar la opinión extranjera; lo cierto es que ésta les inquietaba sobremanea. Vegas Latapie sabía que el Generalísimo había prometido a los anglosajones que en breve plazo convocaría un referéndum nacional *capaz de abrirle paso fácil a la Monarquía; pero que, en verdad, lo que pretendía Franco era realizar ese plebiscito contra la Monarquía* —y en beneficio propio— *ante la pasividad de la Iglesia, del Ejército y de las clases conservadoras del país.* Aunque después se negase sinceridad y libertad a los resultados del mencionado referéndum, en lo referente a la libre expresión del sentimiento nacional, nadie podría sugerir que tanto la Iglesia como el Ejército y los conservadores había apoyado a Franco frente a la Monarquía, que de tal forma había sido puesta en juego. Franco pensaba que disminuida la Monarquía ante los ojos del extranjero, ni Gran Bretaña ni Estados Unidos tendrían interés *en quitarle a él los poderes políticos de la mano,* porque entonces se correría el riesgo de que el hipotético Gobierno socialcomunista francés consiguiese influir en la política española (257).

En el archivo de la Jefatura del Estado existe un documento, sin firma, aunque el estilo del texto nos induce a pensar que pertenece a Carrero Blanco. Para éste, la lucha contra España no era más que otra faceta *del gran proceso de descomposición moral y material a que el mundo está sometido. Derribar a Franco y a su Régimen* eran los objetivos del comunismo internacional.

Por ello, los españoles tendrían que realizar una doble acción, en lo externo y en lo interno. El cometido principal en el exterior lo fijaba Carrero en la reiteración continua de *la auténtica disyuntiva: Franco y lo que representa o el comunismo en sus más desesperadas y peligrosas exteriorizaciones.* Era imprescindible también no dejar infiltrar la propaganda internacional y procurar que los países *espiritualmente afines* estuviesen bien informados para que pudieran actuar en consecuencia. Citaba el subsecretario de la Presidencia al «mundo católico» y concluía señalando que la acción no debiera ser *eminentemente pasiva, defensiva y prudente* porque iba a ser preciso *devolver con dureza algunos golpes* para desorientar al enemigo, *desviándoles de la trayectoria por él tranquilamente trazada y provocando sus nervios, seguramente más firmes que los nuestros.*

Lo más importante en lo interno era mantener íntegra *la moral y el espíritu de servicio y sacrificio* y orientar la principal labor en tres direcciones: la juventud, los hombres leales y el Ejército, el cual no podría ser *perturbado, desorientado ni inquietado* por los altos mandos que estaban alejados de la disciplina militar y que eran peligrosos *por las posiciones de responsabilidad que ocupan.* A juicio de Carrero, debería seguirse con estos generales *un criterio infalible, evitando el ejemplo, el peligro y desmoralización que su posición en altos cargos origina.* Proponía el pase a la reserva *sin vacilaciones* y sin que fueran de temer *las reacciones de la*

El general Franco, desde el balcón principal del Palacio Real, se dirigió el 9 de diciembre de 1946 al medio millón de españoles concentrados en la madrileña plaza de Oriente.

Miles de panc....... expresaban el rechazo hacia las Naciones Unidas y los países democráticos en aquella manifestación orquestada por el régimen.

opinión exterior, de estos militares. Sin duda alguna se refería a los generales monárquicos Aranda, Kindelán, Orleans, Ponte, etc. Los dos primeros fueron confinados poco después de que Carrero diera lectura a estos apuntes; Kindelán en febrero de 1946 y Ponte sería pasado a la reserva seguidamente. Sobre el sector monárquico decía Carrero:

> ... Los hombres que al supuesto servicio de la causa monárquica interpretada a su manera, se han desviado de la disciplina del Generalísimo, exteriorizando su posición, no deben ocupan cargos o posiciones de responsabilidad nacional en ninguno de sus ámbitos, por la desorientación y desconfianza que produce su presencia. En los sectores financieros existen varios de estos hombres que, con la poderosa influencia que concede el dinero producen una atmósfera derrotista y perniciosa cuyo alcance es difícil de medir (258).

Franco y los dirigentes del Régimen intensificaron a partir de la nota tripartita del 4 de marzo la defensa del sistema. *A esa democracia convencional nosotros oponemos una democracia católica y orgánica, que dignifica y eleva al hombre, garantizándole sus derechos individuales y colectivos, que no admiten su explicación por medios del cacicazgo y de los partidos políticos profesionales* (259). La independencia de la Justicia, el Consejo de Estado, el Fuero de los Españoles, la Ley de Referéndum, las elecciones sindicales y corporativas y el nuevo Código de Administración local eran presentados como avances sociales y democráticos del Régimen. Artajo mandó distribuir una nota entre los diplomáticos y periodistas para que empleasen los mencionados avances democráticos del sistema, negaran que España fuera un régimen totalitario, apuntaran que en países como Polonia era inexistente la libertad del hombre, etc., para contrarrestar el empuje exterior (260).

Igualmente, Artajo entregó al encargado de Negocios de los EE.UU. en España una nota que afirmaba que el Régimen español respetaba las libertades fundamentales por lo que no podría ser considerado como totalitario. El franquismo, surgido de una guerra civil con sólo un 2 % de personal extranjero, había sido reconocido por todas las naciones del mundo excepto Rusia y Méjico. Señalaba como muy significativo que quienes llevaban la acusación contra España, fueran precisamente los que no sentían respeto alguno por los principios democráticos (261).

Las gestiones de Artajo no lograron anular el dictamen de la O.N.U. El 6 de diciembre, tras el célebre comunicado, se reunió el Consejo de Ministros. Franco calificó al organismo internacional de *cuento de la buena pipa*; añadió que ya había dicho con anterioridad que haría *caso omiso de los acuerdos de la O.N.U.* Girón y Fernández Cuesta fueron los encargados de preparar *manifestacio-*

nes de la irritación nacional. El 9 de diciembre se produjo una gran manifestación de apoyo al Régimen. Franco estaba eufórico porque había sido *una manifestación grandiosa, incluso en Barcelona*; la O.N.U. estaba *herida de muerte* y los españoles no irían nunca a ella hasta el surgimiento de una nueva organización *porque no podemos esperar nada de estos conciliábulos internacionales* (262).

Los españoles respondieron a la llamada del Caudillo. Nadie puede negar que se trataba de manifestaciones orquestadas desde el Gobierno, pero nadie puede tampoco esconder que la actitud de rechazo al Régimen español adoptado por las naciones europeas y americanas fue acogido con desagrado por la mayoría de los españoles y también por los monárquicos. Las «juventudes monárquicas» estaban dispuestas *a echarnos a la calle* para combatir la injerencia del exterior en los problemas de España; lo que no significaba *que hayamos dejado de tener ideas políticas claras* (263).

Sus mayores también opinaban que la posición de la O.N.U. sobre España era *una coacción ilícita y bochornosa*; aunque no olvidaban señalar que si tal injerencia era afrentosa, igualmente era penoso el aislamiento con que España se asfixiaba a sí misma. *Cuántos sinsabores, cuántas injusticia y humillaciones, cuántas afrentas al buen nombre de España y cuántas privaciones materiales se habrían excusado si la Monarquía secular hubiera sido restaurada a tiempo* (264).

El embajador francés había convocado en un lugar cercano a Madrid a varios personajes para constituir un comité o junta de acción integrada por todas las fuerzas democráticas, con el fin de disponer de un instrumento eficaz con autoridad para el día 15 de febrero, *porque en caso contrario los firmantes de la Nota Tripartita se verían obligados a considerar otras soluciones.* El general Aranda, invitado a la reunión, no sólo declinó el ofrecimiento, sino que además, prohibió la asistencia a los monárquicos (265).

Ante la Nota Tripartita, el Secretariado del Conde de Barcelona dio a conocer un comunicado señalando que éste *consideraba absolutamente intolerable tal injerencia extranjera en los asuntos de España y de su Régimen político*, cuya conclusión correspondería decidir exclusivamente a los españoles (266). Los monárquicos y el titular de la Corona sabían que toda esa campaña iba a ser contraproducente. Según un documento que se encuentra entre los papeles de Sainz Rodríguez, Don Juan habría manifestado personalmente en varias ocasiones que la situación creada le disgustaba por tratarse de España y porque la operación antifranquista acercaría más al pueblo con el dictador. *El Rey censuró la actitud francesa hacia Franco diciendo que sólo había reforzado a éste y debilitado a la causa monárquica* (267).

El Consejo de Acción Monárquica en España hizo público un documento explicando su postura *ante la gravedad de los acuerdos adoptados* por las potencias extranjeras. Repudiaban *con igual o mayor energía que al Gobierno del general Franco,* la intromisión extranjera en los asuntos españoles, y señalaban que la Monarquía era totalmente ajena a la crisis que España atravesaba. Después de transcribir extensos párrafos de los documentos que Franco había recibido de los monárquicos, aventuradores de lo que entonces acontecía, rechazaban nuevamente la disyuntiva *Franco o el comunismo,* en la que tanto insistía el Régimen, porque existía un tercer supuesto que era la Monarquía representativa que *labore por la reconciliación y convivencia de todos los españoles dentro de las leyes, votadas por los representantes de la voluntad nacional* (268).

6.2. Un informe esclarecedor: La actitud de los anglosajones

Existe un informe fechado el 28 de abril de 1946 que es significativo del pensamiento de los monárquicos y que, como veremos, hace algunas aventuraciones que en plazo más o menos corto se harían realidad. Con independencia de la simpatía o antipatía que el Régimen franquista inspiraba a los españoles, *la pretensión de intervenir en nuestros asuntos interiores determinaría inmediatamente, por elemental reacción de dignidad nacional ofendida, una concentración espiritual en torno a Franco.* El hecho de que los comunistas franceses hubieran forzado al Gobierno de su país a adoptar *la absurda medida de cerrar la frontera,* indicaba, para el autor del texto, la existencia de un plano soviético de agitación. Rusia no querría que se resolviera el problema español, *y menos en el sentido evolutivo y pacificador que supondría la Monarquía.*

Cinco eran las razones que alegaba: primero, con la subsistencia del Régimen español, Rusia tendría un pretexto de agitación antifranquista, que apartase una importante parte de la atención mundial del gravísimo peligro del imperialismo soviético. *En tanto Rusia pueda decir que existe un resto de fascismo en Europa, tendrá una poderosa arma que oponer a los anglosajones.* Los corresponsales de los periódicos ingleses de Nueva York habían telegrafiado que las alegaciones del delegado ruso en el Consejo de Seguridad sobre el Régimen de Franco, lograron que la opinión norteamericana concediera una importancia secundaria a los manejos soviéticos en la zona asiática. Precisamente un coronel americano comentó a Vegas Latapie por estas mismas fechas, que su Gobierno no podía detener su atención diplomática sobre *pequeñas cosas europeas* debido a que tenía empeñado *su porvenir nacional* en los asuntos del Extremo Oriente asiático. *Y es de allí —de China y del Pacífico— de donde habrá de salir la guerra o la paz* (269).

Segundo, el problema español servía a Stalin para mantener un motivo de discordia entre las potencias occidentales. *Más tarde o más temprano tendrá que formarse un bloque occidental —mejor diríamos Atlántico de las dos orillas— para hacer frente al imperialismo revolucionario soviético.* Franco pensaba que la participación de España era tan necesaria que los anglosajones terminarían por aceptarla. Sin embargo, los monárquicos apuntaban que ello era imposible porque la opinión anglosajona hacia el Generalísimo era *tan terrible que no hay Gobierno que pueda pensar tan siquiera en tenerle como colaborador.* Aunque pareciera paradójico, *Rusia no quiere, hoy por hoy, derribar a Franco.* Atacaba al Régimen de Franco como medio de propaganda, *pero de tal manera y por tales vías que está seguro de conservarle. Le interesa a la agitación el escándalo, la discordia duradera en el campo adverso.* Empeñándose en no ceder el paso a Don Juan de Borbón, Franco estaba sirviendo «de lleno» las pretensiones del Kremlin.

Tercero, todo motivo de discordia en Occidente sería interesante para Rusia, *pero de un modo especial le conviene que las diferencias entre Francia y España se conviertan en un abismo.* Tardarían, entonces, mucho tiempo las dos naciones en conseguir la concordia, mientras que Rusia consolidaría sus expectativas en Oriente y en el centro de Europa y mantendría, mientras tanto, una agitación a su favor en Occidente.

Cuarto, como los anglosajones tenían que oponerse a las pretensiones rusas sobre España, *no por simpatía al régimen, sino por contrariar en todas las partes la política de Moscú,* aparecería Rusia ante las izquierdas del mundo *como el campeón único del antifascismo, en contraposición con la política claudicante de los anglosajones.* Ponía como ejemplo a los agentes de Gromiko en el Consejo de Seguridad, comparando la actitud de Washington y Londres a la seguida cuando las agresiones de Hitler y Mussolini. El *caso español* hacía que se inclinasen hacia Rusia muchos sectores. En tanto Franco se mantuviera en el poder, los franceses a las órdenes de Moscú tendrían una *espléndida bandera* que seguirían quienes no olvidasen en Francia las concomitancias del Régimen español con los alemanes invasores. *La peor noticia que podrían recibir los comunistas franceses sería la de la caída de Franco.*

Quinto, el planteamiento del problema español estaba sirviendo para causar un quebranto importante a Bevin. Éste tropezaba con crecientes resistencias en el seno de su partido donde predominaba una fuerte tendencia izquierdista. Bevin mantenía una posición fuerte cuando se oponía a Rusia en Persia, Polonia o los Balcanes, pero cuando apoyaba a Franco *presenta el flanco descubierto de los más enconados ataques.* Entonces Rusia movería con habilidad a los hombres extremistas del laborismo contra Bevin utilizando *el caso español. El régimen franquista es, pues, el arma eficaz que Rusia está utilizando contra su gran enemigo británico* (270).

Exactamente, Vegas Latapie que había contactado en Biarritz con el embajador inglés en París, con el subsecretario francés de Negocios extranjeros y con el alcalde británico de Brighton, amén de varios funcionarios permanentes del Foreign Office y del Quay d'Orsay, supo que lo tratado entonces por el Consejo de Seguridad de la O.N.U. se refería mucho más a las futuras elecciones en Francia y al congreso de la Trade Union británico que a las eventuales contingencias derivadas del problema español.

> Los partidos comunistas de Francia e Inglaterra están tratando, en efecto, de cargar el mayor descrédito posible sobre los hombros de Bidault y de Bevin, usando y abusando para su fin de la presión antifranquista —palpitante ésta siempre entre las multitudes obreras francesas y británicas— y de la simpatía hacia Franco que, en cambio, contienen en sus dolientes corazones muchos conservadores católicos de Francia. Por eso, al ser elevado el pleito español ante la O.N.U., los comunistas sabían de antemano que el representante de Bevin habría de adoptar una posición de aparente ayuda a los intereses gubernativos de Franco, posición que ha de herir lo mismo la susceptibilidad antifascista de los sindicalistas británicos que la impaciencia angustiada de los clandestinos sindicalistas del interior de España (271).

En este sentido es explicable que Inglaterra recomendase a Don Juan de Borbón que se entendiera con Franco, puesto que solamente éste podría garantizar el orden en España y asegurar la continuidad de la Monarquía. También Salazar aconsejó de la misma forma al Conde de Barcelona (272). El embajador de Estados Unidos en Portugal recibió, igualmente, instrucciones precisas para evitar encontrarse en manifestaciones mundanas con el heredero de Alfonso XIII. Se atribuía este deseo del Gobierno americano, a no querer comparecer de ninguna manera favoreciendo o apoyando una determinada evolución (273).

El mencionado coronel americano en sus conversaciones con Eugenio Vegas comentó que los españoles estaban a la zaga de Washington en la obra de preparar la sustitución política del Régimen franquista. No podían los americanos concebir que a Franco le sustituyera otro Régimen que no obtuviera el asenso de la mayoría de los españoles *porque sería absurdo y oneroso para los hombres de Washington que después del «caso Franco» se le crease al mundo occidental otro nuevo caso antiliberal en España.* Nadie, por ejemplo, conocía públicamente los programas y designios de la Monarquía que si fueran percibidos *pudieran atraer quizás hacia ella la voluntad y esperanza de muchas gentes liberales.* Según el coronel, en departamentos políticos de Washington se tenían «puestos los ojos» en las gestiones de Gil Robles. Existiría allí un importante grupo responsable, que vería con agrado la formación de un equipo gubernativo de apariencia liberal en torno al ex dirigente de la C.E.D.A., equipo que ulteriormente podría responder y corresponder a positivos proyectos de colaboración económica con Estados Unidos; para lo que el contertulio del colaborador de Don Juan creía conveniente un viaje de Gil Robles a América (274).

Según informaciones recogidas por los monárquicos, en Inglaterra existían dos tendencias representadas preferente y respectivamente por los organismos administrativos (Foreign Office) y por los elementos políticos laboristas. A los primeros se sumaban elementos políticos conservadores y financieros y el laborismo se dividía en dos posturas, una moderada y otra extremista. En la primera tendencia imperaba el temor a que la salida de Franco implicase un período de anarquía en España, predominando las influencias rusas. *Si no ven la situación muy clara prefieren la inhibición y, por ende, el statu quo franquista.* En el otro sector predominaba el temor del desprestigio ante la opinión por tolerar al Régimen de Franco, propugnando la actuación. Ambos estarían convencidos de la falta de fuerzas del Gobierno Giral que, prácticamente, no era más que una dificultad para resolver el problema.

La actitud americana parecía a los monárquicos de *franca inhibición del problema* porque los americanos confiarían en Inglaterra. No harían nada para autorizar públicamente el Régimen franquista, y el presidente norteamericano no sólo no rechazaba la Monarquía, sino que veía con simpatía esta solución, *advirtiéndonos el recelo de una fórmula débil ante el peligro de la extrema izquierda.* Pero, por otra parte, en América se encontraban un número considerable de españoles, *los más vocingleros,* que pertenecían en su mayoría *al sector intransigente.*

El Gobierno francés también adoptaba una actitud cada día más favorable a la posibilidad monárquica. *Hoy son tachados (los republicanos) de haber favorecido a Franco son sus medidas poco meditadas y de haber hecho el juego al extremismo.* Comprendía que EE.UU. e Inglaterra no aceptarían soluciones extremas y se inclinaban, no ya a aceptar, sino a propugnar la solución monárquica a cambio de no soportar la imposición del Régimen de Franco.

Los monárquicos iban a procurar su actuación en este sentido sobre las izquierdas españolas, para que la negociación con ellos tuviera mayores garantías de éxito (275).

Madariaga llegaba a las mismas conclusiones que los monárquicos. En un artículo publicado en el *Manchester Guardian* apuntaba que *la única nación que cobra dividendos políticos del Régimen de Franco es la Unión Soviética. Mientras dure Franco, la Unión Soviética tendrá en la mano un excelente palo para castigar a Gran Bretaña y a los Estados Unidos, y una excelente palanca para escindir la opinión laborista* (276). Cuando el duque de Alba presentó la dimisión de su cargo de embajador en Inglaterra, Bevin le comunicó que a Stalin le convenía la permanencia del Caudillo y de su Régimen en el poder, y, por eso, no le atacaba directamente, pero evocaba siempre su agravio justificado del envío de la «División Azul». *Mientras siga Franco en el poder, España nos perturba toda nuestra política en el Mediterráneo* (277).

6.3. Movimientos en el estamento militar

El debate en la O.N.U. sobre los orígenes políticos del Régimen franquista y, sobre todo, la concentración importante de tropas españolas cerca de la frontera francesa, que obligaban a muchos militares a vivir lejos de sus familias en malas condiciones de alojamiento, concluyeron por crear una situación de malestar que se expresaba ya en Cuerpos de Guardia. Este descontento de los jefes de cuerpo y de los oficiales subalternos no se dirigía solamente en contra de Franco y de su Gobierno, sino que se extendía también hacia los generales más conspicuos, a quienes acusaban sus compañeros *de intrigar sin pericia, de medrar bien económicamente sin pudores* y de no saber mejorar las cada día mayores cargas y privaciones por los domésticos presupuestos de cada familia militarmente presidida por algún jefe u oficial.

Franco tuvo que explicar a los militares del Estado Mayor del Ejército que había tomado precauciones en lo que a la situación diplomática exterior se refería, y que había comunicado al Gobierno americano su propósito firme de iniciar con prontitud una evolución democrática dentro del Estado. Pero como esta confidencia la venía haciendo el Generalísimo desde hacía ya un año, produjo entonces un efecto de *impaciencia y desconfianza*. Los generales acusaban a Franco *en efervescentes movimientos dialécticos* de haber perdido el tiempo intentando mudar su camisa falangista, y le culparon sobre todo, *de no haber sabido inventar siquiera un cambio de posición parecido al que acababa de realizar en Argentina el eximio general Perón.*

Efectivamente, un sector importante de generales parecían encaminarse hacia la «peronada». Franco continuaba inspirándoles como militar consideración y respeto, como hombre político, en cambio, *su figura yace bajo cascotes de múltiples descréditos.* Los generales le habían pedido reiteramente que, de acuerdo con el Conde de Barcelona, nombrase a Don Juan casa militar que pudiera ser centro propicio a un acuerdo entre la Corona y el Ejército. Franco les aseguró, y ello era cierto ya que en 1943 y 1945 se lo propuso, que el Conde de Barcelona no quería aceptar la oferta. El Estado Mayor Central del Ejército se reunió en Madrid y decidió, de acuerdo con varios generales, visitar a Martín Artajo para intentar una posible acción conjunta entre el Ejército y los diplomáticos, en favor de una restauración hecha por vías oficiales. No se llegó a acuerdo alguno porque al ministro de Asuntos Exteriores no le pareció bien realizar ninguna actuación sin contar con el Generalísimo (278).

El general Ponte, *ante la deplorable situación en que se encuentra nuestra Patria,* y ante la publicación de la Nota Tripartita enviada al Gobierno español, se dirigió al bilaureado general Varela por si creía preciso que ambos, los dos generales más antiguos con mando, se dirigieran a los capitanes generales de región para fijar la actitud del Ejército. Como Franco había recibido el poder de los militares, éstos tenían el deber y el derecho de «recogerlo» si lo estimaban conveniente. *Los que tuvimos la responsabilidad de su nombramiento no podemos inhibirnos al tratarse de su sustitución.* Comprendía Ponte que si el Generalísimo hubiera atendido el requerimiento de 1943, se habría evitado la situación de aislamiento internacional. *Creo que debemos evitar las consecuencias fatales para España.* Entendía que deberían reiterar la petición hecha anteriormente por los tenientes generales y estudiar los procedimientos a realizar si no eran atendidos (279).

El empeño en no dar paso a la Monarquía era para el general Varela un *error lamentable.* El acierto estaría en la rectificación de esta postura *cuanto más pronto mejor.* Pero la intervención propuesta por Ponte no conseguiría ningún beneficio positivo y sí *patentizaría nuestra división interna,* pues *la acción* sería de una parte del Ejército, *no llevaría el sello de la unanimidad y los principios fundamentales del Movimiento* podrían quedar alejados. *Cualquier intervención desafortunada, y esto suele suceder cuando no son oportunas, producen efectos contrarios a los propósitos y lejos de facilitar el empeño, lo retrasa y lo dificulta, de tal suerte, que pudiéra-*

mos asegurar que el Régimen actual vive hoy más que de sus acier-
tos de los errores y de la desunión de los monárquicos (280).

Arsenio Martínez Campos, duque de la Seo de Urgel, segundo jefe del Estado Mayor del Ejército, dijo al Conde de Barcelona que en tres o cuatro meses no debería ni entenderse con Franco ni hostigarle, pues creía inevitables incidentes serios en la frontera pirenaica. Como el Ejército español carecía de armamento adecuado, Franco se vería obligado a pedir ayuda a los anglosajones invocando el peligro comunista. Como nadie iba a ayudar a Franco, sería el momento en que el Conde de Barcelona salvara la situación. La hipótesis no agradó demasiado al heredero de Alfonso XIII (281).

En el Ministerio de la Guerra se planteó que la situación financiera y económica del país llevaría a considerar la toma del poder por una Junta militar para eliminar a los falangistas. Yagüe, que había estado un tiempo alejado de actividades políticas, tuvo conversaciones con los generales monárquicos Bautista y Solchaga (282). Este último había aconsejado a Franco la evolución hacia la Monarquía. El Generalísimo le contestó que él era monárquico, pero que no podría cederse ante las presiones extranjeras. Le reiteró que era monárquico, pero que podría ser hasta comunista (283).

Aranda opinaba que los militares deberían conocer los contactos de los monárquicos con las izquierdas, pero suavizándolos y presentándolos como acercamiento en el que no se había hipotecado nada. *La colaboración subordinada de las izquierdas* sería el único camino para salir del impasse. *La propaganda general va bien en las categorías medias, primero por haber en ellas muchos monárquicos de convicción y, segundo, porque les ha invadido ya la miseria y ven que el Régimen de Franco no les sirve ni para poder vivir modestamente. En los generales y coroneles, aspirantes al ascenso, no se piensa más que en ascender y situarse cómodamente, fiándose en que Franco les protegerá de todos los peligros.* Al finalizar el año, Aranda se presentó en la Embajada americana en Madrid, pidiendo asilo para reconstruir allí un Gobierno provisional de resistencia contra Franco. Sainz Rodríguez y Gil-Robles enviaron una nota a las Embajadas afirmando que tanto Don Juan como sus consejeros de Estoril eran ajenos, en todo, a la acción emprendida por el general Aranda. Éste, por conducto de la Legación de Francia hizo llegar al Conde de Barcelona una nota en la que solicitaba su parecer sobre la inmediata formación de un Gobierno provisional, según los deseos de ingleses y americanos que urgían tal solución. La respuesta del Pretendiente debió ser negativa dado que ese Gobierno nunca se formó (284).

El general Aranda, como el general Varela, hacía patente la división del Ejército. La unidad y apoyo del Ejército y la neutralización de las masas y la asistencia de sus dirigentes eran, sin duda, esenciales para preparar *el acceso al poder* que, además, dependería de la actitud que tomase el general Franco ante la presión interior y exterior. Pero, en todo caso, el general Aranda apuntaba que si el Ejército se hacía pacíficamente con el poder, no debería retenerlo más que un período de tiempo prudencial (285). El general Kindelán tenía la misma impresión del estamento militar. *La oficialidad de los tres Ejércitos está convencida de que no cabe otra solución que la Monarquía; una minoría la añora y desea; la mayoría la ignora. Todos la temen más o menos por creerla antesala de un frente popular.* Señalaba que Franco había perdido prestigio en el Ejército, pero los militares continuaban tolerándole como mal menor *y porque saben que no hay un solo general que se atreva a disgustar a Franco y a mover un dedo en favor de la restauración aún declarándose monárquico convencido.* Indicaba Kindelán que la extendida hostilidad del Ejército hacia el Generalísimo había hecho que se organizaran juntas de defensa, aunque comprendía que eran inoperantes e ineficaces (286).

Los comienzos de 1947 fueron también inquietantes para el Ejército. Larraz planteó al Caudillo que para que él aceptara cargo o misión en una hipotética nueva combinación ministerial, precisaba que se hiciera una declaración de principios monárquicos; que se orientase claramente el Gobierno al restablecimiento de la Monarquía en cualquier fórmula (287). Sin embargo, el Jefe del Estado desmentiría en una reunión de la Junta Política en el Pardo que pensara cambiar el Gobierno en sentido evolutivo; es decir variando la orientación falangista. Dijo que la creación de la Falange era la obra más importante que había realizado y que lejos de prescindir de ella, consideraba necesaria su eficaz reorganización. Comentó también que si las circunstancias habían obligado a no destacar excesivamente a la Falange, camuflándola en cierto modo, no quería decir que fuera a prescindir de ella. El Generalísimo trataba, a través del halago, de preparar a este sector político para algo que, seguramente, les iba a inquietar. Me estoy refiriendo a la Ley de Sucesión. Los falangistas hablaban ahora de República presidencialista (288).

Además, según el informante del general Varela, *la protesta más airada y violenta* contra el Régimen franquista la representaría Yagüe. Muñoz Grandes continuaba dando plazos, incluso de meses, para convertirse en el mediador de la transición de poderes a la Monarquía. Tenía estrecho contacto con los monárquicos, directamente con el general Kindelán y también con las izquierdas. *Está muy preocupado, ha estado en todo dispuesto para salir hacia Portugal a realizar una entrevista con Don Juan; pero ha desistido por la actitud absolutamente intransigente en que se coloca el Generalí-*

simo, que le hace temer fracasar su gestión. Cuando los militares criticaban a Franco el enchufismo y mala gestión de muchos hombres del Régimen, el Generalísimo ni les escuchaba alegando que se trataba *de una propaganda masónica* que en modo alguno podía atender. Apuntaba también el informante del general Varela que desde hacía varios meses en la esfera gubernamental existía el temor de una pública reacción de violencia en contra del Régimen por parte del Ejército, donde suponían que aún era posible, si bien, aseguraban que tenían tomadas medidas tan radicales que fracasaría de modo rotundo cualquier intento en este sentido.

6.4. Proliferación de grupos monárquicos

El rechazo internacional contra el Régimen de Franco y la organización de la Causa Monárquica trajo consigo una mayor actuación, que se constata en la proliferación de hojas clandestinas, único medio de testimoniar el pensamiento monárquico en un clima de represión, carente totalmente de libertad de expresión. El nombramiento del general Kindelán como presidente del Consejo de Acción Monárquica dio a la causa monárquica en el interior un importante grado de actividad. Llevaba Kindelán, junto con la duquesa de Valencia gran parte de la labor de propaganda. Valencia lanzaría en una sola noche la suma de 40.000 octavillas. *Se acordó por los grupos civiles una gran campaña de propaganda monárquica y de divulgación, sobre todo del manifiesto de Don Juan. Se imprimieron miles de ejemplares que fueron repartidos por toda España. Los años del 45 al 47 fueron los de mayor intensidad en propaganda, a pesar de las grandes dificultades, falta de medios y, sobre todo, la colaboración de los mal llamados monárquicos con el general Franco* (289), me comentó Leopoldo Lovelace.

Las «Juventudes Monárquicas» comenzaron a formarse en 1943, pero cuando iniciaron su organización avanzaba ya 1945. Satrústegui, Lovelace y Carranceja, entre otros, fueron la cabeza de estas juventudes. En agosto de 1946 salió el primer número de *Juventudes Monárquicas.* El espíritu de esta publicación era *el del 10 de agosto de 1932 y el del 18 de julio de 1936* y luchaban *contra sus falsificadores.* Denunciaron desde su primer número la censura de prensa y la falta total de libertades. *La buena doctrina enseña que cuando el Estado emplea procedimientos tiránicos, no sólo es lícito, sino que muchas veces constituye un deber, ponerse al margen de la Ley, que moralmente no tiene fuerza de obligar* (290).

El 28 de agosto de 1946 los miembros de las Juventudes Monárquicas Ángel Negrón y Francisco Villalonga, fueron objeto de agresión. Se les acercaron una docena de jóvenes diciéndoles que estaba esperando a un amigo de aquellos que *había quedado en traerles unas hojas de propaganda monárquica*. Los agresores preguntaron a los jóvenes monárquicos si tenían alguna; y uno de ellos respondió que en su casa había recibido por correo unas pocas. De repente, y sin mediar palabra, se lanzaron a puñetazos sobre Negrón y Villalonga. El «cabecilla» sacó una pistola con la que obligó a los monárquicos a permanecer inmóviles; y para que percibieran que no usaba el arma ilegalmente mostró un carnet de la «Guardia de Franco». Posteriormente sustrajeron a Villalonga una fotografía del Conde de Barcelona y un listín de teléfonos, que al día siguiente devolvieron en la portería de la casa de Negrón. Concluyó el altercado con un interrogatorio para averiguar quiénes les enviaban la propaganda monárquica (291) Arrese ha dejado escrito en sus memorias que a estos jóvenes se les ordenaba agredir a los monárquicos (292).

Contemporáneo al «manifiesto de Lausanne» fue la creación de los «Reales Tercios de Voluntarios de Juan III», *organización cívicomilitar* patrocinada por el general Aranda, colaborando entre los militares el coronel de Estado Mayor Ángel Martín Naranjo, el teniente coronel Arturo Dalias, y los generales Tella y Lóriga, conde del Grove. Los fundadores de carácter civil fueron, entre otros, José María Márquez, Francisco Martín Martín, Valentín García Pons y Leopoldo Lovelace. También hubo un capellán de la madrileña iglesia del Carmen, Amador Iglesias Soto, sobre el que ejercían una especie de vigilancia por orden del entonces obispo de Madrid-Alcalá, doctor Eijo y Garay, quien demostrándole sus actividades monárquicas, le desterró a la parroquia de Sarría en Lugo, donde murió en condiciones extrañas que nunca se aclararon.

Las actividades de este grupo se iniciaron en la revista *Aspiraciones* de Carmen Velacoracho. Por un artículo de Lovelace sobre Calvo Sotelo, hubo un gran escándalo y la revista fue suspendida. Los «Reales Tercios de Voluntarios de Juan III» estaban más o menos organizados. Tenían sus carnets y un grupo de policías para evitar desórdenes en el momento de la restauración. En 1947 el general Kindelán no autorizó que el periódico *Restauración* fuera el órgano de este grupo monárquico, aunque sí permitió su publicación. El número causó gran impacto. Criticaban al Régimen y al Caudillo la mala gestión económica, reproducían varias manifestaciones de Don Juan, y daban cuenta de la nueva deportación que sufría el general Aranda en la isla de Formentera (293). El periódico se repartió por toda España. La policía intervino varios paquetes en correos. En el Ministerio del Ejército interrogaron al coronel Martín Naranjo sin que nada pudieran imputarle (294).

Contemporáneo a los grupos anteriormente mencionados, «Avanzadillas Monárquicas» se creó bajo el patrocinio de la duquesa de Valencia. Configuraron un aparato de propaganda increíble dado la precariedad de medios y la ilicitud de sus actos. Prepararon publicaciones, folletos, pasquines y organizaron la llegada a España, en visita, de los Infantes Doña María Cristina y Don Jaime, realizándose, con este motivo, un importante acto de afirmación monárquica. A «Avanzadillas» se unieron otros grupos monárquicos, universitarios de la F.U.E., formaciones varias de socialistas, nacionalistas vascos, incluso republicanos, así como de la C.N.T., para saludar a los Infantes.

La operación «Llegada de los Infantes» fue el primer gran acto de masas. Desde la casa de la duquesa de Valencia, *auténtico almacén de propaganda*, utilizando dos imprentas, trabajaron durante toda la noche «a toda máquina». Cuando la policía tuvo conocimiento del trabajo propagandístico que se realizaba en el domicilio de Valencia, se personó allí, pero toda la labor había concluido y el material había sido trasladado lejos del lugar de origen. *Miles y miles de hojas se tiraron por las calles de Madrid la noche a la llegada de los Infantes. A la salida de los cines, desde azoteas, desde el último piso de la telefónica. Se creó clima, ambiente propicio que el pueblo acogió favorablemente* (295).

El Gobierno intentó abortar la empresa y Nicolás Franco trató de disuadir a los Infantes antes de su salida para España (296). La Policía Armada y vigilantes de carretera prohibieron la salida de *autobuses y camiones dispuestos al efecto* y los coches particulares y taxis fueron entorpecidos, pero desbordaron *la posibilidad física de contenerlos.* Quienes no pudieron acudir al aeropuerto en vehículos recorrieron los diez kilómetros que separaban al aeropuerto del centro de Madrid andando (297). Lovelace acudió al aeropuerto en una moto lanzando propaganda en compañía de otro joven monárquico que, tres décadas más tarde, sería ministro del Gobierno de U.C.D. Era Íñigo Cavero (298).

Del viaje de los Infantes a España las impresiones que de *elementos neutrales* recogió el informante del general Varela, fue que acudieron de 10.000 a 12.000 personas y se adhirieron a este movimiento un importante número de trabajadores del aeródromo de Barajas. Apunta también que la Policía Armada montó un importante servicio en la plaza de Manuel Becerra, impidiendo que los coches circularan en dirección al aeropuerto. También según el informante del general Varela, participaron en la manifestación de regreso de 8 a 10.000 personas. Los elementos de la Falange tenían orden de que se organizase otra manifestación de protesta. La policía arremetió contra estos últimos. *Dicen que en estas mani-*

festaciones se dieron bastantes mueras a Franco, hasta por los falangistas, para provocar la inmediata reacción de la fuerza pública. Posible es, pero tampoco es de extrañar que los monárquicos, que ya van comprendiendo alguna cosa, vociferasen en contra del enemigo número uno de la Monarquía (299).

Como la policía se lanzó contra los falangistas, hubo varias quejas que alegaban que no se hizo nada contra los monárquicos y, en cambio, se maltrató a los falangistas. El director de Seguridad destituyó al comisario de policía del Congreso, al comandante de la Policía Armada y a otros números de ambos cuerpos. *Como consecuencia de estas medidas, las Fuerzas de Orden Público han aprendido perfectamente de lo que se trataba, y en los funerales por los Mártires de la Tradición, apenas empezaron los tradicionalistas, arremetieron contra ellos las fuerzas de la Policía Armada, dando palos a diestro y siniestro, y además detuvieron a dieciocho que han dado con los huesos en la cárcel.* Apuntaba el informante de Varela que la nota más persistente de *El Pardo* era la tendencia a la extirpación sistemática de todo cuanto tuviera carácter monárquico. *Y hay que reconocer que lo está logrando* (300).

Apenas cuatro días más tarde ocurría otro acto bastante desagradable para los monárquicos. El 28 de febrero tenían pensado celebrar una misa en memoria de Alfonso XIII. A la salida del oficio religioso los monárquicos fueron increpados por grupos falangistas. Los jóvenes monárquicos gritaban ¡Viva el Rey! y ¡Queremos Rey! Los falangistas contestaron con gritos de ¡Franco! ¡Franco! Los eslóganes monárquicos evolucionaron a otros de ¡Muerte a Franco! al que los falangistas replicaron con ¡Muerte al Rey! (301). Falangistas y monárquicos llegaron a las manos. *La duquesa de Valencia se pegó con varios de Falange.* Este altercado le supuso una cuantiosa multa (302). Como réplica a este suceso, los micrófonos oficiales de Radio Nacional transmitieron repetidas veces un artículo de Carrero Blanco, que escondido bajo el seudónimo de «Ginés de Buitrago», relacionaba a la masonería con la Monarquía. Los monárquicos contestaron con varias hojas clandestinas (303).

La activa militancia monárquica hizo sin duda que el Gobierno temiera que cuando se diese a conocer la Ley de Sucesión, ésta fuera contestada y se produjeran desórdenes públicos como consecuencia de la oposición monárquica. Por este motivo, y por los sucesos señalados, Lovelace, Martín, García Pons y Vicente García fueron detenidos en la madrugada del 14 de marzo. En la misma puerta de la Dirección General de Seguridad se produjo una manifestación encabezada por la duquesa de Valencia. A los gritos de Juan III y libertad para los detenidos, respondió la policía disolviendo la manifestación e imponiendo a la duquesa de Valencia otra fuerte multa. Los cuatro detenidos fueron puestos a disposición del Juzgado Especial de Espionaje y Comunismo, cuyo juez era el coronel Enrique Eymar Fernández.

El supremo argumento empleado en la persecución de los monárquicos fue la invocación al patriotismo y se basaba en consideraciones de política exterior. Se acusaba a los partidarios de la restauración de debilitar *traidoramente* la posición internacional de España y de promulgar un Régimen impuesto y sometido respecto a voluntades nacionales no españolas. Para la Organización de la «Causa Monárquica» esta *mentira* consistía en ocultar el acierto previsor del Conde de Barcelona que había proclamado en varias ocasiones la neutralidad como línea de conducta de España.

Por ello ofrecía a los delegados provinciales y locales cuatro consideraciones que deberían tener en cuenta: 1.º La Causa Monárquica reafirmaba la actitud señalada anteriormente, rechazando toda intromisión extranjera en los asuntos de España (304); 2.º Se oponían al confusionismo que se producía en el país por la utilización o manejo del patriotismo español por el Régimen, que mostraba *una aparente y ocasional benevolencia* por la Monarquía, y perseguía a los partidarios de la restauración. *Franco y su Régimen no tienen razón ante España y ante los españoles*; 3.º La Monarquía no sería una consecuencia de los males de aquella situación, sino el Régimen que los remediara. No se trataba de una tercera salida que evitase la disyuntiva Franco o el comunismo, *es una verdad primera anterior y superior a ambos términos*; 4.º Rectificaban, igualmente, cualquier acusación basada en el patriotismo, que atentase a las convicciones monárquicas. *Estáis frente a una dictadura, transitoria por esencia; frente a un régimen de partido, parcial por definición. Defendéis un régimen perdurable por esencia y nacional en su doctrina y en su historia* (305).

7. LA LEY DE SUCESIÓN

*Es inútil pensar que van a convencer al pueblo es-
pañol de que es una conspiración masónica... Obra
de traición tenebrosa es aquella que ha acumula-
do tal cantidad de mordazas y cautelas sobre la
idea monárquica, que ha llegado a dar apariencias
de turbias conspiraciones a lo que es la más limpia continuidad de la historia de España.*

Anónimo

7.1. El referéndum

Franco necesitaba realizar alguna acción para aminorar el rechazo de los occidentales hacia su Régimen y frenar y dividir a los juanistas que, como hemos visto, desde 1942 aumentaban sus actividades en contra del franquismo y contactaban con sectores de la izquierda. El 2 de enero de 1947, Philip W. Bonsal, encargado americano de Negocios en España, celebró una conversación con Martín Artajo sobre la situación política española y la exterior del Régimen. El ministro español declaró sus intenciones de procurar un cambio interno hacia una estabilidad que se apoyara más en instituciones que en una sola persona. Bonsal indicó que los aliados no podrían mantener buenas relaciones con un Régimen que negaba *las libertades esenciales*. El ministro de Asuntos Exteriores apoyaba su posición anunciando la constitución de un Consejo del Reino, que a su vez prepararía la sucesión en la Jefatura del Estado y la participación popular, entre comillas, en las tareas de Gobierno (306).

En mayo de 1946 la Delegación Nacional de Provincias de la F.E.T. y de las J.O.N.S. había elevado una circular a todas las Jefaturas Provinciales para que intentaran conocer *las corrientes de opinión del país* a través de una labor *discreta y eficazmente llevada*. Los jefes provinciales, comarcales y locales, *con la entusiasta colaboración personal de todos los afiliados, especialmente de los militantes*, deberían realizar un verdadero fichero electoral. Finalmente dibujarían un gráfico que reflejaría el número de españoles dudosos, adictos o enemigos del Régimen por cada Ayuntamiento de cada partido judicial.

El resultado de la auscultación fue de 16.187.992 españoles adictos al Régimen, lo que suponía un 63,33 %. Vizcaya, Guipúzcoa y la ciudad de Sevilla resultaron ser las zonas menos adictas o enemigas del Régimen. El resto de Sevilla, Ceuta, Málaga, Teruel, Lérida, Navarra y Álava, dudosas y el resto de las provincias españolas adictas. Franco ya tenía un primer resultado del referéndum. En abril de 1947 hizo pública su decisión de someter a referéndum popular la Ley de Sucesión a la Jefatura del Estado. Desde ese momento, todos los Ministerios aumentaron sus esfuerzos para que el resultado del referéndum fuera lo más favorable posible al Gobierno (307). Huelga decir que la Prensa, durante toda la campaña, estuvo dirigida desde el Ministerio de Información, insertando entre sus páginas propaganda favorable al voto afirmativo. *ABC* fue el único diario que se abstuvo de imprimir en su interior ningún tipo de propaganda. La Ley de Sucesión pasó los trámites establecidos en el reglamento de las Cortes. Pero no todas las enmiendas fueron admitidas. José Luis Goyoaga y Escario, presidente de la Diputación de Vizcaya y procurador en Cortes, presentó una enmienda reduciendo en cuatro puntos el proyecto de ley:

> Art. 1.º España como unidad política es un Estado católico y social que, de acuerdo con su tradición, se constituye en Reino. Con arreglo a los principios y leyes hereditarias que en España rigen en materia de Sucesión a la Corona, corresponde la Jefatura del Estado al Rey Don Juan de Borbón y Battenberg. Art. 2.º Mientras se efectúe la transición de poderes, continuará desempeñando la Jefatura del Estado el Caudillo de la Cruzada y Generalísimo de los Ejércitos, don Francisco Franco Bahamonde. Art. 3.º Las Cortes de la Nación fijarán un plazo dentro de esta Ley en el cual se efectuará la transmisión de poderes con las fórmulas y solemnidades que ellas mismas señalen. Art. 4.º Son Leyes Fundamentales de la Nación las que en Cortes elegidas al efecto, con plena soberanía, expresen las fórmulas y solemnidades que ellas mismas señalen (308).

Goyoaga fue suspendido en sus funciones aduciendo el Gobierno que aquélla no era una enmienda, sino una declaración de guerra. La Ley siguió los trámites marcados y el primero de junio se recibía en las Cortes el dictamen definitivo que sería sometido al pleno de procuradores convocado para el día 7 del mismo mes. Ese día la Ley fue aprobada por aclamación.

La Ley de Sucesión constituía España en Reino sin Rey. Franco se arrogaba para sí la Jefatura vitalicia del Estado. Un Consejo de Regencia constituido por el presidente de las Cortes, el prelado de mayor jerarquía del Estado y el más alto cargo militar asumiría la Jefatura del Estado fallecido o incapacitado el Jefe del Estado. El Consejo del Reino, la innovación más importante de la Ley, estaba destinado a asesorar al Jefe del Estado. Compondría éste, además del Consejo de Regencia, los presidentes de los Cuerpos Consultivos y Judiciales de la nación y un grupo de consejeros que reflejarían la composición de las Cortes. En cualquier momento el Jefe del Estado podría proponer el sucesor. Vacante la Jefatura del Estado, el Consejo de Regencia asumiría sus poderes hasta que la persona llamada a suceder a Franco hubiera cumplido todos los requisitos establecidos por la Ley. Este mismo Consejo asumiría la Jefatura del Estado si el Caudillo no hubiera nombrado sucesor en vida, y en el plazo de tres días convocaría al Consejo del Reino y al Gobierno para proponer a las Cortes el futuro Rey.

Ser varón, español, mayor de 30 años, profesar la religión católica, poseer cualidades necesarias y jurar las Leyes Fundamentales, así como la lealtad a los Principios que informaban el Movimiento Nacional, eran los requisitos fundamentales que debería cumplir el candidato propuesto para que pudiera reinar cuando Franco lo creyera conveniente. El artículo decimotercero pretendía frenar la oposición del Conde de Barcelona. Iba dirigido contra su persona. *El Jefe del Estado, oyendo al Consejo del Reino, podría proponer a las Cortes queden excluidos de la Sucesión aquellas personas reales carentes de la capacidad necesaria para gobernar o que, «por su desvío notorio de los Principios Fundamentales del Estado o por sus actos merezcan perder los derechos de sucesión establecidos por esta Ley».* En este sentido, Carrero Blanco escribía que la Ley de Sucesión daba las posibilidades a Don Juan de continuar la historia de la Monarquía española, *rescatada por la Cruzada;* pero cerraba *total y definitivamente* el paso a la acción extranjera *a través del mangoneo de los políticos y de las conjuras de las sectas* (309).

7.2. Respuesta del Conde de Barcelona

El 8 de febrero de 1947 la secretaría del Conde de Barcelona, *saliendo al paso de infundados rumores*, comunicaba que seguía vigente la consigna dada a los monárquicos por el Conde de Barcelona en su manifiesto de 1945 y órdenes posteriores de no colaborar con el Régimen franquista en puestos políticos ni en aquellos que fueran de libre designación del Gobierno. La desobediencia a acatar esta orden suponía por parte de quienes lo hicieran *la separación automática de la disciplina monárquica* (310). Con este precedente no era difícil aventurar que el entendimiento entre Franco y Don Juan, con motivo de la Ley de Sucesión, iba a ser difícil. Al proyecto de la mencionada Ley fue totalmente ajeno el Conde de Barcelona, conociéndolo pocas horas antes de su lectura por la radio.

El día 30 de enero solicitó la Embajada de España en Lisboa al domicilio del heredero de Alfonso XIII una audiencia a favor de Carrero Blanco. Al día siguiente, el subsecretario de la Presidencia entregó a Don Juan el Proyecto de Ley. Al leerlo el Conde de Barcelona, *y darse cuenta de la gravedad y consecuencias que el mismo encerraba*, preguntó a Carrero si este proyecto podría ser modificado y si se recogerían en él determinadas enmiendas que entendía debería proponer después de estudiar el texto con detenimiento. Carrero contestó afirmativamente, siempre que las enmiendas añadidas no vulneraran el espíritu del Proyecto. Al poco tiempo de haber salido Carrero del domicilio de Don Juan, volvió éste nuevamente para decir al vizconde de Rocamora, gentilhombre de servicio del Conde de Barcelona, que hiciera el favor de manifestar a Su Alteza había olvidado decirle que sobre el asunto tratado en la audiencia con entrega de documentos, iba a hablar el Generalísimo en Radio Nacional de España a las 10 de la noche.

El vizconde de Rocamora entró inmediatamente en el despacho de Don Juan y al enterarse éste de las manifestaciones de Carrero, ordenó rápidamente que le hicieran pasar para hablar con él; pero cuando Rocamora salió, *vio con verdadera estupefacción que Carrero había desaparecido*. El Conde de Barcelona se extrañó del modo de proceder del subsecretario de la Presidencia, y creyó oportuno redactar una nota en la que anunciaba a Carrero que si por un acto unilateral del Caudillo se hacía público el Proyecto, sin habérsele guardado la elemental consideración de escuchar previamente su opinión, él quedaba en libertad para tomar la decisión que estimara más conveniente.

A pesar de ello, creía el Conde de Barcelona que, respetando sus advertencias, se suspendería la lectura anunciada del Proyecto, pero unas horas más tarde oiría, desde los micrófonos de Radio Nacional, la lectura del texto íntegro, lo cual le obligaba a oponerse al Proyecto. En este sentido comenzó a trabajar intentando agotar todas las medidas posibles para poder lograr una solución razonable. Para ganar tiempo, la Secretaría del Conde de Barcelona dio un comunicado que los españoles conocieron de forma clandestina:

La Secretaría de S.M. el Rey, con su conocimiento expreso, hace saber que el Proyecto de Ley de Sucesión dado a conocer en España es un acto unilateral del Gobierno español, realizado sin acuerdo alguno con S.M. y conocido por el Rey pocas horas antes de su publicación. Por afectar a la esencia misma del principio monárquico y por su trascendencia para el porvenir de España, S.M. se propone dar a conocer próximamente, y en el momento que estime oportuno, a los españoles y a la opinión internacional, su actitud ante tan grave decisión.

En la segunda entrevista con Carrero, el Conde de Barcelona manifestó su deseo de no regatear medio alguno para encontrar una solución conveniente para España y para los españoles, haciéndole partícipe que estaba incluso dispuesto a celebrar una entrevista personal con el Generalísimo. Carrero prometió transmitir esta proposición, pero el Conde de Barcelona no recibió contestación. Transcurridos varios días, el 7 de abril se notificó en la Subsecretaría de la Presidencia que, en vista de la falta de respuesta, se había firmado un manifiesto. Carrero dio por única explicación que el Generalísimo estaba pescando truchas en Santillana del Mar. Esta versión procede de una hoja clandestina que lanzaron los monárquicos *con el fin de subsanar erróneas versiones dadas por la prensa sobre la forma en que fue comunicada a S.M. el Rey el texto de la Ley Sucesoria* (311). Existe otra versión publicada por López Rodó en la que aparece el subsecretario de la Presidencia como muy superior al Conde de Barcelona y éste en una posición más o menos claudicante. Es muy posible que Carrero Blanco, al redactar las conversaciones que había mantenido con Don Juan, dejara escapar «un poco» la imaginación (312).

Don Juan de Borbón había pensado en cruzar la frontera portuguesa de incógnito y presentarse en *El Pardo*, acompañado simplemente de un secretario, para decirle a Franco: *La ley es inadmisible; vengo a ver si hay alguna posibilidad de resolver como españoles el problema nacional.* El Conde de Barcelona y sus consejeros habían señalado el día 2 como fecha para realizar este acto. Partiría Don Juan en el automóvil del diplomático Muguiro, para tener mayores facilidades en el momento de atravesar la frontera. Gil-Robles permanecería en Portugal para comunicar la acción al Gobierno portugués, a los embajadores y a Carrero, una vez Don Juan pasara la frontera y estuviera cerca de Madrid. Quedaría un manifiesto que sería publicado según el resultado de la entrevista. Ultimando el plan tuvieron que desistir porque Franco había salido de viaje para Santander (313).

Sin embargo, el manifiesto se dio a la publicidad. En él, el Pretendiente fijaba su actitud ante el «grave» intento de convertir en vitalicia la dictadura del Generalísimo y de modificar *los principios que rigen la sucesión a la Corona* sin el consentimiento del Rey y la Nación a través de Cortes Legítimas. *Lo que ahora se quiere hacer carece de ambos concursos esenciales; pues ni el Titular de la Corona interviene, ni puede decirse que encarne la voluntad de la nación el organismo que, con el nombre de Cortes, no pasa de ser una mera creación gubernativa. La Ley de Sucesión que naciera en condiciones tales adolecería de un vicio sustancial de nulidad.* Las ventajas de la Monarquía hereditaria quedaban anuladas dejando abierto un cauce a luchas internas para volver *a una de esas imperfectas fórmulas de caudillaje electivo en que se debatieron trágicamente los pueblos en los albores de su vida política.* Reivindicaba, *como un deber inexorable, el supremo principio de autoridad que encarno* y concluía ratificándose en su disposición a *facilitar todo lo que permita asegurar la normal e incondicional transmisión de poderes para alcanzar la suprema ilusión de ser el Rey de todos los españoles que quieran de buena fe acatar un Estado de Derecho inspirado en los principios esenciales de la vida de la nación y que obligue por igual a gobernantes que a gobernados.* Este manifiesto fue publicado íntegramente por la Prensa española.

La campaña de Prensa contra el Conde de Barcelona no se hizo esperar y aumentó al conocerse las declaraciones de éste a *The Observer* en las que hacía patente su insolidaridad con el Régimen franquista; reafirmaba su voluntad de ser el Rey de todos los españoles, desaconsejaba la política seguida por las potencias en el caso español y apuntaba el deseo de llegar a un Concordato con la Santa Sede con separación administrativa entre el Estado y la Iglesia (314). Estas declaraciones tuvieron una gestación accidentada. Durante su estancia en Londres y en París, Vegas Latapie había contactado con varias personas y ratificado su convicción sobre la conveniencia de que el Conde de Barcelona realizara un nuevo y meditado acto de presencia.

En Londres, el redactor de *The Observer*, Nadal, le hizo presente el deseo de su periódico de publicar unas declaraciones de Don Juan, a cuyo efecto se trasladaría expresamente a Estoril, si su proposición fuese aceptada. Vegas presentó esta oferta en Estoril y se reunió con Sainz Rodríguez y Gil-Robles, presididos por el Conde de Barcelona. Aceptaron la iniciativa unánimemente, pero demoraron la designación de la fecha para la entrevista.

Llegados los últimos días de agosto, Vegas volvió a someter el asunto de las declaraciones a examen de Sainz Rodríguez y Gil-Robles bajo la presidencia del Conde de Barcelona. En esta reunión se acordó de modo unánime, y sin mediar discusión alguna, que se comunicase a Nadal que podía volver a Estoril a recoger las declaraciones en la segunda quincena de septiembre. Entonces, al comunicar por teléfono al ex ministro de Educación la inminente llegada de Nadal, *Sainz Rodríguez convocó reunión política para el siguiente día dando toda suerte de razones contra la oportunidad de que Don Juan hiciera las declaraciones en cuestión* (315).

Explicaba Sainz Rodríguez que no existía razón política que exigiera entonces unas declaraciones de Don Juan. Por mucho que éste se expresase en sentido izquierdista, siempre quedaría corto comparado con la propaganda republicana y no causaría satisfacción a los elementos de izquierda, y, en cambio, *es absolutamente seguro* que disgustaría a los de la derecha y a una masa difusa de opinión en el interior de España. *Si se hacen las declaraciones como un pretexto para que las izquierdas lo utilicen y no lo hacen, puesto que no se han obligado a ello, tendremos un fracaso sin poder echarle la culpa a nadie. Puede además crearse complicaciones en la situación del Rey en Portugal.* Como las declaraciones no estaban motivadas «hic et nunc» por nada concreto, no se perjudicaba nada por aplazarlas y comunicar a Nadal que por circunstancias graves el Conde de Barcelona no debía hablar ahora. Que se le avisaría y que entonces podría ser él el portador de algo más trascendental que se añadiría a los temas por él sugeridos. Apuntaba Sainz Rodríguez como puro pretexto el aplazamiento de la reunión de la O.N.U. Existía, además, otra razón para que las declaraciones no se realizaran. El Reglamento monárquico exigía que no se hablara en público sin previa consulta con el Consejo Privado (316).

Oídos estos argumentos y lo que en favor de las declaraciones expusieron Gil-Robles y Vegas Latapie, resolvió Don Juan celebrar la entrevista, si bien admitiendo algún argumento de Sainz Rodríguez. Por fin se entregó el texto de las respuestas a Nadal haciéndole constar el deseo de que la publicación se supeditase a la censura de López Oliván, por desconocerse en Estoril el estado de las conversaciones de diversa índole que éste estaba celebrando. En vísperas de la llegada a Estoril del enviado del *Observer*, Vegas Latapie salió para Ginebra urgentemente llamado por López Oliván. Éste leyó detenidamente el texto de las declaraciones y el dictamen impugnatorio de Sainz Rodríguez, comunicando su conformidad con las declaraciones. Sin embargo, desde Londres telegrafió pocos días después oponiendo su veto negativo (317).

Vegas Latapie se opuso a las consideraciones de Sainz Rodríguez y de Oliván. La única objeción de aparente fuerza que podría hacerse a las declaraciones era que su publicación iba a disgustar a las masas franquistas del interior de España y a algunos sectores monárquicos contagiados por «el contacto» con tales elementos. *Este argumento carece de toda base y por retorsión sirve de contrapunto. La opinión derechista española, adormecida y envenenada por más de 10 años de propaganda antimonárquica y de servil glorificación del Régimen, no merece ser tomada en consideración.* Recordaba Vegas que en septiembre de 1944 decía Sainz Rodríguez que en España deseaban que *el Rey se estuviera quietecito.* El argumento de que las declaraciones pudieran crear complicaciones en la situación de Don Juan en Portugal, lo anulaba indicando que el tono constructivo y elevado de las declaraciones no daban pie a ello. El ejemplo de Suiza y la situación internacional de Portugal, postulando su ingreso en la O.N.U., estimaban como muy improbable este riesgo, que aconsejaba correrlo, aun en la peor de las hipótesis, por las ventajas que repercutiría en la situación internacional del Conde de Barcelona tal persecución.

En cuanto al efecto que estas declaraciones pudieran causar en los medios izquierdistas, refirió Vegas el juicio que merecieron a Alcázar de la C.N.T. y Granell de la U.G.T. Alcázar le instó a sugerir a López Oliván que retirase el veto. En cuanto a Granell se pronunció por su oportunidad y con carácter de urgencia. La posición de Vegas era clara. Pensaba que el tiempo para que los españoles actuaran en autonomía había pasado. El final de la guerra mundial hacía inevitable que las potencias vencedoras interviniesen contra el Régimen del general Franco. Por ello, para que la Monarquía tuviera posibilidades de instaurarse y mantenerse en España sería preciso que se presentara totalmente contraria y enemiga del Régimen de Franco. *Cuanto más enemiga sea hoy de Franco y de su Régimen tanto más fuerte será en su día para impedir se cometan excesos contra los actuales gobernantes y sus partidarios. El verdadero interés de España exige que el Rey sea denodadamente antifranquista. De otro modo, restaurada la Monarquía, para evitar suspicacias y acusaciones se verá forzada a demostrar con hechos un antifranquismo que hoy no se atreve a demostrar con palabras.* Las expresiones de Vegas Latapie no podían ser más diáfanas y concluyentes. Su realismo raya la crudeza. Si en 1947 la Monarquía hubiera sido restaurada, su actuación habría tenido que ir encaminada en esa dirección.

En este sentido señalaba: Los monárquicos españoles carecían de fuerza para sustituir el Gobierno del general Franco por la Monarquía. Éste era *sustancialmente antimonárquico.* Todos sus equívocos y promesas iban siempre encaminados a perpetuarse en el poder. Los Gobiernos anglosajones, empujados por sus opiniones públicas, derribarían a Franco. Si llegara este momento sería necesario que la Monarquía contase con el máximo prestigio en el mundo anglosajón, sin renegar ni comprometer sus principios esenciales. Si al relevar al Régimen, la Causa Monárquica se hallaba confundida con la del general Franco, heredaría la *odiosidad mundial* que a aquél aquejaba y la restauración sería imposible o *abocada a una azarosa y peligrosísima existencia.* Cuanto más antifranquista fuera el Conde de Barcelona, *mayores beneficios obtendrían los franquistas de su restauración.* Si la restauración se hiciese por tal hipótesis, la derecha española volaría *instintivamente a cobijar-*

se al amparo de la Corona. El Conde de Barcelona debería ganarse con esmero la simpatía de los Gobiernos inglés, francés y americano en beneficio de España y para impedir la restauración de la República, siempre que no tuviera que afrontar *graves claudicaciones de principios fundamentales, en los que no debe incurrir la Monarquía a ningún precio.* Nada de lo expuesto era incompatible con la *improbable hipótesis de admitir conversaciones con el general Franco, que éste se aviniese a negociar su salida del poder, dentro, claro está, de las posiciones adoptadas públicamente por la Monarquía.* Urgía por esto que Don Juan hiciese oír su voz «hic et nunc» antes que hablasen las izquierdas, para que no pareciera que actuaba *a remolque de ellas,* y antes que en la O.N.U. volviesen a ocuparse de España (318).

El proyecto de Ley Sucesoria fue el catalizador que obligó al Conde de Barcelona a publicar las tantas veces retrasadas declaraciones. Éstas inquietaron a los monárquicos del interior, sobre todo a los tradicionalistas partidarios del Conde de Barcelona.

Kindelán dio cuenta a Estoril de la mala impresión que las declaraciones causaron en España. *Entre otras objeciones que pueden hacerse a las declaraciones, figura la de que puede interpretarse que el Rey reniega del Movimiento.* La Ley de Sucesión no habría gustado a nadie, el manifiesto habría dividido a las opiniones, pero la interview produjo *regocijo en el Gobierno, estupor en unos, desconsuelo en otros, sorpresa y desconcierto en los demás.* En compensación, las declaraciones habrían golpeado definitivamente al Gobierno republicano exiliado, quedando la Monarquía como única alternativa a Franco. En cambio, el Infante de Orleans se mostraba optimista pues pensaba que las dos declaraciones aumentarían los adictos al Rey y a la Monarquía (319).

La campaña de Prensa contra la Monarquía —*Desde la traición del condestable de Borbón a esta conspiración contra la Patria de un heredero de su estirpe, pocas veces las flores de lis se han mustiado tanto* (320)— coadyuvó al acercamiento de la Monarquía con la izquierda. Las directrices que Vegas Latapie había marcado en aquellas disposiciones van a ser tenidas en consideración, aunque, paradójicamente, se viera obligado a abandonar la causa que apoyaba por haber luchado con ahínco por defender esta política.

7.3. Reacciones en las filas juanistas

El rechazo del Régimen a estas dos manifestaciones fue total. Se montó una vergonzosa campaña de Prensa contra el Conde de

A raíz del Manifiesto de Estoril contra la Ley de Sucesión y de las declaraciones de Don Juan a «The Observer» se desencadenó en España una injuriosa campaña de Prensa en contra del heredero de Alfonso XIII. José Ibáñez Martín, ministro de Educación Nacional, era el principal responsable de las competencias sobre la prensa.

Luis Ortiz y Tomás Cerro Corrachano, hombres de Ibáñez Martín, fueron subsecretarios de Educación Popular y director general de Prensa. Tomás Cerro recibió una carta de Joaquín Satrústegui en la que se quejaba del trato dado por la prensa al Conde de Barcelona.

Barcelona y sus consejeros. *Bastaría borrar el nombre de Francisco Franco del registro civil para que el comunismo se diera por satisfecho y una tierna hermandad uniera en idéntica guirnalda a Don Juan de Borbón y a don Juan Negrín, a Indalecio Prieto y a los grandes de España*, escribía el marqués de Villamagna en *Arriba* (321). En *Madrid* podía leerse: *El que quiere ser Rey de todos los españoles, incluso de los que asesinaron o mandaron o consintieron asesinar a nuestros padres, a nuestros hermanos y a nuestros hijos, duraría aquí lo que durase en restablecerse aquel «tinglado» democrático que condujo a las elecciones que hicieron abandonar España a su augusto padre.* La radio y Prensa oficiales describieron la Monarquía como un puente hacia la revolución y a Don Juan como un *masón y rojo redomado* que de acuerdo con los anglosajones facilitaría en pocos meses la vuelta a España de los Giral, Negrín y la Pasionaria. *España escucha hace tiempo un monólogo, y todo lo que no se aviene a él, oye al punto de ese monólogo la voz del insulto y de la vejación*, contestaron las «Juventudes Monárquicas» (322).

El Régimen no se contentó con la injuria. El citado marqués de Villamagna intentó enfrentar al Conde de Barcelona con otro posible pretendiente, su hermano Don Jaime de Borbón. *ABC* salió al paso de esta baja maniobra aduciendo que éste había contraído matrimonio morganáticamente y, por lo tanto, no podía aspirar a ceñir la Corona de España. El conde de los Andes advirtió a Villamagna que, estando él en París, fue testigo de la renuncia del Príncipe de Asturias, por razón de su enlace morganático y que su hermano Don Jaime, *con entera y patriótica espontaneidad*, renunció a sus derechos en su hermano Don Juan. Luego, más tarde, al contraer matrimonio con la duquesa de Segovia firmaron ambos contrayentes, *en consideración del carácter morganático del enlace*, renuncia expresa de sus derechos y de los de sus herederos en acta notarial que suscribió como testigo el conde de los Andes (323).

El propio Infante Don Jaime, *preocupado por la injusta y parcial campaña de prensa dirigida y controlada* por el Régimen, que ahora utilizaba su persona para «dividir» a la opinión monárquica, se dirigió a su hermano Don Juan para indicarle que no haría nada que se apartara del testamento sucesorio que *por Legitimidad Histórica* legara Alfonso XIII.

> Han alegado para ello mi primogenitura, pero no han pensado que todo es designio de Dios, que si a mí no me dotó de todas las condiciones precisas para tan elevada misión, he de agradecer a Él siempre, haberme destinado a servir de ejemplo de acatamiento, toda vez que concurren en TU persona, cualidades y circunstancias tales

que hacen más providencial tu indiscutible designación, que llevará a nuestra querida España a un futuro próximo de paz y de gloria (324).

El duque de Alba entregó una misiva al Conde de Barcelona en nombre de la Grandeza de España, anunciándole que *reconocían a Don Juan como el único pretendiente legítimo a la Corona de España*, al mismo tiempo que declaraban no aceptarían nunca la Ley de Sucesión (325).

Pero el general Franco fue aún más lejos. No ya porque suspendiera el pago de las rentas del Patrimonio Real y de la pensión que se abonaba a la Reina Victoria Eugenia, o expulsara de las Cortes a Goyoaga por solicitar que se reconociera inmediatamente a Don Juan de Borbón como Rey de España; sino porque volvió a requerir nuevamente la expulsión de Portugal de los consejeros de Don Juan. El 17 de abril, el embajador español en Portugal, Nicolás Franco, presentó una nota verbal en el Ministerio de Asuntos Exteriores de Portugal para protestar por la existencia de *una organización política clandestina que llama a los agentes de Prensa extranjeros y da referencias, pareceres y documentos sobre la política española*, donde trabajaban y se comunicaban con los mencionados agentes de Prensa, políticos españoles *exiliados voluntariamente, enemigos del Régimen y del Gobierno de España*, cuya presencia en Portugal había manifestado con anterioridad y repetidas veces el Gobierno español. La mencionada oficina habría entregado a la Prensa extranjera un mensaje del duque de Alba con apreciaciones sobre la política española y el manifiesto del Infante Don Juan *con términos de ataque injuriosos para el Gobierno e Instituciones españolas*. La Embajada española solicitaba que el Gobierno portugués tomara *las providencias necesarias* para evitar las actividades de los monárquicos, *perjudiciales para el Gobierno de España* (326). Dos días tardó el Gobierno portugués en fijar residencia a Sainz Rodríguez y a Gil-Robles; residencia separada y lejos de Lisboa, *donde no fueran posibles los continuos contactos, como precaución lógica dadas las comunicaciones fáciles entre Lisboa y Madrid, rompiendo también así el funcionamiento de reuniones y organizaciones políticas* (327).

Los monárquicos, a través del único medio que disponían para expresarse, las hojas clandestinas, se opusieron a la campaña de Prensa y a la Ley de Sucesión. La Ley que paradójicamente proclamaba a España como Reino, intentaba liquidar la Monarquía católica, tradicional y hereditaria, deshaciendo la Institución y *arrebatando la Corona del Rey legítimo* (328). ¿Qué se proponía el general Franco? *Durar él personalmente en su puesto aun a trueque de que después se produzca el caos.* Franco no era partidario de la Monarquía porque: *a)* no era lo más indicado para lograrla un proyecto que desconocía la Ley interna esencial y fundamental de la Monarquía; *b*) no era lo más indicado para designar a un sucesor de los Reyes Católicos lo estipulado en el artículo cuarto de la Ley de Sucesión. *Lo que Franco se propone con su fantástica Ley de Sucesión no es más que perpetuar y legitimar su Caudillaje personal y omnímodo.* Sería *mucho más digno* el principio de que las Leyes Fundamentales del país y del Régimen fueran obra conjunta del Rey y de la nación *legítimamente representada en Cortes* (329).

Realizaron también los monárquicos un proyecto de Ley paralelo en tono sarcástico. *España es una finca de mi propiedad, linda al Norte con el Cantábrico, al Sur y al Este con el Mediterráneo y al Oeste con Portugal. Es un Estado católico, socialista, que se constituye en Rey-NO.* La Jefatura del Estado correspondería al «dueño de la finca», Francisco Franco Bahamonde. Un Consejo del «Rey-NO» acompañaría *en sus tertulias* al Jefe del Estado, con la condición de que fueran *buenos chicos y se comprometan a hacer lo que yo quiero.* El nombramiento recaería precisamente *en los procuradores que yo señale con el dedo.* En caso contrario, *se considerará que se ha hecho trampa en la votación y será declarada nula. Además se designará directamente por MÍ otros dos procuradores, no vaya a suceder que en los otros nombramientos me equivoque y surja algún audaz discrepante en las tertulias de mi Consejo.*

Se sobrentendía que si Franco falleciese se podrían variar esas normas como *los españoles tengan por conveniente, y que si a alguno se le ocurre pedir mi incapacidad será fusilado provisionalmente.* Si Franco creyera oportuno que se nombrara un Regente, las Cortes y el Consejo lo acordarían inmediatamente, *y me lo comunicarían en el acto para mi satisfacción y demás efectos.* Para que alguien pudiera ejercer la Jefatura del Estado sería condición indispensable *que yo me muera. Si me muero el Consejo del Rey-NO y las Cortes si les dejan podrán dar cumplimiento a esta Ley.* «Serían Leyes Fundamentales todas las que yo he dictado aunque no se cumplan, como por ejemplo el Fuero de los Españoles». Para modificarlas o sustituirlas sería preciso *que a mí me dé la real gana.* Vacante la Jefatura del Estado, *lo que esperamos no suceda nunca mientras yo viva o me echen, podrán hacer los españoles lo que buenamente deseen para sustituirme.* En cualquier momento podría designar Franco la persona que deseara para sucederle. *El elegido esperará pacientemente hasta que yo me muera, y luego procurará tomar un avión y aterrizar en Singapur, si quiere salvar su pellejo.* El Jefe del Estado escuchará preceptivamente al Consejo del «Rey-NO», y los consejeros dirán amén en caso de que desearan *conservar el cargo y los pingües emolumentos.* En caso de inutilidad o incapacidad, correspondería al Gobierno y a las Cortes *no darse por enterados, siguiendo la tradición del Régimen* (330).

Joaquín Satrústegui escribió una extensa carta a Tomás Cerro, director general de Prensa y a los directores de *Informaciones, Ya, Arriba, Alcázar, Madrid* y *Pueblo,* señalando la ilicitud *a la luz de la moral católica* de la interpretación tendenciosa de las manifestaciones del Conde de Barcelona; ya que el lenguaje utilizado por un líder en declaraciones al exterior es de un tono diferente al que utilizaría al dirigirse únicamente a la Nación. *El Generalísimo, en más de una ocasión, ha hecho declaraciones para el exterior que la Prensa española no ha publicado, porque, como es lógico, el tono y los temas tratados parecerían contradictorios con el tono y la forma de lo que aquí, en lenguaje llano, dice al dirigirse a sus compatriotas.* Expresaba Satrústegui que los monárquicos, *ahora más que nunca,* estaban con su Rey, porque unían al respeto a la Institución que Don Juan encarnaba, los sentimientos de lealtad exaltados por los *injustísimos ataques* de la Prensa española (331).

Ésta era la opinión de los monárquicos más legitimistas. Sin embargo, los más conservadores se opusieron a las declaraciones del Conde de Barcelona. El Consejo de Acción Monárquica amenazó con dimitir. Gil-Robles se expresó en términos un tanto duros: *siempre fueron las derechas españolas estrechas de criterio, faltas de generosidad, entusiastas de las dictaduras* (332). También el general Aranda conceptualizaba a este sector como el *mayor obstáculo presente para la Restauración. Es el opio de la Monarquía, o la siesta con unas gotas de sainete* (333).

Sin embargo, el Comité de Acción Monárquica se encontraba muy dividido. A esta posición de inactividad se enfrentaba otro grupo, menos numeroso, que no era partidario de que se imprimiese un carácter tradicionalista, «de rémora», a la actuación monárquica cuando era necesario conectar con las izquierdas, *no para volvernos nosotros de izquierdas, sino para poder influir como derecha en el mundo futuro.* Además, gobernar como Franco sería imposible aunque resultara, en principio, cómodo. *Desgraciadamente los tradicionalistas y muchos de los monárquicos afines, incluso los del Comité, son «franquistas inconscientes». Por eso, cuando por el Rey o sus consejeros se actúa en el ambiente conciliador extranjero, ellos se hacen eco inconscientemente, dentro de ellos mismos, de las terribles campañas antimonárquicas, y contra el Rey, de Franco y su Prensa* (334).

Pensaban los monárquicos menos decididos a la acción que era necesario esperar más tiempo. Tenían proyectado que Danvila fuera a ver a Felipe Polo y le indicara que pidiera a su cuñado, el general Franco, oficiosamente, de parte de los monárquicos, que se permitiera propaganda sobre el referéndum. El sector más progresista del Consejo de Acción Monárquica calificaba el proyecto anterior de «ridículo» y pensaban que deberían solicitar a Franco libertad de propaganda en la Prensa o en hojas especiales; y libertad de organización, de tal modo que en todas las mesas electorales de España pudiera haber un interventor monárquico que fiscalizara la sinceridad del procedimiento electoral y la verdad del recuento de los votos. Como estas solicitudes iban a ser denegadas *o concedidos con tales enredos o cortapisas, que resultarán prácticamente anuladas*, daría fundamento oficial para dirigir una nota a todas las agencias de Prensa en Madrid, e incluso en las Embajadas, protestando oficialmente en nombre de la organización monárquica sobre la falta absoluta de libertad. El general Kindelán dio el asentimiento a esta propuesta (335).

El 4 de julio, Radio Londres informaba, en su emisión de la noche, de un telegrama recibido en Madrid que decía que la Organización Monárquica en España, ante las sanciones con que el Gobierno amenazaba a quienes no votasen el referéndum, dejaba sin efecto la anterior circular en la que preconizaba la inhibición y ordenaba a los «juanistas» que tomasen parte en la votación emitiendo su sufragio en el sentido que sus conciencias les dictaran (336). La noche siguiente, la «BBC» desmintió la noticia de que el Comité Monárquico de Madrid hubiera solicitado el voto en el referéndum. El embajador de Portugal en España, sugerido por Salazar, contactó con Yanguas y dijo que los monárquicos deberían votar afirmativamente el texto de la Ley para que el resultado del referéndum se interpretara como asentimiento a la idea de la restauración. Si la declaración favorable iba a ir demasiado lejos, podría declararse que se dejaba en libertad a los monárquicos para que votasen de acuerdo a su conciencia. El Consejo se resistió, pero accedió a dejar en libertad a los monárquicos a condición de que se autorizara la publicación de la orden de la «Organización Monárquica» y se permitiera la publicación de un artículo en *ABC* explicando el alcance del voto. Franco se negó porque la palabra organización le parecía inadmisible. El embajador portugués propuso que se sustituyera por Causa Monárquica. Franco dio igualmente su negativa a esta segunda propuesta sin explicación alguna e hizo publicar la supuesta orden de votar en libertad dada por el Consejo, cuyo texto había sido entregado a Franco para consulta durante las negociaciones (337).

Es obvio que Franco no deseaba, bajo ningún concepto, que el resultado del referéndum pudiera ser entendido en el interior y en el exterior, como favorable a la Corona. Por ello no admitió estas negociaciones y por ello publicó el manifiesto de D. Juan en la Prensa, por lo tanto el sí a la confirmación de España como Reino no quería significar un sí a la Monarquía. La campaña contra los monárquicos a raíz del manifiesto y de las declaraciones a *The Observer* y la campaña publicitaria del referéndum presentándolo como un voto a favor de Franco, hicieron que el refrendo afirmativo apareciera como un voto antimonárquico.

El Gobierno se puso en contacto con personalidades monárquicas *para llamarles la atención* a fin de evitar que el régimen tuviera que tomar *medidas de defensa y aun de sanción.* En el archivo del conde de los Andes se encuentra la redacción que el duque de Alba hizo de estas advertencias del ministro de Interior. El duque, de entrada, comentó al ministro que sería indigno de ser recibido en su despacho *si pensara cambiar mi actitud por unas vagas insinuaciones.* Se quejó entonces el ministro de la circulación de hojas clandestinas insultantes para el Generalísimo. A esto contestó el duque que los grandes de España no tenían nada que ver con esas hojas, aunque personalmente consideraba que *eran consecuencia de la feroz censura* que no permitía que se expresara ninguna opinión adversa al Régimen.

Tras la comprensión del ministro, apuntó éste que se veía forzado a *defender el Régimen* y se decía dolido por unas hojas volanderas que recordaban su amistad con Sánchez Román. Contestó el duque que la amistad con republicanos no era cosa punible, que él tenía *muchos amigos republicanos,* pero que si a él le molestaban los insultos, *que habríamos de decir los demás cuando los sufríamos, no de hojas clandestinas, sino de las propias organizaciones del Estado.* Le habló luego de la reacción del Conde de Barcelona en un «inoportuno» manifiesto. Pero también a esto el duque señaló que *el Rey había tenido mucha razón porque había sido blanco de los artículos más soeces e injustos publicados en la Prensa española dirigida por el propio Gobierno.* Rebatió el ministro que Don Juan debería haber esperado la sanción de las Cortes; a lo que replicó el duque *serán «Cortes» porque de estas Cortes permítame usted que me ría.* Consideraba «catastrófico» para España la permanencia del Régimen franquista porque impedía entrar en la normalidad que suponía la Monarquía como solución única para mantener buenas relaciones con los demás países.

El ministro se extendió entonces en la conveniencia de que Franco permaneciese en el poder, a lo que Alba contestó *Dios nos coja confesados cuando venga la inevitable reacción.* Derivó la conversación hacia los artículos publicados por el marqués de Villamagna. Éste aseguraba que en España se disfrutaba de una tribuna libre y ni el conde de los Andes ni Sotomayor, que se dirigieron a Villamagna y a *Arriba* habían recibido contestación. Dio el duque a leer al ministro la carta de renuncia del Infante Don Jaime y le preguntó si no le parecía justo que se hubiera publicado. Volvió a inquirirle si regía el Fuero de los Españoles, contestando el ministro afirmativamente. *Para mí no reza, señor ministro, porque he sido insultado por la radio, y habiéndole escrito una carta para que me dijeran lo que de mí habían dicho, a fin de tomar las medidas que considerase oportunas, no había tenido contestación, y esto me pareció a mí un atropello inicuo en un país que se precia de civilizado.* A lo cual el ministro, «muy amablemente», respondió: *tiene usted razón, señor duque, hablaré con el ministro de Educación Nacional.* El duque de Alba se despidió con una cita de Cervantes: *Dios consiente el mal, pero no para siempre* (338).

La policía detuvo en estas fechas a varios monárquicos para que no incurrieran en acciones desagradables para el Gobierno. La duquesa de Valencia, que había satisfecho días antes una multa de 250.000 pesetas, también fue detenida. La policía, que temía a Luisa Valencia por su carácter locuaz, pasó el estado al Juez Militar, *quien quedó agotado después de dos horas en que Luisa le sacó de quicio, le hizo gritar ¡Viva el Rey!, le pidió que le tutease y le dijo que Franco era un usurpador y un feo.* Se le ordenó la incomunicación en su domicilio, pero ella misma se autoliberó basándose en el Fuero de los Españoles. Estaba indignada con la Nobleza, a la que llamaba «mi gremio», porque nadie había ido a visitarla, y de los 50 ramos de flores que recibió en la cárcel ninguno fue remitido por la aristocracia. Como el clero había apoyado descaradamente el plebiscito, pretendía la duquesa que «sus avanzadillas» dieran *alguna paliza a algunos curas. Le ruego encarecidamente evite que Luisa haga pegar a curas* —escribía el Infante de Orleans al general Kindelán—, *es muy capaz de ello. Pero si el clero no da palizas, no debemos pegarles. Como lo que hacen es escribir de política, hay que rebatir sus escritos con respetuosa cortesía* (339).

El 18 de julio Franco declaraba a *Arriba* que la mayoría de los monárquicos habían votado la Ley. Los restantes eran «cortesanos», «afrancesados» que deseaban una Corte *a su medida. La suma de aquellos otros y de los rojos y el valor de posible contubernio lo tiene usted en la exigua cifra de abstenciones.* Las «Juventudes Monárquicas» contestaron que *sin necesidad de Leyes, Cortes, ni referéndumes, nosotros ya sabíamos que, en los actuales momentos, España es un Reino... El Reino del enchufe, el Reino del estraperlo y el Reino de la cara dura;* y esgrimían un anuncio, profetizando, quizá sin intuirlo, lo que un año más tarde iba a comenzar su andadura. *Se gratificará espléndidamente al que proporcione un niño de corta edad sobre cuyas sienes pueda asentarse la Corona de España* (340).

8. CRISIS EN EL MONARQUISMO

*Cualquier intervención desafortunada, y esto suele
suceder cuando no son oportunas, producen efectos contrarios a los propósitos y lejos de facilitar
el empeño, lo retrasa y lo dificulta, de tal suerte,
que pudiéramos asegurar que el Régimen actual
vive hoy más que de sus aciertos de los errores
y de la desunión de los monárquicos.*

GENERAL VARELA

8.1. Discrepancias interior-exilio

La Ley de Sucesión había crispado el ánimo de los monárquicos. El pensamiento de los exiliados y de los residentes en el interior era disímil. Gil-Robles, Sainz Rodríguez y Vegas Latapie desaprobaban la gestión del Consejo de Acción Monárquica, considerándolo «pobre» e «inactivo». Éstos, al contrario, pensaban que Don Juan les había desautorizado y que opinaba del mismo modo que sus consejeros de Estoril. El ex dirigente de la CEDA censuró los acuerdos Aranda-Beigbeder con las izquierdas y apoyó la configuración de la «Confederación de Fuerzas Monárquicas» para tratar con este sector político. Kindelán pensaba que en Estoril existía *un pequeño núcleo* que intentaba eliminar a Aranda y a su grupo; y éste, a su vez, pretendería realizar la misma labor con Gil-Robles. Un enlace único entre Madrid y Estoril podría, según Kindelán, acabar con los desacuerdos existentes. Pero, además, tendrían que acrecentar los monárquicos de Estoril su confianza en el Consejo de Acción Monárquica y aceptar que la dirección de la política monárquica se llevase desde Madrid; *donde únicamente puede pulsarse el ambiente de cada día.*
El general Kindelán atravesó clandestinamente la frontera y se entrevistó en secreto con Don Juan de Borbón, a quien propuso que la causa monárquica fuera llevada por un mando único en el Consejo de Acción.Monárquica de Madrid, rogando a todos que permanecieran en sus puestos. Para facilitar la tarea renunciaría el Conde de Barcelona a su secretario político, discretamente, para que Franco no se lo apuntase como un éxito personal. Don Juan de Borbón había recibido varias cartas para que cesara a Vegas Latapie, al cual se achacaba la responsabilidad de las declaracio-

nes a *The Observer*. Vegas conocía los requerimientos de estos monárquicos y dimitió de su cargo, aunque, como ya señalé, el Conde de Barcelona continuaba la política que Vegas apuntó en el «dictamen» señalado. La dimisión de Vegas no se debió únicamente a la oposición de los monárquicos del interior, pues en varias ocasiones había mostrado su decisión de abandonar la política. La anulación de este cargo sería compensado con un refuerzo del Consejo. Proponía el Conde de Barcelona que Fontanar y Oriol formaran parte a la vez de la Secretaría del Rey y del Consejo. Sobre las relaciones con Franco pensaba que no era preciso ni insistir ni rectificar, pero no descartaba un ulterior acercamiento al Generalísimo. Concluía señalando la necesidad de un compás de espera, sin cesar en las labores que creasen un *clima adecuado*.

Después de estas conversaciones con Don Juan redactó Kindelán unas «instrucciones reservadas» que circularon entre los dirigentes más activos: insolidaridad con el Régimen de Franco y abstención de contactos públicos con los gobernantes mientras no fuera reconocida la Organización monárquica y autorizada la propaganda y actuación. La Causa continuaría repugnando la Ley de Sucesión e intensificaría la crítica *mesurada y seria* contra el Régimen. El general Kindelán que, en principio, pensaba que la crisis se cerraba al otorgar primacía en las cuestiones políticas a *las personas residentes en el interior de España*, expresaba, creo que muy acertadamente, no el origen de la crisis, pero sí los elementos que la acentuaban.

> El principal problema que yo venía observando era la subordinación de algunos miembros del Consejo a sus respectivas organizaciones de origen. Algunos no resolvían nada sin antes consultar a Gil-Robles, pues la opinión de éste les importaba más que cualquier otra cosa; pero también los tradicionalistas antes de decidir, pensaban qué opinaría Rodezno del asunto, qué las masas navárras o qué, en último término, Fal Conde. Kindelán criticaba a Gil-Robles que pensase que la CEDA existía *tal como él la creó y que él sigue siendo un jefe político prestigioso y respetado*. No sería exacto *lo uno ni lo otro*; pues más de la mitad de los cedistas eran franquistas o habían perdido la fe en su antiguo jefe; y las tres cuartas partes de la derecha estaban contra él; *hasta el punto de que uno de los motivos para algunos —pretexto para otros— del recelo a la restauración monárquica, es que el Rey tenga a su lado al jefe de la C.E.D.A.*

Cuando Kindelán comentaba que la crisis estaba cerrada era más un deseo que una realidad. Él mismo se dirigió al Conde de Barcelona manifestando que el referéndum había causado *en los nuestros profundo desánimo*. Unos pensaban que Franco se había consolidado para siempre; otros que Don Juan no tenía nada que hacer, *sino esperar que la Providencia o las naciones extranjeras resuelvan un problema que reputan insoluble para los españoles*; otros apuntaban una aproximación a Franco como la única solución viable.

Franco, con la Ley de Sucesión, se había propuesto dividir y debilitar a la Causa Monárquica y lo había conseguido. Varios personajes no aceptaron los cargos ofrecidos para el Consejo y la ayuda económica voluntaria para la Organización monárquica se había reducido. A todo ello habrá que añadir la posterior dimisión conjunta del Consejo de Acción Monárquica cuando se conozcan los contactos de Gil-Robles con Prieto (341).

Con el fin de acabar con las diferencias deseaban los monárquicos del interior en el otoño de 1947 delegar en el conde de Rodezno la Presidencia de la Causa Monárquica. Los tradicionalistas se esforzaron para que Rodezno aceptara el cargo de consejero delegado del Consejo Privado. Contaban los «juanistas» con Pemartín como consejero delegado adjunto a Rodezno. Pemartín opinaba que la política monárquica debería tener dos propósitos principales: a) impedir que los tradicionalistas se alejasen de Don Juan, pues causarían perjuicio entre los monárquicos del interior y en las Embajadas extranjeras, y b) continuar una política exterior inteligente, de acuerdo con el ambiente democrático del mundo. Para esta política exterior los tradicionalistas y muchos monárquicos del interior estaban incapacitados. Para ello era preciso utilizar a los exiliados.

Una vez «reasimilados» los tradicionalistas —*lo cual en el interior produciría buen efecto y sería la mejor réplica a las campañas calumniosas de Franco sobre la «rojez» del Rey y sus consejeros de fuera; y que además no sería, tal vez, demasiado mal visto en el exterior, en estos momentos de peligro rojo en Francia e Italia*— se rehabilitaría a Gil-Robles y demás consejeros de Estoril y su política para que dominase en los contactos exteriores. *Pero ello con muchísima más cautela que la que Gil-Robles emplea; pues éste olvida más de la cuenta que puede llegar, con sus maniobras, a disolver prácticamente el monarquismo en España, e incluso a perder a sus amigos.* El entrecomillado es, sin duda alguna, exagerado. Si de algo no puede calificarse a Gil-Robles es de incauto. Cualquier persona que lea su diario político observará que en lo concerniente a la política exterior de la Monarquía actuaba con los mayores sigilos y reservas.

La maniobra de Pemartín era transparente. A finales de 1947 había que realizar una política en el interior, a la derecha. Él estaba dispuesto a impedir que esta política táctica se anclase definitivamente en la ultraderecha, para poder virar hacia la izquierda cuando fuera preciso, y continuar practicando, en cuanto al exterior, la política de Estoril (342).

Gil-Robles apoyó la idea de Pemartín en el sentido de intentar introducir una cuña en las fuerzas conservadoras que apoyaban a Franco, pero no se le escapaba el peligro que encerraba cara a la política exterior de la Monarquía, ya que podría dar la impresión de que la política del Conde de Barcelona se había desdibujado fundamentalmente. El propio Oriol, interlocutor de Gil-Robles, adujo que sería preciso que la *designación de Rodezno pueda ser explicada en el exterior como medio más eficaz de quebrantar interiormente las fuerzas que apoyan a Franco.* Finalmente, Gil-Robles propuso a Sainz Rodríguez que contactara con sus amigos de Madrid a fin de que el Consejo Privado presentase el nombramiento de Rodezno, *si no es posible evitarlo,* para que se encontrase *un poco atado* por lo que había sido hasta entonces la política del Conde de Barcelona. *Es decir que se declare que la política monárquica seguirá la orientación marcada en el manifiesto de 19 de marzo de 1945 (343).*

En conversaciones con José María de Oriol, señaló Sainz Rodríguez su agrado a una más activa intervención pro Don Juan de Rodezno y sus seguidores si tomaban como principio de actuación puramente interna las «Bases de Estoril» que conjuntamente habían discutido. Pero al aceptar la «alta dirección» de la política monárquica tendría que tener presente que iba a conducir a los diferentes elementos monárquicos, teniendo en consideración los diversos matices, algunos bastante distantes del tradicionalismo. Además su intervención no podría aparecer como un cambio de política en el Conde de Barcelona, y menos aún de una «palinodia Regia»; *pues las ventajas innegables que había conseguido desde el punto de vista internacional habían costado muchos trabajos, disgustos y sinsabores para que ahora fuesen arrojados por la ventana en holocausto a una posición doctrinal y sin ninguna ventaja inmediata de carácter utilitario.* Oriol dijo a Sainz Rodríguez que había escuchado las mismas palabras del Conde de Barcelona y de Gil-Robles (344).

Ocurría, sin embargo, que mientras Oriol negociaba la candidatura de Rodezno, éste había renunciado ya al cargo de delegado ejecutivo de la Causa Monárquica. Don Juan le había explicado que la alta inspiración de la política monárquica la asumiría el Consejo Privado, que tendría en Madrid una Secretaría o Delegación Ejecutiva reservada para él. Rodezno suponía que no iba a poder ejercer su autoridad en un consejo dividido por distintas ideologías y que, al contrario, aumentarían las discrepancias al estar investido de funciones más o menos directivas. Aceptaría la dirección de la Causa Monárquica únicamente con *la garantía, con la seguridad plena de que, sin posibilidad de obstáculos, han de rendir todos su concurso como si de una forma homogénea se trata-*

se (345). Tras el fracaso Rodezno, José María de Oriol pensó en una Secretaría general de la Causa Monárquica dirigida por él mismo. Visitó a Artajo para que permitiera una actuación legal. Ambos elaboraron unas bases que Artajo entregó a Franco, quien, según Gil-Robles, se limitó a comentar: *Esto ya es otra cosa. Se ve que los monárquicos, convencidos de su fracaso en otro terreno, quieren venir al buen camino* (346).

El Generalísimo, al observar que la organización monárquica flojeaba, asestó un nuevo golpe a la cabecera de la Causa Monárquica. Se había celebrado en casa de los marqueses de Aledo una reunión en la que Kindelán pronunció unas palabras favorables a la restauración. Afirmó que no se desataría otra guerra en Europa antes de 10 años, elogió la brillante dirección de Franco durante la Guerra Civil y añadió que España se encontraba en una situación difícil. Opinaba, además, que el Generalísimo contaba con la oposición de un sector de la opinión militar. Y por esta razón tendría que procederse a la restauración en la persona del Conde de Barcelona. Asistieron con el anfitrión y el ponente varios financieros y los generales Aranda, Beigbeder, Seo de Urgel, Ponte y Lóriga. Parece ser que el general Franco, en el Consejo de Ministros celebrado después de la reunión, dijo que *no se podía tolerar la actuación de los monárquicos; sobre todo esas reuniones que tenían periódicamente; que cada ministro debía tomar medidas para destituir a los monárquicos de su departamento.* Así fue. Los generales Ponte, Orleans y Kindelán fueron pasados a la reserva inmediatamente, y este último, además, fue deportado al Fuerte de Guadalupe, cerca de San Sebastián (347).

Seguramente también influyeron en la decisión del Generalísimo las algaradas que, con motivo del séptimo aniversario del fallecimiento de Alfonso XIII, se produjeron en Madrid. Las autoridades habían convocado la misa, como casi todos los años, en el Monasterio de «El Escorial». Al mismo tiempo, los oficios preparados en Madrid de forma privada por los partidarios del Conde de Barcelona, fueron cancelados de improviso por el Gobierno. El origen de la prohibición no se hizo público, pero los monárquicos culparon al obispo de Madrid-Alcalá. Tres jóvenes que intentaron arrancar los carteles que advertían la cancelación de la misa en Madrid, fueron detenidos por la policía. Más tarde retuvieron a otros nueve jóvenes en una refriega ocurrida entre «juanistas» y falangistas en el Paseo de la Castellana. En círculos monárquicos se informó que entre veinte y treinta jóvenes de aquella ideología habían sido detenidos la noche anterior como medida preventiva. En toda la ciudad se observó la presencia de contingentes policiales destinados a mantener el orden. La casa de la duquesa de Valencia, que había sido multada con medio millón de pesetas, estaba custodiada por varios agentes policiales (348).

Al comenzar el verano del 48 no se vislumbraba ninguna acción que pudiera encauzar la definitiva sistematización de la Causa Monárquica. Debido a la ausencia de Kindelán se formó un «Comité Coordinador» que asumió poderes mixtos, asesores y ejecutivos, presidido por Yanguas, e integrado por Valdecasas, Carrascal, Wais y, *un poco en la cuerda floja*, por Rodezno. Las principales preocupaciones que tenía este Comité eran: no romper con Rodezno y los tradicionalistas, que querían imponer una rectificación de las declaraciones de Don Juan a *The Observer* y deseaban que el Comité realizara manifestaciones insistiendo en los temas «18 de julio», «Bases de Estoril», etc., en forma de circulares que definieran lo que iba a ser la Causa Monárquica; tratar de reconquistar a la masa neutra *conformista, piadosa, bien-pensante, señores devotos, masas de pináculo, nobles y capitalistas arribistas y cerriles, etc.* que las declaraciones al diario londinense y la propaganda franquista habían apartado de la Monarquía; cambiar el rumbo de la política exterior de la Monarquía porque pensaban que las opiniones en el extranjero evolucionaban hacia fórmulas autoritarias, más tradicionales, por miedo al comunismo.

Los tres puntos que defendía el mencionado comité fueron contestados por los monárquicos más antifranquistas. No había que explicar lo que iba a ser la Monarquía, sino lo que no sería la Monarquía; a saber, falta total de intervencionismo, de inmoralidad administrativa, de despilfarro en los presupuestos, de hostilidad internacional, etc.; intentar atraer a los sectores muy apegados al Régimen de Franco era un empeño improductivo porque esta masa sería siempre favorable a un poder policíaco. Era necesario neutralizar el miedo a la Monarquía demagógica que Franco presentaba, pero sería contraproducente presentarla como antiliberal y antidemocrática; era también absurdo comentar que la opinión extranjera había evolucionado hacia formas autoritarias. La propaganda del Régimen y el apoyo de los sectores católicos anglosajones eran, sin duda, importantes. También colaboraba el carácter anticomunista del general Franco. Pero el ambiente occidental era democrático. Por lo tanto, no podía sacrificarse la situación de simpatía que la Monarquía despertaba en los países anglosajones porque sería, desde todos los puntos de vista, perjudicial (349). Es obvio que el monarquismo en el verano del 48 estaba muy dividido. Todavía el 19 de julio solicitaba Sainz Rodríguez a Valdecasas una propuesta concreta de cómo creía debiera realizarse la reorganización de los instrumentos de la política monárquica en el interior (350).

8.2. La entrevista del Cantábrico

La entrevista del *Azor* tiene su origen en la crisis que varaba la acción monárquica y en las gestiones del secretario diplomático del Conde de Barcelona, Julio Danvila. Éste planteó a Don Juan, en el verano de 1948, la necesidad de que se acercara al Generalísimo mediante un contacto personal. El heredero de Alfonso XIII no creía en tal posibilidad y, además, *no daría paso alguno para que se celebrase*, aunque dejaba a Danvila en libertad para que intentara, por su cuenta, lo que estimase conveniente. De acuerdo con Franco, acordó escribir a Don Juan a Inglaterra, donde iba a trasladarse. Al poco tiempo de llegar a esa nación, el Conde de Barcelona recibió una carta de Danvila que no contestó (351). El 15 de agosto la señora de Galíndez telefoneó a Don Juan, desde Bilbao, para comunicarle que Danvila había concertado la entrevista con el Generalísimo. Que debería salir para La Coruña, donde recibiría el día 18 un aviso del mayor interés. Don Juan declinó este misterioso ofrecimiento y afirmó que partiría para Belle-ille hasta el día 20. Danvila confirmó que se entrevistó allí con el Conde de Barcelona (352). Éste, por su parte, comentó a Gil-Robles que había sido Sotomayor quien, telefónicamente, le había hecho saber que la conferencia estaba preparada, *que no podría faltar a ella*. Es posible que Don Juan para aplacar a sus consejeros, que habían permanecido al margen del suceso, no diera una versión literal de los antecedentes de la entrevista. Tampoco es imposible que Danvila, para no contrariar al Jefe del Estado, distorsionara las negociaciones previas. No es un tema trascendental, pero en todo caso no hay que olvidar que Danvila era un personaje que recibía su sueldo del erario público español, y que el Conde de Barcelona había estado dispuesto durante mucho tiempo a celebrar una entrevista con el Generalísimo.

La prácticamente inexistente estructuración monárquica, las patentes divergencias de los monárquicos y los consejos de las Cancillerías inglesa y americana para que lograra un acuerdo con Franco, influyeron, sin duda, en el ánimo del Conde de Barcelona a la hora de aceptar la entrevista. El general Kindelán reducía a cuatro soluciones diferentes el intento de acercarse al Generalísimo: 1) aceptar la Ley de Sucesión, cesando toda actividad monárquica; 2) solicitar permiso para residir en España, con promesa de inhibirse de toda actividad política; 3) solicitar que se permitiera actuar dentro de la legalidad, en concepto de oposición moderada; y 4) establecer discretas relaciones con Franco, con la esperanza de convencerle. El general Kindelán rechazaba plenamente los dos primeros supuestos, no se oponía a los otros dos aunque tampoco los aconsejaban (353). Don Juan opta en estos momentos más que por acercarse, por contactar con el general Franco, pero sin caer en el entreguismo. Adopta la cuarta posición referida por Kindelán. Veremos posteriormente cómo elegirá la tercera postura, apareciendo como la única fuerza política con un alto grado de organización.

Don Juan acudió a la entrevista acompañado de su hermano Don Jaime, el duque de Sotomayor, jefe de la Casa Civil del Conde de Barcelona y por Julio Danvila. Franco lo hizo asistido por el general Pablo Martínez Alonso, jefe de la Casa Militar del Generalísimo, escoltado por un cazaminas español. Don Juan y sus acompañantes se trasladaron al barco de Franco. Almorzaron y el titular de la Corona y el Jefe del Estado se apartaron durante tres horas aproximadamente. Durante el diálogo hablaron de cosas intrascendentes y, al referirse al problema de la restauración, dijo Franco que él era monárquico pero que en España el ambiente favorable a la Monarquía era inexistente, *si bien le sería a él muy fácil hacer popular en quince días la figura de Don Juan.* Éste contestó al Generalísimo *si tan fácil le es a usted crearla, ¿por qué alega su falta como pretexto para diferir la única solución aceptable?* Muy violento, según Gil-Robles, salió el Generalísimo de la encerrona que supuso la respuesta de Don Juan afirmando que a la Monarquía le faltaría autoridad.

Posteriormente derivó la conversación hacia la Ley de Sucesión, inquiriendo Don Juan que debería haberle consultado el texto de la Ley antes de su publicación. *No lo hice* —contestó el general Franco— *porque quería tener a V.A. como un gallo tapado.* La conversación se encaminó hacia la educación del heredero del Conde de Barcelona. Expuso Franco que era conveniente que el Príncipe Don Juan Carlos se educase en España, *donde tendría todos los honores necesarios.* Replicó Don Juan que sólo a él competía la educación de su hijo. *¿Cómo voy a mandar a mi hijo a España mientras sea un delito gritar ¡Viva el Rey!, se multe a quienes se reúnan para hablar de la Monarquía, se prohíba toda clase de propaganda y se persiga a los que me son fieles? Todo eso puede arreglarse,* respondió Franco (354).

Al finalizar la entrevista, cuando la radio del *Saltillo* comunicaba pidiendo informaciones marítimas a las estaciones de la costa, fue respondido con gritos de ¡Viva el Rey! También el buque de guerra que acompañaba al *Azor* rindió honores espontáneamente al Conde de Barcelona sin que nadie se lo ordenase. No tenían en él la menor idea de quiénes eran los amigos con quienes iban a entrevistarse, y al pasar el *Saltillo* muy próximo al buque de guerra, resultó que el capitán era un compañero de escuela, en San Fernando, del Conde de Barcelona, que ordenó formase la tripulación y rindiesen honores sin el consentimiento expreso del general Franco (355).

Sobre la entrevista, la Prensa española solamente reprodujo una información de la agencia «Cifra» que la constataba e indicaba que se había tratado de la educación del Príncipe Don Juan Carlos. Sin embargo, el portavoz del Ministerio de Asuntos Exteriores se refirió al hijo de Don Juan con el título de Príncipe de Asturias, que equivalía a no reconocer otro pretendiente que el Conde de Barcelona. El confusionismo dinástico iba a resurgir otra vez con motivo de la educación de Don Juan Carlos en España. La Prensa extranjera comentaba que Don Juan renunciaba a sus pretensiones en favor de su hijo. Como éste tenía 10 años, sería necesario que transcurriesen por lo menos veinte años para que, según la Ley de Sucesión, pudiera reinar. En los muros de varias calles de Madrid aparecieron pasquines en contra de esta posible maniobra: *Sólo un Rey: Don Juan. Sólo una Espada: Franco* (356).

Pero la falsa confrontación padre-hijo escondía otra más importante. Los artículos de *Arriba* y las octavillas del S.E.U. hablaban de dinastías. No es muy difícil que Franco mencionara en el *Azor* a los carlistas y al Infante Don Jaime. Quizá por ello también el Conde de Barcelona acudió a la entrevista acompañado de este último. Una hoja clandestina monárquica denunciaba esta «subida a las barbas». *Como decía el conde de Rodezno, cuando sepamos que se ha restaurado la Monarquía a nadie se le ocurrirá preguntar en la persona de quién. Porque no hay más Rey que el Rey* (357). Los periódicos españoles recogieron un despacho de «Efe» procedente de la Secretaría del Conde de Barcelona que negaba que Don Juan hubiera realizado *la menor abdicación de cuantos derechos le corresponden.*

Los resultados de la entente del Cantábrico no fueron importantes para la Corona, pero sí lo fueron para el Régimen. Se especulaba en medios internacionales que la entrevista se utilizaría para fortificar la posición del Régimen cuando llegase la reunión de la O.N.U. (358). *Soud Ouest* comentaba que Franco intentaba *un último esfuerzo cerca de la O.N.U. para no quedarse en cuarentena.* La hipotética conciliación entre el Caudillo y la Monarquía permitiría a España unirse a la Comunidad Europea. El mismo pensamiento barajaba *Le Monde.* Que Don Juan se hubiera entrevistado en Inglaterra con personalidades británicas y que Culberston fuese huésped de Martín Artajo hacía prever que la posición contra España en la O.N.U. encontraría cierta resistencia (359).

El diario norteamericano *The Evening Star* sacaba unas consecuencias de la entrevista un tanto pintorescas pero que también inciden en la futura imagen exterior del Régimen franquista: a plazo corto, el Príncipe de Asturias sería proclamado Rey, con una posible Regencia, en la cual Franco y Don Juan jugarían los principales papeles. *Tal restauración monárquica —esto es lo que nos interesa— mejoraría grandemente la posición internacional de España, dando al nuevo Gobierno una estampa de legitimidad que el Régimen nacionalista de Franco nunca ha poseído* (360). Franco podía presentar a las Cancillerías extranjeras un acuerdo con Don Juan. No habían llegado a nada serio, pero que el heredero del Conde de Barcelona estudiase en España era ya suficiente certificación. No sé si Don Juan fue consciente o no, pero con el asunto del Cantábrico ayudó a mejorar indirectamente la posición internacional del Régimen franquista.

Entre los monárquicos la noticia de la entrevista fue recogida con escepticismo. De «verdadera ruptura» la calificaba Sainz Rodríguez. *Estoy seguro que ha corroborado en su conciencia a cada uno de los interlocutores la profunda incompatibilidad con el otro. El Rey le discutió a Franco sus elucubraciones económicas y tuvo la suerte de cogerle en dos colgaduras gordas que le hicieron saltar al otro en la silla y casi descomponerse. Él, que se cree infalible y eminente en esa materia, no perdonará eso jamás* (361). Gil-Robles era de la misma opinión. Pensaba que las gentes que habían preparado la entrevista estaban desolados, pues comprendían que habían fracasado en sus intentos. *Es evidente que, puestos en contacto, el rompimiento espiritual era inevitable. Don Juan quedó herido por el orgullo... y la indelicadeza de Franco. Éste quedó desagradablemente sorprendido al ver que el Rey no era el señorito tonto e inconsciente que se había figurado. A buena hora deja él llegar al Trono a un Rey inteligente y decidido.* A juicio de Gil-Robles, la restauración estaba *más lejos que nunca en el ánimo de Franco* (362).

En los monárquicos emigrados del SO. francés causó «sorpresa» y cayó bastante mal la noticia de la entrevista del Jefe del Estado con Don Juan, sobre todo por el hecho de que hubiera tenido lugar en el yate de Franco. Atribuían la entrevista a Bevin, porque estaba muy interesado en dar una solución al «caso español» para evitar los ataques de que era objeto. En este sentido el embajador español en París informaba a sus superiores que circulaba por esa capital la información de que la entrevista de Don Juan con el Jefe del Estado obedecía, principalmente, a indicaciones dadas al primero por personalidades británicas, durante su estancia en Inglaterra con motivo de los juegos olímpicos. Dichas personalidades habrían aconsejado a Don Juan que se entendiera con Franco sin dejar de mantener contactos con elementos de izquierda moderados (363).

Hacía tiempo que el Foreign Office y Culberston habían planteado al Conde de Barcelona la necesidad de que llegase a un entendimiento con Franco. El doctor Frollick, parlamentario inglés, había mantenido en mayo de 1947 una conversación con Don Juan. Éste se mostró dispuesto a cooperar con el Generalísimo para el establecimiento de una Monarquía Constitucional en España, para que la transición se hiciera normalmente y sin dificultades. Agregó Frollick que aceptar la cooperación con Franco *ha sido una tremenda concesión* de Don Juan; y añadió: *Hasta ahora era un puente sobre el cual Don Juan se mostraba inflexible. Ahora dice que si es el único obstáculo accederá.* Frollick concluyó solicitando en los Comunes apoyo para el Conde de Barcelona (364). También un representante de los Estados Unidos comentó a López Oliván que *si les hace Franco un ofrecimiento serio acepten. Ya nos encargaremos nosotros de apoyarles secretamente. Lo importante es entrar en la plaza. Debemos unirnos todos los enemigos del comunismo, y el lado de unión es el Rey* (365). Es seguro que en Inglaterra el Conde de Barcelona oyó los comentarios proclives al entendimiento con el Régimen; pero debido a las negociaciones extrañas que antecedieron al diálogo Franco-Don Juan, no es difícil inferir que ni Estados Unidos ni Inglaterra tuvieron nada que ver en el asunto del *Azor.*

También sorprendió la entrevista a los monárquicos del interior. El 5 de octubre se reunieron en el domicilio del general Kindelán los consejeros privados domiciliados en Madrid, a los que el presidente dio cuenta de las indicaciones del Conde de Barcelona. Coincidieron todos en que, aunque no les agradaba la nueva táctica de acercamiento, declararían públicamente lo contrario: *no decir nada que lo entorpezca o pueda ser interpretado como discrepancia; y depositar en el Rey la plena confianza que solicita* (366). El Infante Don Alfonso de Orleans se mostraba también enemigo del «colaboracionismo», pero sólo criticaba la nueva política *con un contado número de personas de toda confianza.* El colaboracionismo aumentaba sin que se consiguiera nada fundamental, ni siquiera de cuestiones menores, pues los monárquicos activos continúan perseguidos (367). El Conde de Barcelona les explicó la posición de la política monárquica en una notificación que envió al interior:

En una de tus notas te muestras partidario de hacer unas declaraciones en el sentido de que no rectifico la posición tomada con mi manifiesto del año pasado. Me permito discrepar porque he tenido, precisamente, cuidado expreso en toda la conversación para que no pareciese que por aceptar la entrevista estaba dispuesto a modificar mis pretensiones. He tratado, sí, de suavizar mi relación con

El Príncipe don Juan Carlos se trasladó a cursar sus estudios a España con motivo de la entrevista del Azor. (Foto 1) El heredero de Don Juan de Borbón aparece examinándose en el instituto San Isidro. (Foto 2). Con un grupo de compañeros.

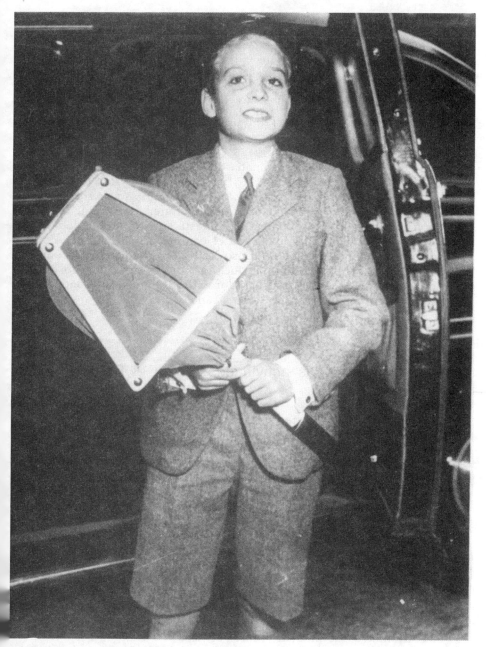

El Príncipe don Juan Carlos con una raqueta de tenis, deporte que le gustaba mucho y practicaba siempre que tenía oportunidad.

el Generalísimo en un sentido meramente personal, ya que tanto había preocupado al Ejército la forma de tratarle en el pasado.

Lo cortés no quita lo valiente, puedes estar tranquilo, pues no he de abandonar ni ceder terreno sólo por haber llegado a un contacto personal. La misma educación del Príncipe queda condicionada y no creo variemos, por ahora, de sistema ni de lugar.

Si ves a Paco Andes, tranquilízale también, parece que está muy preocupado. Tenéis que darme un margen de confianza (368).

El conde de los Andes opinaba que Franco había sufrido una crisis de ánimo, viendo cerca su fin, y dio paso a dar remate a su designio de siempre, *captar al Rey que le serviría de sostén en último término* (369). Dejando de lado cualquier interpretación, la única ventaja que la Corona sacaba de esta entrevista y de la educación del Príncipe de España era el compromiso de Franco con la Monarquía en la línea de Alfonso XIII. Pero tampoco era, como veremos, un compromiso muy firme. Sí es cierto, sin embargo, que para captar a las clases conservadoras del Régimen, el Conde de Barcelona necesitaba acercarse a Franco.

8.3. Continúan las actividades contra el Régimen

Don Juan vaciló bastante antes de enviar a su hijo a España. Comentó a Danvila que exigía al Gobierno español la rectificación de las noticias tendenciosas: posible abdicación a favor de su hijo o cualquier otro movimiento dinástico o más bien antidinástico (370). Primeramente el heredero de Alfonso XIII decidió que su hijo se educase en Suiza, aunque más tarde accedió a que lo hiciera en España. Don Juan desoyó a sus consejeros de Estoril, que no eran partidarios de que Don Juan Carlos estudiase en España. Según Gil-Robles, el Conde de Barcelona había comprendido que no habría acción internacional contra Franco y que era necesario acercarse al dictador.

El irregular traslado a España del Príncipe Don Juan Carlos resultaba significativo de los pocos cambios que el Régimen pensaba adoptar. El primogénito de Don Juan y sus acompañantes se vieron obligados a bajar del tren en una pequeña estación a unos diez kilómetros de Madrid y *hacer el resto del viaje en coche con las cortinillas bajadas y a gran velocidad hacia la finca de «Las Jarillas»* (371). Gil-Robles anotaba en su diario que Franco no iba a cumplir una sola de las promesas hechas al Conde de Barcelona.

Existirían instrucciones concretas en Prensa y en propaganda para que no se hablara de Monarquía. Al Conde de Barcelona habría que citarle únicamente como «Su Alteza Real el Conde de Barcelona» y a su hijo «Su Alteza Real el Príncipe Juan Carlos». Se prohibió en el *ABC* una fotografía en la que aparecía Alfonso XIII con Muñoz Seca (372).

El nuevo aniversario del fallecimiento de Alfonso XIII estuvo bastante dividido. Danvila quiso que los funerales se celebrasen conjuntamente con el Gobierno español a base de dos presidencias. Los monárquicos antifranquistas organizaron una Comunión en el Cerro de los Ángeles. Danvila hizo anunciar por la radio que se habían suspendido todas las misas anunciadas a excepción de la del Escorial, a la que asistió Franco y todo su Gobierno. Acudió el secretario diplomático de Don Juan al Cerro de los Ángeles, donde fue muy mal recibido por los jóvenes, a quienes amenazó con deportarles a Villa Cisneros. A Fontanar lo tachó de «rojo» e intentó tomar la palabra durante el oficio religioso, pero el sacerdote se lo prohibió. Al finalizar el acto se subió a unas piedras para agradecer la asistencia. La rechifla fue total.

Los falangistas repartían con total impunidad hojas injuriosas contra el Conde de Barcelona, la persecución contra los monárquicos continuaba y la propaganda monárquica no se veía por ninguna parte. Así, escribía Gil-Robles a principios de abril de 1949 que *el Rey está completamente decepcionado a la vista de los resultados de su política de aproximación a Franco*. El 18 de mayo el Generalísimo pronunció un discurso en las Cortes ratificando la Ley de Sucesión, que fue acogido por Don Juan con inquietud. No sólo Don Juan, sino el propio Danvila parece dudar del camino emprendido. Éste se había entrevistado nuevamente con Franco sin conseguir nada importante.

Las vagas promesas hechas por Franco al Conde de Barcelona —libertad de propaganda monárquica en *ABC* y una amnistía de las sanciones impuestas por las actividades monárquicas— quedaron reducidas prácticamente a nada. El mismo día que Don Juan Carlos pisaba suelo español, el joven Carlos Méndez de «Avanzadillas Monárquicas» fallecía en la cárcel. Fue detenido por distribuir octavillas contrarias al protocolo Franco-Perón.

Tanto en la Dirección General de Seguridad como en Carabanchel, Carlos Méndez estuvo incomunicado y le prohibieron usar un tónico cardiaco que le permitía superar las crisis constantes que padecía. El doctor Francisco Vega, especialista que atendía a Méndez, solicitó al Juez Eymer prisión atenuada para su cliente. Eymer denegó la solicitud y el fiscal pidió seis años de privación de libertad para el joven monárquico. El 5 de agosto el doctor Lacay, médico penitenciario, examinó a Carlos Méndez recomendando que fuera trasladado urgentemente a la prisión escuela de Yeserías, donde se haría un diagnóstico. Allí quedó corroborada la presencia de la enfermedad. El preso monárquico sufrió entonces un proceso griposo que perjudicó aún más su salud. El doctor Luis Castellón Mora certificó que debido a la dolencia cardiaca, la nueva enfermedad era de auténtica gravedad.

El juez militar correspondiente envió a Yeserías a los médicos Ángel de Diego Romero y José Sánchez Sánchez, quienes, según el manuscrito del padre del joven monárquico, *sin auscultarle y haciendo caso omiso de los ruegos del enfermo*, negaron la enfermedad. Cuando el padre de Méndez se disponía a presentar un nuevo certificado del doctor Castellón al capitán general, en el que se declaraba se temía un fatal desenlace, el joven militante de «Avanzadillas Monárquicas» fallecía. En la cárcel se formó la comitiva fúnebre presidida por el general Kindelán. El conde de Fontanar representaba al Conde de Barcelona. El féretro iba recubierto con la bandera española y, *entre las tumbas nos apuntaron las metralletas de los grises y de la Guardia Civil* (373). *El funeral fue otra gran manifestación monárquica. Hubo varias detenciones* (374).

El Conde de Barcelona se vio obligado a solicitar a Gil-Robles la redacción de una nota que diera por cancelada la *política de conciliación*. Los consejeros de Don Juan apuntaron la necesidad de acabar con el «danvilismo» y que Don Juan Carlos no regresara a España en el nuevo curso. El duque de Alba, en nombre de la Grandeza, ofreció los fondos necesarios para que el primogénito de Don Juan estudiara fuera de España, en un colegio donde podría continuar los estudios con profesores y alumnos españoles. Nicolás Franco amenazó a Don Juan con la promulgación de una Ley que le excluyera del Trono si su hijo no acudía a España (375).

En una nota verbal enviada a Franco, se quejaba Don Juan de la infructuosidad de la entrevista del Azor *y anulaba las resoluciones en ella adoptadas, pues no podía seguir prestándose a mantener en el ánimo de tantos españoles la ilusión de acuerdos que por desgracia no han llegado a ser realidad*. Concluía indicando la posibilidad de que su hijo no volviese a España (376). La contestación de Franco a la Nota Verbal del Conde de Barcelona fue calificada por Gil Robles de «soberbia»: 1.º En la entrevista del *Azor* no hubo promesas. 2.º Con la Ley de Sucesión se inició la posibilidad de un régimen monárquico que tendría que agradecérsele; 3.º La educación del Príncipe en España sería un beneficio para éste y para la dinastía; 4.º No comprendía que la presencia del Príncipe en España pudiera causar equívocos, pues bien claro se había manifestado en las Cortes en su discurso de mayo; 5.º El Régimen franquista era incuestionable; 6.º La actitud del Conde de Barcelona se debía a la mala información de sus consejeros; 7.º Las restauraciones monárquicas eran muy difíciles. La tensión aumentó con motivo del viaje de Franco a Portugal. Danvila pretendía que Don Juan fuera a visitar a Franco a su residencia de Queluz por la mañana y, por la tarde, éste le devolvería la visita. Gil Robles redactó una nota que envió a la Embajada española señalando que la hipotética entrevista se celebraría fuera de la residencia de Franco y con toda reserva. Pero el Generalísimo, a través de la Embajada, insistía en la fórmula expuesta por Danvila. El propio embajador acudió dos días después a la residencia del Conde de Barcelona para incidir en el mismo asunto. Éste se mantuvo en su posición que parecía estar bastante bien definida. Contestó que si fuera para tratar el problema español haría gustosamente el sacrificio; pero que consideraba inútil la entrevista, pues comprendía que Franco quería hacer de él una marioneta (377).

Franco intentó por todos los medios someter a Don Juan. Mientras llegaba la escuadra a Portugal continuaban aún las negociaciones. Don Juan replicó que no estaba dispuesto a una nueva entrevista si no se acordaba con antelación que en ella se habrían de abordar seriamente, para buscarles una solución, los problemas políticos y económicos de España, y que una simple visita protocolaria no serviría más que para aumentar la confusión existente en la política nacional y dar pábulo a toda clase de comentarios. Prueba del extraordinario interés que tenía Franco en volver a una nueva entrevista con Don Juan, para poder dar la sensación internacional de que también controlaba la solución monárquica, fue que envió a su hermano Nicolás tres veces a parlamentar con Don Juan. Franco llegó a Portugal y la entrevista no prosperó. Los monárquicos lanzaron una «nota informativa» dejando caer en el Caudillo la culpabilidad del fracaso del contacto:

> No era procedente una visita de Don Juan al palacio de Queluz, siendo ésta la primera vez que volverían a verse después del encuentro del *Azor* y teniendo los Condes de Barcelona su casa junto a Lisboa. Tal incidente de protocolo habría podido ser, sin embargo, superado, ya que Don Juan no hizo cuestión de que Franco le visitara en su residencia de «Villa Giralda» y se mostró, por conducto autorizado, dispuesto a acudir a un tercer lugar que el general Franco señalara, siempre que fuera para volver a hablar del futuro de España. Franco no prestó a ello su aceptación y reiteró que recibiría gustosamente a Don Juan, anticipando que, por ahora, no tenían ninguna cuestión política que tratar, y ratificándose en el discurso que leyó el día 18 de mayo de 1949 (378).

Escribía Sainz Rodríguez que, salvo en los medios franquistas, había causado excelente impresión la actitud de Don Juan, *que si bien parece dispuesto a buscar cualquier solución eficaz en favor de España, no se presta a ser un número en los festejos del viaje ni un instrumento de la propaganda confusionista del Régimen.* Pensaba que lo que asfixiaba a Franco era el silencio y el aislamiento que le rodeaba. *Los ataques del extranjero los convertía en un elemento de propaganda; hoy nadie le ataca y es él personalmente el que tiene que hacer ruido en torno de su persona* (379).

La posición de Franco impacientaba a los monárquicos más activos. El general Kindelán solicitó al Conde de Barcelona que diera por fracasada la política de acercamiento y le permitiese *volver de nuevo a la lucha, a la propaganda, a la labor orgánica* (380). Así, un grupo de monárquicos entregó un documento a Culberston, encargado de Negocios de los Estados Unidos en España, protestando contra las declaraciones de Acheson sobre la *no existencia de alternativa al actual Gobierno en España. La organización de los monárquicos* —decía— *mantiene que la alternativa al actual Régimen que existe en España es Don Juan de Borbón y promete la restauración de la Monarquía en la persona del legítimo pretendiente.* Esbozaban un programa de gobierno basando la Monarquía en los principios democráticos de la civilización occidental, *adaptados a las tradiciones e idiosincrasias de los españoles;* garantizadora de una economía pública y de una *armonía y conciliación políticas* y de la entrada de España en *la familia de las Naciones Occidentales.* La policía detuvo a la duquesa de Valencia, Joaquín Drake, Bernardo Bernárdez, Vicente García y a Alonso González por distribuir propaganda contraria al Régimen. La duquesa y González fueron absueltos, pero los demás sufrieron penas comprendidas entre los seis meses y un año y medio (381).

El «Comité de Acción pro restauración de la Monarquía» se dirigió al Generalísimo para indicarle que la persistencia de su Régimen desembocaría en la quiebra económica total y en el comunismo. En diez años, Franco no había conseguido nada loable: un aumento de los impuestos para el Estado y para los municipios y diputaciones; el sindicalismo convertía en forzosas sus cuotas desproporcionadas; el I.N.P. se hallaba convertido en entidad especuladora; elevación desorbitada de la circulación de papel moneda sin aumento del encaje oro-plata, ni conseguir crédito exterior equivalente; incremento considerable de la deuda pública para salvar déficits presupuestarios y atender gastos militares, de propaganda del Régimen y personal del Caudillo, y de policía; había encarecido la vida de los españoles en términos de verdadera desesperación doméstica; había dificultado el comercio exterior y la importación de capitales españoles del exterior. Ante este balance solicitaban los monárquicos a Franco resolviese definitivamente *esta funesta interinidad nacional,* dando paso a Don Juan de Borbón, *como jefe dinástico de la Monarquía* pues era éste el sentir del 90 % de los españoles que, si no lo manifestaban públicamente, era debido a la censura y al miedo. El documento fue conocido por las izquierdas, *desde los trabajadores y socialistas hasta los más conspicuos republicanos, con la excepción de los comunistas,* que dieron su conformidad y su aprobación (382).

Aranda difundió en junio de 1949 un manifiesto a *todos los generales y jefes del Ejército* en el que criticaba la situación económica del Régimen y comentaba que fuera del franquismo no estaba irremediablemente el comunismo, sino la Monarquía, reclamada por *la gravedad y urgencia del momento y la voluntad de la inmensa mayoría de los españoles* (383). La misma dirección llevaba una proclama difundida por *un general que quiere mucho a su Patria* que barajaba similares términos (384). El general monárquico Helí Rolando de Tella había sido el autor de una carta en la que 800 firmantes españoles de diversas ideologías solicitaban al Gobierno norteamericano que no concediera préstamos al Gobierno español mientras Franco permaneciese en el poder (385).

El Ejército español no veía con satisfacción la situación de España. A finales del 49 se estaban formando unas Juntas de defensa, de coronel para abajo, que habían dado lugar a la detención de algunos elementos militares, entre otros, el coronel Serrano, detenido en Marruecos, donde parece ser que se inició este movimiento, siendo Barcelona el lugar de residencia de la Junta Suprema. Esgrimían la bandera de la moralidad administrativa, atacando la corrupción del Régimen. Era un síntoma importante de descomposición en el Ejército que había que sumar a la alarma de los elementos financieros y al malestar popular. *Nunca se ha encontrado Franco en peor situación* —escribía Sainz Rodríguez—. *Es un santo que puede caer del altar si se le empuja* (386).

Pero una nueva problemática iba a sumarse a las que el Conde de Barcelona padecía. El 6 de diciembre, Aguirre de Cárcer daba cuenta al ministro de Asuntos Exteriores en un despacho cifrado, de la reivindicación por Don Jaime de Borbón de los derechos dinásticos. Éste manifestó a los representantes en París de las agencias «A.P.» y «France Press» que *ya no es mudo* y que estudiaba la posibilidad de demostrar que su abdicación era nula (387). Cuando en 1933, el Príncipe de Asturias, hijo mayor de Alfonso XIII, determinó casarse con una adinerada cubana, el Rey le negó el consentimiento, invocando la pragmática de Carlos III, que regula el derecho matrimonial de los miembros de la Casa Real española. Entonces el Príncipe renunció a sus derechos para sí y para sus descendientes. Como su hermano Don Jaime tendría dificultades para la sucesión debido a su estado de salud, firmó un documento en el mismo sentido. De este modo la sucesión pasaba al tercer hijo de Alfonso XIII, el Conde de Barcelona. La renuncia de Don Jaime hizo posible que éste contrayese matrimonio con una francesa cuya familia ostentaba un título que no era de igual condición que la Casa de Borbón. Por esta razón los dos hijos nacidos de este matrimonio no son Príncipes, miembros de la Casa Real de Borbón. El 15 de enero de 1941, cuando la salud de Don Jaime ya había mejorado, Alfonso XIII abdicó en su hijo Don Juan. Esta declaración era una ratificación a favor del Conde de Barcelona. No puede ponerse en duda, muy a pesar de las declaraciones que Don Alfonso de Borbón Dampierre realizó en vida, la validez de la renuncia de Don Jaime de Borbón (388).

No sabemos si la reivindicación de Don Jaime fue una maniobra preparada desde «El Pardo». Si Don Juan pasaba por una mala situación económica, la posición de Don Jaime era mucho más difícil. Es pues imaginable que Franco ofreciera a Don Jaime algunos beneficios. Hay que tener presente que fue con motivo de la Ley de Sucesión cuando Franco barajó la candidatura de Don Jaime. Artajo comentó: *No deja de ser curioso que si el Infante insiste en su actitud, Don Juan no tendrá otra expectativa que la que se deriva de la Ley de Sucesión que él repudiaba, pues la Ley de herencia no le llevará al Trono. ¡Oh!, bromas del destino* (389). De estas palabras no se desprende la existencia de ninguna manipulación. Sin embargo, Doña Victoria telefoneó a su hijo Don Juan para indicarle la necesidad de *salir al paso de la turbia maniobra* (390); *y los monárquicos españoles reafirmaron su enérgica oposición* a cualquier clase de reivindicación del Infante Don Jaime (391).

9. RELACIONES CON LAS IZQUIERDAS

Nuestra finalidad es que cuando se encuentren un español de izquierdas y otro de derechas no tenga que decir uno: «Ahí va un cochino fascista»; y otro: «Ahí va un maldito rojo», sino que se alegren de ser compatriotas.

ALFONSO DE ORLEANS Y BORBÓN

9.1. Contactos con las izquierdas en el interior

9.1.1. Comunicado del general Aranda

Los contactos entre monárquicos e izquierdas comenzaron poco después del término de la Guerra Civil. La posición de las izquierdas, sobre todo de las del interior, era entonces claramente favorable a la restauración de la Monarquía. Suárez Fernández apunta que Jesús Monzón intentaba constituir, bajo la hegemonía del Partido Comunista, un frente de Unión Liberal española para luchar contra el Régimen, y se mostraban dispuestos a ampliar sus relaciones incluso con la oposición católica y monárquica (392). Sin embargo, Aranda, que sondeaba a las izquierdas y era partidario de un entendimiento con este sector político, hablaba de los comunistas de una manera despectiva. *Comunistas: aislados y desorientados por la evolución, aparente o real, que perciben en Rusia. Son manejados por la Gestapo y están, en gran medida, en relación con los falangistas que los utilizan para conocer las actividades de las demás izquierdas y caso necesario, producir atentados.*

Las izquierdas del interior, salvo el comunismo, habrían constituido una Junta Nacional, sin intervención de los emigrados, y a las órdenes de los jefes efectivos de la guerra. *Tienen autoridad y disciplina* —escribía Aranda— *carecen de armas eficaces y, como saben perfectamente que solos no pueden hacer nada, buscan apoyo en la derecha no falangista y en los aliados.* Pensaba el general que su programa mínimo podría ser considerado y que en su mayoría «aún» aceptarían la solución monárquica. Igualmente consideraba que los emigrados carecían *en absoluto* de prestigio entre las masas de la izquierda del interior; el sindicalismo no sólo no les aceptaba, sino que proyectaba exigirles responsabilidades, y los socialistas se limitaban a informarles de sus actividades, pero sin contar con ellos antes de tomar resoluciones. *Repito que las izquierdas, salvo el comunismo, aún admiten la posibilidad monárquica, y esto podría tal vez permitir que se fortaleciese su base hasta hacerse la más fuerte, porque las izquierdas no quieren llegar al poder mediante más guerras y revoluciones.*

Explicaba a Sainz Rodríguez un plan político para llegar a un acuerdo con las izquierdas que Gil Robles calificó de «inteligente», y que se basaba en la monarquía católica con gobierno de concentración en el cual la izquierda tendría una representación menor, amnistía en sus diversos aspectos y leyes sociales inmediatas de urgencia; *para más adelante, habría de ofrecerse concesión progresiva de libertades y, aún más tarde, elecciones que, tal vez, pudieran ser restringidas* (393). Tanto Gil Robles como Sainz Rodríguez aceptaron el plan político de Aranda. *Cambiamos impresiones sobre su consulta de hasta qué límites puede llegar la colaboración con la izquierda coincidiendo en que el límite lo han de poner ellos y no nosotros, que debes recibir de brazos abiertos a cuantos acepten la Monarquía, procurando dar a ésta una estructura que permita la máxima incorporación de sectores políticos* (394).

Si aceptamos como buenas las apreciaciones que Aranda había sacado de sus contactos con las izquierdas, es incuestionable que éstas apoyaban la solución monárquica. Cuando Aranda dice «aún» (aparece subrayado en el original) es lógico pensar que la posición favorable a la Monarquía habría sido mayor con anterioridad. El informe de Aranda hay que localizarlo en 1943. Las izquierdas aceptaban la monarquía con más fuerza en 1942, precisamente cuando todas las potencias internacionales creían inminente una restauración de la Monarquía. Las izquierdas no querrían quedarse al margen del nuevo Régimen y, por esta razón, aceptaban la Corona. El alejamiento de las izquierdas de la solución monárquica se debía a la evolución de la guerra mundial. Ésta favorecía a los republicanos debido a que mientras la posición antifranquista del Conde de Barcelona no era pública, las actividades de los republicanos eran conocidas. A pesar de esta evolución favorable a la República, las izquierdas del interior admitían la Monarquía y, siempre según Aranda, desconfiaban de sus dirigentes del exterior. Los contactos del general Aranda con las izquierdas continuaron durante el bienio 44-45 sin que se llegara a una situación concluyente. En septiembre de este ultimo año escribía a Sainz Rodríguez para manifestarle que reforzaba la acción *sobre las izquierdas responsables* de la que se mostraba *muy satisfecho* y esperaba que, en plazo breve, los sindicalistas lanzarían un manifiesto que proclamase la solución monárquica (395).

9.1.2. La Alianza Nacional de Fuerzas Democráticas

Mientras Franco intentaba la negociación con el Conde de Barcelona tenía lugar un acto que iba a perjudicar la posición de Don Juan. El 20 de agosto de 1945, en la sala de cabildos de la ciudad de México, se reunieron casi un centenar de diputados de las Cortes de la República y eligieron a Diego Martínez Barrio como presidente de la República en el exilio. Éste encargó la constitución del gobierno a José Giral. La verdadera problemática para los monárquicos no consistía en que el nuevo gobierno iba a reducir, por su propia fuerza, la alternativa que representaba la Institución monárquica; sino por el reforzamiento que el «engendro» de México iba a suponer para el Régimen franquista. Así se lo hizo saber Carrero Blanco a Franco: *Los anglosajones no quieren de ningún modo el peligro comunista en España. Sólo ante el convencimiento, o aún el temor, de que cualquier intento de cambio conduciría a esto, acabarán dejando que el Régimen actual se desarrolle en paz... Inglaterra y EE.UU. no reconocerán ese engendro de Gobierno exiliado porque es filocomunista; y menos si Stalin lo reconoce en seguida que ojalá lo haga* (396).

El Gobierno de Giral no iba a contar con grandes apoyos de los exiliados, sobre todo de los partidarios de llegar a un acuerdo con los monárquicos. Sangróniz, embajador español en París, comentaba a Lequerica que la prensa de París había concedido muy poca importancia a la constitución del Gobierno republicano. *Lejos de ser aquello un éxito, vistas las cosas objetivamente desde París, da la impresión de un perfecto fracaso, especialmente por haberse puesto de manifiesto las divisiones internas de los refugiados españoles* (397). Jiménez Fernández, ministro de Agricultura durante la República dijo a Don Alfonso de Orleans que *las izquierdas que están en el extranjero no se entienden entre sí, y mucho menos se entienden con las izquierdas de dentro de España*. Por este motivo aceptarían ellas la restauración de la Monarquía (398). Pensaban en convocar un referéndum que preguntase *¿Se quiere al Rey Don Juan III con un equipo de ministros que sería su primer Gobierno o se quiere a Martínez Barrio con el Gobierno republicano exiliado?* Jiménez Fernández estaba convencido que votarían por el Rey, además de los monárquicos, *una inmensa masa de los republicanos* (399).

Salvador de Madariaga apuntaba el restablecimiento de la Monarquía como una solución «útil» para España. En un extenso artículo aparecido en *La Bataille* a finales de 1945, el intelectual republicano explicaba que la Monarquía tendría la ventaja de evitar

*el paso de un disco electrizado a otro y de dar un símbolo neto
a la neutralidad y a la «centralidad» del Régimen nuevo.* Para Madariaga, la Monarquía Tradicional, unida a la derecha, debería hacer su política a la izquierda; mientras que la República, ideológicamente unida a la izquierda, debería hacer su política a la derecha.
*La Monarquía es, por consiguiente, sino por esencia, al menos por
posición, el Régimen que ofrece las garantías más completas de una
política de izquierdas, aunque no fuese más que por instinto de conservación* (400).

En el otoño del 45 los monárquicos, a través de Herrera Oria, habían comenzado negociaciones con la Alianza Nacional de Fuerzas Democráticas, organismo que agrupaba a la oposición de izquierdas. Éstas aprobaban alguna base que los monárquicos les habían enviado. No existían diferencias espectaculares en lo referente a la justicia, las izquierdas hablaban del Jurado e insistían, como los monárquicos, en la independencia. Respetaban la cuestión religiosa, llegando a afirmar que *sólo los principios que emanan del cristianismo pueden salvar a la sociedad y sobre ellos construir el nuevo edificio político-social.*

Tampoco en la cuestión social existían discrepancias. Añadieron los elementos de izquierda un párrafo que aseguraba que los avances sociales del Régimen serían respetados. Mencionaban también la reforma agraria, pensando Herrera que sería más prudente posponer el tema hasta que se constituyera un Parlamento. El orden público sería guardado a todo trance; durante el período constituyente declararían prohibidas las huelgas, basándose en la necesidad de una mayor producción. No aceptaban, sin embargo, y por ello no prosperaron las negociaciones, agruparse alrededor de Don Juan de Borbón, para después llevar a un plebiscito la determinación sobre la Monarquía o la República. Decían que existía también la legitimidad republicana y que ambas deberían considerarse en suspenso hasta que el pueblo en un referéndum se inclinase por una u otra forma. *Creen que la votación la ganará la Monarquía, pues los republicanos, según me dicen, están dispuestos a votar por ella.*

Proponían las izquierdas que en el período constituyente hubiera un Gobierno integrado por personas del grupo de la Alianza y de la Monarquía. Hablaban de una Regencia constituida por tres personas: Un hombre de leyes —Sánchez Román—; un diplomático —Salvador de Madariaga— y un general que sería nombrado por los monárquicos. En un período inferior al año decidiría el pueblo en plebiscito la forma de gobierno que deseaba. Francisco Herrera pensaba que el Gobierno de Regencia no daría confianza a ingleses y americanos, ni al Ejército. Deseaba que, desde el primer momento, se formara el Gobierno amparado en la autoridad real (401).

Similar punto de vista tenía Gil Robles, que calificaba la exigencia de que se nombrara un Gobierno de Regencia para presidir el referéndum sobre la forma de gobierno como *un serio tropiezo y un grave error*, porque el único medio para enfocar seriamente el problema español sería considerar ineludiblemente la Guerra Civil como consecuencia obligada de la República. Habría que restablecer la vida anterior al paréntesis abierto el 14 de abril de 1931 como condición básica para lograr la paz total. Un período constituyente, por nimio que fuese, significaría un nuevo período de interinidad peligroso y propicio a cualquier intento subversivo. Suponía que antes de estar mediado el problema constituyente habría estallado una nueva guerra civil. Además igualar teóricamente a Don Juan con los hombres que gobernaron España en el último período de la República significaba para el ex presidente de la C.E.D.A. robustecer el Régimen franquista.

> Si las fuerzas conservadoras no querían transigir con el Rey, *¿cómo se quiere que acepten siquiera el planteamiento del problema político en los términos que quiere la Alianza? ¿Quién es tan ingenuo que puede creer que el Ejército no preferirá la guerra a la posibilidad que vengan los hombres de México? Si hoy las fuerzas armadas vacilan en aceptar la Monarquía ¿Cómo se puede imaginar que aceptarían una salida que comienza por poner en pie de igualdad al Rey y a Martínez Barrio?* En cuanto al exterior tampoco deberían pensar las izquierdas que la presión anglo-norteamericana se inclinaba a favor de los exiliados. *Estoy plenamente convencido que la existencia del llamado gobierno Republicano de Giral ha impedido a los anglosajones tomar resoluciones definitivas contra Franco.*

Repetía Gil Robles que el plan de las izquierdas conduciría a una dictadura militar o a otra Guerra Civil. *El único medio de sustituir a Franco sin derramamiento de sangre es creando un Régimen lo más estable posible desde el primer momento, ser compatible de tranquilizar a las fuerzas conservadoras internas y a las potencias anglosajonas, y dispuesto a acometer la urgentísima labor económico-social.* Solicitaba: respeto absoluto a la religión católica, orden público intangible; cancelación de responsabilidades políticas; poder judicial independiente, producción intensa; derecho al trabajo; salario vital, seguros sociales, grandes instituciones complementarias de asistencia; amplio acceso a la propiedad, etc. Para ello era preciso partir de la instauración de la Monarquía sobre unas bases constitucionales precisas, sin perjuicio de someter al pueblo plebiscitariamente la ratificación del Régimen. *Inútil me parece decir que ese plebiscito se haría con las necesarias garantías de sinceridad* (402).

Las negociaciones quedaron suspendidas con la entrada del Par-

tido Comunista Español en la A.N.F.D. El 3 de febrero la alianza
envió a la delegación monárquica con la que se relacionaba una
circular en la que constataba la ampliación del organismo y apuntaba que *teniendo en cuenta que en la A.N.F.D. están integradas
las más genuinas fuerzas del país, cualquier solución del problema
político español que al margen de la Alianza se intente, será origi-
nariamente precaria y antidemocrática y habrá de contar con la
reprobación compacta y unánime, resuelta y activa, de todas las
fuerzas político-sociales que integran la Alianza* (403).

La nota de la Alianza intenta ponerse enfrente de la hipotética
entrevista Franco-Don Juan que, con motivo del traslado del Conde de Barcelona a Portugal, pensaban, tanto monárquicos como
republicanos, iba a tener lugar, y de la que podría salir un traspa-
so de poderes a favor de Don Juan. Pero, como ya conocemos, no
hubo tal, y a principios de marzo se cierra la frontera francesa
y se publica la nota conjunta de EE.UU, Inglaterra y Francia sobre
el problema español. A continuación se produce la tramitación dentro de la O.N.U. Aunque la nota tripartita no reconocía al Gobierno
Giral, tampoco lo rechazaba directamente. Sainz Rodríguez pensaba que *las promesas hechas al Gobierno exiliado de Giral de los
elementos comunistas franceses (de acuerdo con Rusia) que esperaban lograr un predominio definitivo en la política de Francia, fueron la causa de que las izquierdas españolas creyeran en la posibilidad de una acción internacional eficaz contra Franco en beneficio
exclusivo de ellas, e inmediatamente suspendieron las negociaciones.* Se produjo entonces una acción violenta en los Pirineos y con
ayuda de Rusia. *Y es precisamente esta excesiva intervención soviética la que provocó la reacción angloamericana impidiendo se con-
sume la reacción contra el Régimen de Franco sin garantías previas
y suficientes sobre el porvenir* (404).

Es cierto que el comunismo estaba adquiriendo fuerza en Francia como para incidir en la política que Estados Unidos e Inglaterra llevaban respecto a España. Carrero Blanco había explicado
a Franco que el peligro del comunismo en Francia iba a servir
de barrera que frenase actitudes de los aliados contra el Régimen
franquista. En todo caso, el Partido Comunista Español abandonó
en este lapso de tiemo la Alianza para ingresar en el Gobierno Giral.

Mientras tanto, los monárquicos del interior no cejaban en su
esfuerzo por llegar a un acuerdo viable con el elemento de la izquierda. Con motivo de la fracasada entrevista Franco-Don Juan,
Francisco Herrera escribió un manifiesto explicando que el Conde
de Barcelona había roto toda negociación con Franco y no admitiría otras que no fuesen las necesarias para hacerse cargo del poder. Incidía en la posición democrática del Infante Don Juan explicando que éste no deseaba gobernar más que con el apoyo de

izquierdas y derechas. El manifiesto fue entregado a los jefes de izquierdas que lo repartieron entre sus correligionarios (405).

Los contactos no se rompieron del todo, pues quedaron abiertas las puertas del diálogo entre monárquicos y republicanos. La A.N.F.D. lanzó en julio del 46 una proclama en la que, aunque manifestaba su adhesión a la República, no se oponía a la instauración de una Monarquía constitucional. La Alianza *estaba dispuesta a comparecer, con todo género de garantías, ante el Soberano Tribunal del Pueblo y a usar con generosidad del triunfo que espera o a aceptar caballerosamente cualquier resultado adverso que la voluntad popular libremente expresada pudiera deparar* (406).

En el mes de agosto, en el despacho oficial de Bidault, Secretario particular del Encargado de Negocios Francés en España, se reunieron el general Beigbeder, el coronel retirado José Pardo Andrade y Antonio Moscoso en representación de los monárquicos con toda la significación de la A.N.F.D. Se entregó a los monárquicos una ponencia redactada por el Movimiento Libertario y, a continuación, se designaron los enlaces por ambas partes para que los contactos quedasen asegurados en todo momento. Vicente Santamaría, Delegado Político del Movimiento Libertario y Secretario General, por la Alianza; y José Pardo Andrade por los monárquicos (407).

El doctor Giral, que no veía con agrado las actividades de la A.N.F.D., envió a varios ministros para que contactaran con la cabecera del organismo de izquierda. El presidente de la Alianza manifestó a los enviados de Giral que el Gobierno republicano no era solución para el problema español y no estaban dispuestos a suspender las negociaciones con los monárquicos. No obstante, les concedieron una nota moralmente significativa:

> La A.N.F.D., como representante de las fuerzas republicanas del interior de España, ofrece al Gobierno Giral en el exilio la absoluta seguridad de que puede sentirse apoyado por todas las organizaciones republicanas españolas en estos instantes en los que la Asamblea de las Naciones Unidas se propone defender la causa de la liberación del pueblo español, y expresa su deseo de que la justicia de la causa que defiende sea comprendida y puesta en aplicación por la Organización Diplomática Internacional Superior (408).

Las conversaciones con los monárquicos alcanzaron el más alto nivel con el viaje de Santa María a Estoril. En una reunión conjunta con Gil-Robles y Sainz Rodríguez redactaron un documento que el político libertario llevó a España con el fin de obtener la ratificación de sus compañeros, después de garantizar la firma de su organización. Los firmantes se comprometían:

Primero. A reconocer y asegurar a la religión Católica la posición que le corresponde por ser la que profesa la mayoría de los españoles y, por consiguiente, la plena garantía de sus derechos y libertades. Mediante un concordato con la Santa Sede, se regularán las relaciones de la Iglesia y el Estado.

Nadie será perseguido por motivos religiosos, ni la diferencia de religión o la carencia de ella serán causa determinante de cualquier limitación de los derechos de la ciudadanía.

Segundo. A mantener inflexiblemente el orden público y a impedir, por todos los medios cualquier acto de venganza o represalia por motivos políticos, sociales o religiosos.

Durante el plazo necesario para restablecer la tan quebrantada economía de la Nación, las organizaciones obreras renunciarán al derecho de huelga, resolviéndose por arbitraje las diferencias que puedan surgir en las relaciones de capital y el trabajo.

Tercero. A garantizar la plena independencia de los Tribunales de Justicia y hacer desaparecer todas las jurisdicciones de excepción hoy existentes.

Cuarto. A someter a revisión la legislación social vigente, con objeto de amoldarla a las posibilidades de la economía de la Nación y a los verdaderos intereses de las clases trabajadoras.

Dicha revisión se llevará a cabo con intervención de las genuinas representaciones de los obreros organizados.

Quinto. A preparar, previa la prudente y gradual devolución de las legítimas libertades políticas, la celebración de un plebiscito mediante el cual el pueblo español resuelva acerca de su futuro político.

Sin embargo, si por influjo de factores que hoy no pueden exactamente preverse, se produjera una situación de hecho que reemplazara el actual Régimen de dictadura por la Monarquía o la República, los partidarios de la otra forma de Gobierno aceptarían la situación creada y aún podrían colaborar con ella, a condición de que se buscara a posteriori la ratificación o rectificación por el cuerpo electoral y se les diera entretanto las garantías para la defensa de sus ideales, dentro del ámbito de la ley (409).

Conjuntamente, la A.N.F.D. envió a Estoril un escrito rechazando el acuerdo. Recusaron todos los puntos a excepción del primer párrafo del segundo punto y del texto del tercero. No aceptaron el quinto punto: *Por tratarse de un torpe falacia que no logró engañar más que a quienes lamentablemente estaban ya engañados respecto a lo elemental de nuestros dotes interpretativos y a lo insobornable de nuestra representatividad moral* (410).

La C.N.T. singularmente, rechazó la parte adicional del quinto punto, porque veían en él una situación de hecho favorable a la Monarquía, *y ha aceptado el resto con algunas modificaciones más bien adjetivas que sustanciales.*

Dos condiciones habrían contribuido a crear este ambiente desfavorable al acuerdo: Coincidiendo con la estancia en Lisboa de

Santamaría, la policía española tuvo conocimiento de su gestión y se cursaron órdenes para detenerle cuando regresara a España. *Esto ha estorbado mi movimiento de tal manera que no he podido dialogar a tiempo con los representantes del Partido Socialista y del Republicano, perdiéndose en ello toda la oportunidad de poder influir en su ánimo con las declaraciones verbales necesarias.* Sobre la represión del Régimen escribía Aranda, *Franco está persiguiendo violentamente los elementos del acuerdo y, en especial, el nudo de la cuestión, es decir, los grupos de personas que aquí lo iniciaron* (411); y, segundo, un grupo de monárquicos del interior, posiblemente inspirados por el general Aranda, en contacto con los elementos de izquierda, impugnaron el acuerdo de Estoril, que llamaban *maniobra del señor Gil-Robles,* creando con ello una gran perturbación al dar a entender que ellos, *verdaderos representantes de Don Juan,* estaban dispuestos a conceder mayores ventajas que las signadas en el acuerdo de Estoril (412).

El general Aranda pensaba que estaba en mejores condiciones que los exiliados para negociar, pues no en vano llevaba varios años en contacto con las izquierdas. Había manifestado a Luque que los monárquicos del interior estaban dispuestos a llegar a un pacto con los elementos de izquierda *con la aceptación de la vía plebiscitaria y con el consentimiento o no del Pretendiente al Trono de España* (413).

El autonomismo ha sido una de las características en el modo de actuar del general Aranda. Sin embargo la parte adicional del quinto punto no favorecía más a la Monarquía que a la República. Cualquiera de las dos formas de Estado podría ser restaurada. Lo que ocurría es que la Monarquía contaba con muchas más posibilidades que la República. La negativa de la izquierda a aceptar este punto adicional significaba el reconocimiento de que la Monarquía tenía más posibilidades y, por ende, su oposición significaba una traba para la definitiva resolución del problema español.

El Conde de Barcelona contestó a la negativa de la Alianza con una nota enviada a Luque, sustituto de Santamaría. Él no negociaba pactos con ningún partido, ni tampoco analizaba, por ello, *la inadmisibilidad del proyecto de nota conjunto* redactado en Estoril, pero mantenía que la comunicación entre los elementos de izquierda no comunista con los de la derecha *residentes fuera·de España* abreviaría las negociaciones. Significaba el apoyo a Gil-Robles y la descalificación del general Aranda. Concluía señalando que él siempre había deseado y deseaba *que las diversas fuerzas políticas, mediante representantes auténticos que logren reflejar la verdadera voluntad de sus representados, lleguen a acuerdos que permitan una evolución pacífica y fecunda de la política española.* Don Juan de Borbón, estaba dispuesto a *oír y acoger a todos*

pues todos presentaban ante él el mismo título de españoles (414).
La contestación de la Alianza fue favorable al general Aranda
(415). Éste contaba con el sustento de Alba y Andes, quienes comunicaron al Conde de Barcelona que no habría inteligencia con las izquierdas por la intransigencia de Gil-Robles. Los dos aristócratas eran partidarios de un Gobierno de coalición de acuerdo con las solicitudes de la izquierda; formación de un Gobierno provisional que recogiera el poder de Franco, con garantías militares de varios generales; hombres de derechas civiles y los mismos de izquierda designados por los sectores que intervenían en la A.N.F.D. que, tras la aplicación adecuada y sin plazo determinado, concluiría en el referéndum. Aranda había solicitado al Conde de Barcelona su parecer sobre la formación de este Gobierno provisional (416).

La posición de Gil-Robles era contraria y veía en todo ello una maniobra de Aranda para acceder a la Presidencia del Gobierno, lo que parecía molestarle porque, a buen seguro, ésa era también su meta, y el general le reservaba únicamente la cartera de Defensa. El percance quedó cerrado cuando el Gobierno español deportó a Baleares al general Aranda. No obstante, ni el Conde de Barcelona apoyaba la actitud de Aranda, ni este intentaba llegar demasiado lejos. El 22 de noviembre escribió a Vegas Latapie para comunicarle que tarde o temprano las izquierdas *se contentarán con el acuerdo tal y como fue aceptado* (417).

Las conversaciones con la A.N.F.D. se redujeron hasta prácticamente desaparecer. De los tres partidos que tomaron parte en la A.N.F.D., el libertario fue, con diferencia, el más proclive a aceptar el régimen monárquico. Todavía a comienzos del mes de diciembre, la C.N.T. acordó: Considerar que España se encontraba desde el comienzo de la República en período constituyente, *por lo que no tenía definido su Régimen.* Recordaban que salvo en el franquismo, *nunca padecimos persecuciones tan injustas y cruentas como durante la República;* posponer sus aspiraciones de carácter social *a la solución patriótica de dotar a España de un sistema y de un Gobierno sin tener determinado cuál debe ser;* capacitar a su Comité Nacional para que firmaran con los monárquicos acuerdos o pactos *que llegaran a la anterior legitimidad con sincera voluntad, como lo han hecho los monárquicos hasta ahora, lo que debe hacerse patente de modo encomiástico* (418).

A partir de 1947 las negociaciones entre la izquierda del interior y los monárquicos van a quedar varadas. Estos constituyeron el 14 de febrero de 1947 la *Confederación Española de Fuerzas Monárquicas.* El organismo comprendía todos los matices del monarquismo, pero centraba los contactos con la izquierda alrededor de Estoril. *S.M. el Rey no recibirá más comunicaciones que las que sean transmitidas por este conducto y únicamente sancionarán su*

*aprobación los resultados que se obtengan por el instrumento que
ahora se crea.* La constitución de la Confederación fue importante
porque unificaba los criterios de las distintas fuerzas monárquicas. La izquierda sabía ahora con quién tenía que tratar. Los monárquicos, sin embargo, se quejaban de la división de la izquierda.
*Lo que únicamente nos ha interesado es que las conversaciones que
se lleven a cabo, por quien sea, reflejen no criterios personales, sino
el de verdaderas fuerzas políticas cuya auténtica representación os-
tenten los negociadores.* Pero las izquierdas del interior seguían
empeñadas en tratar temas políticos con los monárquicos no exiliados, esto es, Aranda y Beigbeder (419).

9.1.3. Relaciones con la izquierda catalana y el Partido Laborista

En Cataluña también se realizaron algunos contactos entre los
monárquicos y las izquierdas. Josep Marquet, Presidente del *Consell Nacional de la Democràcia Catalana* salía al paso de una hipotética maniobra que permitiría restaurar la Monarquía en España
sin pasar por el plebiscito previo, comunicando que *no sólo Cataluña no aceptará ningún Régimen político, sino que se colocaría frente al mismo en una posición de irreductible hostilidad.* A finales
del 46 corría el rumor de que Franco permitiría un movimiento
militar favorable a la Monarquía para anular el contacto de la izquierda con la Institución. El Presidente del Consell invitaba a los
monárquicos a sujetarse a las normas marcadas por la nota tripartita. Si el pueblo adoptaba, a través del plebiscito, el Régimen monárquico, nada impediría que una parte considerable de las fuerzas democráticas catalanas, para las cuales no era cuestión esencial
la forma de Gobierno, ingresara en el ala izquierda de las fuerzas
monárquicas, *siempre, naturalmente, que los primeros actos de la
Monarquía confirmaran su propósito de gobernar según normas liberales y democráticas* (420).

El 7 de diciembre de 1947 se constituía la «Unió Regionalista»,
partido que actuaría indistintamente *a Catalunya, València i Balears i colaborarà amb le resta d'Espanya en la iniciació d'un movi-
ment regionalista majoritari capaç de formar el dia de demà un
govern homogeni amb plena autoritat.* La «Unió Regionalista» se
proponía:

> *1.º Simplicar l'administració pública. 2.º donar llibertat al comerç;
> 3.º renovar l'utillatje industrial; 4.º establir l'autonomia del munici-
> pi; 5.º crear les Mancomunitats regionals; 6.º prestigiar l'Exèrcit i les
> demés institucions armades; 7.º realitzar un plan agrari de vastes pro-
> porcions, en el qual hi anirà inclosa la solució d'aquests tres proble-
> mes fonamentals: vivenda, proverments, atur forçós.*

*Estimaba la «Unió Regionalista» que la única solución evolutiva
y pacífica era el restabliment de la Monarquia, recolzada per homes
de recta voluntat i no gens covards, disposats a acabar d'una vega-
da amb la general indisciplina espanyola* (421).

Existía, a nivel nacional, un partido de izquierdas, el «Laborista», del que apenas existe información. La C.N.T. lo calificaba de
«fascista» y apuntaba que había sido constituido *por elementos traidores a la clase trabajadora* que como Fornells y Corbella regresa-
ron del destierro con *las garantías personales* dadas por el Caudillo
*encaminadas a dividir a las masas de la C.N.T. y la U.G.T. y a reco-
ger la herencia de un partido que apoyase al dictador, carente de
masa social que le siguiese* (422). Sin embargo, el lenguaje y la posición adoptada por el «Partido Laborista» era más bien izquierdista. Se definían partidarios de restaurar la Monarquía si ésta realizaba las siguientes actividades: Ruptura de todo soporte directo
o indirecto con el Régimen franquista, procurando borrar cuanto
recordase el apoyo y tolerancia que las fuerzas monárquicas prestaron al Movimiento del general Franco; iniciación urgente de una
intensa y eficaz campaña de aglutinamiento de las diversas frac-
ciones liberales, representativas de la industria nacional y de la
gran riqueza; predisponer a las opinión conservadora a una revisión a fondo de los métodos y concepciones político-sociales, adap-
tándose a las realizaciones progresivas consustanciales con la necesidad evolutiva; desligar al Jefe del Estado de las tradicionales
presiones de carta, mantenedoras de privilegios, procurando por
todos los medios que pudiese conseguir el apoyo popular o revisar
a fondo la condición unitaria y centralista que había caracterizado
a la Monarquía española, adaptándola a una realidad federativa
en la que se sintieran representadas las regiones con personalidad
propia y afanes autonomistas. *Si los monárquicos españoles valori-
zan las causas que motivaron el descrédito popular de la Monarquía, prestándose a corregir los defectos consustanciales de la misma, quizá lograría acreditarla como solución política estable* (423).

El «Partido Laborista» fue consultado por los monárquicos sobre la solución que adoptarían sobre un posible cambio de Régimen. El 16 de febrero se reunieron en sesión plenaria y sugirieron
a éstos la Regencia en la persona del Conde de Barcelona, *hasta
ser coronado, si ésta es la voluntad del pueblo, por unas Cortes Constituyentes, convocadas en plazo más breve posible.* El 21 de abril
llegaron el «Partido Laborista» y la «Confederación Española de
Fuerzas Monárquicas» a unas orientaciones coincidentes *para el
restablecimiento de las libertades y derechos democráticos en nuestro país* (424).

9.2. Contactos con las izquierdas en el exterior

9.2.1. Voces favorables a la Monarquía en sectores socialistas

A lo largo de 1946 y, sobre todo, con posterioridad a la publicación de la nota tripartita, diversos elementos de izquierda exiliada hicieron pública la indispensabilidad de acercarse a los monárquicos. Largo Caballero firmó un proyecto para la evolución política de España en el que se expresaba ya la posibilidad de una futura Monarquía. El planteamiento, acogido por las potencias occidentales con frialdad, era el siguiente:

1.º El general Franco entregará su poder al Consejo Supremo; 2.º Tanto él como los jefes falangistas abandonarán España; 3.º La Falange y sus partidos filiales serán suprimidos; 4.º Las libertades cívicas e individuales serán restablecidas; 5.º Los prisioneros políticos serán liberados y los exiliados republicanos podrán regresar libremente; 6.º Se procederá al censo de los electores de ambos sexos mayores de 21 años; 7.º Los partidos políticos y sindicatos serán restituidos; 8.º Se procederá a la formación de un organismo político encargado de vigilar las elecciones y el escrutinio secreto; 9.º Se procederá a un referéndum que decidirá el Régimen: República o Monarquía; cualquiera que sea el resultado debe procederse a la convocatoria de las elecciones constituyentes (425).

La proposición de Largo Caballero ponía en igualdad de condiciones a la Monarquía y a la República. Pero paulatinamente la solución monárquica se hacía cada día más visible. Desde París Miguel Maura lanza su «Nota sobre las posibilidades de una restauración monárquica en España», en la que expresaba que la Monarquía, *que no tiene presente en España, puede tener porvenir.* Esta institución necesitaría ampararse de títulos que la legitimaran mediante el sufragio. Por lo tanto, la primera etapa sería la implantación inmediata de la III República, encargada de preparar el plebiscito, concluyendo todo el entramado político en la Monarquía. Posteriormente se adaptarían las instituciones del Régimen monárquico a las liberales y democráticas de los demás países occidentales, para lo que sería necesario el apoyo de la clase obrera, encarnada, *en el centro de la política nacional,* por el «Partido Socialista» (426).

A Estoril llegaron noticias procedentes de París que coincidían en señalar la disposición *absolutamente favorable* de los sectores moderados de españoles exiliados de izquierda a reconocer la Monarquía como forma evolutiva de la política: principalmente el «Partido Socialista» en la parte que seguían las orientaciones de Prieto, la U.G.T. y los Libertarios. Estos elementos de izquierda se mostraban dispuestos a admitir la Monarquía, aunque no lo declarasen públicamente por temor a que los comunistas aprovechasen la ocasión para captarse *la parte vacilante y tornadiza de la masa*. Sin embargo, estarían dispuestos a dar las seguridades precisas *a quien convenga en Londres* del apoyo a una conclusión hacia la Monarquía. Estas fuerzas de izquierda manifestaban conocer *con detalle* las «Bases de Estoril», que veían como *el objeto de romper el bloque conservador que apoya a Franco*; añadiendo que tales bases constituirían *la aportación derechista a la Monarquía*, pero no impedirían otras aportaciones ideológicas diferentes que, en conjunto, contribuirían a dar a la Monarquía española dos características esenciales: una base democrática y una autoridad firme, que impida que el país resbale por la pendiente comunista (427).

En este sentido, Amadeo Granell, antiguo secretario de Largo Caballero y dirigente de la U.G.T. se entrevistó en Estoril con Sainz Rodríguez, Eugenio Vegas y Gil-Robles. Comentó que los socialistas exiliados estaban dispuestos a admitir la Monarquía porque comprendía que el restablecimiento de la República concluiría de nuevo en la anarquía y, en definitiva, en el comunismo. El dirigente ugetista y los monárquicos de Estoril llegaron a un acuerdo muy beneficioso para estos últimos. La U.G.T. reconocía la religión católica, rechazaba el derecho de huelga y aceptaba la Monarquía como forma de Estado. Finalmente, los acuerdos no prosperaron porque Granell no contaba con la representación oficial de la U.G.T. (428).

A pesar de todo, sin embargo, los socialistas entendían que el Gobierno republicano era poco menos que una ayuda al dictador. Durante el congreso del P.S.O.E. celebrado en mayo del 46, se habló *mucho de democracia y de libertad, pero menos a menudo de la República* y se hicieron frecuentes alusiones a una solución del problema español que no fuera *pura y simplemente* el restablecimiento de la República. El mismo Trifón Gómez, ministro de Emigración en el Gabinete Giral contestó: *Estoy persuadido que el Gobierno no pondrá obstáculos a semejante fórmula*; palabras que confirmaban las del secretario general del Partido que había declarado que *no podemos menos de proponer la República; pero no seríamos hostiles a otra solución si se produce dentro de la legalidad.* Igualmente importante fue la resolución adoptada contra el «Partido Comunista», llegando a afirmar que el P.S.O.E. mantenía la negativa a entrar en relación de cualquier género con el «Partido Comunista» (429).

Cuando los socialistas comprendieron que la nota tripartita no suponía un cheque en blanco para la República, ni la inmediata caída del Dictador, trabajaron por llevar los contactos con los monárquicos al más alto grado. Éstos también entendían que mientras no existiese una fórmula política que evitase la anarquía, los anglosajones no harían nada para acelerar un cambio de Régimen en España. Era el pensamiento inferido por Vegas Latapie en sus viajes por Francia, Suiza e Inglaterra y el origen de las declaraciones a *The Observer* ya estudiadas (430).

9.2.2. Relaciones exteriores de la Monarquía

Los contactos de los monárquicos con las Cancillerías occidentales van a ser muy importantes. En Lisboa se reunieron Don Juan, el secretario del Ministerio de Asuntos Exteriores de Portugal, el jefe de Protocolo y el embajador de Inglaterra en Portugal. Este último comentó al Conde de Barcelona que Inglaterra deseaba a toda costa la restauración de la Monarquía e indicaba a las izquierdas españolas que era indispensable *que se entiendan con los monárquicos*. En este sentido, López Oliván, que había sido nombrado *representante en Londres de S.M.*, acudió a la capital inglesa con una misión dispar: intentar convencer al Gobierno británico que la única alternativa viable al Generalísimo era la Monarquía. Para ello redactó Sainz Rodríguez unas «instrucciones» que supongo aprobadas ulteriormente por Don Juan que reflejaban claramente el posicionamiento de este sector político.

Sugerían la *absoluta necesidad* de que se adoptase sobre el problema español una *línea de conducta definitiva y coherente*. Esto no significaba que se abandonase al pueblo español a sus propias fuerzas, pues reconocían que el problema español no podría resolverse *sin una cooperación exterior*. La conjugación de ambas acciones, externa e interna, conduciría a la restauración de la Monarquía. Tenían los monárquicos respecto al Gobierno inglés unos interrogantes que necesitaban respuesta *¿Qué es lo que está, dispuesto a hacer? ¿Qué condiciones o qué circunstancias previas han de darse para que esa acción se produzca? ¿Aceptan como hipótesis posible llegar a un entendimiento con el propio Franco previa determinadas evoluciones de éste? ¿Aceptan como un camino viable las negociaciones del Rey con Franco? Con las izquierdas ya sabemos que es deseado el acuerdo. ¿Ha recibido Franco garantías de perduración más o menos condicionadas de algún Gobierno aliado?*

No hay que considerar estas preguntas como móviles de acción, ya que los monárquicos lo tenían claramente determinado, sino como un intento por conocer de forma explícita la posición del Gobierno británico y poder influir en él. *Mientras que la propagan-*

da extranjera, decían, *se aferre en la defensa de la legalidad republicana personificada en el Gobierno Giral, la opinión nacional apoyará a Franco aún detestándolo, como un mal menor.* Si del extranjero viniesen fórmulas viables no sería obstáculo para aceptarles la supuesta y cacareada susceptibilidad patriótica española, siempre que se guardaran hábilmente las apariencias. También habían comprobado los monárquicos la creciente impopularidad de Inglaterra por su actitud en el asunto español. *Entre las izquierdas por conseguir la persistencia de Franco y entre las derechas por no propugnar con energía una solución viable del problema, considerando absurdo se haya planteado con la disyuntiva Giral o Franco que les obliga a dar su apoyo al Caudillo.* En suma, Inglaterra aparecía, a consecuencia de esta política, como debilitada e impotente, por lo que muchos españoles comenzaban a mirar hacia los Estados Unidos.

El Gobierno Giral y la beligerancia que concedía a Franco la propaganda extranjera, eran *los poderes puntales* que sostenían al Régimen y permitían simular la existencia de una opinión nacional favorable al Generalísimo. Mientras existiese la posibilidad de que una actuación extranjera restaurase la *sedicente legalidad republicana,* las izquierdas no evolucinarían ni decidirían su actitud, *teniendo en cuenta exclusivamente el juego de las fuerzas y factores políticamente nacionales.* Afirmaban *rotundamente* la disposición del Conde de Barcelona a entenderse con las organizaciones obreras *y la decisión de incorporarlas a la vida política de la Monarquía restaurada.*

Para los monárquicos la Guerra Civil pertenecía a la historia de la República y fue *el resultado de la política del Régimen;* por lo tanto, una nueva República significaría la reanudación de una nueva guerra civil. El horror a tal posibilidad, *que es lo único que al pueblo español se le anuncia como propósito extranjero* le obligaba a apoyar a Franco *mucho más que por la susceptibilidad patriótica herida.* En cuanto a la hipótesis de un entendimiento con Franco, habría de hacerse forzosamente a base de una evolución política y *Franco no puede evolucionar.*

Sólo podría aceptarse la negociación con Franco para lograr la transición pacífica de poderes sin hipotecar el porvenir político de la restauración. El primer paso de la Monarquía consistiría en salir de la «tiranía arbitraria» para entrar en una situación jurídica de Derecho. Las reformas serían moderadas en principio, para que las fuerzas sociales en que se apoyaba el general Franco se incorporasen a la vida pública. *Es propósito decidido del Rey desde su acceso al Trono, no vivir ni un minuto en un régimen dictatorial y arbitrario, promulgando desde el primer momento un estatuto provisional autolimitando los poderes del Gobierno y ofreciendo un mínimun de garantías jurídicas a los ciudadanos. La Monarquía ha de iniciarse conservando la confianza de cuantos hoy apoyan al actual Régimen y para perdurar y afianzarse ha de procurar ampliar su base de sustentación hasta lograr la más extensa cooperación nacional.*

En resumen, el programa institucional de la Monarquía en su primera etapa, si hubiera prosperado habría sido: autolimitación espontánea del poder y de las facultades del Gobierno; establecimiento de recursos ante los Tribunales de Justicia contra toda posible extralimitación del poder público; libertades políticas reguladas; adaptación de las justas y necesarias reformas sociales a las posibilidades de una economía consolidada de acuerdo con las propias y auténticas representaciones obreras; preparación de las instituciones sociales susceptibles de permitir en el menor plazo de tiempo posible, el funcionamiento normal de una representación nacional auténtica (431).

Los resultados obtenidos por López Oliván no fueron muy risueños. Los contactos que había mantenido le hacían pensar que ingleses y americanos estaban impacientados por liquidar el problema español. Sin embargo, no veía posible que se tomara acuerdo alguno en la O.N.U. hasta el otoño de 1947. Todo lo condicionaba a los progresos en las negociaciones con las izquierdas. Éstas continuaban solicitando el plebiscito previo bajo un Gobierno provisional neutral.

La crisis del Gobierno Giral, favoreció, sin duda, los contactos entre los exiliados de ambas tendencias. Prieto había pronunciado un mitin en México contrario al Gabinete republicano: *Siempre he creído que nuestro Gobierno no era más que un estorbo. A la hora actual esto es más evidente que nunca, y hasta los más miopes lo ven claramente... El Gobierno es un barco inútil que no llegará jamás a puerto y que, navegando a la deriva, puede constituir un obstáculo para la navegación. Por consecuencia, nuestro deber es, no solamente cortar las amarras, sino hundir el barco. ¿Lo oís bien? Hundir, para bien de todos, instituciones inútiles y perniciosas.*

La Ejecutiva del P.S.O.E. se reunió en Toulouse a mediados de enero y adoptó una posición contraria al Gobierno Giral porque ni había logrado el apoyo de las potencias internacionales, ni la asistencia de las fuerzas que en el interior luchaban contra Franco. Por todo ello, *se ha debilitdo el crédito y la autoridad de que gozaba ante los españoles.* La consecuencia de esta reunión socialista fue la crisis del Gobierno Giral. Llopis fue el encargado de nombrar nuevo Gobierno. Trifón Gómez celebró entrevistas con los monárquicos en la primavera del 47. Supo que los monárquicos no estaban dispuestos a tratar con el Gobierno republicano, pero sí con los socialistas (432). Precisamente, en un despacho del embajador español en Francia se aseguraba que López Oliván había viajado a París a ruego de Sánchez Guerra, bajo encargo dado por Rodolfo Llopis, que se mostraba interesado en contactar con los medios políticos de Don Juan (433).

También Salvador de Madariaga había expuesto a los altos jefes de la Oficina de Asuntos Exteriores de Washigton su opinión de que al pueblo español podría convenirle la continuidad de Franco en el poder, pero que ésta sería desastrosa en el campo internacional. Por lo tanto, Franco tenía que ser obligado a marcharse de cualquier modo, incluso por la fuerza. Madariaga se inclinaba por la restauración de la Monarquía debido a la aversión que los generales españoles sentían por la República. El pueblo aceptaría la Monarquía al igual que muchos republicanos. Hasta la convocatoria del referéndum podría configurarse en un Gobierno provisional de dos personas (republicano y monárquico), aunque también aceptaba a un tercero, partidario de Franco. La contestación de los americanos no fue satisfactoria. Teniendo en consideración que el Ejército permanecía fiel a Franco, así como los grandes hombres de negocios, y teniendo en cuenta las declaraciones del Conde de Barcelona al *Observar* mostrándose dispuesto a volver a España antes del referéndum, la única solución viable del problema sería basarse en la Carta de las Naciones Unidas y rechazar la intervención exterior en los asuntos de España. Con el tiempo podrían unirse las oposiciones antifranquistas de derecha e izquierda. Mientras tanto, la permanencia temporal de Franco no amenazaría intereses vitales de los aliados occidentales (434).

9.2.3. Viaje de Gil-Robles por Europa: Conversaciones con el Vaticano

Con motivo del «manifiesto de Estoril» contrario a la Ley de Sucesión, el Gobierno Llopis publicó una nota en la que admitía la posibilidad de una inteligencia con los elementos monárquicos (435). El 14 de abril la «Confederación Española de Fuerzas Monárquicas» entregó a los elementos de la izquierda un documento que explicaba la posición de Don Juan contraria al Régimen de Franco y favorable a continuar la línea marcada en el «manifiesto de Lausanne». Recordaban que Don Juan autorizaba la gestión de las C.E.F.M. y calificaban la Ley de Sucesión como una *maniobra encaminada a conseguir del Rey y de las fuerzas monárquicas un «ralliement» definitivo a la política de Franco, imposibilitando así cualquier acuerdo entre derechas e izquierdas moderadas en torno a la fórmula monárquica* (436). Sin duda alguna, la Ley de Sucesión supuso el acercamiento de los monárquicos a las izquierdas. A éstas les impresionó el comentario que el corresponsal de *The Times* en Madrid había realizado, al analizar la situación española. Creía el corresponsal del diario londinense que la caída de Franco iba a ser próxima y que el Régimen tenía la evidencia de que no eran sólo los «rojos» o desterrados, quienes se oponían a su política, sino que abundaban los elementos de ideas o tendencias moderadas y de derecha. *Los monárquicos confirman ahora la vanguardia del movimiento de protesta y una gran mayoría de la opinión pública española, exceptuando los comunistas, son partidarios de la restauración monárquica y lucharán contra el intento de implantar una tercera República en España* (437).

El Gobierno inglés solicitó la presencia de López Oliván para indicarle que era preciso un acuerdo entre derechas e izquierdas para poder presionar al Ejército español; pero no creían conveniente los británicos la aplicación de sanciones económicas. López Oliván se negó a secundar esa proposición porque, sin una acción eficaz aliada se favorecía la posición del dictador. *Mientras éste pueda exhibir a los generales acuerdos económicos con los anglosajones, se reirá de las amenazas verbales* (438).

W. Horsfall Carter, funcionario del Research Departament del Foreign Office visitó a Gil-Robles, que se había trasladado a Londres, para lamentarse de la inacción inglesa. El consejero de Don Juan contestó que la actitud británica *se interpreta como traición o como impotencia* y se mostró partidario de lograr un acuerdo con las izquierdas (439). En Oxford, Madariaga explicó a Gil-Robles que Francia y Estados Unidos querían la caída de Franco, pero que Inglaterra se oponía por tres razones: La influencia del elemento católico en el Foreign Office; la presión de los elementos financieros *que le sacan a Franco cuanto quieren*; y la inquietud ante una nueva convulsión en España. También contactó Gil-Robles con los elementos católicos de la política y de fuera de ella. En particular, tuvo una larga conversación con el cardenal Griffin, el cual, al día siguiente, despachó con Bevin (440). Por otra parte, McNiel, ministro sin cartera y colaborador de Bevin, citó al ex dirigente de la C.E.D.A. con el fin de cambiar impresiones. Pero la entrevista no se celebró porque el Foreign Office lanzó una nota advirtiendo que ésta se realizaba a instancias de Gil-Robles (441). La impresión que sacó Gil-Robles de su viaje a Londres fue pobre: *dada la enorme preocupación inglesa por los problemas económicos y por la actitud de Rusia, nada hará de momento de sustancial en el problema español* (442).

En Roma, Gil-Robles entregó al Papa una carta al Conde de Barcelona que criticaba el apoyo de la Iglesia Católica española al Régimen de Franco (443). También conversó con el cardenal Tedeschini, ponente para los asuntos de España en la congregación

de Asuntos Exteriores, a quien facilitó un extenso informe que era
una síntesis de la política monárquica realizada hasta el momento.
Explicaba las declaraciones de Don Juan a «The Observer» y criticaba la Ley de Sucesión y la actitud de la Iglesia española (444).
El cardenal Tardini, encargado de los Asuntos Extraordinarios de
la Secretaría de Estado, apuntó la idea de que solamente la Iglesia
podría ser un factor de evolución a condición de que tomara a
su cargo la empresa *con la prudencia que siempre le caracteriza,
pero con la constancia y la energía que la cosa requiere* (445).

De Roma partió el consejero del Conde de Barcelona para Suiza. Allí recibió carta de Sánchez Guerra, por la que supo que Prieto deseaba verle donde Gil-Robles indicara. El mismo cometido
explicó Granell. *Me asegura que Prieto desea vivamente hablar conmigo; que está convencido de que la Monarquía es la única solución para España; que quiere tan sólo salvar las apariencias y encontrar una fórmula decorosa.* Granell pensaba que Prieto había
vuelto a España aconsejado por Attlee y Bevin. A juicio de Prieto,
en la O.N.U. no ocurriría nada especial pero sería necesario ofrecer una fórmula para que las grandes potencias pudieran actuar (446).

El pensamiento de Prieto coincidía con el de Sainz Rodríguez:

> ... La realidad es ésta: ofrecemos una fórmula clara y concreta
> sobre lo que ha de ser la sucesión de Franco dentro de las condicio-
> nes que requiere la política occidental europea o el statu quo del
> problema español se prolongará *sine die*... Sin presión exterior Fran-
> co no cae más que por el inevitable desastre económico interior, y
> esto puede ser largo. La presión exterior no se producirá mientras
> no exista un acuerdo claro, una fórmula concreta y constructiva so-
> bre el futuro español (447).

9.2.4. Entrevista Gil-Robles/Prieto

Gil-Robles recibió una carta firmada por Prieto, Jiménez de Asúa
y Trifón Gómez en la que enviaban un documento en nombre de
los socialistas, proponiendo un frente común antifranquista (448).
Prieto insistió en la indispensabilidad de una entrevista con Gil-
Robles. El Conde de Barcelona temía el escándalo que produciría
en España la noticia de la celebración de la mencionada entrevista, *pero negarnos en absoluto a toda conversación sería poco político* (449).

Los monárquicos tenían preparadas «instrucciones» sobre las
que deberían girar las conversaciones. Se mostraban convencidos
de ganar un posible plebiscito, pero se oponían a él por razones
políticas. Bastaría hablar de referéndum para hacer a Franco más

fuerte de lo que era. No sólo las derechas, sino también las izquierdas se aterrarían ante la idea de una solución que, directa o indirectamente, pudiera llevar a una situación parecida a la de 1936. Además, el Ejército, único elemento capaz de mantener el orden público durante una consulta electoral, no admitiría que ésta se celebrase en condiciones que supusieran una posible vuelta a la situación anterior a la Guerra Civil. Si los elementos monárquicos y las izquierdas moderadas se limitaban a acordar la fórmula del plebiscito, las potencias anglosajonas serían las primeras decepcionadas porque verían en ello un simple aplazamiento del problema y no una solución. Antes de permitir que la preponderancia rusa se hiciera ostensible en España, los anglosajones consentirían y apoyarían al Generalísimo. En este sentido, para derribar a Franco sería necesario buscar una solución que ofreciera a los elementos del interior la máxima seguridad posible y, a las potencias exteriores, la garantía de que la evolución hacia la Democracia se haría dentro del orden. Por esta razón los monárquicos presentaban como única fórmula la Monarquía alejada del plebiscito de la Nota Tripartita (450).

No olvidan los monárquicos, además, que Indalecio Prieto había indicado a comienzos de 1946 que se encontraba en los momentos más críticos y decisivos del exilio: *U ofrecemos a las grandes potencias una solución que les sea aceptable o caemos de cabeza en la Monarquía*. Pensaba que era mucho más fácil *obstruir el camino de la Monarquía* por medio de un plebiscito que derrocarla más tarde. Seguramente con estas palabras Indalecio Prieto pretendía frenar a las bases más extremistas de su partido y de otras fuerzas republicanas. El ex ministro Álvarez del Vayo contestó que el camino del plebiscito era *inaceptable y absurdo*. Lo urgente sería una movilización de la opinión republicana en el exilio (451).

La nueva actitud de los socialistas había quedado aclarada en Toulousse el 28 de julio de 1947, y reiterada en la sesión extraordinaria de la Comisión Ejecutiva del P.S.O.E. en el exilio reunida el 29 de agosto, con asistencia de todos sus miembros, de un delegado del interior y de la representante de la Federación de juventudes (452).

A mediados de octubre, Gil-Robles y Prieto tuvieron varias conversaciones y ambos redactaron un memorándum que entregaron al Gobierno británico. Los dos políticos coincidieron en varios puntos:

> *a*) Necesidad de eliminar de la vida española todo lo que significa violencia, venganza o represalia injusta; *b*) Adopción de medidas que impidan toda influencia y actuación comunista; *c*) Respeto a la Iglesia Católica sin prejuicio de las demás creencias; *d*) Adopción de una

sincera y efectiva política laboral en favor de las clases más necesitadas; e) Organización futura de la vida política sobre la base de la voluntad de la nación.

Las discrepancias surgieron cuando Prieto mencionó la fórmula del Gobierno provisional y del plebiscito previo sobre el régimen futuro. *La fórmula de marzo de 1946 permitiría a Franco aterrar a las gentes con las perspectivas de todos los males, y apiñar en torno a él a las fuerzas que hoy le apoyan, y a la casi totalidad de la masa neutra del país. El plebiscito previo es peligrosísimo. ¿Admitirían las potencias democráticas un plebiscito falseado como el reciente referéndum de la Ley de Sucesión? No es posible. Pues bien, un plebiscito previo, sin tiempo para una prudente labor de pacificación, con libertad de actuación y propaganda, llevaría al país al caos y a la guerra civil en muy cortos días. Jamás arrostraría yo la responsabilidad de semejante decisión.* A juicio de Gil-Robles sólo existiría un camino para solucionar el problema español: sacarlo de la O.N.U., dejar de lado la nota tripartita y buscar una intervención que no hiriese la dignidad nacional de los españoles ni alarmase a las fuerzas que sustentaban al Generalísimo. Esta solución podría venir del Vaticano (453). Aunque no habían alcanzado la unanimidad total de criterios, no puede decirse que los contactos fueran del todo fallidos, ya que, como Prieto reconocía, existían *más coincidencias que discrepancias*, quedando abierto el camino a otras soluciones (454).

Los contactos de Gil-Robles con el líder socialista disgustaron a Franco. Desató una nueva campaña de Prensa muy dura contra el ex dirigente de la C.E.D.A., afirmando que había realizado *un pacto revolucionario con Prieto* y que Don Juan de Borbón le había desautorizado. Gil-Robles desmintió en los diarios portugueses los acuerdos que le imputaban (455), y se dirigió a Martín Artajo para explicarle que los comentarios de la Prensa española estaban basados en *informaciones totalmente inexactas*, dado que no había aceptado ni la Nota Tripartita, ni la fórmula del plebiscito previo ni el Gobierno provisional de coalición. Se quejaba Gil-Robles de que la Prensa española le hubiese calumniado y le hubiese quitado la honra, e infería que *quien quita la honra tiene la obligación gravísima de restituir* (456).

Un día tardó el ministro de Asuntos Exteriores en contestar a Gil-Robles. Las informaciones que daban pie a los comentarios periodísticos no eran inexactas y la Prensa española se había limitado a publicar la noticia de estas informaciones. *Si puedes negar esos contactos y los niegas, ten por seguro que no quedará nada por hacer, de mi parte, para que esa rectificación se publique* (457). Las cartas cruzadas entre Gil-Robles y Artajo continuaron hasta que este último suspendió la correspondencia con el primero. La censura no dejó, por otra parte, que la Prensa española publicara la rectificación de Gil-Robles ni tampoco la nota del Conde de Barcelona que negaba hubiera desautorizado a su consejero (458).

Tampoco esta vez se contentó Franco con injuriar al consejero de Don Juan. Nicolás Franco se dirigió nuevamente al ministro de Asuntos Exteriores portugués para quejarse de la libertad con la que Sainz Rodríguez y Gil-Robles se movían por territorio portugués y fuera de esta nación, realizando actividades políticas *en la situación de incumplimiento total, repetido y notorio por su parte, de la abstención política que se habían comprometido a observar ante ese Gobierno, como condición necesaria a una autorización de residencia.* Solicitaba al Gobierno de Portugal que concluyera con la acción de *un intrigante político* que perturbaba con sus continuas acciones *el funcionamiento claro y armónico de nuestras tan claras relaciones* (459). También protestó el Gobierno español contra las *maquinaciones políticas* de Londres porque constituían *una intolerable conducta de injerencia en los asuntos internos de España* (460).

La noticia de las entrevistas con Prieto tampoco fueron muy bien acogidas en círculos monárquicos del interior. Los cedistas forzaron la dimisión del «Consejo de Acción Monárquica» para que éste no difundiera una nota contraria a Gil-Robles. Hubo monárquicos que impresionados por la campaña de Prensa, se opusieron tenazmente a Gil-Robles, solicitando al Conde de Barcelona que le despidiera de Estoril. Otros, entre los que destacaba Pemartín, comentaban no estar asustados por un pacto particular de Gil-Robles con Prieto. *Ambos deberán ser lo bastante inteligentes para saber que Prieto, en realidad, tiene ya poquísimas probabilidades de volver a ser nadie importante en España. Y que, por consiguiente, un pacto con él por parte de Gil-Robles es un juego de «quién engaña a quién».* Sin embargo pensaba Pemartín que estas maniobras de la Prensa franquista perjudicaban la posición de la Monarquía porque aunque los monárquicos del interior fueran *algo lamentable, con ellos se cuenta,* debido a que cuanto más se debilitase el monarquismo interior, más se robustecería *la solución Franco indefinidamente* (461).

Gil-Robles tuvo que dirigirse a los monárquicos más afines a su ideología para explicarles la situación, a todas luces exagerada: el Conde de Barcelona había definido ante las potencias y ante el Sumo Pontífice una política de reconciliación que respondería a la esencia de la institución que encarnaba, y que a su modo de ver no encerraba una sola claudicación peligrosa; las izquierdas no comunistas habrían dado su conformidad a esa política por comunicación hecha a las potencias; en virtud de ese doble contacto,

Don Juan podía entablar negociaciones con Franco para una pacífica transición de poderes, ocupar el Trono sin plebiscito previo y sin Gobierno provisional, consultar o no consultar la voluntad de la nación durante un plazo de cuatro años y evolucionar durante ese plazo hacia una restauración de las libertades esenciales. En estas condiciones, las potencias democráticas darían el apoyo económico indispensable a la nueva Monarquía y facilitarían la incorporación de España a la vida internacional; se habrían dado las dos condiciones que el Papa indicaba al Conde de Barcelona como esenciales para que la Santa Sede pudiera considerar la conveniencia de ejercer una presión moral sobre Franco. Esto es, tener una cierta garantía de que las masas obreras no comunistas no opondrían una resistencia que imposibilitara el hecho de la restauración o la consolidación de la Monarquía restaurada, y obtener la garantía de que la Monarquía no tropezaría con las mismas dificultades con que tropezaba el Régimen de Franco (462).

Gil-Robles consiguió sumarse un gran tanto con la circulación por territorio nacional de un escrito firmado por propagandistas católicos protestando por la calumniosa campaña dirigida contra él, realizada por sus compañeros propagandistas (463). El escrito fue dirigido al presidente de la Acción Católica Nacional de Propagandistas, Fernando Martín Sánchez-Juliá e iba firmado entre otros por Pabón, Melchor de las Heras y Rodríguez Soler. También Sainz Rodríguez defendió a Gil-Robles, advirtiendo que prescindir de él sería *una torpeza política gravísima e irreprochable.* Tampoco comprendía la actitud de los monárquicos del interior. *¿No conoce Kindelán perfectamente que hay contactos y entrevistas con la izquierda? ¿No está al habla con Aranda? ¿No acordó en la entrevista con S.M. que funcionara la Confederación de Fuerzas Monárquicas, siendo precisamente yo quien se ocupó de eso?* En opinión de Sainz Rodríguez, Don Juan no debería consentir nada que supusiera una ruptura con Gil-Robles (464). El Conde de Barcelona no estaba dispuesto a hacerlo:

> ... En España, como siempre, se creyeron era verdad se había llegado a un acuerdo con Prieto y se iba a formar gobierno de concentración. El Gobierno con toda mala intención lanzó a la Prensa contra Gil-Robles para hundirle políticamente y de paso procurar hacerme daño ante nuestras crédulas derechas y el Ejército. La campaña contra mí pude pararla gracias a haber comentado que Gil-Robles iba a Londres por su cuenta como monárquico y no en representación mía. Por interferencia del C.A.M., en Madrid se dijo que esto era una desautorización mía del viaje y de la gestión realizada, y entonces tuve que volver a manifestar que no podía desautorizar una cosa que no se hacía en mi nombre... No ha habido la menor diferencia de criterio entre Gil-Robles y yo, antes al contrario, sé

que está agradecido a la forma en que le he defendido y comprende
que en España era peligroso pedir se publicasen más cosas dada
la perversa intención del Gobierno... En todo este asunto he visto
siempre los peligros que corríamos y no puedo dudar que Uds. también; por lo tanto, si hemos creído necesario ir por el camino hasta
ahora seguido, no veo por qué vamos a cambiar (465).

9.3. El pacto de San Juan de Luz

9.3.1. Contactos internacionales del Conde de Barcelona

La última cita de un texto del Conde de Barcelona es expresiva
de su apoyo a la política de concordia y negociación con los elementos de izquierda moderada. A finales de noviembre del 47 acudió Don Juan a la boda de la heredera del Trono inglés, la princesa
Isabel, y mantuvo una conferencia con Bevin en el despacho del
Rey de Inglaterra. El ministro británico afirmó que tenía *verdadera prisa* por ver acabado el Régimen dictatorial español (466). En
enero de 1948 se entrevistó con el Sumo Pontífice a quien personal
y directamente explicó estos contactos y solicitó el sostén del Vaticano para su política de restauración. El Santo Padre entendía que
no sería posible su intervención cerca del Generalísimo si no se
daban las siguientes condiciones: *a)* Que la Monarquía contase con
el apoyo o la actitud favorable de fuerzas políticas y sociales susceptibles de permitir una sustitución pacífica y normal del Régimen; y *b)* Que el Régimen político que sustituyera al franquista,
contara con la aquiescencia y el apoyo de las grandes potencias
anticomunistas, tanto en el orden político como en el económico.
*Una vez obtenida la seguridad de que se dan estas dos condiciones,
el Papa tendría la posibilidad de ejercer una presión moral sobre
el general Franco y S.M. el Rey estaría en disposición de solicitarlo
de S.S.* (467).

También en Norteamérica explicó Don Juan la posición de la
Monarquía. La nota Tripartita de marzo del 46 y la fórmula del
Gobierno provisional y del plebiscito previo reforzaban el apoyo
de las clases conservadoras españolas al Régimen de Franco, que,
*utilizando los enormes medios de propaganda que tiene en sus ma-
nos* inculcaba a los españoles la idea de que cualquier cambio de
política sería «gravísimo», recordando los horrores de la Guerra
Civil y presentándose como *única garantía de que no vendrá una
nueva convulsión*. La solidez del Régimen era ficticia y, en todo

caso, se debería *a las circunstancias externas* y a *los errores cometidos por las potencias al ocuparse de España*. El Régimen franquista se vería privado del apoyo de quienes temían nuevos enfrentamientos civiles si contaran con una solución que eliminase todo peligro *de vuelta a la situación de 1936*.

Lograda la sustitución de Franco habría que contar con un gabinete homogéneo. Un gobierno dispar sería débil *por su propia naturaleza, y en sus manos el país caminaría hacia la revolución comunista o hacia una nueva dictadura*. El gobierno uniforme en esta etapa de transición practicaría *con firmeza* la labor indispensable para liquidar el Régimen franquista, devolver las libertades y consultar al pueblo español para lograr la estabilización de las instituciones. *Luego vendría la segunda etapa, durante la cual sería posible la incorporación a la vía pública de los elementos de izquierda* no comunista.

En cuanto al orden internacional explicó el Conde de Barcelona que cualquier intento de política occidental quedaría incompleto sin la participación de España; difícil mientras el general Franco se mantuviera en el poder. Además, una alianza de las democracias con el dictador lanzaría a las izquierdas a las filas del comunismo. *En España hay actualmente una masa grande de izquierda que fluctúa entre la democracia y el comunismo. Si las potencias democráticas le prestan el enorme servicio de ayudar a liquidar pacíficamente al actual Régimen, quedarán conquistadas para una política de conciliación. Si, por el contrario, pierden su fe en la democracia, nadie podrá detenerlos en la pendiente que les llevará al comunismo*. El Conde de Barcelona se entrevistó en América con personalidades del Departamento de Estado, de la Defensa Nacional, de la Política y de la Iglesia. Todos le señalaron la necesidad de que llegara a un acuerdo con el dictador. Don Juan presentó la última proposición hecha por los monárquicos a Indalecio Prieto:

I. Formación de un Gobierno-Regencia que ˙asuma la totalidad de los poderes políticos en España; II. Este Gobierno-Regencia tendría un carácter lo más homogéneo posible, con predominio de elementos de centro, con eliminación de todo elemento totalitario, y tal vez con representación de algún elemento de izquierda moderada anticomunista, no sólo a título simbólico, sino para garantía de los grupos de esa significación; III. El Gobierno-Regencia proclamará un Estatuto provisional de garantías jurídicas; auténtica limitación de sus poderes. Ese Estatuto se orientará en el sentido de los puntos comunicados al Foreign Office. IV. El Gobierno-Regencia propondrá una consulta electoral en el plazo más breve posible. Esa consulta será, o bien un referéndum sobre un texto orgánico, o bien la convocatoria de un organismo constituyente. Las circunstancias serían las que habrían que aconsejar un camino u otro. V. El Gobierno-Regencia dará una amplia amnistía por delitos políticos (468).

El Conde de Barcelona volvió de Inglaterra y de Estados Unidos muy impresionado porque varias personalidades de la máxima importancia le dijeron que se arreglara con Franco como fuera pues *nada podrían los occidentales hacer contra él* (469).

9.3.2. El Pacto: un largo proceso

Prieto no acogió con agrado la propuesta de los monárquicos. Pensaba que la denominación de «Gobierno-Regencia» supondría un enmascaramiento *a favor de algún sistema de Gobierno*; la homogeneidad de éste no sería más que el Gobierno de las derechas; y la fórmula del referéndum le parecía terriblemente desacreditado por la utilidad que de él había hecho Franco (470). Sin embargo, los socialistas no deseaban una ruptura de las negociaciones porque suponían imprescindible un acuerdo para que las potencias aliadas influyesen en el dictador. Prieto contestó que necesitaba *aclaraciones esenciales* y que *la fórmula no puede ser aceptada ni rechazada de sopetón* (471).

Los monárquicos defendían su posición alegando que el Gobierno habría de asumir todos los poderes reales, si así convenía, para someter a determinados sectores, por ejemplo al carlismo. También alegaban *el hecho incontrovertible* de que la realidad política española, aceptada por todas las naciones representadas en España, era el Régimen monárquico; por lo tanto, una evolución pacífica habría de crearse desde dentro del Régimen. *¿Preferiría Prieto que en vez de nuestro Gobierno-Regencia funcionase como instrumento de la evolución el Consejo del Reino instituido por Franco?* Pretendía de los partidos de izquierda un *«voto de confianza»* para que la Monarquía realizase una evolución hacia un régimen que pudiera ser aceptado por ellos, *cooperando e interviniendo en su vida política.*

Sobre el tercer punto explicaban a Prieto que la homogeneidad de gobierno despertaba la confianza internacional, *pues es la garantía de su fuerza y de sus posibilidades de actuación eficaz para la devolución paulatina de sus libertades al pueblo español.* Además, no quedarían excluidos del Gobierno personalidades de relieve de mentalidad liberal. Suponían los monárquicos que Prieto, finalmente, aceptaría la fórmula presentada por ellos. Para lo cual *conviene hacerle ver que el general Franco está hoy en el poder por haberse lanzado las izquierdas a la aventura de la legitimidad republicana, perdiéndose un tiempo precioso por esa intransigen-*

José María Gil Robles ex-dirigente de la C.E.D.A. y colaborador del Conde de Barcelona jugó un importante papel en la relación con las izquierdas emigradas.

El líder socialista Indalecio Prieto contactó con los monárquicos y firmó el «Pacto de Estoril» con éstos.

cia; que desde que la Monarquía inició su posición antifranquista hasta que se han decidido a aceptar nuestra cooperación, también se perdió el tiempo con consecuencias incalculables; que ya no queda más tiempo que perder y si por escrúpulos doctrinales o puntillas de amor propio no hacemos algo práctico, serán responsables los que tal hagan de la ruina a que el Régimen actual lleva inexorablemente a España (472).

El primero de mayo Indalecio Prieto recibió un nuevo proyecto de acuerdo que no difería sustancialmente del anterior y que calificaba de «inadmisible», solicitando el esclarecimiento de la posición monárquica. *¿Procede continuar o no una negociación tan lenta y deficiente como la llevada hasta ahora?* Urgía a la reanudación de contactos personales porque *nuevas demoras, revelarían que no hay ánimo de lograr semejante esclarecimiento y, siendo inútil en ese caso mi presencia en Europa, dispondría mi regreso a México, previa confesión ante el Partido Socialista del fracaso de nuestras tentativas* (473).

Los monárquicos advirtieron que no pensaban engañar a nadie porque sería *inútil y contraproducente* y que si no firmaban las notas, no era por desconfianza, sino *por recelo a la vigilancia ejercida sobre nuestros emisarios.* Negaban la descalificación que el líder socialista les imputaba sobre el lento camino de las negociaciones, achacándoselo a Prieto que se mantenía *inflexible en la posición que adoptó en las conversaciones de Londres.* Igual que éste, estimaban que bajo ningún concepto deberían romperse los contactos, pues significaría regalar a Franco *la posibilidad de aprovechar el momento psicológico para obtener una ayuda económica de Estados Unidos.* Finalizaban los monárquicos señalando un futuro inmediato nada halagüeño para sus pretensiones conjuntas: apoyo de algunos sectores del Partido Republicano americano a Franco y posible triunfo de éste y de los conservadores ingleses en las elecciones que iban a celebrar. Proponían los colaboradores de Don Juan un proyecto de entendimiento (474).

Con suma rapidez contestó Prieto aceptando en primer término, *las protestas de sinceridad* presentadas por los monárquicos. A diferencia de éstos, estimaba el ex ministro de Hacienda de la República que el acuerdo debería ser firmado y comunicado conjuntamente. Aceptaba fundamentalmente el nuevo proyecto aunque difería en la redacción del preámbulo y del octavo punto (475).

Este último obviaría la Nota Tripartita y significaría la vuelta a los orígenes de la negociación:

> Previa restauración de las libertades, convocar a elecciones en el más breve plazo posible para que la nación determine, con entera libertad, el Régimen político definitivo (476).

La respuesta de Estoril fue totalmente contestataria. La publicación de un pacto conjunto para que se desencadenase una ofensiva internacional contra Franco que concluyera en su caída, sería *regalarle a éste un arma formidable de propaganda en el interior.* Tampoco agradaría a las potencias internacionales el procedimiento de una publicidad «vocinglera» cuando defendían frente a Rusia el dogma de la no intervención en la política de los Estados soberanos. Sugerían publicar *en el momento en que parezca inaplazable* una nota que expresara en términos más o menos modificables:

Las gestiones realizadas por la Comisión especial han producido el resultado satisfactorio de haber hecho conocer a los países interesados en el problema político español que éste no se encuentra bloqueado dentro de la disyuntiva de o tolerar el totalitarismo falangista o abrir la puerta al comunismo, habiéndose demostrado la existencia de una verdadera opinión nacional hoy imposibilitada de manifestarse, que ofrece garantías suficientes para encauzar el problema español dentro de garantías pacíficas y legales.

Calificaban también las modificaciones realizadas en la fórmula anterior de *innecesarias y peligrosas.* En este sentido proponían modificar el preámbulo (477); notificar separadamente las declaraciones firmadas por los representantes de las dos fuerzas a los Gobiernos de Washington, Londres y París; mantener en secreto el texto de las declaraciones hasta que todos los signatarios autorizasen su publicación; y nombrar un Comité de enlace de las distintas fuerzas políticas firmantes para coordinar la acción interna y externa (478).

No soy partidario de vaguedades y misterios contestó Prieto a la proposición de mantener en silencio ilimitadamente el acuerdo. No compartía los razonamientos expuestos contra la publicidad del convenio y recalcaba la preferencia de una comunicación conjunta, aunque no consideraba el asunto de especial importancia. En cuanto al punto octavo seguía pensando que se alejaba de la Nota Tripartita al aceptar el *procedimiento indirecto* para establecer el régimen definitivo (479).

La respuesta de la «Confederación Española de Fuerzas Monárquicas» fue nuevamente negativa y de su redacción parece inferirse que no estaban dispuestos a conceder nuevas proposiciones. *Para reconocer la fórmula tripartita no necesitábamos negociar nada. Nos hubiera bastado con aceptarla en Londres y hacer saber nuestra decisión a los Gobiernos interesados. Cuando éstos nos animan a negociar y siguen con interés nuestro diálogo, es porque esperan que de él surja una fórmula nueva, reconocida por toda la oposición contra Franco exceptuando los comunistas* (480).

Sólo las conversaciones directas que Prieto mantuvo en Francia con López Oliván evitaron la ruptura. *Me tienen ustedes esperando desde el mes de noviembre. Me mandan recados para entretenerme, jugar conmigo evitando la ruptura pero no llegando a nada concreto. Así se les da el «camelo» a los extranjeros haciéndoles creer en un próximo acuerdo con nosotros que revalidaría un golpe militar.* Se quejaba Prieto de su precaria salud y de los ataques que le dirigía, desde el ala izquierda de su partido, Wenceslao Carrillo. Por su parte, Oliván trató de convencerle que los monárquicos no querían «escurrir el bulto» y le recordó que fue precisamente Gil-Robles quien, para evitar que el P.S.O.E. derivase hacia el comunismo, le había sacado, en octubre del año anterior, de la difícil situación en que se colocó ante su partido por su actitud de meses pasados. *Ver maquiavelo de provincias entre quienes arrostran la impopularidad y otros peligros más inmediatos para salvar una posibilidad española, es tergiversar, torcer la realidad del modo menos compatible con la nobleza de miras y la buena fe.*

Prieto contestó que no tenía aspiraciones políticas y que sólo pretendía ser un nuevo Castelar. Quería llevar a su partido a colaborar con la *Monarquía ungida por el sufragio. Yo no quiero ser el jefe de nada con el Rey; me lo impide mi pasado. Pero sí aspiro a poner el puente que reitere al partido a la vida normal. Y para eso tengo que empezar por un acuerdo presentable que yo pueda defender ante tanto y tanto comunista o comunistoide.* La conversación derivó hacia el proyecto de resolución. Indicaba la necesidad de suprimir del preámbulo las palabras *Sean cuales fueren...* pues consideraba que no sería aceptado por su partido y del punto octavo las palabras *gradual y legítimas* que figuraban al principio del primer párrafo. En cuanto al fondo, requería que hablasen de elecciones sin más precisiones. *¿A Uds. qué les importa si al fin y al cabo el gobierno va a ser de ustedes, por mucho que se hable de imparcialidades?* Estas apreciaciones quedaron plasmadas en un memorándum enviado a Estoril por Prieto, en el que precisaba que una Monarquía que no respetase los derechos de los ciudadanos, *suscitaría entre nosotros igual irreductible aversión a la que Franco nos merece y lo manifestaríamos dentro y fuera de España* (481). Todavía hubo algún cruce más de memorándumes, pero el acuerdo prosperó, firmándose en San Juan de Luz el 30 de agosto el histórico Pacto.

La declaración de San Juan de Luz proponía: amplia amnistía para delitos políticos; respetar los derechos humanos; mantener inflexible el orden público; mejorar la economía; eliminar el totalitarismo, incorporar España a los organismos occidentales, supranacionales; libertad de culto respetando la consideración que merecía la religión católica y el propósito de elegir plebiscitariamente la definitiva forma de Estado (482).

9.3.3. El mentís de Gil-Robles

La resolución aprobada por las dos fuerzas políticas se vio disminuida por dos hechos provenientes del lado monárquico: la entrevista del Cantábrico y el desmentido del Pacto por parte de Gil-Robles. Sobre el primer suceso hay que reseñar que las izquierdas sabían que en cualquier momento el Conde de Barcelona podría contactar con el Generalísimo porque así se lo habían indicado los monárquicos. *Las izquierdas no deben perder su confianza por el hecho de que eventualmente pudiera aparecer el Rey negociando con el general Franco o con las fuerzas que le apoyan* (483). No obstante, la entrevista disgustó a Prieto, quien contó con las explicaciones de López Oliván. *La entrevista marítima que tanta indignación le causa es absolutamente normal. Yo no conozco detalles, pero si conozco a uno de los interlocutores y le puedo asegurar que cuanto haga en ese sentido no saldrá perjudicado ningún legítimo interés español.*

Sin embargo, estas apreciaciones del diplomático monárquico no convencieron al viejo líder socialista para quien el Conde de Barcelona había perdido *prestigio político y majestad. Lo que debemos procurar ahora es que, gracias a nuestros tratos, se malogren los resultados que Franco espera sacar de los devaneos de Don Juan... Yo, desde luego, diré que Don Juan se ha mantenido firme porque nos conviene para desvirtuar la campaña franquista. No me pidas más. Y, sobre todo, ruégueles a sus amigos que no vuelvan a incurrir en uno de sus mayores errores, que es el de tomarnos por idiotas o niños de teta. Demasiado sé yo que ellos en el fondo, se están mordiendo los dedos con tanta rabia como yo* (484).

El origen del desmentido de Gil-Robles estuvo en una declaración de un informador del Foreign Office, anunciando un convenio firmado entre Gil-Robles y Prieto. La noticia no era totalmente exacta porque el pacto había sido firmado por el conde de los Andes en representación de la «Confederación Española de Fuerzas Monárquicas». Sin embargo, es totalmente veraz que el principal interlocutor de Prieto fue el ex dirigente de la C.E.D.A. *La noticia es falsa* —negó Gil-Robles—; *ni he firmado ni tengo intención de firmar con el señor Prieto ni con ninguna otra persona. Estoy esta temporada apartado de las actividades políticas y no quiero que se me mezcle en cosas a que soy ajeno.* A Gil-Robles parecía inconcebible que el Foreign Office cometiese una «pifia semejante» y se inclinaba por pensar que era un acto de maquiavelismo para echarlo todo a rodar y justificar así un posible entendimiento con Franco (485). Aunque es cierto que Gil-Robles había explicado a los socialistas en varias ocasiones que el acuerdo no debería ser público y que si fuese divulgado lo negaría; y las negociaciones fueron llevadas a cabo en nombre de una organización y no en el suyo propio, el desmentido fue demasiado sinuoso para que causara buena impresión.

La cuestión de mantener en secreto el acuerdo lo basaban los monárquicos de Estoril en las razones siguientes: 1) Habría que actuar sobre los Gobiernos y los directivos de los partidos, con menosprecio de la opinión pública, para lo cual sería suficiente la notificación privada. *Toda la hostilidad de la opinión no ha impedido a Francia y a Inglaterra coquetear con Franco todo lo que han querido. Si el acuerdo no convence a los Gobiernos, nada se conseguirá con provocar en la opinión una agitación antifranquista que en la ocasión actual sería tan débil como fugaz*; 2) El Gobierno español estaría convencido de la existencia de un acuerdo contra él; la falta de pruebas le impediría atacar el asunto. *En cuanto tenga una prueba y un texto, desencadenará una campaña de escándalo y falsedades, que hará que las gentes del interior olviden las dificultades crecientes con que el Régimen se debate. Será una nueva inyección a Franco para prolongar su vida.* 3) Esta campaña de Prensa robustecería el núcleo de los monárquicos colaboracionistas y conformistas. *¿Hay interés en el momento actual de debilitar la posición que nosotros representamos?*; 4) La publicación del acuerdo obligaría a los monárquicos a realizar declaraciones y motivaciones sobre el texto que, sin lugar a dudas, acabaría con él. *Nos parece temerario correr ese riesgo que anularía toda la labor realizada y que daría a Franco un triunfo definitivo*; 5) También para la izquierda sería beneficioso que el Pacto no fuese público porque en todo texto quedaban puntos sujetos a dobles interpretaciones que, igualmente, podrían perjudicar el acuerdo (486).

López Oliván explicó a Prieto las razones que Gil-Robles había tenido para desmentir el pacto: la noticia era falsa, pues no había firmado nada; repercutía de modo desfavorable en la opinión que le seguía y en la masa neutra que pensara que la entrevista del Cantábrico pudiera tener resultados favorables; Gil-Robles era la única persona que estaba impidiendo que la entrevista del *Azor* tuviera *derivaciones catastróficas* y en el orden personal la situación volvería a ser crítica, como ocurrió el año anterior en su visita a Londres (487).

No puede afirmarse, como hace Nadal (488), que la negativa de Gil-Robles supusiera que éste y quienes le seguían y apoyaban su política hiciesen el juego al franquismo maniobrando con las izquierdas, *tratando de modificar la acción revolucionaria de éstas, con promesas de solución para evadirse cuando se presentaba una posible solución al problema español.* Cualquier persona que lea los memorándumes de las negociaciones previas al «Pacto de San Juan de Luz», podrá comprobar las precauciones que Gil-Robles tomaba en este punto y su interés en que el acuerdo no fuese público. En modo alguno significaba volverse atrás o tratar de engañar a nadie. En unas «instrucciones» fechadas en febrero de 1948 explicaba Gil-Robles que se trataba de *elaborar una fórmula que pueda ser notificada por «comunicaciones independientes», pero idénticas en su texto expresivo, del acuerdo logrado.* Esta fórmula sería elevada con la *máxima reserva* a los Gobiernos americanos, inglés y francés para que, basados en ella, estudiasen la manera de realizar sobre Franco la presión necesaria para su implantación (489).

Una cuestión que está muy clara en este asunto es que ni monárquicos ni socialistas pretendían engañarse. Si hubiera sido así, el acuerdo habría sido firmado en quince días y no hubieran perdido un año en llegar a una concordancia de ideas. A pesar de todo, el acuerdo siguió adelante y en el mes de enero de 1949 Félix Vejarano fue nombrado representante de los monárquicos en un Comité de Enlace que se formó al efecto. Prieto y Vejarano mantuvieron contactos periódicos durante 1949 pero sin ningún resultado importante, porque el «Pacto de San Juan de Luz» había nacido muerto. Las potencias extranjeras no mostraron excesivo entusiasmo. Los embajadores de las potencias anglosajonas no se dignaron en recibir a los socialistas (490).

La «B.B.C.» comentaba que *no cabe duda* que el acuerdo entre monárquicos y socialistas llegaba *ya muy tarde* y se temía se hubiera llegado al mismo *como consecuencia de la favorable actitud norteamericana hacia Franco* (491). El problema no estribaba en que el acuerdo llegara tarde, sino en la fortaleza del Régimen. Franco se encontraba consolidado porque contaba con los apoyos de la Iglesia, de las clases conservadoras, del Ejército y de una parte importante de los obreros. Marañón comentó a Prieto su posición contraria al sufragio universal, fundando su aversión en la *repulsión que le produce la clase obrera española* que «saboteó» todos los intentos, tanto de la República como de la Monarquía *para organizar una convivencia nacional; y, en cambio, hoy día se postra ante Girón aclamándole* (492).

Si el pacto se hubiera firmado en 1946 no habría tenido mayores resultados, porque si los monárquicos, en teoría más conservadores que los socialistas, fueron incapaces de romper los apoyos de Franco, la conjunción monárquicos-socialistas habría contado con menores posibilidades. No obstante, reconociendo los republicanos, como reconocían, la superioridad de la opción monárquica, la única responsabilidad del retraso cae de lleno en ellos. Aunque, en descargo de estos últimos, hay que apuntar que su acción se veía mediatizada por las críticas del sector más izquïerdista. Prieto pensaba, en último término, en la opinión de Wenceslao Carrillo; Gil-Robles, igualmente, no era ajeno a lo que opinaran sus seguidores menos progresistas y los monárquicos colaboracionistas.

10. HACIA EL COLABORACIONISMO

Podrá V.E. ostentar tal Régimen todo el tiempo que la fuerza se lo permita; podrá V.E. extremar las protecciones a los personajes del Régimen y a sus familiares, para conservar el poder. Pero lo que jamás podrá lograr es que sea patrocinado por la Monarquía española auténtica.

UN GRUPO DE MONÁRQUICOS

10.1. Una representación para el Conde de Barcelona

La negativa de Estados Unidos a conceder a España un présta-
mo de la asignación para Europa coadyuvaba a que se produjeran
dentro del Régimen movimientos e inquietudes. La mala gestión
económica va a ser a partir de 1950 la punta de lanza de la oposición monárquica. A Estoril llegaba por dos conductos diferentes
una noticia inquietante. Se habían desarrollado varias entrevistas
en el Ministerio de Justicia, a una de las cuales asistió el general
«carloctavista» Cora y Lira acompañado de varios falangistas, entre los que destacaban Fernández Cuesta y Girón. En estas reuniones se había acordado que habría que dar *un cambio sensacional*
a la situación del Régimen, *para que los americanos aflojaran dóla-
res*. El plan era proclamar la Monarquía en la persona del Príncipe
Don Juan Carlos y a Franco Regente. Y si Don Juan no aceptaba
tamaña proposición, se nombraría a Carlos VIII (493). Después se
disolverían las organizaciones monárquicas, falangistas o de intervención económica, salvo las sindicalistas, cuya existencia estimaban esencial para el Régimen. En último lugar, se modificaría el
Gobierno sustituyendo a los falangistas por monárquicos colaboracionistas de cuya fidelidad a Franco no existiese dudas. Con ello
tratarían de simular una Monarquía Nacional y obtener la ayuda
económica precisa. El general Aranda avisó a Don Juan de *tal proyecto de disparate* para que no fuesen sorprendidos, afirmando la
oposición cerrada de Don Juan a todo ello y a las causas por las
que se le excluiría de la Corona (494).

Jesús Cora y Lira, general de la Armada y miembro del Consejo
Supremo de Justicia militar redactó un artículo en el que exponía
que la popularidad de Don Carlos en sus aspiraciones al Trono

Don Juan de Borbón mantuvo entrevistas con varios Papas. En las fotografías aparece con Pío XII y Juan Pablo II.

El Conde de Barcelona con el Papa Pablo VI.

de España iba ganando adeptos. Después del último discurso pronunciado por el Caudillo ante una concentración de jóvenes falangistas, existía quien pensaba que el general Franco había eliminado toda posibilidad de una restauración monárquica. Otros opinaban, en cambio, que Franco solamente habría eliminado a la rama alfonsina y que, por lo tanto, quedaba la posibilidad de que fuera proclamado futuro Rey de España el Archiduque Don Carlos de Habsburgo y Borbón. La crónica de Cora y Lira se suponía una réplica a la nota que los juanistas hicieron llegar a Dean Acheson, en la que se quejaba de la falta de libertades y se abogaba por una ruptura de relaciones económicas con la España de Franco (495).

De haber prosperado esas extrañas conversaciones, la solución habría sido la coronación del «Rey Títere», porque Don Juan comunicaba a Fernand Gigon, corresponsal de la agencia «Apla» que *los principios que dirigen la sucesión de la Corona y sobre los cuales se apoya la Monarquía, no pueden ser alterados sin una acción conjunta del Rey y de la Nación representada legítimamente en las Cortes.* Negaba el Conde de Barcelona validez y representatividad al *organismo que, a pesar de su nombre de «Cortes», no es más que una pura creación del Gobierno actual.* Se proponía cooperar con los países libres, abolir el «Partido Único», dar entrada a los partidos independientes y mejorar la economía a través de una liberalización (496).

El Conde de Barcelona había intentado atraerse el apoyo del Vaticano para su política de restauración. Con motivo de la celebración del Año Santo, la Reina Victoria Eugenia y su hijo Don Juan acudieron a Roma y se entrevistaron con el Santo Padre. Desde España, Artajo había ordenado a Ruiz Giménez y a Sangróniz, embajadores en el Vaticano y en Roma, que no se excedieran en halagos con la Familia Real. Ruiz Giménez envió, simplemente, un ramo de flores a la egregia dama; pero Sangróniz fue a recibir a Doña Victoria a la estación y solicitó audiencia a Don Juan para ofrecerle los servicios de la embajada (497). La audiencia concedida por el Santo Padre al heredero de Alfonso XIII fue calificada de semioficial, la usual para personas reales que no eran Jefes de Estado. El Generalísimo encargó a Ruiz Giménez que se entrevistase en Roma con Don Juan para exponerle la inconformidad y el disgusto de Franco y su Gobierno por la actitud contraria de la Familia Real y de la Grandeza a asistir a los funerales por el alma de Alfonso XIII que acababan de celebrarse en El Escorial, y a la interrupción del proyecto de educación del heredero de Don Juan en tierras nacionales.

La visita a España de la Infanta Beatriz y de su esposo el Príncipe de Torlonia fue pródiga en incidentes y significó un nuevo acto de afirmación monárquica y del interés que tenía el Régimen por minimizar las manifestaciones en este sentido. El «Boletín de Información de la Oficina de Prensa de Euzkadi», nada afecto a la Monarquía, apuntaba que la Infanta Beatriz acudió a una novillada donde fue ovacionada repetidamente y tuvo que retirarse de la plaza antes de concluir el espectáculo taurino para evitar que las autoridades franquistas *interpretasen torcidamente las manifestaciones de simpatía*. Al día siguiente, en una visita a Segovia y a La Granja, el Gobernador civil trató de impedir, sin conseguirlo, que se celebrase una salve ante la Virgen de Fuencisla. Pero, paradójicamente, se prohibió a la Infanta la entrada al Palacio Real donde había nacido. En una recepción celebrada en el Hotel Ritz de Madrid, los *numerosos concurrentes* prorrumpieron en vivas a los Infantes y a Don Juan (498).

Mayor importancia iba a tener un suceso que contrariaría a la opinión nacional e internacional. El 11 de septiembre, Nicolás Franco enviaba al Ministerio de Asuntos Exteriores un telegrama indicando que Gil-Robles había solicitado al cónsul general un pasaporte válido para todos los países (499). En noviembre, el consejero de Don Juan se trasladaba a España causando con su viaje todo tipo de comentarios. El *Manchester Guardian* explicó que Gil-Robles negociaba con Franco el restablecimiento de la Monarquía y que estas negociaciones tenían el apoyo de Londres y Washington, así como del Partido Socialista español. Como Franco no había conseguido que Don Juan abdicase en su hijo, estaría decidido ahora a ceder el puesto y a restaurar algunas libertades civiles a cambio de una ayuda americana inmediata y de la continuidad de su presencia en el Gobierno. La veracidad de este comentario quedaba anulada cuando un portavoz del Foreign Office desmentía el apoyo a tales negociaciones. Sin embargo, tras el mentís, la agencia Reuter difundió una nota explicando que el Gobierno británico se había mostrado en el pasado *favorablemente dispuesto a la restauración de la Monarquía en España* a condición de que se basase en una coalición de monárquicos y de socialistas exiliados, acaudillados por Gil-Robles e Indalecio Prieto respectivamente (500). Pero esta posición del Foreign Office hay que situarla, como ya conocemos, en 1947.

Con motivo de la revocación en la O.N.U. de las disposiciones adoptadas contra España en diciembre de 1946, la «B.B.C.» y los periódicos portugueses comentaron una noticia del *Observer* referente al abandono de la política por parte de Gil-Robles, pues se sentía desmoralizado por la votación de la O.N.U., favorable a España. Rápidamente, el ex dirigente de la C.E.D.A. escribió al director del famoso diario londinense para que rectificase el comentario, *totalmente inexacto*, ya que su viaje a Madrid se debió a la enfermedad de un miembro de su familia y sólo estuvo en la capital de España 48 horas, negando haber mantenido entrevista alguna. Continuaba en su posición, *cada día más convencido que sólo la restauración de la Monarquía, tal como la define Don Juan de Borbón, es capaz de dar a España la paz espiritual y la estabilidad institucional que necesita.* Nunca había hecho depender su actitud política de los acuerdos de la O.N.U., recordando que se había opuesto a la declaración de 1946 y así lo había hecho saber al Gobierno inglés. *Es, pues, absurdo decir que se siente desmoralizado por la reciente votación de la O.N.U., quien desde hace cuatro años viene sosteniendo esta tesis.* Aspiraba a que los organismos internacionales no se mezclasen en los problemas españoles, *y más desde que la experiencia ha demostrado que sus actuaciones en la materia no son más que una serie de errores acumulados* (501).

La declaración de la O.N.U. favorable a Franco y los éxitos de la política exterior del Régimen aumentaron el acercamiento de los monárquicos a Franco, pero no olvidaron éstos las conversaciones con elementos de la izquierda. Significativo fue la delegación del conde de los Andes como representante de Don Juan de Borbón. Éste participaba desde años atrás en conversaciones con las izquierdas y continuará haciéndolo. Sin embargo, el sistemático acercamiento al Régimen era ya visible. La celebración de los funerales por Alfonso XIII y demás Reyes de las dinastías españolas en el monasterio de El Escorial, con la asistencia del Jefe del Estado y su Gobierno en pleno, y la confluencia de S.A.R. Don José Eugenio de Baviera, acompañado de la Diputación de la Grandeza, fue el primer síntoma. Martín Artajo envió un telegrama a los embajadores españoles en todos los países, en que resaltaba *que años últimos nunca persona, Familia Real ni Diputación de la Grandeza española estuvieron presentes en esa ceremonia pública* (502). Este telegrama es expresivo de la importancia que el Régimen concedía a la posición de la Monarquía, donde veía la única oposición realmente importante.

El Conde de Barcelona se dirigió nuevamente a Franco para explicarle que se había producido *el divorcio entre grandes sectores de la opinión del país y los organismos estatales*, por lo que la evolución política era de *inaplazable ejecución.* Criticaba la mala situación económica del país, causante de las huelgas, la censura *cada vez más generalizada*, la corrupción administrativa y el aislamiento internacional. *Parece evidente que beneficiaría a España una modificación del sistema económico y político imperante.*

No obstante, se mostraba solidario con el Movimiento Nacional, *al que dos veces me ofrecí como voluntario*, pero afirmaba conocer los contactos de los monárquicos con las izquierdas y reafirmaba sus derechos al oponerse a alterar *las leyes históricas de sucesión con renuncias que al no estar justificadas por ninguna suprema urgencia nacional, constituirían un atentado a la misma esencia biológica de la institución monárquica.* Concluía el Conde de Barcelona solicitando a Franco un acuerdo fundamentado en *la integridad e independencia de la Patria; la garantía de los derechos esenciales de la persona humana, basados en el derecho público cristiano, mediante la creación de organismos representativos; rearme del Ejército; y rectitud administrativa mediatizada por «la legítima fiscalización de los ciudadanos»* (503).

La carta del Conde de Barcelona fue simultánea a la configuración de un nuevo Gobierno que acentuaba el matiz falangista del Régimen. Con este motivo, «France-Presse» comunicaba que un portavoz de Don Juan había realizado unas declaraciones sobre el nuevo Gabinete. *Constituye una verdadera burla para el mundo democrático la formación de este Gobierno que es, sin duda, el más totalitario de todos los que hasta hoy ha presidido el general Franco y el de matiz más acusadamente fascista y nazi.* El restablecimiento de Ministerio de la Falange, suprimido en 1945, dirigido ahora por Raimundo Fernández Cuesta, secretario de este organismo antes de la guerra; la participación en el nuevo Gobierno del general Muñoz Grandes, jefe de las fuerzas españolas que combatieron en la «División Azul» al lado de los alemanes; y de Gabriel Arias Salgado, quien realizó la propaganda germanófila española como subsecretario de Educación Popular; junto a la creación de un Ministerio de Propaganda, igual que hicieron los Regímenes fascistas, eran los síntomas *del totalitarismo de la situación española y de su sentido antidemocrático.* Julio Danvila, sorprendido por las declaraciones que resultaron apócrifas, marchó a Estoril para solicitar al Conde de Barcelona que despidiera a Gil-Robles y a Sainz Rodríguez *por el daño que causaban a la dinastía* (504). Sin embargo, sólo obtuvo del Infante Don Juan una nota verbal para el general Franco en la que expresaba que el nuevo Gobierno y todos sus ministros *le satisfacen extraordinariamente.*

El Jefe de Estado se dirigió al Conde de Barcelona para negar, en una extensa carta en la que volvía a hablar de masones y cortesanos, todas las afirmaciones de Don Juan, dejando en el aire la legitimidad de éste al indicarle que *a la legitimidad sucesoria nuestros tradicionalistas han exigido siempre la legitimidad del ejercicio* y anunciaba que la renuncia de Don Juan a favor de su hijo sería muy positiva (505). La respuesta de Franco al Conde de Barcelona iba a hacer que se produjera una situación de impase, estática.

Avanzado ya 1952, el heredero de Alfonso XIII nombró al conde de los Andes su único representante en España y en el extranjero. Éste era dos veces Grande de España, fue ministro con la Monarquía y secretario particular de Alfonso XIII durante su exilio en Roma. El conde de los Andes visitó al ministro de Asuntos Exteriores, Martín Artajo, a quien dio cuenta del nombramiento de Don Juan y rogó hiciese llegar a Franco un escrito en el que precisaba que *la representación ahora instituida no ha de ejercitarse, por tanto, como Jefatura política o centro de actividades de tal índole. Promoverá el mejor conocimiento y comunicación recíproca y la noble colaboración entre S.A.R., el Conde de Barcelona y su Patria* (506). La designación iba destinada a suprimir todo carácter de clandestinidad a la organización monárquica en España, pero no implicaba, en modo alguno, ningún reconocimiento de la Ley de Sucesión. Es más, el conde de los Andes continuaba contactando con las izquierdas, monárquicos liberales se congregaban para intentar organizar un partido político al margen de la Ley de Sucesión (507); el Conde de Barcelona se reunía con los monárquicos demócratacristianos italianos (508); y el Régimen continuaba sus campañas de represión y de censura contra todo lo que significase apoyo a la Monarquía.

Durante nueve meses José Luis Milá había publicado un periódico monárquico titulado *La Víspera*. En un editorial de su primer número denunciaba la falta de libertad en España que hacía que el periódico se publicase *bajo el signo glorioso de la clandestinidad*. Explicaba que realizarían una oposición digna, sin resentimientos, con *una crítica sin rencor, constructiva y razonada* (509). Señalaba que con el Rey España volvería a ser europea y universal, con una posición mundial para cooperar *a los esfuerzos en favor de la paz* (510); y cifraba en la interinidad del Régimen el primer obstáculo que impedía llevar a buen término el deseado Concordato con la Santa Sede. Tras señalar que el Régimen franquista sólo tenía como serio adversario a la Monarquía, infería que con ésta España reanudaría las *tradicionales relaciones con el Vaticano* (511). La policía realizó un registro de la imprenta y José Luis Milá fue detenido. El juicio se celebró a finales de 1952 y el fiscal solicitó nueve años de prisión. Coincidía el juicio con la prohibición del libro del duque de Maura, *El problema constitucional de España*, en el que solicitaba a Franco realizase las reformas necesarias para la restauración de una Monarquía Constitucional (512).

10.2. La «tercera fuerza»

El acercamiento de los monárquicos al Régimen avivaba notablemente la polémica en torno a la Monarquía. Durante el otoño se había producido una controversia entre *ABC* y *Arriba* en la que el último se ponía a la defensiva. Mientras el diario monárquico abogaba por una pronta restauración, *Arriba* contraatacaba con espíritu falangista y el sindicalista *Pueblo* vituperaba al Conde de Barcelona. *ABC* había moderado su posición porque comprendía que la restauración no se realizaría nunca en contra de Franco. Era la posición adoptada por un buen número de monárquicos entre los que destaca Juan Pedro Güell y Churruca, conde de Ruiseñada, partidarios de acercarse al Régimen y «aceptar» la Ley de Sucesión como paso hacia la Monarquía.

La polémica se debió a la publicación de *Teoría de la Restauración* de Rafael Calvo Serer, director de *Arbor*, revista de pensamiento del C.S.I.C. Entroncaba Serer en ese libro la Monarquía con el Tradicionalismo. *En la actual situación España puede todavía reanudar sus tradiciones en filosofía, con su pensamiento cristiano; en sociología, con su democracia religiosa; en política, con su Monarquía Tradicional descentralizada. Con todo esto se tiene las bases para la Monarquía popular que requiere nuestro tiempo* (513). Como afirma Daniel Artigues (514), Calvo Serer pretendía allanar el camino entre la Monarquía y Franco, de manera que el último desapareciese ante la Monarquía restaurada.

El Ministro de Justicia, Iturmendi, comentaba que el Gobierno franquista era, en su mayoría, monárquico. Por ello Don Juan y sus colaboradores tendrían que estar *encantados con él*. El Conde de Barcelona debería señalar dos o tres ministros para que le sirviesen de enlace con Franco, o bien a éste con el representante de Don Juan, el conde de los Andes. Los ministros idóneos serían el de Obras Públicas, el de Marina y él mismo. La acción monárquica tendría que convencerse que nada intentado al margen del Gobierno y contra Franco daría buenos resultados. *Está convencido* —escribe Andes— *que si los monárquicos, siguiendo consejos ya expuestos en esta nota, se acercaran lealmente al Caudillo y al Gobierno, encontrarían insospechadas facilidades para actuar. Con ello saldría ganando el Rey y el futuro de España, hoy por hoy bien problemático para la Causa* (515).

Tanto en territorio nacional como fuera de nuestras fronteras los comentarios políticos veían el poder del Opus Dei en esta operación. La posición de Calvo Serer y los artículos de Jean Creach,

amigo de De la Mora, afirmando que el general Franco se orienta-
ba hacia una restauración (516), parecían avalar esta tesis que tenía muy poco de real. El profesor Calvo Serer publicó en septiembre de 1953 en *Ecrits de Paris* un artículo en el que estudiaba *la
política interior en la España de Franco*. Criticaba la posición izquierdista de la Falange y de los democristianos, hombres de Acción Católica. *Las publicaciones de los democratacristianos —Ya
es un ejemplo— que por carencia de contenido intelectual y político se ven arrastrados, aun sin quererlo, por sus coaligados, hacia
la izquierda, hacia la República y hacia el anticlericalismo, todavía
larvado pero ya perceptible; también hacia el peligroso juego socialista, del que está muy cerca el declarado* «radicalismo social»
del diario *Pueblo* y el claro republicanismo de *Arriba*. A esto enfrentaba Calvo Serer una «Tercera Fuerza» nacional inspirada en
el tradicionalismo y contraria al marxismo y al autoritarismo, pero
sin olvidar el Movimiento Nacional, y el «papel decisivo» que el
general Franco tendría en la ascensión u obstaculización de esta
idea que pretendía *control de gastos públicos y descentralización
administrativa, libertades económicas dirigidas por el interés común,
fidelidad a una tradición que haga posible una evolución nacional
homogénea, Monarquía popular y representativa, acción internacional coordinada con las minorías culturales restauradoras* (517).

El artículo disgustó a Franco, quien impuso a Calvo Serer varias sanciones. Se le destituyó de sus cargos en el C.S.I.C., pero
no de su cátedra en la Facultad de Filosofía y Letras de la Universidad de Madrid. La Prensa oficial le atacó directamente. *El tercer
hombre que se presenta ahora con las manos lavadas, como Poncio
Pilatos ante Cristo y ante los judíos*, decía *Arriba*. La revista nacional de los estudiantes *Haz* amenazó al director de *Arbor*: *Los alumnos del señor Calvo Serer esperamos ansiosamente su aparición por
las aulas universitarias*. David Jato le acusó de haber sido milicia-
no comunista (518). Sin embargo, Serer ha afirmado que el término «Tercera Fuerza» se debió a sendos discursos pronunciados por
Franco y por Fernández Cuesta criticando la mencionada «Tercera
Fuerza». Esto junto con las sanciones que Calvo Serer tuvo que
sufrir potenciaron este posicionamiento en el que se veían refleja-
dos una parte considerable del pueblo español. El mencionado término no tenía nada de original. Ya a principios de 1949 se hablaba
en Francia de ese vocablo como la fuerza necesaria para contrarrestar, al mismo tiempo, el poder de los comunistas y de los gau-
llistas (519).

Este movimiento sirvió de base a una serie de rumores que daban por supuesta la renuncia de Don Juan de Borbón. Jean Creach
aseguraba que el general Franco había tomado la decisión de colocar en el Trono al Príncipe Don Juan Carlos. La «United Press»

citaba las etapas que seguirían hasta la restauración: proclamación en 1954 de Don Juan Carlos como heredero del Trono, abdicación de Don Juan en su favor y transmisión de las prerrogativas regias. Como en 1954 el hijo de Don Juan contaría sólo con 16 años, se constituiría un Consejo de Regencia presidido probablemente por Franco y que se mantendría hasta que Don Juan Carlos cumpliera los 21 años. Por lo tanto, el límite de edad fijado por el Generalísimo para la coronación habría sido rebajado después de varias negociaciones en las que la Casa de Borbón habría prometido a Franco el mando supremo de las Fuerzas Armadas españolas después de la restauración. Citaban a Gil-Robles, Geminiano Carrascal y el marqués de Quintanar como intermediarios entre Franco y Don Juan (520).

También la «United Press» difundió que Franco estaba pensando seriamente en enviar una misión especial a Lisboa que hiciera la propuesta clara a Don Juan para que abdicase en favor de su hijo. La misión estaría formada por los ministros de Obras Públicas y Justicia y el subsecretario de la Presidencia. La negativa de Don Juan supondría la constitución de una Regencia con el hijo de Don Jaime de Borbón (521). La misma agencia informativa decía haber conseguido *la versión monárquica* de estos rumores. Según los representantes oficiales de Don Juan en Madrid, Franco tendría intención de reducir la edad límite para reinar de 30 a 21 años. En el intervalo gobernaría un Consejo de Regencia presidido por Franco. El precio que Franco ponía no difería sustancialmente del anterior. Don Juan reaccionó en el sentido de negarse rotundamente a renunciar a sus derechos y además dijo *que si se hacía algún esfuerzo para declarar Rey a su hijo Juan Carlos, sería inmediatamente sacado de España* (522).

Precisamente Don Jaime de Borbón realizaba unas declaraciones en su residencia de París afirmando que debía considerarse nula y sin valor alguno la renuncia que en 1933 hizo de sus derechos al Trono de España en favor de su hermano Don Juan. Añadía que era el jefe de la Casa Real y que estaba dispuesto a abdicar en favor de su hijo Don Alfonso (523). Parecía una maniobra muy típica de Franco. Si él no fue el instigador directo aprovechó muy bien esta situación. Don Jaime se proponía obtener la custodia de sus hijos para que se educasen en España. En principio no fue fácil: *No será —decía— porque varias veces he expresado mi voluntad terminante de renunciar algún día a todos mis derechos, a favor de mi primogénito Alfonso, a quien desde ahora quiero mandar a España, su Patria, para que aprenda a servirla como buen español* (524).

La intervención del Jefe del Estado en ayuda de Don Jaime fue decisiva para que éste obtuviera la custodia de sus hijos. El Gene-

Don Jaime de Borbón realizó unas declaraciones por las que consideraba su renuncia a los derechos a la Corona que hizo en 1933, sin efecto. Y afirmaba que estaba dispuesto a abdicar en su hijo don Alfonso.

Dos momentos de la Jura de Bandera del Príncipe don Juan Carlos.

ralísimo concedió toda clase de facilidades para que Don Alfonso y Don Gonzalo residiesen en España (525). Nicolás Franco acudió a la residencia del Conde de Barcelona para indicarle que su hermano había recibido una solicitud de Don Jaime de 200.000 francos mensuales y que antes de resolver quería saber la opinión de Don Juan. Lo que pretendía el general Franco era, simple y llanamente, que Don Juan supiese que su hermano seguía en contacto con él para que el Conde de Barcelona se mostrase inactivo o para que se amoldase a sus deseos. La respuesta del heredero de Alfonso XIII fue digna, *se oponía a tal cosa, pues creía que si su familia estaba imposibilitada de prestar servicios a la Patria, en modo alguno debería gravar las finanzas nacionales* (526). Gil-Robles escribió que Don Juan estaba muy firme frente a las posibles maniobras de Franco y que se mostraba decidido incluso a sacar a su hijo de España (527).

Los citados rumores no eran, sin embargo, totalmente ficticios. La nota informativa que la «United Press» ponía en boca de los monárquicos madrileños coincidía con la intención de los colaboracionistas que, en estos momentos, pensaban enviar una carta a Don Juan para solicitar una más estrecha colaboración con el Régimen. Destacaban entre otros Montellano, Ruiseñada y Manzaneda. Este último, según Calvo Serer, estaba gestionando el nombramiento de Don Juan Carlos como Príncipe de Asturias (528), lo que podría interpretarse ahora más como aspirante a Rey que como a hijo del Rey. Ramón Padilla, secretario diplomático de Don Juan, fue el encargado de negar a la «United Press» la existencia de las negociaciones directas entre Franco y Don Juan (529). En *España Republicana* una personalidad *bien informada* declaraba que Don Juan no abdicaría nunca la Corona de España; que hasta entonces no se había recibido indicación alguna, ni oficial ni oficiosa, por parte del Gobierno del Generalísimo en ese sentido; en caso de que el general Franco declarase Príncipe de Asturias al Infante Don Juan Carlos, éste, reclamado por sus padres, abandonaría España; tanto Don Juan como sus leales tenían *ideas decisivas y firmísimas* sobre la necesidad de mantener la Monarquía totalmente independiente del Régimen franquista, pues estaban convencidos de que *si la Monarquía fuese restaurada por el general Franco, no podría, en modo alguno, sobrevivir a su restauración* (530).

10.3. La postura de los exiliados

Aunque Don Juan de Borbón no estaba dispuesto a ceder sus prerrogativas reales a Don Juan Carlos, derechas e izquierdas reconocían que era imprescindible un acercamiento del Conde de Barcelona al Generalísimo. Para Miguel Maura, que acababa de visitar España, existía un descontento muy extenso centrado principalmente en la Falange, a la que achacaba todos los males y errores del Régimen. No vaticinaba como próxima la caída de Franco, pero sí la de la Falange. El desprestigio en que había caído y la ola de críticas contra ella y contra el propio Régimen, obligarían a Franco a buscar una fórmula para salir de esta difícil situación. *Esta fórmula no puede ser más que la restauración de la Monarquía mediante un entendimiento de Franco con el Rey.* A juicio de Maura, el Conde de Barcelona no debería presentar una consulta popular, sino *aceptar lo que le proponga Franco para evitar que el poder quede en medio de la calle.* Para impedir las anarquías, *en cuanto Franco se acerque al Rey, éste debe de darle facilidades. La República habría desaparecido del pensamiento de los exiliados —en la República no sueña nadie— y no cabría pensar siquiera en Gobierno parlamentario en el sentido estricto de la palabra.* Serían necesarios varios años de gobiernos fuertes, por lo cual pensaba Maura que quien tendría que hacer la evolución sería el propio Franco.

En principio se constituiría un partido democratacristiano encargado de gobernar el país bajo la tutela de la Monarquía. Posteriormente, aparecería en la escena política la U.G.T., con la que alternarían los democristianos *para evitar los desmanes de los anarquistas encauzando el movimiento obrero español hacia un sindicalismo de tipo americano, británico o escandinavo.* El conde de los Andes, interlocutor de Maura, aunque no negaba sus comentarios, se mostraba escéptico en cuanto a sus vaticinios. *Advierto en cuanto afirma Maura un total desconocimiento de la personalidad y temperamento del Caudillo, hombre ladino y suspicaz, aferrado a su autoridad, que no quiere compartir con nadie y, aunque parezca curioso dada su astucia, tocado de megalomanía.* Pensar que Franco iba a prescindir de la Falange para entregarse a militares y a democratacristianos era poco menos que *hacerse ilusiones.* En situación extrema, se desprendería de una parte de los elementos de la Falange, *montando un simulacro de restablecimiento de libertades.* En cuanto a su relación con Don Juan creía Andes probable que Franco intentase un acercamiento con nuevas entrevistas, pero no pensaba que el Generalísimo pudiera fijar plazos para una evolución política hacia la Monarquía. *El equívoco que hacen pensar a Franco y los suyos sobre los títulos del Rey y los intentos de llevarle a renunciar sus derechos en el Príncipe de Asturias y realzar la figura de éste eran harto significativos.* Por ello, deber de ugetistas y socialistas era *seguir adelante presionando a los norteamericanos a través de los sindicatos.*

Trifón Gómez compartía las apreciaciones del conde de los Andes, a quien comentó que su criterio y la política de su partido y de la U.G.T. no había variado: *con Franco jamás.* Aspiraban a organizarse legalmente en España para combatir al Generalísimo, *jamás para apoyarle ni colaborar con él.* En cuanto a Don Juan, *comprendían perfectamente que para evitar un estado de anarquía se entendiese con Franco, siempre y cuando fuese para recibir el poder sin cargar con ninguna responsabilidad a cuenta de lo pasado* (531).

D. Juan, por su parte, había mantenido contactos en Londres y en la Santa Sede con altas personalidades de la política de esos dos estados. En mayo acudió a Roma y se entrevistó con el Papa en una corta audiencia por la que, según un despacho de Castiella, Don Juan *no había puesto demasiado empeño.* Fue Monseñor Montini quien debió estimar que era conveniente una breve audiencia pensando en la política interior italiana, *puesto que el Vaticano desea que los monárquicos voten, una vez más, a la democracia cristiana* (532). El 2 de junio asistió el Infante Don Juan, en la basílica de Westminster, a la ceremonia de la coronación de la Reina Isabel II de Inglaterra. También acudió el almirante Moreno, ministro de Marina del Gobierno español. La «A.P.» lanzó una nota informativa explicando que el almirante estaba encargado especialmente por Franco de visitar a Don Juan e intentar persuadirle para que abdicase sus derechos al Trono en favor de su hijo. Sin embargo, el almirante de Marina comentó a la «United Press» que los asuntos tratados con Don Juan no eran de importancia (533). La cita que Gil-Robles apuntó en su diario coincidía con esta última agencia:

> ... Visité al Rey en Estoril. No hay novedad alguna. Es absolutamente falso que hablara en Londres de asuntos políticos con el almirante Moreno. Se lo encontró casualmente en el hall del hotel y cambiaron impresiones superficiales sobre las fiestas de la Coronación. Moreno no recogió la alusión del Rey al quebranto que el Gobierno español ha causado en el sentimiento monárquico. Desde luego el Rey sigue firmísimo en su oposición a cualquier intento de abdicar o de renunciar (534).

Sobre la forma en que la prensa española recogió la coronación de Isabel II escribía *Il Giornale* de Nápoles que Franco prohibió que se hablara de dicha ceremonia *por el temor de que con ello se reforzaran los sentimientos monárquicos en España*. El semanario *La Actualidad Española*, que había publicado una información sobre las joyas de la Corona, fue amenazado con una reducción del cupo de papel y en unas declaraciones que Bing Crosby realizó al diario *Madrid* fue suprimida una alusión a su viaje a Londres para asistir a la coronación (535). Si se revisa la Prensa española que hacía referencia a este tema notaremos que en ella se mencionaba al almirante Moreno, que presidió la representación oficial española, pero no vemos insertadas en las páginas de los periódicos el nombre de ningún miembro de la Familia Real española.

La firma del tratado militar con los Estados Unidos y el Concordato con la Santa Sede dejaban al Conde de Barcelona en una situación difícil. Además, 1954 comenzaba con otra campaña de Prensa contra el titular de la Corona. Éste había sido invitado por Lord Mountbatten, jefe de escuadra de la O.T.A.N. en el Mediterráneo, a las maniobras que tendrían lugar en ese mar. El Conde de Barcelona, deseoso de acudir a las mencionadas operaciones militares, pero temiendo la reacción del Gobierno español por su disposición antibritánica, dio cuenta al ministro de la Marina, Salvador Moreno Fernández, de su intención. El ministro de la Marina nada opuso a la participación de Don Juan en las maniobras de la O.T.A.N., y dijo, además, que *daría cumplida cuenta al Jefe del Estado*. Llegado el momento, el diario falangista *Arriba* comentó la presencia del Conde de Barcelona en las *maniobras inglesas en el Mediterráneo* a bordo del crucero británico *Glasgow*; coincidiendo esta referencia en la misma página en la que se notificaba el incidente de la visita de la Reina de Inglaterra a Gibraltar y se daba a conocer la nota de la Oficina de Información Diplomática del Ministerio de Asuntos Exteriores sobre este acontecimiento.

Los servicios de información de la Falange hicieron llegar a Franco un informe que especulaba sobre la vuelta de Gil-Robles a la dirección de la política monárquica para conseguir la formación de un importante grupo de políticos; de los contactos que mantuvieron el conde de los Andes y Gregorio Marañón Moya con el capitán general de Cataluña, el monárquico Juan Bautista Sánchez; y de la reunión que celebraron Iturmendi y Artajo con elementos tradicionalistas para reforzar la línea promonárquica desde el Gobierno. Según Artajo, Don Juan deseaba que su hijo continuara sus estudios en España, ingresando en la Academia Militar de Zaragoza (536); pero basándonos en el diario de Gil-Robles, el Conde de Barcelona estaría pensando en enviar «al niño» a la Universidad Católica de Lovaina. Por este motivo acudió a Suiza Gil-Robles para preparar el viaje del Infante (537).

El discurso del Jefe del Estado en Salamanca contra aquellos que *en el extranjero socavan el crédito del actual Régimen español* (538), claramente dirigido al Conde de Barcelona, que estaba realizando un viaje por Europa; la difusión de un plan de estudios concebido para el Príncipe Don Juan Carlos, dividido en tres etapas: dos años de servicio militar, dos años en la Universidad de Madrid y dos años de formación técnica (539); y el silencio de Franco *como si quisiera desarticular a su interlocutor o demostrar que no le correspondía tomar la iniciativa* (540) hicieron que el Conde de Barcelona emprendiera la decisión de enviar una nota verbal al general Franco agradeciéndole las atenciones que había tenido con sus hijos, al tiempo que le comunicaba su intención de enviar a Don Juan Carlos a estudiar a Lovaina.

El general Franco, interesado en que el Príncipe Don Juan Carlos regresara a España, remitió todo un plan de estudio al Conde de Barcelona que no difería sustancialmente del propagado por la agencia británica. La primera preocupación en la educación del Príncipe la constituiría el cuidado de sus *virtudes morales y rectitud de conciencia*; el segundo lugar estaba reservado para el educación militar en la Academia de Zaragoza, en la Escuela de la Armada y en la Academia del Aire; y el tercero pasaba por los estudios universitarios que *al tiempo que le ponen en contacto con la intelectualidad española, a través de los cuadros universitarios de profesores, le permitirá, con un programa seleccionado, conocer las doctrinas del Movimiento Nacional y de sus organizaciones y las modernas sobre materias económicas y sociales.* Finalmente, el Príncipe completaría sus estudios con los relativos a *los tres sectores de la producción nacional: el agrícola, el industrial y el minero.* Todo el conjunto, desarrollado en un contacto *más frecuente* con Franco.

Este escrito coincidió cronológicamente con el del Conde de Barcelona (o al menos así quiso Franco que Don Juan lo entendiera). Por esta razón, cuando Franco dijo conocer la nota verbal de Don Juan, adjuntó un anejo a su carta en la que contrarrestaba sus indicaciones. Estaba de acuerdo en que el Príncipe tenía que conocer la realidad occidental, *pero una vez formado y no en período de formación.* Además, la marcha del Príncipe al extranjero se juzgaría inconveniente en España causando *mal efecto político.* Reincidía, una vez más, en los tópicos de siempre: *No os dais cuenta verdaderamente del clima nacional y del daño que se haría al porvenir del Príncipe alejándole de formarse en el sentir de nuestro Movimiento*; al mismo tiempo que solicitaba que rechazase los consejos de quienes, «torpemente», trabajaban por alejar al Príncipe de la *realidad española.* Concluía con un párrafo tremendamente amenazador: *No podía terminar esta breve exposición sin preveni-*

ros de la responsabilidad de vuestras decisiones, en evitación de
que por una defectuosa información pudiera cerrarse el camino na-
tural y viable que se puede ofrecer a la instauración de la Monar-
quía en nuestra Patria (541).

El Conde de Barcelona no quiso resolver la cuestión sin consultar a los miembros de su Consejo Privado:

> Aunque el asunto sobre el que aparentemente versa la consulta
> y la decisión que ha de tomarse es si acepta o no el plan del Genera-
> lísimo Franco, expuesto en carta a S.M. el Rey, es evidente que el
> tema de la educación del Príncipe pasa a un lugar secundario, pues
> la carta entera presupone, y en varios párrafos explícitamente decla-
> ra, la eliminación de la persona de Don Juan cuando entre en juego
> la vigente Ley de Sucesión y el propósito de vincular la institución
> monárquica al sistema estatal vigente, cuya perduración se procura
> por la restauración monárquica en la persona idónea de un Príncipe
> educado *ad hoc* y asociado en su día a la persona del Caudillo.

La redacción del texto de la pregunta parecía solicitar claramente una negativa: *¿Se puede aceptar así por la tácita la altera-*
ción del orden sucesorio dinástico? ¿Conviene al interés de España
este intento de vinculación de la institución monárquica a la suerte
de un sistema político cuya aceptación por la mayoría de la pobla-
ción es tan dudosa y discutible? En la hipótesis de que la consulta
sea contestada negativamente, ¿qué fórmula se aconseja a Su Ma-
jestad para rechazar tales proposiciones? E insistía: ¿Basar la nega-
tiva entrando a fondo en las cuestiones políticas implícitas en la
carta, o negarse cortésmente al plan educativo propuesto insistien-
do en la proposición de ensayar durante algún tiempo la fórmula
resuelta por S.M. y que éste comunicó al Generalísimo en su nota
verbal? (542).

Opinaba Gil-Robles que todos los consultados se mostrarían
«unánimes» en que el Conde de Barcelona debería rechazar las proposiciones *sin molestarse en discutirlas*. Decía que la correspondencia de Franco planteaba *con toda crudeza el problema que esta-*
ba implícito en la Ley de Sucesión y trataba de *reemplazar la*
legítima Monarquía hereditaria por una Monarquía electiva, conti-
nuadora de una dictadura nacida de una contienda civil y sostenida
por la fuerza. El desarrollo del plan de estudios supondría *la elimi-*
nación pura y simple del Conde de Barcelona y *la vinculación ínte-*
gra del futuro Monarca a las ideas y a los métodos de Gobierno
del Generalísimo (543).

Sin embargo, pese a la redacción de la nota, la respuesta de
la mayoría de los consejeros de Don Juan fue positiva. Apoyaron
la tesis de Franco incluso quienes habían mantenido una oposición
activa contra Franco y sus colaboradores más cercanos. Todos ex-

presaban los temores de que la presencia de Don Juan Carlos pudiera significar el alejamiento del Conde de Barcelona. *Franco pide que le traigan al Príncipe para estudiar en España. Pero, además, para estudiar él al Príncipe.* Pero como afirmaba Pemán: *Un Rey al que se le pide su hijo primogénito para estudiar en la Patria, no puede decir que' no.* Añadía como positivo el recuerdo de la Institución que el Príncipe habría de significar en España (544). A partir de este momento el Conde de Barcelona adopta una posición mucho más dura e ingrata, la de acercarse al Generalísimo. El 2 de diciembre Franco vuelve a remitirle una misiva en la que recuerda por enésima vez que *la Monarquía no es viable fuera del Movimiento* (545).

El conde de los Andes fue el encargado de ultimar los detalles de la organización de la nueva etapa de estudios del heredero del Conde de Barcelona. Franco se mostró duro con Andes, a quien consideraba como un enemigo destacado del Régimen. *Ante todo tengo que decirle que no me fío de nadie* —dijo Franco—, *y dados sus antecedentes y conducta con relación al Régimen, nada tiene de particular que usted no me ofrezca ninguna garantía para que me haga objeciones en nombre de Don Juan respecto a la carta que le escribí.* Según Franco-Salgado, el Generalísimo volvió a repetir que el Príncipe debería estar unido a la Falange, *conocer su credo, su fundamento, su historia,* tratar con la Iglesia y con *los verdaderos aristócratas, que ya no son los de la sangre, como eran antiguamente, sino los del saber, la industria, las armas, las artes, etc.* Si el Conde de Barcelona no estaba dispuesto a esta educación para su hijo, *el Príncipe no debe volver a España y ya se sabe que renuncia al Trono y me consideraré desligado en relación con él de todo compromiso* (546).

A pesar de este táctico acercamiento, los monárquicos hicieron visible durante el otoño de 1954 su fortaleza. Un sector había hecho circular un escrito solicitando al Conde de Barcelona un pacto con el Generalísimo y la vuelta de su hijo a España para que fuera educado bajo su Régimen y su supervisión directa. Otro escrito redactado por los monárquicos no colaboracionistas se enfrentaba al anterior, explicando que Don Juan ya había expresado la necesidad de acabar con el Régimen franquista, y criticaban a los *poco desinteresados consejeros* que así obraban. Pactar con el dictador sería una *dolorosa e inútil rectificación* que pondría en peligro la esencia del Régimen monárquico (547).

El 14 de octubre tuvo lugar la presentación en sociedad de la Infanta Pilar. Treinta personas de sangre real, Grandes de España y figuras del primerísimo plano del movimiento monárquico español rindieron homenaje a la Infanta y a su padre, el Conde de Barcelona. Acudieron alrededor de 3.000 personas. En la recepción, que tuvo lugar en los jardines de Villa Giralda, el duque del Infantado pronunció un discurso definiendo aquella reunión como una afirmación de la *voluntad del pueblo de España*, y añadió que los que habían derramado su sangre contra el comunismo en la Guerra Civil *se habían batido en nombre de Dios y del Rey*. Contestó el Pretendiente solicitando la unión *en un sagrado voto alrededor de la Corona, manteniéndola por encima de intereses personales y pensando únicamente en su grandeza, en su historia y en la garantía que representa para la continuidad de la Grandeza de España*. (548) Ambos discursos fueron acogidos con gritos de ¡Viva el Rey! ¡Viva la Libertad! Los colaboracionistas dijeron en Madrid que el grito de ¡Viva la Libertad! fue realmente el de ¡Viva la Lealtad!; *pero los que estábamos allí oímos ¡Viva la Libertad!* (549), difundió la Agencia Reuter.

En principio, la censura prohibió la reproducción de fotos sobre este acto monárquico, pero finalmente permitió que apareciese alguna foto de la Infanta Pilar, pero ninguna de Don Juan o de Don Juan Carlos. El diario católico *Ya* publicó un reducido párrafo en las noticias de sociedad y *ABC* presentó a sus lectores un retrato de la Infanta a toda página. Suárez Fernández afirma que la exclusiva de Información Gráfica se ofreció a *La Actualidad Española* (550), pero la realidad es que esta revista fue la única autorizada, quizá por su posición cercana a la Monarquía, a insertar tres fotografías y un artículo al principio. También ha escrito que este acto apenas tuvo repercusiones políticas. Sin embargo, la agencia Reuter señaló que había sido *la más exuberante demostración de fuerza monárquica* desde 1931; y el diario italiano *Il Messagero* hablaba de una *gran concentración de dignatarios y exponentes del movimiento monárquico español* y de una *manifestación de sólido homenaje a la Monarquía* (551).

Más tarde los monárquicos hicieron ostensible su fuerza política al presentar una candidatura, enfrentada a la falangista, en las elecciones municipales del 21 de noviembre. El Gobierno quiso dar en todo momento al sufragio un carácter netamente administrativo, pero tomó, inevitablemente, un rumbo político. Formaban la candidatura monárquica Joaquín Calvo Sotelo, Juan Manuel Fanjul, Joaquín Satrústegui y Torcuato Luca de Tena. Todos ellos representativos de una opinión nacionalista y defensores de la Monarquía y de la legitimidad del Conde de Barcelona, además de antifalangistas. El Gobierno se mantuvo alejado de la contienda electoral quedando la dirección de las elecciones en manos de la Falange, que, a través del dominio de los sindicatos y el control de todos los servicios civiles y tareas profesionales, dieron a la campaña electoral un cariz extremista.

La candidatura monárquica puso nerviosos a los falangistas que movieron todos los resortes para presentar a sus contrincantes políticos como enemigos de la seguridad pública. La Secretaría General de la Falange condicionó la acción del Ministerio que controlaba los medios de comunicación y la propaganda del Estado. *Prohibida a la candidatura monárquica su propaganda en la radio, periódicos y cines, y limitadísima la de carteles murales, se presentó el 21 de noviembre confiando recoger la actitud pública de desagrado ante la monotonía y arbitrariedad de los monopolizadores de la administración y del poder. Mientras tanto —escribe Serer— el partido abrumaba a la población madrileña con carteles de todo tipo, algunos injuriosos para los otros candidatos, octavillas, hojas de propaganda y consignas impuestas a todos los periódicos y emisoras tanto oficiales como privadas* (552).

Pero no redujeron su acción a estos actos tan poco democráticos. En plena Gran Vía madrileña un grupo de falangistas arremetieron físicamente contra Leopoldo Lovelace, jefe de Propaganda del grupo monárquico, y contra la señora de uno de los candidatos. *A mí me dieron una paliza que me dejó sin sentido. A la mujer de... le desgarraron la ropa.* La víspera de las elecciones intentaron sacar a Lovelace de su domicilio (553). El ministro de Gobernación, junto con el de Información y el ministro y jefes del partido concedieron a los periodistas el resultado de la votación: el 80 % se había manifestado a favor de la candidatura falangista. Pero las actas de los resultados fueron amañadas. Algunos periodistas extranjeros contradecían estos resultados comparándolos con las difusiones de *ABC* y *Arriba*. Decían que la proporción era de 1 a 13 favorable al diario monárquico, mientras que el escrutinio se mostraba 5 a 1 favorable a la Falange (554).

Es preciso constatar también la represión ejercida por los falangistas el día de la votación. *En las colas había gente con pistolas en las manos,* y en varios colegios *los niños del Frente de Juventudes* se llevaron las papeletas monárquicas. En pocos colegios electorales pudieron intervenir los apoderados e interventores de la candidatura monárquica. Éstos levantaron algunas actas, realmente las que pudieron, contrarias al escrutinio de la elección. Cuando Lovelace pretendió abrir un acta, un falangista le dijo *aquí no hay más actas que éstas.* Se abrió la chaqueta y enseñó dos pistolones (555).

El Generalísimo pudo comprender que pese a su campaña antimonárquica, había en España un movimiento político contrario al falangismo oficial y al catolicismo colaboracionista, cercano a tesis occidentales. Hay que tener en cuenta que estos candidatos evolucionarían, a corto plazo, hacia posiciones europeístas. El Jefe del Estado conocía desde principios de 1954 la existencia de esta fuerza monárquica organizada, y la realidad sobre la oposición en contra del Régimen español, a través de un estudio verificado por la Embajada americana. Exactamente, a consecuencia de la presión de tipo monárquico realizada a través de la Embajada británica en los Estados Unidos, así como la aparición en la Prensa extranjera de artículos que hablaban de la «Tercera Fuerza» firmados por personalidades nacionalistas españoles, aparte de alguna información directa dirigida desde Madrid; el Departamento de Estado de Washington solicitó a su Embajada en Madrid la práctica de una información lo más detallada posible, aunque también lo más reservada, sobre esta oposición al Régimen por parte de las fuerzas nacionales y sobre su importancia e influencia. La Embajada encargó esta comisión al jefe de los Servicios de Prensa y Culturales, primer secretario de Embajada, Mr. Morril Cody, que contó con la ayuda del agregado de Embajada Harold Null. Conversaron con personalidades monárquicas principalmente, y con elementos de la izquierda moderada, así como con representantes sindicales de la Delegación Nacional. El informe señalaba que toda la oposición al Régimen comprendía que la situación de Franco era firme y que *cualquier oposición sería barrida si así lo juzgase el Jefe del Estado.* Pero manifestaba la existencia de una oposición general indeterminada, sin organización práctica alguna; de un sustento del Régimen, la Falange; apareciendo los monárquicos como la única «oposición organizada», aunque *no son fuerza suficiente para inquietar al Régimen* porque, entre otras cuestiones no harían nada *en contra de los supremos intereses de España* (556).

10.4. Primera entrevista en «Las Cabezas»

El Generalísimo deseaba por todos los medios que el Infante Don Juan Carlos se educase en España para presentar ante todo el mundo que la Monarquía, única «oposición organizada» a su Régimen, que acababa de dar dos muestras de gran vitalismo, estaba controlada por él y permanecía fiel a su autoridad. En este sentido y con estos antecedentes se celebró la segunda entrevista Franco-Don Juan. Ya en el mes de septiembre la «United Press» difundía la posibilidad de una entrevista entre las dos personalidades *bien en altamar o bien en tierra, cerca de la frontera portuguesa* (557). A la entrevista de «Las Cabezas» se llegó por iniciativa de Franco, a través de Carrero Blanco, en colaboración con el conde de Ruiseñada. La víspera de la entrevista el conde de Barcelona y sus acompañantes comentaron los posibles temas que podrían discutirse con el dictador: desgaste del Ejército, crítica de las actitudes antimonárquicas, necesidad de realizar públicamente una exposición doctrinal de la Monarquía y la puntualización explícita de que la educación del Príncipe en España no supondría dejación por parte de Don Juan, de la patria potestad, ni modificación de derechos que prejuzgasen el orden sucesorio.

Durante la conversación con Don Juan, el Generalísimo le explicó cómo debería educarse a un Príncipe «para que reine» y repitió casi textualmente párrafos enteros de su carta de julio. López Rodó afirma que el Conde de Barcelona le comentó que en su conversación con Franco estaba interesado en hablar de política interior, pero que éste no hacía más que parlamentar de la educación del Príncipe (558). Llegaron, no obstante, a algunos acuerdos de orden general, que reflejaba la nota facilitada a la Prensa, nota que fue muy discutida, pues Franco no quería que se publicara. El Príncipe Don Juan Carlos vendría a Madrid en el mes de enero y el jefe de su Casa sería el general Martínez Campos, duque de la Torre. Había sido también la agencia informativa norteamericana «United Press» la que había lanzado hacía casi dos meses la noticia de que el tutor principal del Príncipe en España sería el duque de la Torre (559).

La nota-comunicado conjunta de la entrevista venía preparada desde antes de salir de Estoril con intervención principal de Pedro Sainz Rodríguez: *En Extremadura han celebrado una entrevista el Jefe del Estado español y el Conde de Barcelona. Las facilidades dadas por Su Excelencia a Su Alteza Real en el transcurso de la misma le han permitido realizar el deseo de que su hijo primogénito, terminado ya el bachillerato, continúe sus estudios y complete su formación en España, para el mejor servicio de la Patria, por el lugar que ocupa en la dinastía.* —En la nota originaria se hablaba del *lugar que ocupa en su dinastía.* Ramón de San Pedro propuso que se intercambiase el posesivo «su» por el artículo «la», porque la primera redacción equivaldría a reconocer la existencia de otras dinastías españolas. Su proposición prosperó y fue muy aplaudida—. *El plan de estudios ha quedado acordado entre Su Excelencia el Jefe del Estado y Su Alteza Real el Conde de Barcelona. Don Juan Carlos estará rodeado de las atenciones propias de su rango, habiendo sido designada la persona que representará a su augusto padre en el cuidado de la educación de sus hijos. Su Alteza Real el Infante Don Alfonso también continuará en España sus estudios de bachillerato.* Al aceptar este comunicado conjunto Franco comentó *me parece que me he cargado la Ley de Sucesión* (560).

Según un documento «confidencial» que procede del C.E.H.I., en el grupo monárquico que acompañó a Don Juan hubo satisfacción porque con la entrevista habían logrado actualizar el tema monárquico, abriéndose una brecha considerable en la Ley de Sucesión. Además, fue Franco quien había solicitado la entrevista y tuvo que desplazarse a mitad del camino. *Se mostró cordial y respetuoso. Pero ha quedado flotando en el aire y en las condiciones de todos la preocupación en lo que atañe a la persona de Su Majestad. No está clara la actitud de Franco (hombre impenetrable, dijo el Rey) y será preciso vigilar atentamente el futuro inmediato.* Del lado de Franco también se habrían conseguido los objetivos: la vuelta del Infante sometido a jerarquías militares y bajo la *tutela política y moral del Caudillo y de su Régimen* (561).

A esta entrevista siguió un mayor colaboracionismo de los monárquicos y una mayor «identificación» del Conde de Barcelona con el Régimen. El franquista Valdeiglesias envió un memorial al Generalísimo para explicarle que ahora que se había logrado la reconciliación, habría que caminar hacia una restauración monárquica en la persona de Don Juan, que apareciese como integrador de los principios del Movimiento (562). Sin embargo, a las pocas horas de regresar de su entrevista con el Conde de Barcelona, los micrófonos de «Radio Nacional» difundían el tradicional mensaje de fin de año del Jefe del Estado. Franco no hizo ninguna alusión al tema, pero se reafirmó en su postura: *La salida del Movimiento Nacional es el mismo Movimiento Nacional, en marcha y desarrollo de sus profundas posibilidades históricas.* Los observadores podían intuir que nada importante iba a cambiar en la política española. Máxime cuando en una entrevista concedida por Franco al director de *Arriba* comentaba *No se ha tratado de realizar actos ni reconocimientos formales, pues no ha llegado esa hora, sino de continuar el camino hace años iniciado.* Volvía a dejar abierto el problema dinástico al hablar de *los Príncipes de las dinastías españolas,* que deberían estar preparados con la idoneidad que la Ley de Sucesión establecía (563). Con esta entrevista, posiblemente solicitada por Raimundo Fernández Cuesta, ministro secretario del Movimiento, el Caudillo quiso atenuar el descontento de los falangistas con la explícita declaración por él hecha de que la identificación más absoluta de las personas con el Movimiento Nacional constituía una condición indispensable para la restauración de una dinastía apta para seguir la continuidad del Régimen. Por ello, el Jefe del Estado repitió: *Ya he dicho a final de año que la sucesión del Movimiento Nacional es el propio Movimiento Nacional. Sin mitificaciones.*

En la Junta política celebrada en «El Pardo» Franco recalcó a los reunidos sus declaraciones al diario falangista. *La Monarquía que nosotros queremos nada tiene que ver con la de los monárquicos.* Señaló que en Navalmoral se reunió con el Pretendiente y no con un Rey, y que el Movimiento sería el contenido de la futura

Monarquía. Tomaron la palabra posteriormente el Obispo de Madrid-Alcalá, José Pradera, Pilar Primo de Rivera y Javier Conde. Todos criticaron a la Monarquía y a los monárquicos y el último solicitó que en las Cortes se nombrara a Franco Jefe Vitalicio del Estado. La propuesta fue impugnada por varios miembros que alegaron que ese acto sería inútil *toda vez que es ya una opinión nacional que Franco es Caudillo de por vida* (564).

La vuelta del heredero del Conde de Barcelona a Madrid encendió los ánimos antimonárquicos de los sectores falangistas más rebeldes. Desde las revistas *Alcalá* y *Juventud* criticaron cualquier cuestión que estuviese mínimamente relacionada con la Monarquía. En la universidad grupos de estudiantes falangistas y monárquicos llegaron a las manos. Y en la celebración del día del estudiante caído, el 8 de febrero, se oyeron gritos de *no queremos la estúpida Monarquía* (565).

Posteriormente lanzaron los falangistas un folleto que bajo el emblema de la Falange decía *No queremos Rey*. Denunciaban la entrevista de «Las Cabezas» y se oponían a *cualquier restauración monárquica*, negando que el referéndum de 1947 fuese a favor de la Monarquía, porque el pueblo español dijo *Franco sí, pero nada más. Proponemos un Caudillo que se ha levantado del pueblo y que ha alcanzado el poder a través de sus méritos, pero nunca de un Rey que asciende a través de herencia familiar* (566). En su papel mediador, el Generalísimo, la víspera del aniversario del fallecimiento de Don Alfonso de Borbón, realizó unas nuevas declaraciones al diario falangista en un tono más cordial para la Monarquía. Criticó duramente el sistema demoliberal, pero dibujó positivamente la persona de Alfonso XIII. Aunque recalcó una vez más el carácter vitalicio de su poder, desautorizó al Príncipe Don Javier de Borbón-Parma, a quien calificó de extranjero (567).

A causa de este acercamiento de la Monarquía a Franco, los enfrentamientos entre la Falange y el gobierno se acrecentaron. Un grupo de falangistas quiso redactar un documento solicitando la destitución de Fernández Cuesta y rechazando el monarquismo emprendido por el Régimen (568). Un centenar de falangistas invadieron la Universidad Central, distribuyendo unas hojas que insultaban lo mismo a Franco que al Conde de Barcelona. *El Rey No. Franco No. Queremos el Estado Sindical*. Proclamaban el *derecho de la juventud española* a ser oída en el problema fundamental del futuro político de España. Al mismo tiempo deploraban los *viejos métodos políticos*, que *representan un contraste con la política basada en la claridad, la sinceridad y el diálogo abierto* posibilitador de una *auténtica unidad espiritual* de todos los ciudadanos españoles. Las hojas añadían que las autoridades *cualquiera sea el color de sus camisas*, debían conocer las ideas de la juventud falangista que abarcaba, entre otras, *una firme oposición a todo intento de restauración monárquica*; y terminaban: *como falangista no podemos estar conformes con lo que se ha hecho ni con lo que se proyecta. Lo que se ha hecho ha satisfecho solamente las ambiciones personales de unos pocos y los demás son los que sufren. En una palabra, queremos que se explique en su totalidad la doctrina de Falange. Arriba España* (569).

En el Ateneo de Madrid, el diputado monárquico italiano Roberto Cantaluppo pronunció una conferencia sobre «Las Monarquías en la Europa de hoy». El nerviosismo patente en los elementos de la Falange hizo que el acto acabara con incidentes. Asistieron al disertamiento dos ministros, Iturmendi y Arias Salgado, altos funcionarios y Rafael Sánchez Mazas, uno de los fundadores de la Falange. El público estaba constituido en su mayor parte por los monárquicos, pero asistían también algunos estudiantes falangistas. Cantaluppo expresó la opinión de que las Monarquías modernas tendrían que ser «sociales», y la tesis según la cual muchos reyes se habían sacrificado en Europa para evitar derramamientos de sangre. Cuando al finalizar la conferencia Cantaluppo citó la Falange, Sánchez Mazas se alzó en pie gritando *¡Viva el falangismo!*, grito que tuvo como respuesta los *¡Vivas al Rey!* de los monárquicos presentes. Pérez Embid, presidente del Ateneo, tuvo que llamar a la policía para restablecer el orden. A la salida, jóvenes falangistas repartieron folletos que contenían versos burlescos dirigidos al Príncipe (570).

El 16 de marzo de 1955, ante las Cortes, el Jefe del Estado pronunció un discurso clamando por la unidad de falangistas y monárquicos e indicando una vez más que la Monarquía sería la continuadora de su Régimen. Estos falangistas vieron sus ánimos más encrespados cuando conocieron las declaraciones de José Antonio Elola, delegado nacional de Juventudes: *El sentido previsor de Francisco Franco le ha llevado a preocuparse de la educación de un Príncipe que puede recibir la herencia gloriosa del 18 de julio* (571).

Quizá fue por apaciguar a los falangistas menos partidarios de la Monarquía por lo que Danvila, de acuerdo con Carrero, solicitó al Conde de Barcelona que diese la aprobación a unas declaraciones que él había escrito y que suponían el acatamiento de las esencias ideológicas del Alzamiento y sus consecuencias. El Conde de Barcelona, *para dar forma suave a su rechazo*, encargó a Danvila que compareciese ante una reunión de monárquicos en el domicilio del conde de Ruiseñada y que expusiera sus motivos, recabando la conformidad o el rechazo para la publicación del texto. A todos pareció inconveniente y fuera de lugar la publicación porque equivaldría a una *entrega irreversible al general Franco, sin contrapartida alguna.* Por teléfono, quiso lograr Danvila nuevamente la autorización de Villa Giralda; cuestión que no consiguió. Sin el consentimiento de Don Juan se dirigió a *ABC*, donde entregó el texto con algunas modificaciones en los tiempos de los verbos. Desde Presidencia increparon al periódico para que publicara las declaraciones. El artículo salió sin firma y con una fotografía de Don Juan. Los monárquicos no pudieron utilizar la Prensa para informar de la negativa del Conde de Barcelona al escrito. Aunque tampoco éste podía permitirse el lujo de rectificar las declaraciones porque significaría, una vez más, su negativa a la Falange (572).

El resultado de las declaraciones no pudo ser peor. Originó una cadena de indeseables acontecimientos, el último de los cuales fue la renuncia del conde de los Andes. Los falangistas antimonárquicos vieron en las declaraciones un entendimiento entre Fernández Cuesta y Don Juan. Sin embargo, el ministro secretario del Movimiento comentaba que *las amables palabras de Don Juan han hecho más mal que bien* (573).

También Gil Robles se quejó de las declaraciones, que suponían *el abandono de los principios esenciales de la Monarquía histórica* y dimitió de su cargo de consejero privado. El Conde de Barcelona contestó que el documento apareció sin su beneplácito, pero que ya no cabía una rectificación porque ésta resultaría *más perjudicial que beneficiosa*. El desmentido significaría declarar una vez más la falta total de concordancia con el Régimen. Y en estos momentos en que el Régimen franquista estaba totalmente consolidado y contaba con el apoyo del Vaticano y Estados Unidos, y a las puertas de su entrada definitiva en las Naciones Unidas tal negación habría sido totalmente contraproducente, porque podría suponer una ruptura con Franco que al Conde de Barcelona convenía ahora menos que nunca. *Es penoso el deber de Rey* —se quejaba Don Juan— *que obliga en tantas ocasiones y a veces sin desearlo, a chocar con personas de su más alta estimación. Lo único que me duele es que haya personas que en cada ocasión me acusen de deslealtad, como si las ideas o sentimientos de cada grupo o tendencia fuesen una Constitución que yo hubiera jurado* (574). Las declaraciones supusieron la caída en desgracia de Danvila y el surgimiento del conde de Ruiseñada, que será, a partir de ahora, el principal monárquico partidario del entendimiento con el Régimen.

A finales de 1955 el Infante Don Juan Carlos juraba la Bandera. El oficio, presidido por el general Muñoz Grandes, fue también controvertido. El general no hizo, en su discurso, ninguna referencia al Príncipe, lo que molestó a los monárquicos que habían concurrido a la ceremonia. Por otra parte, Aranda consideraba que este episodio significaba un completo acuerdo entre Don Juan y Franco y abandonaba la política activa acusando al Conde de Barcelona de buscar el entendimiento con la dictadura traicionando a los obreros y a la libertad (575).

Existía un grupo importante de monárquicos que desaprobaba la línea que la Monarquía había adoptado con el Régimen. Éstos enviaron al Jefe del Estado una carta que suponía una crítica y el rechazo de este sector monárquico a las declaraciones de Franco del mes de enero al diario *Arriba*. Indicaban no tener *grandes ilusiones* respecto a los proyectos del Generalísimo para restaurar la Monarquía y que ésta *ha de volver y no la traerá usted*. Afirmaban rotundamente que la Monarquía *continuaría siendo totalmente incompatible con el Régimen creado, alentado y revitalizado por V.E.*, por tratarse de un «Estado totalitario» con una *dictadura personal absoluta*, donde los dirigentes eran miembros privilegiados que administraban inmoralmente los recursos del Estado; todo ello rodeado de una *carencia absoluta de libertades*.

> Podrá V.E. ostentar tal Régimen todo el tiempo que la fuerza se lo permita; podrá V.E. extremar las protecciones a las personas del Régimen y a sus familiares, para conservar el poder. Pero lo que jamás podrá lograr es que sea patrocinado por la Monarquía española auténtica. En ella no encontrará jamás V.E. amparo ni auxilio para protegerle de las tormentas venideras, que ya son inevitables... La Monarquía, que no tiene las apetencias insaciables de las personas del Movimiento, espera a que Dios decida la suerte de España (576).

Quizá como represalia del tono de esta carta el Gobierno multó con 10.000 pesetas a Joaquín Satrústegui, Vicente Piniés y José Lafarge, acusados de organizar una manifestación para vitorear a la Princesa Doña María Cristina, que se encontraba en el aeropuerto de Madrid, en tránsito de Italia a Lisboa (577).

Precisamente en la visita que realizó su hermana la Infanta Doña Margarita a Barcelona, elementos políticos le entregaron un informe para que lo pusiera en manos de su padre. En él se analizaba la situación de Cataluña respecto al Régimen, infiriendo que era *hondamente negativa*, traduciéndose esta negación en una derivación monárquica. Aludía también a la visita de doña Carmen Polo de Franco y de su hija a Barcelona, contrastándola con la de la Infanta. El conde de San Miguel de Castelar organizó la visita de ésta sin orquestaciones propagandísticas. *Todo ha tenido el matiz perfecto que convenía, no ya a un miembro de la Familia Real en el exilio, sino al de una Casa reinante.* Esto contrastaba con el carácter *meramente artificial y oficial* que tuvo el ambiente que rodeó a la familia Franco. *Éstas habían quedado defraudadas por la frialdad con que fueron acogidas en el Liceo. Y no hay que decir los comentarios que han despertado unánimemente las fabulosas joyas con que han aparecido en las fotografías de los periódicos. La gente del pueblo ha comentado —y esto encierra también el punto de vista de un país ancestralmente monárquico—«esta mujer se ha creído que es una reina».*

Seguramente ni la Infanta Margarita coronó con tanto éxito su visita, ni la familia Franco fue recibida con tanto recelo. Simplemente, los dirigentes del escrito querían recalcar que la solución monárquica era la única viable, que contaba con la unanimidad del pueblo catalán, lo que en modo alguno significaba incondicionalidad, ya que la vuelta a la tradición monárquica de elementos que estuvieron alejados de ella no se dirigía a *la captación de un sistema que sería simple continuismo* del Régimen franquista. Se alineaban, por tanto, con los monárquicos liberales no partidarios de la colaboración con el dictador. *En este punto, afirmaban, puede decirse que todos los sectores en Cataluña, salvo raras excepciones, están de acuerdo* (578).

11. PROSIGUEN LAS DIFERENCIAS

Ante mi bandera he prometido a España ser un perfecto soldado y con tremenda emoción te juro que cumpliré todo lo dicho.

JUAN CARLOS DE BORBÓN Y BORBÓN

11.1. Operación Ruiseñada

Es de todos conocido que el Régimen preparaba a mediados de la década de los cincuenta una especie de proyecto de Constitución. Desde la Secretaría General del Movimiento, José Luis Arrese elaboraba una propuesta de Leyes Fundamentales que marginaba a la Monarquía. Exponía que no podrían transmitirse sucesoriamente todos los poderes del general Franco, porque el caudillaje era irrepetible, sino solamente aquellos que correspondían al Jefe del Estado. Por lo tanto habría que regular los mecanismos en virtud de los cuales se produciría el nombramiento y relevo del Presidente del Gobierno (579). Arrese reservaba a la Falange el predominio político. En un discurso que pronunció el 4 de marzo en Valladolid, conmemorativo de la fusión de F.E.T. y de las J.O.N.S., en el que habló del futuro del Movimiento, no mencionó para nada a la Monarquía (580).

El proyecto de Arrese, naturalmente, disgustó a los monárquicos. El mismo Carrero Blanco realizó algunas objeciones. La más importante fue la necesidad de proclamar la «Monarquía Social» como el Régimen de España. Esta Monarquía no sería ni liberal, ni absoluta, *sino la Monarquía Tradicional de los tiempos actuales.* El subsecretario de la Presidencia precisaba que se trataba de instaurar un Régimen monárquico basado en las Leyes Fundamentales y en los principios del Movimiento Nacional. También Iturmendi y López Rodó se expresaron de modo similar (581).

Para los monárquicos de fuera del Régimen *este artilugio imposibilitaría la instauración de la Monarquía representativa* (582). Intentaron frenar el proyecto influyendo en los altos mandos del Ejército. Parece ser que fue Calvo Serer quien indicó al conde de

Ruiseñada la oportunidad de un contacto con el capitán general de Cataluña, el monárquico Juan Bautista Sánchez. En sus conversaciones ambos concluyeron que tenían muchos puntos en común sobre el desenvolvimiento de la política nacional. El conde entregó en la primavera de 1956 al capitán general de Cataluña un memorándum planteando la urgencia de la institucionalización del Régimen. Se establecería la Regencia con Franco y se nombraría un Jefe de Gobierno. Al finalizar el año, Juan Bautista fue invitado por Ruiseñada a una cacería en la finca «El Alamín», para tratar allí temas de interés nacional. El general no pudo acudir a la reunión porque se lo había prohibido el ministro del Ejército, el también general Muñoz Grandes, aduciendo que si el capitán general de Cataluña, procurador en Cortes, no acudía a ellas, tampoco debería hacerlo a reuniones conspiratorias los mismos días en que se reunían las Cortes en Madrid (583).

Juan Bautista Sánchez y Muñoz Grandes tenían una amistad bastante arraigada, por lo que mantuvieron diversos contactos durante este período. El segundo comentó al capitán general de Cataluña que si se trabajaba con lealtad podría contarse con él y hasta con Franco, que parecía estar preocupado *por el deterioro moral del sistema*. Con estas conversaciones el ministro del Ejército logró que Juan Bautista Sánchez demorase la publicidad de un «manifiesto-programa» que tenía por objeto, *manteniendo el acatamiento a Franco, liberar al Caudillo de los compromisos políticos que las circunstancias de la posguerra en España le habían creado, con personas de las que convendría prescindir e instituciones del sistema que procedía modificar, para cortar la corrupción y pactar una restauración monárquica por la cual Don Juan de Borbón aceptara los principios del Alzamiento.* Según este plan, el general Franco, tras restaurar la Monarquía, pasaría a ser Jefe Vitalicio del Ejército. Juan Bautista Sánchez sería presidente o vicepresidente del Gobierno para garantizar el cumplimiento de los fines de su proclama (584).

En enero de 1957 Juan Bautista Sánchez fallecía repentinamente de una angina de pecho cuando realizaba unas maniobras militares en Puigcerdá. Su muerte cayó como un jarro de agua helada en los sectores monárquicos. *Se nos ha muerto Juan Bautista Sánchez, qué gran desgracia,* dijo telefónicamente el conde de Fontanar a Don Juan. Sobre el capitán general de Cataluña, comentó Franco a Danvila: *La muerte ha sido piadosa con él. Ya no tendrá que luchar con las tentaciones que tanto le atormentaban en los últimos tiempos. Tuvimos mucha paciencia ayudándole a evitar el escándalo de la deslealtad que estuvo a punto de cometer.* Sergio Vilar ha querido ver en esta muerte la mano del general Franco. También a mí, personalmente, me ha comentado algún historiador que a Bautista Sánchez, *lo mató Franco de un infarto*. Sin embargo, no hay nada que pueda avalar tal hipótesis, y aceptarla sin pruebas concluyentes sería caer en el más puro de los sensacionalismos.

Tampoco puede decirse que los proyectos de Arrese fracasaron debido a la oposición monárquica antifranquista. Estos proyectos fueron mal acogidos hasta por el Movimiento Nacional, siendo los monárquicos de dentro del Régimen los que bombardearon el Proyecto. Aparte del apoyo de un grupo de Falange, sólo contó con el beneplácito de un sector del carlismo, dirigido por José María Valiente y José Luis Zamanillo, quien propuso a Arrese que admitiesen, además de a Falange, al carlismo y, quizás, a un tercero (585). Los planes de Arrese no prosperaron porque contaron con el rechazo total de los monárquicos que tenían cargos políticos en el franquismo: Carrero, López Rodó, Iturmendi, Esteban Bilbao, conde de Vallellano, José María y Antonio de Oriol, etc. También la oposición de la Iglesia fue fundamental para que los proyectos de Arrese fracasaran.

En un intento de acercar al Conde de Barcelona con el Régimen, López Rodó mantuvo diversos contactos amistosos con el conde de Ruiseñada. Rodó le explicó la trascendencia de la crisis de Gobierno de comienzos de 1957. Fue el esfuerzo fiscalizador de una minoría intelectual agrupada en torno a la «tercera fuerza». Aunque fracasaran Florentino Pérez Embid, Rafael Calvo Serer y, por ende, todo el *equipo político del Opus*, la victoria, sin embargo, fue grande para el *equipo económico*. *Mis compañeros de la obra, los políticos, siguen una táctica llamada al fracaso* —decía López Rodó—. *A Franco no se le puede hablar de política porque eso le da la impresión de que le están moviendo de su sillón, o preparándole el reemplazo. El único truco a intentar es hacerle admitir un plan económico desconcentrador administrativo. Eso le parecerá que no va contra él. Dejará vía libre y, luego, una vez dentro de la Administración, ya veremos hasta dónde se pueden lograr los objetivos políticos, que conviene disimular lo más posible* (586).

Ruiseñada contó a López Rodó una entrevista que había mantenido con Franco, en la que le había explicado su manera de entender la Monarquía: llegar a una restauración en la persona de Don Juan, que permitiera continuar con la ideología del 18 de julio. Franco le había indicado que sería interesante la publicación de estas ideas. Con la colaboración de López Rodó, el artículo «Lealtad, continuidad y configuración de futuro» apareció en el *ABC* el 11 de junio de 1957 y fue reproducido posteriormente por la mayoría de los periódicos del país. El texto fue mutilado por la censura, que insertó algunas palabras y endureció aquéllas que criticaban la posición de los monárquicos antifranquistas. En resumen, el conde de Ruiseñada se alejaba de la Monarquía preconizada por Don Juan en su manifiesto de 1945 y la hacía solidaria de los principios del 18 de julio, pero no del Movimiento Nacional (587).

El Conde de Ruiseñada tuvo oportunidad de enjuiciar la gestión de Gabriel Arias directamente ante Franco en una audiencia que éste le concedió hacia el 20 de junio. *He contado al Generalísimo que la reacción de Don Juan ante mi artículo había sido 100 % buena. He logrado del Generalísimo que se avenga a una entrevista con el Rey hacia finales de verano, con el fin de atraerle hacia la línea que yo he marcado en mi artículo y separarlo de los elementos liberales democráticos y antifalangistas que tanto influyen en él (588).*

El conde de Ruiseñada se había trasladado a Estoril para conmemorar la festividad de San Juan y explicar al Conde de Barcelona todas sus gestiones. Éste se dirigió una vez más al general Franco para expresarle que la entrevista entre ambos se celebraría cuando se diese *un paso trascendental en la política de evolución,* para no limitarse a *un mero intercambio de ideas y de noticias,* y tratar así *los puntos fundamentales de la fuerza política española* que no podrían ser improvisados en el curso de una conversación. La exposición que Don Juan hacía de la futura Monarquía *como evolución natural y lógica del Régimen mismo hacia otras formas institucionales de Estado; que abra cauces a aquellas modalidades exigidas por las necesidades del país y que aseguran la consolidación y perduración del Régimen monárquico,* no gustó nada al Generalísimo (589).

En mayo de 1957, Don Juan de Borbón había recibido un informe sobre la «Situación política» que debió tener bastante influencia porque lo he encontrado en dos fuentes diferentes. Hablaba de cinco sectores de opinión: un grupo revolucionario y activo y otro de los elementos integrados en el Régimen —falangistas y tradicionalistas— contrarios a la Monarquía; un sector izquierdista que aceptaba la Monarquía como *mal menor o como transición a la República,* y otro derechista que sólo deseaba la Monarquía una vez desaparecido Franco. En el centro estaba la masa *neutra y monárquica,* contraria al Régimen franquista, que señalaba como *solución definitiva* a la Institución monárquica.

De las conversaciones con los grupos más proclives a la Monarquía, llegaban a conclusiones diferentes: *un sector cree que con entrevistas del Rey con Franco y pasándole la mano por el lomo, el Rey puede conseguir alguna cosa del Caudillo.* Por el contrario, otro sector opinaba que, siendo la mayoría del país contraria al Régimen, *la Monarquía perderá más opinión cuanto más se acerque a lo actual.* El informe infería que el Conde de Barcelona no debía enajenarse la simpatía de los elementos que sustentaban al

Régimen ni mostrar sus discrepancias hasta que no fuesen distanciándose de él dichos elementos que eran reducidos a cuatro: el Ejército, la Iglesia, la Banca y la Alta Burguesía plutocrática. Tampoco convenía al Conde de Barcelona indisponerse con la opinión antifranquista, pues representaría *la atmósfera en que respire o se asfixie la Monarquía restaurada. Todo lo que sea aumentar los vínculos ya existentes con el Régimen sin recibir a cambio algo concreto o definitivo será un mal negocio para el Rey y funesto para cuanto representa.*

Sobre la entrevista con el dictador, convenía que ésta fuera aceptada si la solicitaba Franco y, si fuese posible, conociendo el objeto de la misma previamente. *El sector que propugna la multiplicación de las entrevistas sin garantía alguna, no se da cuenta de que asignan al Rey el papel desagradable y peligroso de entrevistarse con un señor para, en última instancia, solicitar su abandono del poder y para meterle prisa en la evolución por él anunciada.* Ello desagradaría al Caudillo que, como todos los dictadores, cree estar preparando la grandeza y felicidad del país. La prisa del Conde de Barcelona sería interpretada como *una egoísta falta de patriotismo*, que pretendía interrumpir por una mera ambición personal *la tarea gloriosa y fecunda en que se cree empeñado* (590).

En noviembre, cuando la entrevista ya se había disipado, otro documento preconizaba un *acuerdo táctico* con el dictador. Por tal entendían *aquella cantidad de acuerdo que sea indispensable para que él permita preparar desde dentro el día de mañana.* Tampoco hacían de la entrevista un acto fundamental, pues sólo la veían útil para ablandar el recelo de Franco y lograr que abriese las posibilidades de acción sobre la conciencia pública para que los españoles se acostumbrasen a la idea de que la Monarquía era irreversible. *Lo esencial no es la entrevista, ni conseguir o no conseguir convencer a Franco —a Franco no se le convence nunca de nada— ni llegar o no llegar a un acuerdo con él sobre el plan de restauración. Lo importante es ganar puntos ante la conciencia nacional e internacional.* Para esta labor era imprescindible lograr facilidades para una comunicación normal con el país. Esto se conseguiría mejor *con unas declaraciones y una propaganda acertada, que con una entrevista* (591).

Los monárquicos que ostentaban cargos políticos en el Régimen deseaban que se realizase la entrevista, pues la veían como muy beneficiosa para la Monarquía. López Rodó comentó al Conde de Barcelona que el riesgo de que el Generalísimo interpretase desfavorablemente la no celebración de la entrevista aconsejaba que *se lleve a efecto pese a todas las dificultades.* Pensaba que si Don Juan se negaba a acudir a la entrevista, *perdería toda la posibilidad de ser nombrado Rey* (592). Aconsejó al Conde de Barcelona que zarpara sin pérdida de tiempo rumbo a la ría de Arosa, y que comunicara a Nicolás Franco la fecha a partir de la cual estaría en dicha ría, y comentándole que esperaba noticias sobre el lugar y la hora del encuentro con el Jefe del Estado. La entrevista, finalmente, no se celebró. El Conde de Barcelona no dio el primer paso porque, quizá, no deseaba una entrevista que le hiciera aparecer integrado en el Régimen. *Para mí* —dijo Don Juan— *es algo parecido a tomar un purgante a la fuerza. Yo no quisiera quedar comprometido políticamente* (593).

Según José Luis Arrese la cancelación de la entrevista fue consecuencia de una conversación que mantuvo con el Generalísimo. Tras conocer que iba a entrevistarse con Don Juan, Arrese apostilló:

> En esa entrevista Don Juan llevará todas las de ganar y V.E. todas las de perder. La gente interpretará que se entrevista con Don Juan por una conveniencia, por una necesidad política, y eso será en perjuicio del Régimen y en mengua del poder personal de Vuestra Excelencia. La gente, al enterarse de que V.E. se ha entrevistado con Don Juan, diga lo que diga la nota-comunicado que se divulgue, entenderá que V.E. está balizando el camino que conduce a su sucesión en la Jefatura del Estado. Entonces, en este país de arribistas, continuó diciendo Arrese, se producirá una carrera loca para situarse bien ante Don Juan... y a poco que se descuide V.E., verá su persona desmerecida, o venido a menos su poder. Le conviene mantener la duda sucesoria y reforzar ante la opinión el recuerdo de que su Jefatura del Estado es vitalicia; o séase, todo lo contrario de lo que la gente deducirá de esa entrevista si se lleva a cabo.

El Generalísimo no le contestó, pero Arrese se atribuía haber hecho desistir al Caudillo de su entrevista (594).

El conde de Ruiseñada había fracasado en su empeño de acercar a Don Juan y al dictador. Su posición quedó mermada con la fracasada entrevista. No obstante, la tarea de Ruiseñada se saldó positivamente en lo referido a la labor propagandística de la Institución. Fue el presidente y principal promotor y financiador de la «Asociación de los Amigos de Maeztu». Además de su presidente, la junta directiva de esa organización contaba con importantes personalidades como José María Pemán, José María Arauz de Robles, Luca de Tena, Calvo Serer, marqués de la Eliseda, Gonzalo Fernández de la Mora, José María Ramón de San Pedro y Eugenio Vegas, entre otros.

Estos monárquicos realizaron gestiones encaminadas a influir en los sectores de opinión que sustentaba al Régimen, principalmente el Ejército y la Iglesia. También en medios universitarios contaron con Luis María Ansón y los jóvenes que le seguían. Ansón era presidente de la Juventud Monárquica (JUME), editora de la revista *Círculo*. Dirigida por su presidente estaba dedicada a *la difusión de la doctrina monárquica*. Protegían la revista el marqués de la Eliseda, Gregorio Marañón Moya, y el conde de los Gaitanes, entre otros. Fue suspendida por la censura en su tercer número y se procesó a su director por publicar una información referida al «Acto de Estoril» (595). Los «Amigos de Maeztu» contaron también con la revista, *Reino* de marcado carácter tradicionalista.

11.2. Los principios fundamentales del Régimen

El 17 de mayo de 1958 el general Franco compareció ante las Cortes y presentó la «Declaración de Principios Fundamentales del Régimen». El VIIº, relativo a la institución monárquica, decía: *El pueblo español, unido a un orden de derecho, informado por los postulados de autoridad, libertad y servicio, constituye el Estado Nacional. Su forma política es, dentro de los Principios inmutables del Movimiento Nacional y de cuantos determinen la Ley de Sucesión y las demás Leyes Fundamentales, la Monarquía Tradicional, Católica, Social y Representativa.*

La declaración suscitó en el campo monárquico reacciones contrapuestas. Los colaboracionistas veían abierto el camino hacia la restauración, y deseaban una declaración favorable del Conde de Barcelona. Los anticolaboracionistas, por su parte, rechazaban las Leyes anunciadas y solicitaban una negativa pública de Don Juan. Ambos mostraban rescoldos vulnerables: la actitud colaboracionista porque, doctrinal e institucionalmente, la Monarquía no podría basar su legitimidad en un Régimen por naturaleza transitorio, ni ser pura y simplemente su prolongación. Además, política y socialmente se frustraría *la ilusión y la esperanza de una gran masa de opinión que ve en la Monarquía un Estado de Derecho, un Régimen auténticamente representativo*. La actitud anticolaboracionista enajenaba la simpatía de los elementos que transitoriamente apoyaban a Franco, pero, tradicionalmente, afectos a la Monarquía.

Existía una «Tercera Posición» apoyada por Yanguas que opinaba que el Conde de Barcelona no estaba obligado a hacer ninguna declaración pública, ni convendría a la Causa Monárquica que la hiciera en ningún sentido: no lo estaba porque hasta el momento no se le había reconocido como Titular de los derechos a la Corona; no convenía a la Causa que lo hiciera a favor porque las discordias entre los Principios del Movimiento leídos por Franco y los

Principios de la Monarquía afirmados por el Conde de Barcelona
eran ostensibles; tampoco convendría que lo hiciese en contra porque recaería sobre él la responsabilidad de una ruptura, precisamente ·cuando los elementos moderados y pro-monárquicos, *guiados por las apariencias o ajenos a la sustancia de la institución
real,* creían que se había dado un gran paso hacia la restauración
monárquica. *En esta situación las cosas, parece lo más evidente
a la Causa Monárquica, ni identificarse ni contraponerse al Régimen actual.* Mantenerse al margen, sin compromisos y sin estridencias. Agotar las posibilidades de un razonado entendimiento,
que asegurase la normalidad del tránsito y salvaguardar aquellos
principios que fueran comunes, *sin volatilizar las esencias propias
de la institución monárquica.* Y, si el intento fracasara, *acreditarlo
a los ojos de todos, muy particularmente de aquellos elementos cuyo
concurso importa tanto a la Causa de la restauración* (596).

Ésta fue la actitud adoptada por el Conde de Barcelona. Cuando Franco leyó los Principios Fundamentales del Movimiento Don
Juan se hallaba realizando una travesía marítima por el Atlántico.
Desde la Embajada de Ciudad de Trujillo, el embajador español
Alfredo Sánchez Bella envió un despacho al ministro de Asuntos
Exteriores indicándole que la Prensa hispanoamericana comentaba que el Régimen español estaba sometido a una *fuerte y aguda
crítica interna,* a la que no podría sobrevivir, por lo que en plazo
breve *será sustituido por la Monarquía.* El embajador abogaba por
cuidar la dialéctica del Régimen. Pensaba que con una persona o
institución que se creía moriría en plazo breve, nadie estaría interesado en tratar, ni establecer ninguna base de acción perdurable
ni en el campo político, ni en el económico, ni en el cultural. *Hasta
ahora nosotros sólo hemos declarado que la Monarquía que venga
(que nosotros pensamos que será a plazo largo y la oposición desea
a plazo inmediato) no será más que una mera continuación del Régimen existente. Sin embargo...*

Continuaba apuntando Sánchez Bella que en el exterior nadie
pensaba que la Monarquía pudiera significar la continuidad de las
Instituciones creadas por Franco y el Movimiento Nacional. La Monarquía o sería constitucional, o no podría mantenerse; *y el consti-
tucionalismo significaría la vuelta de los exiliados y el fin del franquismo, del falangismo y de todas las instituciones creadas por el
Régimen en España durante los últimos veinte años.* El problema
no parecía a Sánchez Bella seguramente grave, porque ningún régimen a la larga podría pervivir si no contaba con *unos argumentos y una dialéctica para su defensa y unos hombres encargados
de mantenerlos.* A este respecto, el general Trujillo le había comentado: *con que usted me dé la seguridad de que Franco seguirá mientras viva, me basta. Lo que importa es no caer en la maniobra que*

sus enemigos tratan de crearle, haciéndole ver que la instauración plena de la Monarquía no sería peligrosa, ya que es seguro que, en las circunstancias presentes, ello significaría la quiebra de la continuidad del Régimen y el final del período y entonces la presión del exterior produciría inevitablemente un colapso general de las instituciones actualmente creadas, por muchos y grandes que fueran los intentos por evitarlo (597).

La última semana del mes de abril la pasó el Conde de Barcelona en Puerto Rico, donde fue recibido espectacularmente. Compartió con el Jefe de la base naval norteamericana, vicealmirante Daniel Gallery y con la alcaldesa de San Juan de Puerto Rico, Felisa Rincón de Gautier, y visitó a diversas personalidades españolas allí residentes. El despacho que mantuvo con el escritor Juan Ramón Jiménez, recluido en un sanatorio psiquiátrico, fue muy comentado (598). Por este motivo, veintisiete escritores españoles de disímiles tendencias, se dirigieron a Don Juan de Borbón haciéndole constar la *honda satisfacción producida en los medios intelectuales y literarios del país por vuestra visita, en San Juan de Puerto Rico, al poeta Juan Ramón Jiménez.* Rubricaron el texto Jaume Vicens Vives, Néstor Luján, José Vergés, Santiago Nadal, José Luis Aranguren, Luis Rosales, Laín Entralgo, Dámaso Alonso, Ramón Hernández, Vicente Aleixandre, Gregorio Marañón y Antonio Buero Vallejo, entre otros (599).

En mayo, Don Juan se trasladó a Nueva York donde coincidió con su hijo, que estaba realizando una visita como parte de sus prácticas de instrucción en la Armada. El embajador en Nueva York, José María de Areilza, envió un despacho al Ministerio de Asuntos Exteriores dando cuenta de las actividades realizadas por el Príncipe Juan Carlos. Solamente un párrafo del informe se refiere al Conde de Barcelona. Éste y su primogénito habían visitado al Cardenal Spellman y habían acudido a una cena en el «Spanish Institute», con presencia del mismo cardenal y de unas doscientas personas neoyorkinas. Hicieron uso de la palabra el presidente del Instituto Herod y el mencionado cardenal. Areilza pronunció un discurso de agradecimiento que fue contestado por el Conde de Barcelona (600).

Suárez Fernández afirma que la coincidencia en Nueva York de los dos miembros de la Familia Real pudiera deberse al deseo de Don Juan de Borbón de demostrar al mundo que sólo a él *correspondía recibir los honores.* No sé lo que esta apreciación puede tener de certera; la que sí tiene visos de realidad es la que realiza páginas más adelante cuando comenta la existencia de *datos suficientes para suponer que Don Juan de Borbón había concebido aquel viaje como una maniobra parcial de despegue.* La visita a Juan Ramón Jiménez, el intento frustrado de acudir a un concierto de Ca-

Dos panorámicas del Saltillo. Yate en el que don Juan de Borbón cruzó el Atlántico.

El Conde de Barcelona con el mundo de la Cultura. (Foto 1) En su estancia en Puerto Rico, S.A.R. visitó al premio Nobel de Literatura, Juan Ramón Jiménez. (Foto 2) Los Condes de Barcelona conversan con el compositor catalán Pablo Casals. (Foto 3) Don Juan de Borbón saluda a Ramón Menéndez Pidal en presencia del Presidente del Consejo Privado del Conde de Barcelona, José María Pemán.

sals, el intento «deliberado» de situarse por encima de su hijo, a lo que añado yo las declaraciones concedidas a Miratvilles, *demuestran la intención de mostrar ante el mundo que sus relaciones con Franco eran de absoluta independencia.* (601).

Jaime Miratvilles fue jefe de Información y Propaganda de la Generalitat catalana. Invocó en su entrevista la cita de un colega suyo, Alardo Prats por la que en España el sentimiento en favor de la restauración monárquica sería *total, unánime.* El Conde de Barcelona argumentó que la Monarquía era el único Régimen que podría sustituir al franquista sin que se realizase una crisis institucional capaz de comprometer, *tal vez para siempre, la existencia misma de la nación española.* A la pregunta del periodista sobre las relaciones del Conde de Barcelona con su primogénito contestó: *Mi hijo y yo estamos perfectamente de acuerdo en este sentido. El valor trascendental de la Monarquía es precisamente su automatismo histórico... Un Rey no puede ser elegido ni designado, es Rey por derecho histórico... La Monarquía es una Institución que supera al propio Rey.* El republicano Jaume Miratvilles concluía haciendo votos para que su ilustre entrevistado *reine en el corazón de todos los españoles* (602). Es cierto que muchas publicaciones hispanoamericanas señalaban a la Monarquía como la Institución ideal para desmantelar el Régimen franquista. Esto era así porque la República se daba por fracasada y, como veremos, todos los partidos de la oposición interior se acercaban a la Monarquía.

El 24 de junio en Estoril, los monárquicos esperaban el regreso de Don Juan de Borbón de su «odisea marinera». También acudió a recibir al Conde de Barcelona, Ibáñez Martín, que había sustituido a Nicolás Franco en el puesto de embajador en Lisboa. Los monárquicos dieron vivas al Rey y parece ser que alguno increpó al embajador. Éste recibió al Conde de Barcelona, pero decidió no asistir a la recepción de la tarde para evitar nuevos incidentes. El general Rodrigo, capitán general de Madrid, dio al Caudillo otra versión más agria de lo ocurrido en Estoril con el embajador: habrían querido tirarle al agua y cuando quiso protestar por el incidente, el Conde de Barcelona le volvió la espalda. Además, un periodista extranjero habría preguntado a uno de los asistentes el nombre del embajador, respondiendo, «sinvergüenza». El general monárquico Helí Rolando de Tella dio otra versión diferente a la policía: Don Juan se habría mostrado concorde con quienes reclamaban una monarquía liberal, *prometiéndonos que aclarará su posición con el Caudillo y no implicaría a la Monarquía en los desaciertos del Régimen.* Según el general fue Miralles el monárquico que se mostró violento con el embajador, aunque únicamente se había limitado a apartarle de Don Juan para evitar que fuesen fotografiados juntos.

En la recepción de Villa Giralda, Joaquín Satrústegui leyó las adhesiones de Gil Robles, Dionisio Ridruejo y Enrique Tierno Galván. Pablo Martínez Almeida, que había sido director general de jurisdicción en el Ministerio de Trabajo, pronunció un discurso en el que señaló que los monárquicos *queremos el máximo respeto a la persona humana, y libertad de expresión y de pensamiento, y que se ponga fin a la tiranía de una dirección dictatorial que se cree infalible.* Don Juan de Borbón dijo que deseaba ser el Rey de todos los españoles, pero que no convenía ir a una ruptura pública con Franco. *No se pueden enseñar las cartas que se tienen en la mano; las jugaré y pondré sobre la mesa cuando haga falta* (603).

Tomando como pretexto los viajes marineros de Don Juan, la «Editora y Distribuidora Española, S.A.» pensaba editar un libro que explicara los pormenores de la trayectoria marítima del Conde de Barcelona. La Editorial no era más que un subterfugio. Se recurría a sociedades mercantiles para realizar cualquier acción política. El presidente de la Editora fue el conde de Fontanar, y el secretario, José Luis Ruiz Navarro. Se sumó el capital entre una serie de monárquicos acreditados: Fernando Ibarra, marqués de Arriluce de Ybarra, Luis Rosales, Yanguas Messía, Pabón, Pedro Gamero, Álvarez de Miranda, Santiago Cruilles, etc. Como la imagen que presentaba el Régimen del Conde de Barcelona era injusta, los mencionados monárquicos pensaron en dar a conocer la verdadera personalidad de Don Juan por medio de publicaciones. El inesperado fallecimiento del conde de Fontanar malogró el intento. La Editora pasó a manos democristianas (604).

11.3. Segunda entrevista en «Las Cabezas»

El día de Reyes de 1959, también en Estoril, había ofrecido el Conde de Barcelona una recepción a los monárquicos que acudieron a felicitarle. José María Pemán, por su carácter apolítico, fue el encargado de pronunciar el discurso. Agradeció el ilustre escritor gaditano la proclamación monárquica desde el Gobierno, *pero agradeceríamos también que, de verdad, se monarquizasen el país y la juventud.* Agradecía las declaraciones que especulaban sobre la institución, *pero agradeceríamos también las leyes concretas que, institucionalizando el país, le anticipen asiento y peana... Los Reyes no pueden venir pisando el aire y la arena. A los Reyes se les tiende una alfombra. Y la alfombra que en estas horas hay que tender en España ante el Rey es la de un claro y sencillo propósito de realidad y de sinceridad* (605). Don Juan de Borbón contestó reafirmando la vocación europeísta de la Monarquía y minimizó las diferencias entre los monárquicos. *Todos merecen mi afecto, y no quisiera verlos enfrentados en luchas partidistas, sino lealmente hermanados al servicio del ideal común, que ha de estar por encima de los matices que pueden separarlos* (606).

José María Pemán envió, junto con el discurso, una carta a Carrero Blanco criticando la despreocupación del Régimen por crear ambiente a la Monarquía. *Yo, como padre de universitarios, compruebo cada día el creciente olvido de la juventud para la Institución que no han conocido y cuyo amor no se les estimula.* Una revisión de la Prensa diaria haría ver al subsecretario de la Presidencia el abandono que se seguía con la Institución. *Ya es bastante problemático que sea útil para el Régimen su empachada satisfacción exaltadora del presente, pero lo que parece seguro es que de ahí no puede surgir un calor popular y juvenil para una Monarquía.* Se preguntaba Pemán, *¿cómo se priva a este llamamiento (a la Monarquía) de toda la preparación que pudiera darle solidez?*

La contestación de Carrero Blanco fue larga y tremendamente impregnada de la retórica al uso. No existía ningún problema porque toda la cuestión sucesoria estaba ya perfilada por las diferentes Leyes Fundamentales. El Conde de Barcelona era el Príncipe de mejor derecho a la Corona de España. Sus desviaciones del Régimen se debían al desconocimiento de la realidad nacional por su residencia fuera de España. Si Don Juan viviese en territorio nacional *sería hoy el español más entusiasta del Movimiento y de su Caudillo, y que, como la inmensa mayoría de los españoles, desearía que Dios le concediese la vida más larga posible, para que, más firmemente, asegurase su obra.*

Carrero Blanco recibió una nueva carta de Pemán. Se mostraba conforme en que el Régimen monárquico se instaurase como continuidad del régimen anterior, pero señalaba la imposibilidad de que tomase todo su prestigio del régimen franquista. *Ha de conservar el suyo propio, el que le viene de la dinastía, de la herencia de los Reyes Católicos y Carlos V. Si esto no se cuida, conserva y fomenta ante los futuros españoles, ¿para qué traer en primer llamamiento a un Rey?* Reincidía Pemán en que el Gobierno debería aumentar la labor propagandística de la Institución. *La verdad: tener en la mano tanta cantidad del pueblo español como es el sindicalismo actual, y echar la culpa de la poca popularidad de la Monarquía a veinte señores particulares, no me parece justo* (607).

Sobre quienes visitaban al Conde de Barcelona el general Franco comentó a su primo el general Salgado-Araujo, que le utilizaban como instrumento para derribar al Régimen y restaurar una Monarquía contraria al Movimiento, para después combatirla como hicieron con Alfonso XIII. El Infante Don Juan era injusto con él porque le trataba mal políticamente. *Manifiesto siempre, y tú lo sabes, que él o su hijo Juan Carlos deben ser los herederos del actual Régimen, pero dentro de una Monarquía basada en los Principios del Movimiento* (608).

El ministro plenipotenciario, cónsul general de España en Tanger, había recibido una nota que explicaba los comentarios que circulaban entre los españoles de aquellas tierras africanas y que coincidían con lo expuesto por Franco al general Salgado-Araujo. Los monárquicos antifranquistas consideraban la cuestión del modo más favorable, convencidos de que el porvenir de España estaba en la vuelta de la Monarquía. *La más numerosa de las personas*, adictos al Régimen, opinaban que había llegado el momento de instaurar en España otro sistema, *no creyendo que ofrezca garantías en cuanto a estabilidad y orden más que la Monarquía.* Finalmente estaba la opinión de los izquierdistas. Deseaban que el Régimen diese paso a cualquier forma de Gobierno, *convencidos de que aunque éste fuera la Monarquía no se sostendrá mucho tiempo y España acabará gobernada por el socialismo u otro programa análogo* (609).

El hecho de que Franco pensase que la Monarquía del Conde de Barcelona desembocaría en la República y, por ende, en la anarquía y el comunismo, hacía que el Infante Don Juan Carlos apareciese ante sus ojos como un futuro Rey al que habría que cuidar y educar conforme a los principios que informaban el Movimiento Nacional. Este año Don Juan Carlos tomó parte en el desfile militar conmemorativo de la Victoria de los nacionales. Los monárquicos habían pegado carteles en las paredes de Madrid. Complacientes para el Conde de Barcelona y para el Ejército, olvidaban por completo al general Franco. *Madrileño, aprovecha esta ocasión para manifestar públicamente tu lealtad hacia España, tu fe en el Rey y tu adhesión al Ejército, aclamando a su paso la bandera y al Príncipe de Asturias.* El final del acto concluyó con enfrentamientos entre falangistas, carlistas y juanistas (610).

A finales del año, el Príncipe Don Juan Carlos recibía en la Academia General Militar de Zaragoza, los despachos de teniente de Infantería, teniente del Ejército del Aire y alférez de Navío. El presidente del acto, el teniente general Barroso entregó el despacho de teniente de Infantería al Príncipe; el teniente general Lacalle el del Aire; y el vicealmirante Nieto Antúnez el de Marina. El primero pronunció un discurso que gustó a los monárquicos porque incluso llegó a recordar a la Reina Victoria Eugenia (611). Existió después un cruce epistolar bastante intenso entre Franco y el Conde de Barcelona sobre la última etapa educativa del Príncipe. Al principio se barajaba la posibilidad de que el Infante acudiese a la Universidad de Salamanca, pero fue rechazada por el Conde de Barcelona, alegando la existencia de una serie de circunstancias que en cualquier otro centro docente también iban a coincidir. Quizá por ello pensó el Conde de Barcelona en improvisar un centro en alguna de sus propiedades.

En lo relativo a las materias y profesores que deberían instruir al Príncipe, también existieron algunas discordancias entre Franco y Don Juan. *La formación de Don Juan Carlos en estos años* —decía Franco— *es más una cuestión de Estado que de patria potestad*. El Conde de Barcelona no quiso polemizar con Franco, a quien asintió sus apreciaciones, no obstante señaló: *Créame, mi general, que la diferencia decisiva estará casi siempre en lo que los padres, por encima de instructores, ni de formaciones, pongan en el corazón de sus hijos* (612).

En la tercera entrevista Franco-Don Juan, ambos abordaron directamente la educación del Príncipe. En principio la entrevista se había fijado en el parador de Ciudad Rodrigo. La filtración de la noticia produjo gran expectación, acudiendo al lugar de la reunión multitud de periodistas. Ésa fue la causa de su suspensión. Definitivamente se celebró en el mismo lugar que la anterior. El Conde de Barcelona salió de Portugal acompañado del duque de Albuquerque y de su secretario particular, Ramón Padilla. Franco fue acompañado del jefe de su Casa Civil, conde de Casa de Loja, el ayudante, coronel de aviación Lapuente y el segundo jefe de su Casa Civil, Fuentes de Villavicencio. Al atardecer llegaron Rubio y Vigón, ministros de Educación y Obras Públicas, respectivamente. Había sido Vigón quien mantuvo con Sangróniz una serie de contactos encaminados a negociar previamente la entrevista. Sangróniz explicó al ministro de Obras Públicas que la posición del Conde de Barcelona se concretaba en los tres puntos siguientes: *a)* no utilizar al hijo como instrumento de maniobra contra el padre, que, por otra parte, serían estériles ya que sólo conducirían a aumentar el confusionismo existente; *b)* no consentir mientras que Don Juan Carlos permaneciese en España, ni nunca, una campaña de desprestigio contra su familia; y *c)* respeto absoluto y permanente a la patria potestad (613).

Entre los papeles de Sainz Rodríguez he encontrado un borrador que explicaba los diferentes puntos a tratar con el general Franco:

1.º Durante su estancia en España, el Príncipe estará bajo la exclusiva autoridad del Rey, ejercida por medio de un jefe de Estudios; 2.º El jefe de Estudios, o la persona en quien delegue, tendrá plena autoridad para: *a)* fijar la residencia o residencias del Príncipe; *b*) ordenar o autorizar sus desplazamientos, visitas, excursiones, etc.; *c*) nombrar y separar a sus directores espirituales, profesores y servidores de todo género; *d*) trazar el plan de estudios y vigilar su cumplimiento; *e*) resolver acerca de su entrada y salida de España sin la menor limitación; *f*) velar en todo instante por su formación, salud y bienestar; *g*) cambiar con las autoridades españolas las medidas de seguridad que se estimen convenientes; y 3.º Al Príncipe se le dará en todos los casos, lo mismo oficial que particularmente el título de Príncipe de Asturias.

Ya en la entrevista, tomó primeramente la palabra el general Franco hablando de cosas sin trascendencia. Después de una pausa, el Conde de Barcelona se quejó de que el Generalísimo mantuviera en el problema sucesorio constantes equívocos sobre los miembros de su Familia e incluso sobre otros pretendientes, alguno de ellos subvencionados por el Estado, solicitando la modificación de la táctica gubernamental del recelo y del confusionismo, y pidió que se le informara de los futuros proyectos legislativos *que atañen a la estructuración monárquica.* Franco no asintió, aunque por sus expresiones pensó el Conde de Barcelona *que no le parecía mal este plan.* Acto seguido pasaron al capítulo que el Titular de la Corona calificó de *agravios y quejas,* centrándose en la crítica a un libro de Carlavilla que suponía una infamia para toda la Familia Real. Franco se disculpó alegando que el libro era una réplica a otro del coronel de Aviación, el monárquico Ansaldo. El heredero de Alfonso XIII replicó que el libro de Ansaldo *no había sido tolerado en España y que, por lo tanto, los españoles no podían tener más que conocimiento de la respuesta, lo cual era extraño de verdad.*

Derivó después la conversación hacia los servicios de Prensa y elementos poco afectos a las ideas monárquicas. A esto, dijo el Generalísimo que aún continuaban los recelos y la desconfianza hacia el Conde de Barcelona por su manifiesto de 1945 y que seguía siendo impopular, *pero que habría que estudiar cuáles eran los motivos principales de esta impopularidad para, por medio de artículos en los periódicos, ir desvirtuándola.* Después de un breve repaso económico dijo el Conde de Barcelona que *la presencia del Príncipe era completamente incompatible con la continuación de la táctica de confusión y engaño.* Interrumpió el general Franco para expresar que en España no existía confusionismo (614), que éste se daba sólo en el extranjero y que eran los enemigos de Don Juan los que se lo metían en la cabeza. Después de reincidir en esta tesis el Conde de Barcelona, contestó Franco: *Pues cambiaremos.*

En la sesión de la tarde comenzó Don Juan señalando los nombres de las personas que le asesoraban, entre las cuales citó a Yanguas, Arauz, Gamero y a Pedro Sainz Rodríguez, apostillando, *ya sé que este último no es santo de la devoción de V.E.* A esto respondió: *Pues verá, verá...* y consumió veinticinco minutos de reloj en explicarle por qué don Pedro era masón. Al término de la «perorata» contestó que había alguna coincidencia poco agradable pero que él *tenía que juzgar a las personas por su trayectoria política, y que nada de lo que me había dicho me hacía cambiar de opinión y mucho menos pensar que fuera masón Sainz Rodríguez.* El Generalísimo se sobresaltó y dijo: *Pues no sólo don Pedro, también hay personas que no sabe V.A. que lo son. ¿Pues, quiénes?*, preguntó el Conde de Barcelona. *Pues su tío Don Alfonso también es masón,* respondió Franco. Entonces Don Juan soltó una carcajada y dijo: *Pues, mi general, si todos los masones son así, tendremos que levantarles un monumento.* También dijo Franco que era masón el duque de Alba. *¿Vuecencia ha visto su testamento? Los hechos de la muerte no se mienten de una forma tan descarada,* concluyó el Conde de Barcelona dando por terminada la conversación sobre ese tema.

Al fin hablaron de la cuestión pedagógica del Infante, y de su residencia, llegando *fácilmente a un acuerdo.* En principio viviría en «La Casa de los Peces» y después en el palacio de la Zarzuela. El jefe de la Casa sería el duque de Frías; continuando en su puesto los mismos asesores militares. Dejaba al Generalísimo la elección del marino que faltaba. Sobre la comisión de estudios hizo el Conde de Barcelona una exposición que, por ser el tema fundamental de la entrevista, voy a transcribir íntegra:

... En cuanto a la comisión o junta de estudios, no sé si por confusión o porque él deseaba realmente que hubiese dos comisiones —la mía y la suya— lo cierto es que sacó un papel con más de veinticuatro nombres que, previa venia, comenzó a leer. Sinceramente, como yo me quedé pensando cómo iba a rebatirle la existencia de las dos comisiones, no atendí mucho a la lectura del Generalísimo, hasta que llegó el nombre de Adolfo Muñoz Alonso, lo cual me hizo pegar un salto diciéndole al Generalísimo: *ése es un republicano confesado, de manera que no veo por qué es necesario que sea profesor del Príncipe,* a lo que él respondió que eso ya lo sabía y deseaba incriminarlo, pero puesto que no me gustaba, lo borraba; y acto seguido, cogió la pluma y borró el nombre de don Alfonso.

Faltaban de leer diez o doce nombres cuando por fin me decidí a atajarle diciendo: *Mi general, me parece que no ha comprendido la razón de ser de esta comisión de estudios. Para mí representa la presencia de la patria potestad y, por lo tanto, considero que no debe existir más que una sola comisión, en la que se dé cabida a algunos nombres que quiera sugerirme V.E., dándole yo así pruebas de la confianza que me parece, pero la comisión debe ser única, debe presidirla el elegido por mí, y los profesores son nombramiento mío.* Aceptó, en principio, y pasamos a estudiar los nombres que yo llevaba preparados. En honor a la verdad, los aceptó todos en bloque, y pasamos en seguida a escoger los propuestos por él. Aquí fue cuando me opuse terminantemente a que estuviera el ministro de Educación en la comisión, como era deseo del Generalísimo, explicándole que no deseaba más representación estatal que la estrictamente necesaria para facilitar el trabajo de la comisión, pero que la confianza mía era directa a él como Jefe de Estado y no a miembros de su Gobierno.

Sobre la entrevista se dio, naturalmente, un comunicado. Éste produjo a los dos ministros que acompañaron a Franco «sorpresa» y «pasmo» por *la claridad de algunos conceptos de la misma*. Vigón inquirió al Conde de Barcelona, «con picardía», si le había costado mucho trabajo que el Caudillo aceptara la nota. *Preferí decirle que no*, comentó Don Juan posteriormente.

Cuando se trataba la nota-comunicado, el Generalísimo puso reparos a que se nombrase al Infante Don Juan Carlos, Príncipe de Asturias, *y al decirle yo que ése era el título normal del hijo del Rey*, arguyó que no había sido jurado en Cortes, a lo que contestó Don Juan que las Familias Reales, cuando no están reinando, funcionan automáticamente como si lo estuvieran, pero que ya que mostraba deseos de que no fuera así, no le importaba que se le llamara Don Juan Carlos. El Jefe del Estado hizo otro reparo a la frase ... *que no prejuzgue la cuestión sucesoria*. Le pareció «duro», pero el Conde de Barcelona argumentó que *el deseo principal de esta entrevista estribaba precisamente en la necesidad de aclarar este punto y que, por lo tanto, era indispensable que esa frase u otra semejante saliese en la nota*. Franco continuó poniendo objeciones *más o menos válidas* hasta que Don Juan *con aire un poco cansado* le dijo: *Pues, mi general: si por cualquier razón encuentra que mi nota ahora es inoportuna, yo no tengo prisa, y como está el curso muy avanzado me puedo quedar con el chico hasta el mes de octubre*. Esto le cayó como una bomba y acto seguido aceptó la nota (615). Sin embargo, ésta fue desvirtuada por el Generalísimo para poder seguir jugando con el equívoco sucesorio.

Los monárquicos de «Unión Española» lanzaron una «hoja informativa» que explicaba los añadidos y supresiones de la censura, destacando que el Generalísimo había reconocido públicamente, por primera vez, haber tratado en igualdad con el Conde de Barcelona temas de interés nacional y su legitimidad. *Tal es el sentido de la nota: un reconocimiento explícito de Don Juan de Borbón como Rey legítimo de España y el reconocimiento implícito de que el Rey representa una fuerza inexorablemente vinculada al futuro del país* (616).

Esta interpretación, sin embargo, distaba bastante de la realidad. La adulteración de la nota-comunicado significaba que el Generalísimo estaba muy lejos de evolucionar, en plazo corto, hacia la restauración de la Monarquía, quedando en el aire la posible designación del Príncipe Don Juan Carlos e incluso de otra persona ajena a la Familia Real. La mencionada «hoja informativa» de «Unión Española» reconocía que no existían motivos para deducir *concretas consecuencias de orden público.*

11.4. El Príncipe en la Universidad

Los estudios universitarios del Príncipe Don Juan Carlos no tuvieron un comienzo muy agradable debido a los alborotos promovidos por los «javieristas». Éstos recibieron a Don Juan Carlos con gritos de ¡Viva el Rey Javier! y *¡Franco sí, Juanito No!* También tuvo que soportar el heredero del Conde de Barcelona el molesto canto de *Ya sale el pájaro.* Luis María Ansón pensaba, exageradamente, que aquellos acontecimientos significaban *uno de los mayores golpes que ha recibido la Monarquía en los últimos años* (617). Con no muy buena fe los «javieristas» habían repartido unas hojas, como si proviniesen de los partidarios de la otra rama dinástica, incitando a dar gritos y a aplaudir al Príncipe, para luego decir que los «juanistas» iban a hacer política a la universidad. Pero éstos, cumplieron la consigna de *no hacerles el juego,* y la actitud «javierista» tuvo una repulsa general.

El jefe provincial de la Falange Universitaria, Alberto Martínez Lacaci, contactó con los estudiantes monárquicos y juntos visitaron a Yanguas Messía para indicarle que, por encima de las divergencias políticas, coincidían, como universitarios, en rechazar la conducta de los «javieristas», y se mostraron dispuestos a actuar de común acuerdo frente a ellos. No ocultaba Yanguas Messía, como un dato alentador, que el mismo jefe de la Falange Universitaria y su organización, habían sido los promotores de las pancartas contra el Príncipe cuando éste desfiló en Madrid. El temple de los «juanistas» evitó que los estudiantes ajenos a ambas opciones, considerasen que realizaban política en la universidad. De esta forma, la condena general recayó enteramente sobre los «javieristas». También contribuyó la actitud serena del Príncipe que, *con naturalidad y entereza,* continuó su camino sin el menor apresuramiento, deteniéndose para hablar con el «javierista» que *tenía más cerca* (618). Exactamente, el Príncipe Don Juan Carlos había recomendado a Luis María Ansón, Santiago Álvarez de Toledo, Joaquín Aguirre y al hijo de Yanguas, *calma y prudencia y apurar hasta el límite todos los recursos antes de llegar a las manos* (619).

Yanguas Messía se reunió con Arauz y Valdecasas y escribió a Pemán. La tesis de Yanguas era que todo se mantuviera en el círculo universitario. Que los estudiantes afectos hicieran *el sacrificio de contenerse* para no «hacer el juego a los contrarios»; y que el Príncipe asistiera a las clases normales, pues produciría desagrado, incluso entre los monárquicos, que acudiera sólo a trabajos de seminario, en círculos muy reducidos, con los ayudantes del profesor de turno y un par de estudiantes. Arauz, Valdecasas y Julio Palacios asintieron con agrado las palabras de Yanguas y comentaron la idea al decano, Leonardo Pietro Castro, quien desde el primer momento se mostró en buena disposición. Sin embargo, Segismundo Royo Villanueva, rector, y Carlos Ruiz del Castillo, miembro de la comisión asesora del jefe de estudios, no compartían la idea de que el Príncipe fuera a las clases normales de la Facultad por motivos de orden pedagógico. Contestó Yanguas que consideraciones pedagógicas aconsejaban que Don Juan Carlos tuviese clases particulares, pero que éstas no tenían por qué excluir las otras. Con ambas se compaginaban las exigencias formativas y la conveniencia política de estar en contacto con los alumnos universitarios, de la misma forma que lo estuvo con las formaciones militares (620).

Algunos miembros de la comisión de estudios apuntaron la idea de que el curso especial del profesor Federico de Castro, al que acudía el Príncipe en círculo reducido, abriese matrícula para quienes quisieran inscribirse. Naturalmente, esto no era lo mismo que la asistencia a clases generales por tres razones: podrían matricularse, a título de oyentes, personas ajenas a la Facultad. Y esto no interesaba a los monárquicos; los estudiantes de la Facultad tendrían que abonar una matrícula y perder alguna de sus clases para asistir a ésta que, a la hora de los exámenes, prácticamente, no les serviría; y, lo que era más importante, en estas condiciones contarían únicamente con los estudiantes ya favorablemente inclinados, pero no los ajenos, que eran los que mayor interés tenían para la causa. El Príncipe Don Juan Carlos dio su *completa conformidad* al plan propuesto por Yanguas. Éste prosperó y el Príncipe acudió a clases conjuntas y a clases individuales. Rafael Jiménez de Parga fue la persona asignada como compañero en estas últimas (621).

Por otra parte, los incidentes promovidos por los «javieristas» indujeron a Yanguas a parlamentar con Castiella y señalarle la contradicción existente entre los acontecimientos y el acuerdo de «Las Cabezas» para la fase universitaria del Príncipe. Contradicción que, de no corregirse, podría quizás determinar que el Conde de Barcelona dedujese las *lógicas consecuencias*. Castiella contestó que tenía que ir a *El Pardo* esa misma tarde y aprovecharía la oportunidad para hablarle de ello a Franco. Al día siguiente, Castiella telefoneó a Yanguas y le dijo *hice la gestión y todo ha ido muy bien.* No añadió más, pero los resultados pudieron apreciarse con prontitud. El rector llamó a los «javieristas» a su despacho y les previno que si continuaban en su actitud perderían el curso y serían expulsados de la universidad. Al jefe del S.E.U. le advirtió que se trataba de órdenes del Gobierno.

Solís comentó a Gamero que el Jefe del Estado le había preguntado a qué se dedicaba su gente en la Facultad de Derecho, y al responderle Solís que mantenían su actitud correcta, le replicó Franco: *no basta. Tienen que rodear de cariño la presencia del Príncipe.* Finalmente, Yanguas rogó a Valdecasas que visitase a Antonio Oriol para que informara a Camilo Alonso Vega que el problema no era de dentro de la universidad, sino que procedía del exterior. Le comunicaron los nombres de los alumnos que recibían las órdenes dentro, y el que la transmitía de fuera a los «javieristas». Con ellos, la policía de Gobernación pudo cortar la maniobra sin producir despliegue policial en el recinto universitario.

El 28 de octubre, el decano Prieto Castro, convocó a todos los estudiantes de la Facultad en el Aula Magna, donde se concentraron más de dos mil. El decano se quejó de los sucesos relatados y cuando comentó *he observado que una minoría, desde luego en gran parte compuesta de elementos extraños...* una fuerte ovación interrumpió sus palabras, *repitiéndose los aplausos calurosos, en todas las frases alusivas a lo ocurrido y produciéndose una verdadera tempestad de imprecaciones a un «javierista» que se permitió interrumpir al decano gritando «¿y los cuarenta policías?»* Un número destacado de estudiantes se dirigió hacia él y tuvo que ser protegido y llevado al decano, quien le amonestó con unánime aprobación y abucheo de los estudiantes.

Ya el 31 de octubre, el Príncipe no tuvo que soportar ningún percance en la Facultad. Conoció a los delegados de curso y, después de departir con ellos unos instantes, acudió a las clases. Más tarde estuvo en el bar y circuló por los pasillos charlando con diversos estudiantes. Uno de sus compañeros exclamó: *¡Qué tío, fuma celtas!* (622)

El futuro Rey de España, con las normales diferencias, se preparaba de igual a igual con el pueblo. Eran los primeros contactos del Príncipe con la España de Hoy. Y en esta operación de hacerle agradable su estancia en la universidad jugaron un importante papel, entre otros, Luis María Ansón y Santiago Álvarez de Toledo.

12. LA NUEVA OPOSICIÓN Y LA MONARQUÍA

A nosotros, la verdad nos hace libres.

MONÁRQUICOS DEPORTADOS POR EL SUCESO DE MUNICH

12.1. La Monarquía en los partidos moderados de oposición

La oposición que se configuró en España a partir de 1956 va a caracterizarse por su apoyo, sino directo, sí velado, a la Monarquía. Los grupos democristianos fueron quienes primera y directamente hicieron público su monarquismo. Así, los «cafés Rodríguez Soler», durante la primera mitad de la década de los cincuenta, consistían en reuniones que se celebraban en domicilios particulares para tratar los problemas de España e intentar darles una solución. En principio, a las reuniones acudían juanistas sin significación democristiana, e incluso algún tradicionalista o republicano. Posteriormente la significación política de los reunidos evolucionó exclusivamente hacia la Democracia Cristiana, pero manteniendo vivo su monarquismo, imprimiéndolo en su programa que postulaba por *la auténtica fórmula de Gobierno tradicional*. Como monárquicos, los integrantes del grupo de Rodríguez Soler, cuando ya se había cohesionado como democratacristianos, visitaron en diciembre de 1956 a Don Juan. Rodríguez Soler definió a los asistentes, representantes de ocho provincias, como un *grupo político-social* nacido en 1949 entre *católicos creyentes en España, que no se resignaban a la simple tertulia del critiquismo cómodo e inoperante.* Tras explicar el cariz democristiano de su grupo, señaló que estaban preparados para sustituir al franquismo que *objetivamente significaba una dictadura personal* cuyo fin habría de plantear *una grave crisis ante la que debemos estar prevenidos.* Sobre la Monarquía decían que *ha de estar libre de toda vinculación con el Régimen político vigente.*

A partir de 1957 la mayoría de los miembros del grupo Rodríguez Soler pasaron a formar parte de la Democracia Social Cristiana, que reconocía a Don Juan de Borbón como Rey de España.
La constitución definitiva de este partido democristiano se produjo hacia mediados de 1960. Su presidente fue Gil-Robles y contó
con el apoyo de Carrascal, Álvarez de Miranda, Beltrán de Heredia, Íñigo Cavero y Ruiz Navarro entre otros. Redactaron unas bases avanzadas y democráticas, ratificando su fe en la Corona, encarnada en Don Juan y señalando que *cualquier otra solución
personal iría contra la esencia de la Monarquía.* Sin duda alguna
se referían a las posibles maniobras del general Franco para instaurar una Monarquía continuadora de su Régimen en el Infante
Don Juan Carlos o en su primo Don Alfonso. *Creemos firmemente
que cualquier intento de asentar la Monarquía sobre instituciones
apartadas de principios democráticos comprometería gravemente su
permanencia y consolidación y sería incluso, susceptible de invalidar los supuestos en que se basan su aceptación y su defensa.*
        Don Juan de Borbón recibió en mayo de 1960 a una delegación
de la Democracia Social Cristiana que le hizo entrega de las «Bases» haciendo hincapié en la necesidad de que la Institución abandonara los contactos con el Régimen. El Conde de Barcelona defendió su posición aduciendo que la opción adoptada por la
Monarquía era de pura táctica, no de Gobierno, para forzar la evolución de Franco (623). En este grupo se produjo una escisión encabezada por Gil-Robles, que abandonó el monarquismo para proclamarse accidentalistas. Por esta razón, Gil-Robles fue destituido de
la Presidencia de la Asociación Española de Cooperación Europea
(A.E.C.E.), nombrándose para los cargos directivos a Fernando Álvarez de Miranda y a Valentín de Andrés. La A.E.C.E. se transformó en un lugar de encuentro de toda la oposición democrática,
dando entrada a los socialistas. Esto es muy importante porque
influirá en el P.S.O.E. y otros partidos de la izquierda a la hora
de aceptar la opción monárquica (624).
        Otro grupo democristiano, la Izquierda Demócrata Cristiana, dirigido por Giménez Fernández, no era, en principio, partidario acérrimo de la Monarquía. Se declaraba «accidentalista» y estimaba
que el tránsito del franquismo al nuevo Régimen democrático debería realizarse mediante una Regencia *aceptada por toda la oposición democrática.* Una Asamblea Constituyente o un plebiscito decidiría la forma definitiva del Régimen español. El hecho de que
Giménez Fernández propusiera al Infante Don Alfonso de Orleans
para desempeñar una especie de «lugarteniente» del Reino, de carácter provisional, hasta la definitiva elección del sistema político,
hace pensar que su posición «accidentalista» estaba más cerca de
la forma monárquica del Estado que de cualquier otra.

A partir de 1959 la Izquierda Demócrata Cristiana evolucionó definitivamente. En su programa reafirmaba su accidentalismo: *No tenemos inconveniente en aceptar en la Jefatura del Estado un Rey Constitucional y hereditario o un presidente de la República Constitucional y electivo.* Sin embargo, en sus contactos con los socialistas emigrados, lograron que éstos aceptaran una cláusula que significaba que si la Monarquía democrática llegara a instaurarse en España, contaría con su apoyo. Andrés Fernández de A.R.D.E. se opuso frontalmente. *Ni los socialistas, ni la Izquierda Demócrata Cristiana tienen la intención decidida de rebelarse contra la Monarquía de facto si llega un día a instaurarse en España. En lo que ataña a los socialistas, o su republicanismo es una mera careta para no perder clientela, o no se explica por qué han permitido que se introduzca este párrafo octavo en el acuerdo. Sea cual sea su posición, el hecho es que han contribuido también, como los demás firmantes, a elaborar un documento que puede entrañar una cesión implícita y anticipada de los derechos de la causa republicana en beneficio de la Monarquía. En este sentido, considerado con el anterior pacto de París, este nuevo acuerdo no significa un paso adelante, sino un paso atrás.* El punto octavo decía:

> Si, pese a lo acordado, se produjera una situación de hecho que no correspondiera a la prevista en este documento, los firmantes se reservan el derecho de adaptar su actitud, llegando el caso, a la significación y conducta de la situación que hubiese sido establecida (625).

La mencionada declaración de París tuvo su origen en un requerimiento que en el mes de febrero de 1957 recibió el Partido Socialista de uno de los sectores monárquicos del interior, al que no era ajeno Tierno Galván. En él se señalaban tres hipótesis como posibles para el establecimiento en España de un Régimen estable: que la fórmula de Gobierno futura fuese elegida por el pueblo español; que ésta fuera implantada «de facto» y después legitimada popularmente; que fuera implantada sin más. Tierno Galván, transmisor de las propuestas, comentó que el porvenir inmediato del país estaba determinado y sería la Monarquía, por lo que a su juicio, constituía la última oportunidad que tenían las izquierdas *para cooperar a la restauración y por lo tanto para determinar su carácter democrático y social.* El Partido Socialista convocó a los representantes y partidos sindicales de la emigración, sometiendo a la consideración de los reunidos un proyecto de respuesta, cuya idea central consistía en no admitir más que el proyecto de *una situación transitoria con un gobierno provisional sin signo institucional determinado* (626).

Sin embargo, en el VII Congreso del P.S.O.E., celebrado en el exilio entre el 14 y el 17 de agosto de 1958, Luis Araquistáin, tras recordar que en el partido *en los primeros treinta años de su existencia lo esencial no era la forma de gobierno, Monarquía o República, sino las libertades políticas,* dejó en el aire que *de no haber caído la Monarquía, no hubiera habido aquella guerra atroz en España, y que si volviese a haber una República, podría repetirse la historia.* En este sentido concluyó señalando que *en la candidatura monárquica el factor decisivo no sería la persona, sino la Institución misma, cuya ausencia, a juicio de muchos ahora a posteriori, produjo una espantosa guerra civil, y cuya presencia podría evitar otra.*

También la Agrupación Socialista Universitaria aceptaba una Monarquía Constitucional. Vicente Girbau León, que ya había mantenido conversaciones con el Conde de Barcelona en París, le dirigió postalmente una nota, para expresarle la especie de que sólo si se ponía en la vanguardia de la lucha contra el Régimen y declaraba inequívocamente que deseaba ser el representante de todos los españoles, tendría la Monarquía garantías de perdurabilidad y de utilidad, manteniéndose el orden por la adhesión popular y no por la Guardia Civil (627).

Miguel Sánchez Mazas expresó a Don Juan «el respeto» que sentía por la institución Monárquica, tal como se concebía en la Europa moderna y progresista, *en cuyos países socialmente más organizados (Suecia, Noruega, Dinamarca, Gran Bretaña, Holanda) representan —en contra con los bárbaros y execrables sistemas feudales afroasiáticos— el noble punto de concordia y de continuidad para el desarrollo pacífico de todas las formas de libertad espiritual y jurídica.* Así, las nuevas generaciones españolas se apartarían de la solución monárquica que consideraban *como una de las posibles, y quizá la más próxima y accesible,* para inclinarse hacia otras formas de gobierno, si la Institución no se ganaba el fervor popular. *Es preciso ya* —requería Mazas— *que os dirijáis a la universidad, a las nuevas generaciones, al pueblo entero en un mensaje valiente, explícito y definitivo. Este mensaje debería incluir la afirmación tajante, sin equívocos, del carácter liberal, democrático y moderno de la Monarquía, que por un lado provocaría gran satisfacción en Europa y el mundo civilizado, y por otro, uniría a la mayoría de los españoles en una auténtica esperanza.* En fin, se mostraba dispuesto a apoyar una Monarquía liberal, contraria a la que Franco quería instaurar; y exigía: libertad de cátedra, de enseñanza y de cultura; libre juego de los partidos políticos; libertad de sindicación; y garantía de respeto a los derechos del hombre. *Tenéis, Alteza* —concluía—, *la legitimidad de origen. Ganaos la de Ejercicio. Y que Dios os proteja y os tenga de su mano ante tan grave responsabilidad histórica* (628).

La posición más decididamente promonárquica, dentro del socialismo, la mantuvo Tierno Galván. En los años cincuenta el pensamiento del profesor Tierno iba dirigido a buscar una salida al Régimen franquista que pudiera ser aceptado por la mayoría de los españoles, y que no supusiera venganzas ni nuevas luchas internas, concluyendo que la única viable y pacífica era la restauración de la Monarquía. Pensar en la implantación de la República, constatando los poderes reales de las Instituciones, significaba caer en el más puro de los utopismos. Consecuentemente, trabajaba para que las izquierdas del interior y del exterior se implicasen con Don Juan y éste con la izquierda para acelerar, de este modo, el proceso de sucesión-sustitución de Franco. La izquierda debería evitar que la Monarquía adquiriese un carácter continuista para poder añadir a la legitimidad dinástica la legitimidad popular-democrática.

Desde este planteamiento que llevaba implícito el reconocimiento de Don Juan, comenzaron Tierno Galván y su grupo político a conectar con los sectores de centro-derecha del interior (Ridruejo, Satrústegui, Gil Robles) y con el exterior (republicanos y socialistas de Llopís). En 1957 fue procesado por el Régimen e ingresó en la prisión de Carabanchel, acusado de *propaganda ilegal y asociación ilícita*. Este proceso fue la respuesta del Gobierno a los contactos y eventuales acuerdos sobre la Monarquía entre sectores del interior y del exterior. Acuerdos que se configuraban en las mencionadas «hipótesis» que facilitaban este entendimiento (629). Si el «viejo profesor» hubiera propalado la República en vez de la Monarquía, con toda seguridad, no habría sido encarcelado. La teoría de Enrique Tierno anulaba la tesis del general Franco. Pensaba éste que la Monarquía no sería nunca instaurada como alternativa a su Régimen, sino simple y llanamente, como continuadora: Monarquía basada en los principios que informaron el Movimiento Nacional, que mantuviera artificiosamente el recuerdo de la Guerra Civil y olvidara para siempre a los vencidos en esta contienda fratricida. Alejada de esta conducta, pensaba el Generalísimo, la Monarquía no sería más que el tránsito hacia la República y, por ende, hacia el anarquismo y el comunismo.

La cárcel no hizo mella en don Enrique y, en la famosa cena política convocada por «Unión Española» en el hotel Menfis de Madrid, reincidió en su teoría monárquica. Manifestó que siendo respetable la legitimidad histórica y la adhesión irracional, una institución no podría ser lícita totalmente hasta que contara con la *legitimidad racional*. Expuso que esta última existía *cuando la Institución se ajustaba al nivel psicológico de opinión y de bienestar de sus miembros*. En este sentido concluyó: *La Monarquía es, a mi juicio, deseable para España ya que es la Institución que mejor puede lograr la legitimidad racional* (630). Que Tierno Galván había abandonado la posición republicana por inviable quedaba constatado por las felicitaciones que durante varios años consecutivos había enviado al Conde de Barcelona por la festividad de San Juan. Don Juan le contestó haciendo constar una concordancia total de pensamientos. En los pueblos donde la Historia y la tradición conservaban valores vivos operantes y susceptibles de renovación, habría que procurar integrar *en el tronco viejo, el renuevo fecundo y creador del progreso, que así logra más seguridad de rápido desarrollo en la paz y concordia de todos.*

> ... Constándome sus condiciones de carácter y discreción —continuaba Don Juan— me he atrevido a franquearme con usted expresándole esta exposición de espíritu provocada por las breves líneas de su felicitación.
>
> Conozco sus trabajos para llegar a acuerdos doctrinales con monárquicos de distintas procedencias y me complacen vivamente por estar dentro del espíritu que anima la presente carta. He de agradecerle también sus esfuerzos para traer elementos al campo de la Monarquía despertando en ellos la confianza en el futuro y en los servicios que esta institución podrá prestar a la estabilidad y al progreso de España (631).

Durante la década de los sesenta mantuvo Tierno Galván cordiales relaciones políticas con la monárquica «Unión Española» de Joaquín Satrústegui, y no tan felices con el exilio republicano y socialista, precisamente por el tema monárquico. La polémica interior-exterior que dividía al socialismo, estaba personalizada en Tierno y en Llopís. Raúl Morodo, uno de los principales dirigentes del grupo de Tierno Galván, publicó en *Ibérica*, revista dirigida en Nueva York por Victoria Kent, dos artículos apoyando la Monarquía Constitucional. A partir de este momento las relaciones con Don Juan se intensificaron, vía indirecta, a través de Satrústegui y «Unión Española» y, directamente, a través de frecuentes viajes que Raúl Morodo y Tierno Galván realizaron a Estoril. Tierno dejó escrito en sus memorias las impresiones que sacó de la primera entrevista con el titular de la Corona:

> ... Salí calibrándome del acierto que habían tenido los monárquicos en coincidir en Don Juan. Yo estaba satisfecho, pues había confirmado la bondad de la operación a la que había contribuido tanto como podía, de poner a una gran parte de la burguesía española en pie de guerra para luchar contra Franco por la Monarquía. Esta operación me pareció después de conocer a Don Juan garantizada por la personalidad que acababa de dejar en Villa Giralda. El resultado importante de la entrevista estribaba, para mí, en el convencimiento de que eran ciertos los juicios que de Don Juan, desde mucho tiempo atrás, había oído (632).

Desde la presencia del Partido Socialista Popular, durante los años setenta, mantuvo una posición pro-monárquica. En contactos con partidos socialistas y social-demócratas europeos y americanos incidió siempre en la conveniencia de la salida monárquica, con la ratificación popular. También haría constar al P.S.O.E. su actitud monárquica y, en los últimos años de la «Junta Democrática», que contaba con la participación del Partido Comunista, el P.S.P. mantuvo la misma posición.

Los socialdemócratas de Dionisio Ridruejo, aunque teóricamente indiferentes en cuanto a las formas de gobierno, no escondían sus preferencias por una Monarquía Constitucional. En marzo de 1957 el ex líder falangista declaraba a la revista *Bohemia* de Cuba, que no tenía fe en los principios de la Institución, pero sí en su validez instrumental. *Creo que la Monarquía arbitral y simbólica es una posibilidad, quizá una fatalidad de la España inminente* (633). El 23 de junio de 1958 se dirigió al Conde de Barcelona a quien, durante todo el texto, dio el tratamiento de «Majestad». *Como otros muchos, creo sin parcialidad doctrinal y sin «adhesión probada», en la virtualidad de la Institución monárquica para hacer por España lo que —según las apariencias— nadie podría hacer por ella aquí y ahora.* No creía, sin embargo, existiera en España una amplia opinión monárquica, en sentido doctrinal, porque *se ha hecho cuanto se ha podido para que no la hubiese.* Lo hacían los hombres del Régimen, lo hacían los adversarios ideológicos de la Monarquía y también algunos de los que se titulaban partidarios de la Monarquía. *Existe, en cambio, una expectación favorable y una predisposición de buena fe.* Recalcaba Ridruejo que la Monarquía era para la mayoría de los españoles *lo único que es posible* para no continuar con el Régimen franquista. Pero *la adhesión positiva* del pueblo a la Institución vendría cuando el titular de la Monarquía hubiera realizado la labor liberalizadora, *y cuyos actos sucesivos serían los de la restauración de una vida pública decorosa* (634).

Ridruejo comentó en 1960 a diversos periódicos extranjeros la misma tesis respecto a la Monarquía. Tendría su apoyo si actuaba *como símbolo, si sirve como instrumento de una operación histórica de liberación e incluso como instrumento de seguridad del resultado de esa operación.* Apuntaba que votaría a la Monarquía en caso de un plebiscito si ésta se definía como democrática. El hecho de que las fuerzas dominantes del país fueran monárquicas, le parecía un buen argumento para ello.

Igualmente los sindicalistas de la C.N.T. se dirigieron «A Su Majestad el Rey Don Juan III» para reiterar su fe en la *patriótica tarea de restaurar en España la Monarquía vinculada a la augusta persona de V.M.* Consideraban que el Conde de Barcelona era y sería la persona jerárquica encargada de encarnar e interpretar «fidelísimamente» las aspiraciones democráticas del pueblo español, *en su colosal mayoría, hartamente cansado y desengañado del resultado catastrófico causado a nuestra sufrida Patria por el fatídico poder personal que está arruinando a la nación española, en lo económico, y deshonrándonos políticamente ante los ojos bien abiertos de todos los países libres de tiranías dictatoriales y totalitarias* (635).

Por estas fechas circulaba también por España una hoja clandestina del «Movimiento Nacional de Resistencia» que mostraba su *disconformidad absoluta* con la campaña de propaganda monárquica, caracterizada en el artículo de Ruiseñada, «Lealtad, continuidad y configuración de futuro», e inspirada o permitida por el Gobierno *justamente cuando pretende anular cualquier brote de oposición monárquica digna y eficiente, incluso con el auxilio, por lo visto, de colaboradores mercenarios.* Propugnaba este movimiento la unión de todos los enemigos del Régimen franquista y, a la vez, del comunismo, a través del cauce de una Monarquía ampliamente liberal y sustentada en el asentimiento popular. Decía dirigirse a los españoles para desenmascarar a quienes estaban al servicio del Gobierno intentando apuntalar un Régimen *que ha prostituido los grandes ideales en que se apoyó Franco el 18 de julio y cuya supervivencia está condicionada al desprestigio y anulación de cualquier posibilidad efectiva de restauración monárquica.* Fieles a la Monarquía, a los principios dinásticos encarnados en Don Juan de Borbón, manifestaban su oposición al Régimen franquista y la voluntad resuelta de combatirlo (636). A finales de 1957, lanzaron otra proclama señalando que el «Movimiento Nacional de Resistencia» había quedado disuelto al constituirse el «Frente Nacional de Liberación», que postulaba igualmente la Monarquía de Don Juan, basada en el restablecimiento de las libertades, en el reconocimiento de las diferenciaciones regionales dentro de la unidad nacional, y en el catolicismo del pueblo español (637).

Es incuestionable que a partir de 1956 la Monarquía es el centro de mira de toda la oposición democrática. A todos expresaba el Conde de Barcelona su asentimiento y conformidad: la Monarquía restaurada sería constitucional. Sin embargo su acercamiento al Generalísimo era inevitable para forzar la evolución e intentar frenar cualquier maniobra que diese al traste con la posibilidad monárquica y, por ende, con la pacífica evolución hacia un régimen de libertades.

12.2. Unión Española

Fue el grupo más caracterizado de la oposición democrática monárquica al franquismo. Ni subversivo, ni conspirador, laboraban por procurar una evolución hacia un Régimen de libertad y de orden que acercase España a Europa. En su hoja fundacional, fechada en diciembre de 1957, expresaba: *el español ni puede realizar una crítica constructiva de los actos de Gobierno ni se halla bien informado. De hecho es mero espectador de un presente muy sencillo y confuso a la vez, en el que sabe que fuera del cauce oficial, nada puede hacer.* Para salir de esta situación, Unión Española defendía su ideario que giraba en torno a la Monarquía como forma de Estado. Rechazaban la República porque sus dos «ensayos» habían desembocado en otros tantos desastres. También repudiaban cualquier otra forma de Monarquía que no fuera la hereditaria vinculada a la persona del Conde de Barcelona, a quien reconocían como *Rey legítimo de España en el destierro.* Presentaban la futura Monarquía como católica, aunque indicaban que nadie sería molestado *por tener otras creencias, ni por el ejercicio privado de su culto,* y representativa de la Unidad Nacional, pero respetuosa con *las peculiaridades regionales, compatibles con la Unidad sagrada de la Patria.* El último postulado vinculaba Monarquía y Democracia basándose en *el derecho natural de libre asociación de los ciudadanos,* con exclusión *del comunismo y demás totalitarismos*; en la representación popular a través de las Cortes; en la separación de poderes con independencia del legislativo y el ejecutivo, y, sobre todo, del judicial sobre los otros dos; en la libertad de Prensa y en el derecho de huelga siempre que no lesionasen intereses nacionales. Unión Española no se constituía como un partido político, sino como un *vínculo moral que obliga a quienes lo aceptan a propagar, por todos los medios a su alcance, inexcusablemente, nuestro programa* (638).

No hay que decir que Unión Española se movía clandestinamente. Sin periodicidad delimitada lanzaba unas «hojas informativas» que enmarcaban su característica política. Así criticaban que asuntos tan importantes como la promulgación de las Leyes Fundamentales del Movimiento, o el abandono de Marruecos, se habían producido sin diálogo nacional, por la única *voluntad del general Franco* (639). Los monárquicos colaboracionistas, e incluso el Conde de Barcelona, tampoco se libraban de las críticas de la Unión Española. En noviembre de 1958 decían que *la restauración de la Monarquía debería ser obra de los españoles y no asunto privativo de una sola persona por encumbrada que esté,* ni tampoco *ser objeto de un diálogo exclusivo y sin orden del día entre Franco y el Rey,* que dejase a los españoles *en meros espectadores de una discusión que no les afectara* (640).

Quedaba explícito su automatismo y total independencia del Titular de la Corona. Por ello, con motivo de la última entrevista que el Conde de Barcelona mantuvo con Franco, escribieron al primero para indicarle que *el país desea ya —y lo necesita— que la Monarquía se vaya estableciendo por hechos que emanen de actitudes y opiniones independientes de S.M., en un centro de poder que sostiene en sí mismo, porque ejerce auténtica atracción sobre los españoles y no es simple reflejo o consecuencia de las acciones de El Pardo.* En resumen, pensaban que debería continuar fomentándose, a toda costa, el movimiento «de abajo a arriba» que reclamaba la vuelta de la Monarquía y al cual se estaban sumando progresivamente tanto quienes habían estado en una actitud de indiferencia, como quienes aún creían en una solución republicana o en la proclamación de otro *hombre fuerte.* Tal movimiento de opinión acabaría influyendo en la actitud de los poderes que sostenían a Franco hasta el punto de que éste tendría que dar paso a la Monarquía, o le harían decidirse. En caso de fallecimiento del Generalísimo, la *restauración se impondría arrolladoramente.* Para ello sería necesario que el Conde de Barcelona y su hijo se distanciasen de «El Pardo», para que los sentimientos y convicciones del país se exteriorizasen y condujeran a resultados positivos. Por el contrario, todo lo que diese sensación de complicidad *con un presente que sólo pretende perdurar a toda costa,* perjudicaría la concreción de los sentimientos y convicciones de la opinión del país. En tal estado, consideraban perjudicial para la causa, la continuidad del Príncipe en España (641).

El lanzamiento político de Unión Española no se produjo hasta el 29 de enero de 1959, en la famosa cena política del Hotel Menfis, en la que se congregaron gente muy cualificada. Joaquín Satrústegui, Jaime Miralles y Enrique Tierno Galván pronunciaron los discursos, referentes todos ellos a la política interior española. Satrústegui, de procedencia tradicionalista y, por lo tanto, proveniente del bando de los vencedores, fue multado con 50.000 pesetas por atacar al general Franco acusándole de haber tomado ilegalmente el poder y de llevar al país a la ruina. *¿Puede una guerra civil ser un acto fundacional?* Negaba tal posibilidad e indicaba que *La Monarquía no puede asentarse sobre este hecho; la Monarquía vendrá... a continuar la Historia de España.* Denunció Satrústegui la evolución legislativa del Régimen calificándolo de autocrático y negando validez al referéndum de 1947 y a las elecciones de 1954, y presentó al Conde de Barcelona enfrentado a esta situación y capacitado para realizar la necesaria evolución que encaminase España hacia Europa:

> ... Hoy, el Rey legítimo de España es Don Juan de Borbón y Battemberg. Lo es por ser hijo de su padre, nieto de su abuelo y heredero en fin de toda una Dinastía. Ésos y no otros son sus títulos. Y el sector del país que retiró el apoyo a su padre, da muestras constantes de prestárselo al nuevo Rey. La Monarquía es de todo el país y para todo el país. Nos lo recordó el Rey el día 6 en Estoril, cuando dijo: *No importa de dónde se viene, lo fundamental es a dónde se va.*

Añadió que la restauración no podría ser obra de una sola persona, sino de la totalidad de los españoles. En este sentido, habría que lograrlo trabajando «de abajo arriba» porque *las organizaciones «de arriba abajo» se desbaratan de un solo golpe*. Trató finalmente de quitar incidencia a la aceptación que el Conde de Barcelona había hecho de los Principios tradicionalistas, señalando que no diferían sustancialmente del programa de Unión Española y que eran consecuencia del concepto de responsabilidad que tenía Don Juan como depositario de lo que la Monarquía representaba. Concluyó señalando que el futuro sería *lo que nosotros —el país— abrazados al árbol secular de la Monarquía, sepamos merecernos.* En resumen, planteó tres puntos importantes: en España Franco era la Ley; los títulos de la Corona antecedían a la Guerra Civil; y la Monarquía tendría que venir no sólo por la voluntad de Franco, sino porque el pueblo lo deseaba (642).

Jaime Miralles criticó en su discurso la falta de formación política de la juventud, señalando como uno de los errores cometidos en tal formación *la ocultación —cuando no detracción— de los valores que en el orden al porvenir encierra el sentimiento monárquico*. Igual que Satrústegui, hizo hincapié en que la restauración de la Monarquía tendría que ser obra de todos los españoles porque estaba llamada *a continuar la historia de España* (643). El profesor Tierno Galván disertó, como he indicado anteriormente, sobre la «legitimidad racional». El Gobierno impuso a ambos una multa de 25.000 pesetas.

La «Cena de Menfis» despertó gran interés en los sectores de oposición al Régimen y en la Prensa internacional, donde aquella reunión fue magnificada. Algunos periodistas extranjeros vieron una quiebra de la autoridad infiriendo, para ello, en que el Gobierno no había realizado sanciones (644). Los agregados de Prensa de las distintas Embajadas españolas fueron encargados por el Ministerio de Asuntos Exteriores de advertir a la prensa de sus respectivos países que la autorización de aquel acto no había significado merma de autoridad del Gobierno, sino, al contrario, era un signo de libertad. Sin embargo, ya he indicado que sí hubo sanciones. Éstas se debieron a que a Franco le disgustó sobremanera que Satrústegui vaciara de contenido su legitimidad. Para el Generalísimo era la victoria en la Guerra Civil lo que le confería su autoridad. Esto, por sí solo, hubiera causado las iras del dictador. Pero, además, la legitimidad quedaba en entredicho doblemente, porque presentaba como alternativa a Franco, nada menos que una Monarquía reconciliadora que hiciera almoneda de la Guerra Civil. Será la misma problemática que veremos en el Congreso de Munich.

A los monárquicos partidarios del entendimiento con Franco disgustaba la actuación «anárquica» de los hombres de Unión Española. Algunos se sintieron tan irritados que incluso solicitaron al Conde de Barcelona que desautorizara a este grupo monárquico. Don Juan no lo hizo nunca, pero Pemán les invitó a meditar si creían conveniente para la causa monárquica *vuestra discrepancia patente y constante con el presidente y la mayoría de los miembros del Consejo Privado en quienes Su Majestad tiene depositada su confianza para dirigir la política monárquica.* Esta disonancia no impedía, sin embargo, los contactos de Unión Española con otros grupos monárquicos, incluso con los tradicionalistas. A finales del 60, Satrústegui felicitó a Pemán por su artículo «La maquinilla de pensar» en *ABC.* Se refería el presidente del Consejo Privado a la posibilidad de *organizar España sobre instituciones occidentalistas y modos de derecho que son las características de la civilización cristiana y señalaba que la convivencia y la moderación* eran virtudes católicas (645). Pemán contestó a Satrústegui reduciendo diferencias: el Conde de Barcelona se habría comprometido con unos principios alejados del inmovilismo en los que cabrían *mil seguridades para la libertad individual,* con representación, con intervención en la vida pública, con sufragio, pero dentro de *una constitución orgánica del país* (646).

Los hombres de Unión Española se movieron políticamente por todo el país. En 1960 presentaron varias candidaturas independientes para que se enfrentasen cívicamente a las gubernamentales en las elecciones municipales. Animaron a sus amigos y a otras personas de tendencia monárquica en seis o siete provincias. La idea fue favorablemente acogida y se organizaron las candidaturas, pero, en la mayor parte de los casos, los gobernadores coaccionaron a los candidatos y éstos no se atrevieron a presentar la documentación requerida para poder ser proclamados. Sin embargo, las candidaturas fueron presentadas en tres provincias. En Valencia y en Zaragoza el gobernador intimidó a quienes presentaron a los candidatos.

En San Sebastián ocurrió lo contrario. El gobernador felicitó a los aspirantes por el acto de civismo que representaba acudir a la elección. No obstante les prohibió terminantemente que utilizaran la palabra «independiente». Los candidatos protestaron ante el mencionado gobernador, el cual les remitió al delegado provincial de Información y Turismo. Éste, después de resistirse, les recibió y dijo claramente que no permitía hacer uso de dicha palabra. La candidatura monárquica atemorizó a los medios gubernamentales hasta el punto de que la prensa donostiarra y Radio Nacional de España en San Sebastián trataron de quitar todo interés político a la elección. Los monárquicos nombraron interventores para intentar controlar las 110 mesas, ya que el 70 % de los presidentes designados eran falangistas (647). No obstante, no pudieron hacerlo, porque el presidente de la Junta Municipal del Censo *había dado órdenes a los presidentes de Mesa de cada colegio para que no extendieran ninguna certificación del resultado final del escrutinio solicitado por cualquier candidato proclamado.* Finalmente los candidatos independientes lograron 22 certificaciones de escrutinio. De ellas se desprendía que no había votado ni el 22 % del censo. Tomando como ejemplo esta ciudad, en la que, decían, había existido cierta animación, los hombres de Unión Española negaban la validez de las elecciones porque no habían acudido a ejercer el sufragio más que un número insignificante de votantes (648).

No puede terminarse este apartado sin hacer una referencia al europeísmo que caracterizó a Unión Española desde el primer momento. *Nuestra altura y nuestro interés nacional demanda que nos incorporemos a las instituciones políticas que están forjando una auténtica comunidad de vida entre los pueblos de Europa occidental,* decían en mayo de 1959 (649). Posteriormente, cuando se hizo pública la boda del príncipe Don Juan Carlos, Unión Española diferenció a Grecia, país con instituciones democráticas que le permitirían vincularse con el Mercado Común, de España. *Nosotros permanecemos fuera. Fuera sencillamente porque la entrada de España en el Mercado Común traería consigo la liberalización económica y política* (650). La misma argumentación se barajó en unas conversaciones europeístas, en las que Joaquín Satrústegui pronunció un discurso elaborado por los asistentes: *Lo que fundamentalmente queremos es un Estado, como el esbozado en el programa de Unión Española, que nos acerque a Europa, y en el que los españoles nos vayamos acostumbrando gradualmente al ejercicio ordenado de aquellas libertades políticas que son patrimonio de la civilización occidental.* Satrústegui indicó que la única causa que impedía a nuestra nación incorporarse al Mercado Común era la carencia total de libertades que sufría España (651). Satrústegui fue multado con 25.000 pesetas, acusado de *verter conceptos hostiles a la organización política nacional con los que se pretende desconocer y perturbar el ejercicio de las prerrogativas atribuidas le-*

galmente a las altas Instituciones del Estado. Unión Española replicó contestando que lo que estaba en juego no era el ejercicio del poder, *no son las formas de gobierno, no es la democracia o la dictadura. Lo que se juega es algo más serio: es el futuro de España, sujeta hoy a esta alternativa: o nación europea o Andorra de Europa* (652). La intervención de los monárquicos de Unión Española en el Congreso de Munich la estudiaremos dentro de este mismo capítulo.

12.3. El Congreso de Munich repercute en la política monárquica

Para los días 5, 6, 7 y 8 de junio de 1962 se había convocado en Munich, por el Movimiento Nacional Europeo, a ciento dieciocho españoles residentes en el destierro, o procedentes del interior de España, para tratar el tema de una Europa unida. Los monárquicos liberales, cuyo europeísmo acabo de señalar, temerosos de que el Congreso fuese desdibujado, enviaron un escrito a las autoridades. Joaquín Satrústegui, Jaime Miralles y Vicente Piniés remitieron una carta al Ministerio de Asuntos Exteriores. Comentaban que habían sido invitados a participar en el Congreso de Munich, *cuyos trabajos estarán dedicados al estudio de la democratización de las Instituciones europeas y de las vías y medios para la creación de una comunidad política susceptible de asegurar un verdadero progreso hacia la edificación de los Estados Unidos de Europa.* Se mostraban conocedores de la invitación cursada a los españoles exiliados e indicaban que iban a tratar de *confrontar sus puntos de vista sobre el problema de la eventual integración de España en Europa y deducir de ellos algunas líneas generales.* Habían aceptado la invitación *porque estimamos que no debemos negarnos a que la opinión de un sector del interior de España decididamente europeísta sea conocida por los hombres que están creando la nueva Europa,* ya que *sería lamentable, a nuestro juicio, para el país, que sólo fuera oída la voz de los españoles exiliados.* No ocultaban los signatarios la posibilidad de sufrir una campaña dirigida por el Ministerio de Información *tendente a dar la impresión de que nos trasladamos a Munich para pactar con los españoles exiliados* (653).

José María Gil-Robles envió una extensa carta al subsecretario de la Presidencia, por conducto notarial y con acuse de recibo, en la que explicaba que no vacilaba en aceptar la invitación que *por primera vez permitirá que españoles de indiscutible sentido nacional, en número y significación importantes, sean oídas en una reunión internacional en que va a examinarse un problema que tan de cerca toca al porvenir de la Patria.* Negaba que fuera a aceptar *imposiciones exteriores ni a pactar con fuerzas políticas u organizaciones sociales.* No obstante señalaba las características que deberían darse en España para que pudiera participar en la Comunidad política europea futura: Ideología común con la Europa basada en la garantía de los derechos esenciales de la persona humana y en el ejercicio de las libertades fundamentales. *La evolución de nuestras instituciones políticas no es una simple exigencia de nuestra incorporación a Europa, sino un camino que nos marca la propia convivencia nacional. No es posible ni deseable para un país que aspira a progresar en la paz, ignorar las tendencias del mundo que le rodea.* En este sentido Gil Robles se mostraba decidido a sostener en Munich que:

> El pueblo español no era incompatible con un sistema que descansase en los siguientes postulados:
>
> *a)* La efectiva garantía de los derechos de la persona humana, en especial de los de la libertad de expresión, con supresión de la censura gubernativa.
>
> *b)* El reconocimiento de la libertad de sindicación sobre bases democráticas y la de que los trabajadores puedan defender sus derechos fundamentales, incluso por medio de la huelga.
>
> *c)* La posibilidad de organización de corrientes de opinión y de partidos políticos y el reconocimiento de los derechos de oposición.
>
> *d)* La facultad de autodeterminación del pueblo español.
>
> *e)* La necesidad de consultar al pueblo español sobre su eventual integración a la Comunidad Europea (654).

Cuando los españoles llegaron a Munich, el secretario general del Movimiento Europeo, Van Schendel, invitó a una cena a siete representantes del interior y a otros tantos del exilio, para que, bajo su presidencia, redactasen una única propuesta española al Congreso. No fue posible porque Gil Robles, en nombre de todos los españoles del interior, expresó su deseo de que las deliberaciones del día siguiente no se celebrasen en conjunto. Se formaron dos comisiones, A y B, presidida la primera por Gil Robles y la segunda por Madariaga. Las comisiones adoptaron como documento de trabajo los proyectos de resolución presentados por la Asociación Española de Cooperación Europea y por los españoles exiliados, teniendo en consideración las propuestas formuladas por el Consejo Federal español.

Posteriormente se nombró una comisión conjunta para que formulase la redacción de un texto definitivo. Con este fin se reunieron las comisiones bajo la presidencia de Gil Robles y Madariaga, asistidos por Van Schendel y Gironella. El texto fue aprobado por aclamación. La única diferencia sustancial entre los textos aprobados anteriormente por las dos comisiones estribaba en la cuestión institucional. Pero era un problema de forma más que de fondo, ya que en ninguno se presuponía una forma de gobierno determinada. Además se trataba de declarar ante el Movimiento Europeo las condiciones indispensables que vinculasen definitivamente España a Europa. El proyecto de resolución final que aprobaron los reunidos en Munich se limitaba a reconocer los principios aceptados ya en toda Europa y que España habría de acatar a su vez si deseaba formar parte de la Comunidad Europea. La resolución aprobada definitivamente decía:

> El Congreso del Movimiento reunido en Munich los días 7 y 8 de junio de 1962 estiman que la integración, ya en forma de adhesión, ya de asociación de todos los países a Europa, exige de cada uno de ellos instituciones democráticas, lo que significa en el caso de España, de acuerdo con la convicción europea de los Derechos del hombre y la Carta Social Europea lo siguiente:
>
> 1.º La instauración de las instituciones auténticas, representativas y democráticas que garanticen que el Gobierno se basa en el consentimiento de los gobernados.
>
> 2.º La efectiva garantía de todos los derechos de la persona humana, en especial los de la libertad personal y de expresión, con supresión de la censura gubernativa.
>
> 3.º El reconocimiento de la personalidad de las distintas comunidades naturales.
>
> 4.º El ejercicio de las libertades sindicales sobre bases democráticas y de la defensa por los trabajadores de sus derechos fundamentales, entre otros medios por el de la huelga.
>
> 5.º La posibilidad de organización de corrientes de opinión y de partidos políticos con el reconocimiento de los derechos de la oposición.
>
> El Congreso tiene la fundada esperanza de que la evolución, con arreglo a las anteriores bases, permitirá la incorporación de España a Europa, de la que es un elemento esencial; y toma nota de que todos los delegados españoles, presentes en el Congreso, expresan su firme convencimiento de que la inmensa mayoría de los españoles desean que esa evolución se lleve a cabo de acuerdo con las normas de la prudencia política, con el ritmo más rápido que las circunstancias permitan, con sinceridad por parte de todos y con el compromiso de renunciar a toda violencia activa o pasiva antes, durante y después del proceso evolutivo.

Como dice el documento explicativo difundido por el Consejo Federal español del Movimiento Europeo, lanzado en París, y que me ha servido de base para este apartado, *por primera vez desde hacía muchos años, españoles de diversa procedencia política se congregaban para afirmar la posibilidad y la voluntad de establecer una vida democrática en una Europa renovada.* El Gobierno español envió a Munich al marqués de Valdeiglesias para que tratara de impedir, invocando tratados comerciales entre Alemania y España, que la Mesa de la Asamblea aceptase la moción española. También el marqués de Casa Miranda, embajador de España en Bélgica e incluso elementos del Gobierno de Baviera intentaron con ahínco la misma cuestión que fue totalmente desestimada por los congresistas.

Al día siguiente, Madariaga y Gil-Robles pronunciaron sendos discursos. *Los que antaño escogimos la libertad perdiendo la tierra y los que escogimos la tierra perdiendo la libertad* —dijo el primero— *nos hemos reunido para otear el camino que nos lleve a la tierra y a la libertad.* Pero el discurso que a nosotros más nos interesa es el de Gil-Robles por su condición de monárquico. Dejó claro que no se trataba de pedir al Movimiento Europeo que resolviese los problemas que afectaban exclusivamente a los españoles y que sólo a ellos competía resolver. *Se trata, por el contrario, de que nosotros, respondiendo a la invitación del Movimiento europeo, demos a conocer la expresión de la España real sobre el problema de la integración europea y, más concretamente, de la Europa política.* Recalcaba que los españoles no se consideraban incompatibles con los ideales democráticos, y que somos capaces de instaurar y de mantener un régimen político basado en el reconocimiento y la garantía efectiva de las libertades esenciales. Se mostraba dispuesto a trabajar por *la realización de este ideal*, pero recordaba que *no nos viene impuesto por personas extranjeras que no aceptaremos jamás, sino que responde al interés de España y de la propia Europa*, porque si *España necesita a Europa, Europa también necesita a España* (655).

El Gobierno español reaccionó de la forma conocida. Franco, a propuesta del Consejo de Ministros, promulgó un decreto-ley por el que se suspendía durante el plazo de dos años, en todo el territorio nacional, el artículo 14 del Fuero de los Españoles. Los ochenta españoles del interior que asistieron al Congreso de Munich sufrieron molestias que abarcaron desde el interrogatorio policíaco hasta la sanción concreta, debiendo optar algunos monárquicos entre la residencia forzada y vigilada en alguna de las Islas Canarias o la expatriación. Joaquín Satrústegui, Jaime Miralles, Fernando Álvarez de Miranda, Íñigo Cavero y José Luis Ruiz Navarro fueron confinados en el archipiélago cuando éste no era precisamente un paraíso turístico. José María Gil-Robles optó por el exilio. Un discurso pronunciado por Franco en Valencia fue coreado con gritos

Don Enrique Tierno Galván, partidario de una salida monárquica del régimen franquista.

Gonzalo Fernández de la Mora, consejero del Conde de Barcelona, partidario de una Monarquía autoritaria, criticó la actitud de los monárquicos que acudieron a Munich.

Joaquín Satrústegui, principal dirigente de la formación «Unión Española», sufrió varias multas y fue deportado a las Islas Canarias por acudir al Congreso de Munich.

Fernando Álvarez de Miranda (en la foto junto a Raúl Morodo, del grupo Tierno) consejero del Conde de Barcelona, también fue deportado por Franco.

como ¡*los de Munich a la horca!* El Generalísimo comentó que España preferiría permanecer en su forma política aunque tuviese que renunciar a la participación en Europa. Alonso Vega, ministro de la Gobernación, dijo que los congresistas habían dificultado *la petición de nuestro Gobierno para el acceso al Mercado Común.* Se desencadenó también una feroz campaña de Prensa, radio y televisión contra los asistentes, a quienes calificaron de «traidores» a la Patria y conspiradores contra la seguridad del Estado. La campaña partió del Ministerio de Información y Turismo ordenada por Arias Salgado y ejecutada por Muñoz Alonso (656).

El Consejo Federal español del Movimiento Europeo negó tales imputaciones, alegando que eran ellos quienes desde hacía diez años venían destacando por su decidida actividad a favor de la integración de España en la Comunidad europea y que pretendían que su país no quedara una vez más al margen de Europa. La única causa de que España no formase parte de esa comunidad supranacional se debería, según el Consejo, a la incompatibilidad del Régimen español con el Tratado de Roma. El estatismo del Régimen sólo podría interpretarse de dos maneras: *o bien el Gobierno tiene perfecta connivencia de su incapacidad para negociar la asociación de España con el Mercado Común, o bien quiere decididamente eludir esa integración, que habría de llevarle, de modo inevitable, a profundas reformas de carácter político.* Los europeístas españoles entendían que el Gobierno con las represalias no hacía más que transferirles sus responsabilidades deformando la verdadera realidad del aislamiento español. *Son, por lo tanto, los españoles reunidos en Munich quienes han abierto el camino de España hacia Europa, y el Gobierno español quien decididamente lo cierra* (657).

Una comisión de la Oficina Ejecutiva Internacional del Movimiento Europeo integrada por Pierre de Wigny, ex ministro de Asuntos Exteriores de Bélgica; Étienne Hirsch, ex presidente de la comisión de Euratom; y John Hynd, ex ministro del Gobierno británico, mantuvo unas palabras con el general Franco. Éste declaró que no ignoraba ni ponía objeciones a las condiciones de democratización exigidas en cualquier país para que pudieran incorporarse al Mercado Común y a las sucesivas etapas de la integración política europea, ni consideraba lesivo para los intereses de España la fórmula de la moción española de Munich ni los discursos pronunciados ante el movimiento europeo por los españoles. Lo único que parecía delictivo a Franco era la repercusión en la política interna de las actividades desarrolladas al margen de la propia Asamblea de españoles reunidos en Munich. Sólo a esa causa se debían las sanciones. Además las inexactitudes que la Prensa española había propagado, no fueron rectificadas porque *ya lo había hecho la extranjera* (658).

Los monárquicos que asistieron a Munich elevaron al general Franco un escrito que recordaba, en primer término, la carta que habían dirigido al Ministerio de Asuntos Exteriores y recalcaban la inexistencia de pacto alguno. *Los «abrazos», «contubernios» y «pactos» que se nos vienen atribuyendo son absolutamente falsos. La campaña en que se divulgan, calumniosa. Su gravedad moral, inmensa. A nosotros, la verdad nos hace libres.* Negaban también que hubieran perjudicado el ingreso en España en la Comunidad Europea, porque el texto aclamado en Munich hacía posible que el Régimen español pudiera integrarse en Europa *mediante una inteligente y sincera evolución* (659).

Las esposas de los anteriores enviaron otro escrito al ministro de Gobernación, Camilo Alonso Vega, preguntándose si podrían *unos gobernantes que se dicen cristianos, ordenar desde el poder la difusión masiva de las más monstruosas calumnias que se pueden levantar contra hombres de honor colocados en la más absoluta indefensión.* No se quejaban de la deportación que sufrían sus esposos, sino de otras sanciones que calificaban de mayores y que se negaban a recibir pasivamente. *Poner en entredicho la honra y la fama de nuestros maridos ante todo el país es uno de ellos.* Ofrecían su vida y la de sus hijos para lavar la infamia y solicitaban que se proporcionase la prueba de la existencia del pacto, ya que los congresistas habían expuesto su honor *para defender el futuro de España mediante la consolidación de la Monarquía, solamente posible si está asentada sobre una amplia base nacional.* Reproducían también una carta que Satrústegui envió a su hijo en la que negaba la existencia del pacto:

> ... En conversaciones privadas y públicas defendí valiente y razonadamente la solución monárquica como única que existe para el futuro de España y como la más conveniente para integrarnos en Europa... Los que ahora me calumnian se habrían quedado estupefactos de que se pudiera hablar tan claramente a quienes no piensan como nosotros.

Realizaba Satrústegui una apreciación que se vería avalada con el tiempo: *la política española se decidirá por los españoles del interior y no por los exiliados* (660).

También Gil Robles recordó en un informe dirigido a Franco la carta que había remitido al subsecretario de la Presidencia. Igualmente recalcó la inexistencia de pacto, señalando que el organismo europeísta era esencialmente anticomunista. Negó la pretendida reconciliación entre los dos bandos de la Guerra Civil porque *ni siquiera conversó con el señor Llopis y no asistió a más reuniones que a aquellas convocadas y presididas por el secretario del Movi-*

miento Europeo. Además eliminaba la hipótesis de los pactos con el sencillo razonamiento de que los exiliados habían admitido sus bases; prueba *que el resultado final ha sido obra de una adhesión y no de un convenio.* Sobre los medios que recogieron la noticia, comentaba que *France Soir* era un periódico especializado en escándalos y que la agencia «Efe» carecía de corresponsal en Munich. La noticia habría sido preparada en Madrid, a base de las calumnias del diario francés anteriormente citado. Tampoco admitía el ex dirigente de la C.E.D.A. la imputación de que trataban de impedir el ingreso de España en el Mercado Común, por dos razones: no podría reconocerse a los asistentes al Congreso de Munich una fuerza que no tenía el Gobierno español; y el «Rapport Birguelbach», aprobado por la Asamblea Europea con anterioridad a la celebración del Congreso, sostenía que no podría ingresar en el Mercado Común ningún país que no contase con instituciones democráticas. Al contrario, la propuesta de Munich pretendería *abrir la puerta que estaba cerrada. ¿Cómo? Permitiendo una evolución en proceso prudente, en las etapas que las circunstancias permitieran y con condena radical de la violencia, antes, durante y después del proceso evolutivo* (661).

Más que el propio Congreso, la campaña de Prensa orquestada contra los asistentes incidió fuertemente en la pacífica evolución de la política monárquica. Periódicos, panfletos y octavillas provenientes de sectores falangistas no desaprovecharon la coyuntura para enturbiar, una vez más, la imagen de la Monarquía. *La farsa de Munich es hija natural del escándalo de Atenas,* decía una hoja volandera que relacionaba lo acaecido en Munich con la propaganda monárquica que supuso el enlace matrimonial del heredero de Don Juan en aquella capital europea. Desde la Secretaría General del Movimiento se envió a Franco un informe en el que se decía que todo se había concertado en Atenas durante la boda, y que los miembros de Unión Española estaban advertidos de los contactos con los socialistas del exilio (662). También la Vieja Guardia había elevado a Franco un escrito que advertía de una conjura internacional contra España en la que se unían los partidarios de la dinastía destronada, la masonería, el judaísmo y un sector de católicos para socavar la Jefatura del Estado, el Movimiento y los Sindicatos (663).

El propio Franco conoció la exposición que Joaquín Satrústegui hizo en Munich ese mismo día favorable a una Monarquía superadora de la Guerra Civil y restauradora de las libertades públicas. Satrústegui había criticado la política de aquellos momentos y se había opuesto a un plebiscito previo que indicase la definitiva forma de gobierno (664). El dirigente monárquico calificó este acto como *el más importante que yo he realizado a favor de la Monar-*

quía en toda la vida. Pensaba que había producido los suficientes efectos *para neutralizar los de los lamentables artículos* de los monárquicos colaboracionistas.

Como Arias Salgado estaba interesado en envolver al Conde de Barcelona en el asunto de Munich, comentó a la oficialidad de la organización monárquica que no daría facilidades para la publicación de textos rectificadores en la Prensa. Entre los miembros del Consejo Privado surgió el desconcierto. Hubo quienes quisieron desautorizar a Gil-Robles sin esperar a la decisión de Don Juan de Borbón. El 11 de junio llegó Pemán a Madrid y la permanente del Consejo Privado publicó ese mismo día una nota que calificaba la actitud de Gil-Robles de individual, negándole cualquier *carácter representativo.* Pero esta nota no satisfizo a los consejeros menos progresistas, sobre todo a los tradicionalistas.

Éstos habían redactado un escrito para Don Juan que Pemán y Valdecasas le entregaron el día 15. Solicitaban al Conde de Barcelona que hiciese una declaración pública inmediata *sin demoras que puedan interpretarse como una vacilación* porque el problema le afectaba *directa y personalmente. El retraso, por breve que sea, puede hacer el mal irreparable. Esto no es dejarse llevar por un estado pasional, guste o no, esté o no justificado, haya sido provocado de una u otra forma, existe, afecta a la causa monárquica, implica al Rey y no se le puede hacer frente echando al Gobierno la culpa del mismo; sobre todo cuando existe una base cierta que lo explica y que carece de los elementos necesarios para contrarrestarlo.*

El resto de los monárquicos había objetado a los tradicionalistas la necesidad de oír al interesado y escuchar sus explicaciones. Replicaron que la responsabilidad de tipo político no necesitaba para ser sancionada tal procedimiento previo. *No sabemos de ningún Jefe de Estado que haya esperado a escuchar las explicaciones del ministro para decidir si efectivamente su gestión ha creado un problema o una perturbación.* Añadían que el origen del escándalo en el que había participado un miembro de un determinado organismo de la Causa Monárquica estaba basado en un hecho real. *Haber llevado al extranjero y a un Congreso, constituido principalmente por extranjeros, un problema interno de España, pretendiendo una actuación para cambiar en algún sentido su Régimen e instituciones y poniendo en entredicho, por tanto, la soberanía de nuestros pueblos.* En suma, solicitaban al Conde de Barcelona la declaración pública condenatoria del Congreso de Munich y que Gil-Robles fuera expulsado del Consejo Privado (665).

Sobre Don Juan ejercieron una presión enorme no sólo los monárquicos acomodaticios, asustados y temerosos de una campaña como la provocada por las declaraciones al *Observer,* sino también elementos militares orquestados por Vigón y por Barroso (666). Don

Juan optó por que el Consejo Privado hiciese pública una nota explicativa pero redactada en tercera persona, con lo que perdía fuerza y valor:

> El Conde de Barcelona nada sabía de las reuniones de Munich hasta que, después de ocurridas, escuchó en alta mar las primeras noticias a través de la radio. Nadie ha llevado, naturalmente, a tales reuniones ninguna representación de su persona ni de sus ideas. Si alguno de los asistentes formaba parte de su Consejo, ha quedado con este acto fuera de él (667).

Esta descalificación no significaba demasiado porque Gil-Robles había dimitido con anterioridad. Era lo mínimo y lo máximo a lo que el Conde de Barcelona podía acceder. Lo mínimo por lo que había supuesto la boda de su hijo en Atenas, por las veleidades regencialistas de sectores oficiales, por la necesidad de mantener dentro de la órbita de su Monarquía a los elementos tradicionalistas y porque se trataba de incubar una nueva entrevista con Franco. Lo máximo porque aunque hiciese el mayor repudio de las personas que habían acudido a Munich no le acarrearía una línea a su favor en la Prensa española. Además, el Conde de Barcelona era partidario del ingreso de España en el Mercado Común con todo lo que ello conllevaba. No en vano había enviado en 1959 un telegrama a Robert Schuman, Presidente de la Asamblea Parlamentaria de las Comunidades Europeas, asociándose a los actos celebrados con ocasión del X Aniversario de la creación del Consejo de Europa, y la Constitución del Tribunal Europeo de los Derechos del Hombre (668).

Los tradicionalistas no se mostraron conformes con la decisión de Don Juan. Así se lo comunicó Arauz de Robles a Pemán, manteniendo su decisión de dimitir, junto con sus compañeros tradicionalistas del Consejo Privado y de las Juntas Regionales. Pemán rogó a Arauz que no presentase la dimisión hasta que se celebrase en Estoril la reunión del Consejo. También Antonio María de Oriol escribió desde Estados Unidos a Pemán quejándose de la actuación de Gil-Robles en Munich. *Si se confirma la versión de la Prensa americana, no se puede esperar sino que Estoril ha dado un giro copérnico y a los tradicionalistas no queda otra opción más que marcharse* (669). El Conde de Barcelona no cedió a las amenazas de dimisión del sector tradicionalista. *Cuando hable, hablaré claro ratificando mis posiciones doctrinales, serenamente y no arrastrado por un escándalo periodístico preparado por la torpe propaganda del Régimen... Escándalo probablemente preparado para echar agua fría en el entusiasmo monárquico y éxito de la boda, y también para distraer la atención del grave asunto de las huelgas* (670).

Las conversaciones de la oposición moderada con el Conde de Barcelona no disminuyeron por su posicionamiento más o menos contrario al Congreso de Munich. Cuando Gil-Robles decía a Don Juan que no lograría *convencer a los amigos políticos que conservo que V.M. nos ha colocado al margen de la Monarquía* (671), no hacía más que constatar el total desconocimiento de la estrategia seguida por el Conde de Barcelona y su alejamiento de la política exclusivamente monárquica. Es difícil comprender que Gil-Robles no conociera las causas que llevaron a Don Juan a realizar aquella declaración. El Conde de Barcelona volvió a ofrecerle un puesto en el Consejo Privado que él declinó, evolucionando, además, hacia fórmulas accidentales. La negativa de Gil-Robles fue paliada por la captación de otros miembros de la Democracia Cristiana, entre los que destacaba Fernando Álvarez de Miranda, que se caracterizaba por su europeísmo y por su oposición a la dictadura franquista (672).

No puede negarse, sin embargo, que la posición del Conde de Barcelona referente a Munich, llegó a desconcertar, en principio, a la oposición moderada, aunque no excesivamente por conocer ésta la actitud de Don Juan y los movimientos que se producían en el Ejército. *Cualquier consulta popular anterior o posterior —al restablecimiento de la Monarquía— se gana con solo explicarles bien a los dirigentes políticos no extremistas que todo voto emitido por los electores a favor de la República es voto perdido, pues el Ejército anulará cualquier resultado que tendiese a entronizar la República*, comentaba Dionisio Ridruejo en julio de 1962 (673).

Un «informe confidencial para S.M.», escrito por uno de los asistentes al Congreso de Munich, también en julio de 1962, cuando ya se conocía, por tanto, la nota condenatoria del Consejo Privado, apuntaba que la reunión de Munich descubriría *la posibilidad de un acuerdo de todas las fuerzas políticas opuestas al sistema en torno a una solución que no rechazaría la fórmula monárquica que, hasta la fecha, sólo las fuerzas comprometidas con el Régimen parecían garantizar*. Decía que la acción desmesurada del Gobierno contra los congresistas se debía a tres razones: 1.ª Conveniencia del Gobierno de presentar a los asistentes como causa de las dificultades que contaba de antemano para sus negociaciones con el Mercado Común; 2.ª el monopolio del poder; sólo las fuerzas implicadas en el Régimen tendrían derecho y posibilidad de preparar el porvenir político de España; 3.ª lo que calificaba como *mayor alarma del Gobierno* se debía a la creencia, no carente de fundamento, de que la plataforma que supuso un entendimiento de diversos sectores de la oposición moderada al Régimen, pudiera ofrecerse a la Monarquía, con lo que, *cuando menos, ésta obtendría una gran libertad de negociación frente a los monopolizadores que hasta la fecha se veían remisos a restaurarla.* La Monarquía no contaba con una sola posibilidad, sino con dos, *aunque la segunda no tuviera por el momento las mismas probabilidades ejecutivas que la primera.*

En este sentido entendía el informante, repito que había participado en el Congreso de Munich, que el sobresalto del Gobierno fue patente en el tono de las acusaciones dirigidas contra los reunidos, pero mucho más en el modo de presionar sobre la misma Corona *a través del inestable Consejo Privado, con el empeño de borrar el carácter de representantes de la causa monárquica que pudieran tener por su significación y su historia, alguno de los concurrentes.* ¿Es posible que Gil-Robles no hubiera comprendido esta posición? ¿Es posible que pudiera pensar ciertamente que la Monarquía se había situado en línea con el Régimen? El informante sacaba conclusiones de los últimos acontecimientos que diferían sustancialmente de lo expresado por Gil-Robles:

> El titular de la Causa Monárquica ve hoy multiplicarse su poder, porque ni Franco ni el Ejército tienen hoy otra solución que la suya, si quieren garantizarse el mínimo de continuidad, mientras que la Monarquía puede tener de hecho una solución distinta a la que Franco y el Ejército pudieran proponerle, aunque esa otra solución sea más laboriosa y arriesgada.
>
> A este efecto hemos de aducir nuestra impresión de que todos los centros políticos de la izquierda y de la derecha, con exclusión de los comunistas o extremistas, que en España pueden aspirar a representar verdaderos estados de opinión, consideran que la solución monárquica puede ser favorable a sus intereses y sumamente defendible con tal de que ofrezca unas características que, por otra parte, la peculiar situación de España, habrán de exigirle.

Solicitaba al Conde de Barcelona que las conversaciones que mantuviese con Franco, las realizara desde la conciencia de su propia fuerza, y que el Régimen no apareciera nunca aplaudiendo o corroborando. Pensaba, sin embargo, que las comunicaciones con Franco deberían ser *gradualmente reforzadas* y quizás sustituidas por conversaciones directas con los altos mandos militares, que parecían tener ya carácter de presión, pues el nuevo Gabinete estaba compuesto por varios militares. *Toda la cuestión está, repetimos, en que la Monarquía conserve las manos libres en sus compromisos con el Ejército sin perjuicio de acceder a ciertas exigencias indispensables* (674).

13. DON JUAN CARLOS. UN CANDIDATO MÁS FIRME

Créame, mi general, que la diferencia decisiva estará casi siempre en lo que los padres, por encima de instructores, ni de formaciones, pongan en el corazón de sus hijos.

JUAN DE BORBÓN Y BATTENBERG

13.1. El Nuevo Consejo Privado

Paulatinamente, el Consejo Privado del Conde de Barcelona fue evolucionando hacia posiciones más conservadoras. Dirigido por José María Pemán y formado en su mayoría por monárquicos partidarios de colaborar con el Régimen y que la Monarquía se instaurase como evolución del Movimiento y no como alternativa; tuvo desde su nueva configuración grandes crisis. Pero las diferencias importantes surgían cuando se trataba el tema de la política a realizar con respecto al Régimen. Yanguas Messía, Fernández de la Mora, Luca de Tena, Valdeiglesias y, en cierta medida el presidente del Consejo Privado, eran partidarios de que la Monarquía se mantuviera en línea con los principios del Movimiento. Por otra parte, los democristianos y liberales, encabezados por Gil-Robles, deseaban una Monarquía Constitucional. Fernández de la Mora señalaba que los monárquicos *de la vía Satrústegui y otros, llevarían a España y a la Monarquía a la catástrofe, mientras que ellos constituían una combinación de tradición y de novedad monárquica que aceptaba el planteamiento ideológico e institucional del Régimen* (675). Las dos posiciones se enfrentaron en la reunión del Consejo Privado celebrada el 24 de mayo de 1960 en el domicilio del duque de Alburquerque.

El presidente leyó una carta de Don Juan que solicitaba al Consejo preparase todo lo concerniente a este organismo. Geminiano Carrascal que ostentaba la representación del ex dirigente de la C.E.D.A. preguntó si el Consejo iba a trabajar por la continuación del Movimiento o por la constitución de un Régimen liberal. Pemán y Arauz de Robles contestaron entonces que no cabía tal interrogante porque Don Juan se había decidido ya por la Monarquía

Tradicional Social y Representativa, continuadora del Movimiento hasta su superación. Intervino también Francisco de León señalando que la Monarquía habría de ser liberal y democrática. Se acordó finalmente posponer el tema hasta que la restauración fuese una realidad. Sin embargo, los partidarios de una Monarquía liberal enviaron a Estoril una representación para obtener una respuesta definitiva. Según el embajador Ibáñez Martín, el Conde de Barcelona no resolvió la crisis, pues dejó en manos de los distintos grupos que apoyaban la Monarquía la elaboración de un programa común (676).

Los contactos entre los diversos grupos monárquicos para llegar a una concordancia respecto a la futura Monarquía venían celebrándose desde hacía ya varios meses. En marzo de 1960 los tradicionalistas y Unión Española habían llegado a un acuerdo del que lo mismo puede inferirse que deseaban una Monarquía literalmente Tradicional, con un protagonismo desmesurado del Rey, o una Monarquía Constitucional a imagen y semejanza de las europeas. Lo único claro del texto es que en modo alguno estaban dispuestos a continuar con una dictadura personal y anacrónica (677).

El tradicionalista Arauz de Robles y Juan Colomina Barberá aceptaron también las bases que Emilio Attard Alonso, democris'tiano valenciano, había propuesto: reconocimiento de los Derechos Naturales de la persona humana y posibilidad efectiva de su ejercicio en un Estado de Derecho; participación del pueblo en el poder comunitario; limitación de cuestiones sujetas a discusión, tales como la Unidad de la Patria, la Soberanía y forma de Estado, las Fuerzas Armadas, la Justicia y los propios Derechos Naturales de la persona humana, y la Iglesia Católica; nueva ordenación social constituida por una amplia igualdad social comunitaria y libre acceso a los puestos rectores. *No hay más categoría social que la conferida por el trabajo y el rendimiento en función del bien común.* La mejor fórmula para lograr los objetivos anteriormente señalados sería la Monarquía histórica hereditaria representada por la inmediata continuidad de la dinastía interrumpida en la persona de Alfonso XIII (678).

Pese a los contactos de los diversos grupos monárquicos, no prosperó ninguna base conjunta. Existían demasiadas discrepancias, hasta el punto de que algunos monárquicos, como ha señalado Sainz Rodríguez (679) sólo se encontraban unidos por el reconocimiento explícito de la figura del Conde de Barcelona, manteniendo entre sí diferencias doctrinales e incompatibilidades de índole personal. Las disímiles y necesarias declaraciones del Conde de Barcelona contribuían a acrecentar las diferencias entre los monárquicos. Las últimas, concedidas a la revista *Life* disgustaron al Régimen y a los monárquicos colaboracionistas.

La comisión de información del Consejo Privado envió a Estoril un informe que expresaba la reacción del Gobierno español ante las mencionadas declaraciones. En el Consejo de Ministros, Solís habría planteado el tema centrándose en tres frases que figuraban entrecomilladas como pie de fotografías. La afirmación de que la Monarquía sería un Régimen «distinto y mejor» y la promesa de que no sería una dictadura, disgustó a los franquistas. *Varios ministros expresaron su indignación por la actitud de reticencia y distanciamiento respecto del Régimen que, según ellos, contenían dichas frases* (680). Parece ser que Franco comenzó a pensar con más fuerza en el Príncipe con mejor derecho, ante el temor de que Don Juan Carlos *pudiera salir liberal como su padre* (681). Es significativo que *Arriba* publicara gráficos sobre el Príncipe Don Alfonso de Borbón Dampierre, *el nieto mayor de Alfonso XIII*.

En Estoril se recibe un informe que explicaba los últimos problemas políticos que habían sufrido los catalanes, con el encarcelamiento de Jordi Pujol e infería que sólo una Monarquía Constitucional, *con las libertades de la Constitución de 1876, revisadas y puestas al día y la justa participación de los trabajadores en la riqueza creada en gran parte con su esfuerzo*, podría frenar los avances del separatismo que el Régimen del general Franco impulsaba con su torpe política de represión policíaca (682). Igualmente ASCIEM (Asociación Secreta de Comerciantes e Industriales Españoles Monárquicos) lanzó un boletín clandestino tremendamente crítico con la economía impulsada por el Gobierno del Generalísimo (683).

Enfrentado con todos estos ruegos de no colaboración, el gobernador civil de Sevilla, el monárquico Hermenegildo Altozano, pronunció un discurso en Carmona señalando que el Caudillaje era irrepetible y que no cabía otra solución que una Monarquía Tradicional Social y Representativa continuadora del Movimiento Nacional. Hacía un nexo de unión entre Monarquía y Movimiento hasta tal punto que afirmaba que *está fuera de la ortodoxia política actual el que rechace la Monarquía* (684). Altozano se había dirigido anteriormente al Conde de Barcelona para indicarle que *la Monarquía viene a España traída por el Generalísimo Franco o no cuenta en absoluto con ninguna posibilidad de éxito* (685).

La contestación indirecta al gobernador civil de Sevilla se produjo con ocasión de un homenaje al joven monárquico Luis María Ansón, organizado por el marqués de la Eliseda y Santiago Álvarez de Toledo en el Hotel Fénix de Madrid, con asistencia superior al medio millar de monárquicos. Pronunciaron discursos Gonzalo Fernández de la Mora, Luca de Tena y Eugenio Vegas Latapie. Don Juan de Borbón envió un escrito sumándose al acto, y Francisco Sánchez Ventura leyó el discurso de Pemán que no había podido

Luis María Ansón, Presidente de las Juventudes Monárquicas y director de la revista «CÍRCULO». Partidario de una Monarquía democrática fue censurado en varias ocasiones por Franco.

Don Juan de Borbón charla en Estoril con un grupo de españoles.

Dos momentos del enlace matrimonial del Príncipe don Juan Carlos y la Princesa doña Sofía, celebrado en Mayo de 1962.

acudir. El último en pronunciar el discurso fue el homenajeado.
Suárez Fernández afirma que Ansón aludió al ejemplo de Carlos V y de su abdicación como modelo a imitar en esos momentos por alguien (686). Nada más lejano de la realidad, porque en todos los textos de Ansón que he utilizado y, sobre todo, en su discurso de agradecimiento en este acto, se aprecia su cariño hacia la Monarquía y su fidelidad hacia Don Juan de Borbón.

... Éste es el gobernante cristiano, éste es el Príncipe católico, éste es el hombre que España necesita. Y todos vosotros sabéis quién es ese hombre, es el Rey de España, Don Juan III de Borbón. Y su persona y sus derechos están al margen de cualquier Ley de Sucesión que pretenda convertir en electiva la hereditaria y tradicional Monarquía de San Fernando. Ansón se mostró partidario de *sacrificar matices o posiciones de grupos* para *ensanchar* las bases de la Monarquía, ya que ésta no podía ser excluyente como la República porque estaría abocada al fracaso.

> De ahí la necesidad de hacer una Monarquía adaptada a las circunstancias de los tiempos, una Monarquía que en vez de hablar de reformas sociales, haga las reformas sociales de manera que el remedio no resulte peor que la enfermedad, una Monarquía capaz de entregarse en el quehacer europeo, una Monarquía sustentada de abajo arriba, porque, señores, aunque llevemos 20 años legislando por decreto, no se puede pretender que la Monarquía venga a España por un decreto más, sino que es necesario una opinión pública que la respalde, porque la Monarquía es un Régimen representativo, es un Régimen de Derecho.

En este sentido comentó la necesidad de que España evolucionase hacia una democracia para que pudiera integrarse a las grandes estructuras supranacionales. La definición que entendían todos los monárquicos por democracia era la de *legítima y efectiva participación del pueblo en las tareas del gobierno y la acción benéfica a favor de las clases humildes.* En este sentido aceptaba un documento de transición que había circulado por España con gran éxito y que apuntaba la necesidad de un cambio de Régimen (687). El general Franco mencionó a su primo que los discursos habían tenido un tono disidente contra el Régimen (688). La Secretaría del Conde de Barcelona tuvo que lanzar una nota señalando que el Consejo Privado no se hacía responsable del acto (689).

El mencionado proyecto de transición, que provenía de círculos cercanos a Unión Española, criticaba la falta de libertades de base nacional y de futuro político del Régimen del general Franco, señalando a la Monarquía como futura forma de Estado porque *otra República o una nueva dictadura fomentaría peligrosamente nuestra disociación.* Las Leyes de Prensa, de reunión y asociación, reguladora del derecho a la seguridad jurídica y la legislación encaminada a la normalización de la política económica del país, sería la tarea a efectuar en el período previo a la coronación del Conde de Barcelona. Después se legislaría una Constitución o Leyes Fundamentales de la Monarquía, sometidas ulteriormente a un referéndum (690).

El general Franco se posicionó contra estos monárquicos en el discurso que pronunció en la sesión de apertura de la nueva Legislatura de las Cortes. Los que intentaban precipitar la Monarquía al margen de la Ley de Sucesión se mostraban antagónicos con la lealtad y la fidelidad propias de la Corona. *La Ley de Sucesión que rige el proceso sucesorio ha sido solemnemente reforzado por el pueblo y solamente es discutido por esas exiguas minorías de politicastros que, aspirando a llevar el agua a su molino, exageran la fortaleza de mi personalidad para luego considerar a la ley carente de eficacia* (691).

El Conde de Barcelona respondió a Franco vinculando la Monarquía con el Alzamiento del 18 de julio y adhiriéndose a los Principios Fundamentales del Movimiento, si bien señalaba que éstos *llevan en sí prevista la flexibilidad necesaria* (692). Con motivo del XXV aniversario del Alzamiento don Juan de Borbón ofreció al Generalísimo el Toisón de Oro, que declinó, porque tal condecoración sólo podrían ofrecerla los Reyes (693).

En el mes de julio nació el primer número del Boletín de la Secretaría del Consejo Privado de S.A.R. el Conde de Barcelona. Un editorial lo presentaba al servicio de la Monarquía, encarnada por Don Juan de Borbón y señalaba cómo hacia ella confluían disímiles tendencias *con muy diverso alcance y desigual volumen. Desde las fuerzas interiores del actual Régimen, que esperan del futuro Reino que haga suyos sus diversos matices, a los exteriores o discrepantes a él, que ven en la Monarquía la posibilidad de una incorporación, hoy muy difícil, o de lograr realizaciones que echan de menos en la actualidad.* Concluía señalando que el Conde de Barcelona deseaba ser el Rey de todos los españoles y que a todos se debía por igual (694).

Esta posición fue recalcada por Pemán en la reunión del Consejo Privado celebrada en Estoril el 4 de noviembre. El Conde de Barcelona contestó con un largo discurso calificando el estado de las relaciones con Franco de *perfecta cordialidad*, e indicó intentaba que no se le convirtiese en un instrumento *ni de los que desean ante todo atacar al Régimen actual, ni de los que creen que con gestos anecdóticos se acelera el advenimiento del Rey al Trono.* Los deberes de la Causa Monárquica los cifraba en despertar la confianza de los españoles en la Monarquía y hacerles ver el riesgo en que incurrían inhibiéndose de la cuestión. *Cuanto más se clarifi-*

quen esos problemas del futuro inmediato, más garantías de perduración tendrá el presente que se desea salvar (695).

13.2. Boda en Atenas

En la mencionada reunión del Consejo Privado celebrado en Estoril, el Conde de Barcelona hizo partícipes a sus consejeros del acuerdo de boda de su heredero con la Princesa Sofía de Grecia. El futuro enlace matrimonial de Don Juan Carlos, necesario para procurar la continuidad dinástica, había sido muy bien acogido por las Cancillerías occidentales (696). El general Franco fue totalmente ajeno a los preparativos de la boda. López Rodó que se había trasladado a Lisboa para acudir a un Congreso del Instituto Internacional de Ciencias Administrativas, había insinuado a Don Juan que como el artículo 12 de la Ley de Sucesión establecía que los matrimonios regios, así como los de los inmediatos sucesores, habrían de ser informados por el Consejo del Reino y aprobados por las Cortes, sería conveniente que escribiera al Generalísimo para preguntarle si era aplicable al caso dicho precepto de la Ley de Sucesión. Así, si el Jefe del Estado consideraba que el Príncipe Don Juan Carlos era el heredero de la Corona, habría de cumplirse el trámite de recabar la autorización de Las Cortes. El mismo comentario hizo Ibáñez Martín (697). Sin embargo, la propuesta de reconocer la Ley de Sucesión no gustó al Conde de Barcelona. *Estamos en los prolegómenos,* respondió. Don Juan de Borbón estaba especialmente interesado en que Franco no se enterase de los preparativos del enlace para, como afirmaba López Rodó, manifestar que la boda de su hijo la decidía él y que el general Franco era ajeno al asunto (698).

La Secretaría del Consejo Privado del Conde de Barcelona escribió en un editorial del Boletín que la boda del Príncipe era *un negocio público bien llevado y decidido y que tiene detrás un pulso firme y una clara conciencia, la figura del Rey de España, Don Juan de Borbón* (699). La Cierva ha escrito que los prolegómenos de la boda significaron *un gran desaire* para el Generalísimo y que éste permaneció al margen de las negociaciones porque el Conde de Barcelona se dejó aconsejar de Sainz Rodríguez *y de todo el grupo liberal* (700). Los historiadores más «complacientes» con la figura histórica del general Franco inciden desorbitadamente, como lo hacía el mismo Generalísimo, en «lo mal aconsejado» que estaba Don Juan de Borbón, como si éste no hubiera tenido la personalidad suficiente para adoptar las resoluciones que creyese más acordes a cada situación. En esta ocasión el Conde de Barcelona no sometió el tema a Consejo de sus seguidores más cercanos. Además su actitud no agradó solamente a los más liberales. También los más conservadores resaltaron la figura paterna en el correspondiente número del «Boletín de la Secretaría Privada del Conde de Barcelona». Los embajadores españoles en Lisboa, Ibáñez Martín, y en Atenas, Francisco Lafarga, no tuvieron conocimiento de las negociaciones. El primero apuntaba que se había dado *un aire aparatoso y desagradable a la noticia del supuesto idilio entre el Príncipe Juan Carlos y la Princesa Sofía de Grecia, hecho que es absolutamente falso* (701).

El mismo día que se hizo público el noviazgo del heredero del Conde de Barcelona, 13 de septiembre de 1961, éste telefoneó al Generalísimo para darle la noticia. Franco se encontraba en el *Azor* por lo que el diálogo tuvo que realizarse por radio y en precarias condiciones (702). La Prensa española recogió la reseña, pero sólo fue autorizada a informar sobre la Familia Real Griega. «El Boletín del Consejo Privado» rechazó esta actitud en un editorial. Si a los españoles les interesaba conocer a la Familia Real de Grecia era *porque iba a emparentar con la española. Desgraciadamente, la alegre noticia de la próxima boda no ha podido romper el silencio sectario, impuesto por la censura de prensa, que impide a los españoles sepan algo sobre cómo vive o qué aspecto tiene la Familia Real española* (703).

La Prensa extranjera presentó el compromiso matrimonial como un anuncio de ruptura. *«Newsweek» comentó que el Príncipe no regresaría a España si no era reconocido como Príncipe de Asturias* (704). Sin embargo estos comentarios de agencias extranjeras no eran más que bulos. El primero de marzo de 1962 Don Juan Carlos había mantenido una conversación con el general Franco, intentando que su interlocutor definiera políticamente su situación en España con motivo de su boda. Quería que Franco le nombrase Príncipe de Asturias que significaba el reconocimiento automático del Conde de Barcelona como Rey. Sin embargo Franco apuntó *tiene más probabilidades de ser Rey Vuestra Alteza que vuestro padre* (705).

La boda de Don Juan Carlos en Atenas fue aprovechada por los monárquicos para hacer una gran campaña propagandística en torno al Conde de Barcelona. En Madrid, Joaquín Satrústegui, Vicente Piniés, Jaime Miralles, el conde de Melgar y el vizconde de Rocamora, con la ayuda de las Juntas Regionales, formaron un comité encargado de organizar el viaje a Grecia. Controlaron los precios, logrando una auténtica movilización de masas populares. Acudieron a Atenas alrededor de 5.000 españoles (706). Víctor Salmador se ocupó de organizar lo que Sainz Rodríguez ha llamado *utilización política de la boda*. Preparó junto con Ramón Padilla un periódico que no contó con la aquiescencia del Consejo Privado. Hizo el grueso del periódico en Sudamérica, transportando más tarde el material impreso en cartones de estereotipia a Atenas. Allí contrató una imprenta y consiguió el permiso gubernamental de distribución. Dispuso de un mes en Sudamérica para los trabajos previos y 20 días en Atenas para concluir el resto. Aristóteles Onasis y su cuñado Komialidis prestaron alguna ayuda, no económica, a Víctor Salmador (707).

El primer editorial decía: *este «Diario español de Atenas» es una bandera por Don Juan de Borbón. Podríamos ahora devolver mucho juego sucio, pero no vamos a hacerlo. Vamos simplemente a dejar constancia de que deseamos una Monarquía que no destruya, que sea reconciliadora y conciliadora. Nuestra catapulta de enemistad contra el actual Régimen se enfundará cuando veamos que se restaura en España las libertades y derechos fundamentales y que se conduce todo de una manera efectiva y concreta al regreso del Rey legítimo.* En este primer número aparecieron sendos artículos de Salvador de Madariaga y de Isella Rusell. En la «Carta del Director» la publicación comentaba las noticias de la misma y afirmaba que era totalmente independiente, incluso de Estoril, y que el hecho de salir en Atenas, cuando miles de españoles se encontraban junto al Príncipe de Asturias en su boda y junto al Rey de España en la boda del Príncipe, era como izar una bandera *limpia, sin rencores.*

En el último número del periódico apareció un artículo de fondo muy interesante porque suponía una crítica directa a los monárquicos colaboracionistas. *La situación de servir o pretender servir a dos señores —decía— es insostenible, y para sostenerla, prefieren que no aparezca una situación que exija definiciones... Hay un miedo enorme a que pase algo, un pánico enorme a que pase algo... ¿Por qué no llamar a la armonía de relaciones entre la Familia Real y el Gobierno español un «status» que permite al Generalísimo Franco contar con el apoyo de los monárquicos, mientras hace esperar hasta su muerte o incapacidad a Don Juan y, para colmo, sin siquiera definir categóricamente que el Rey indiscutible es Don Juan de Borbón?*

Según un documento que se encuentra en el archivo de Sainz Rodríguez, en medios gubernamentales españoles causó *gran disgusto* la aparición del *Diario español de Atenas.* El primer secretario de la Embajada española, Fernández de la Mora, envió una nota de protesta al director del periódico, al ministro griego de Asuntos Exteriores, Averoff, y al ministro adjunto a la Presidencia, Macri (708). El ministro de Asuntos Exteriores español solicitó a su colega griego la suspensión del periódico, porque lo consideraba como un hecho subversivo y la tolerancia del Gobierno griego como un gesto inamistoso. El primer ministro, Karamanlis, se ocupó del asunto. Confirmó la licitud del periódico y contestó en consecuencia: *en Grecia existe un Parlamento y el Gobierno no puede realizar este tipo de arbitrariedades*. La solicitud del Gobierno español trascendió a los círculos oficiales de la Prensa, a los corresponsales extranjeros y a las personalidades invitadas (709).

El Gobierno español con su intervención no hizo sino aumentar el interés de los asistentes a la ceremonia por el diario. Máxime cuando el director, Salmador, era un monárquico que no se relacionaba directamente con Don Juan, ni se movía en los círculos monárquicos influyentes. El conde de Melgar cuando dio cuenta del asunto a Sainz Rodríguez comentó que fue iniciativa de un *espontáneo* y que el periódico *permitió el desahogo de unos cuantos y llegó a sembrar una alarma superficial en otros. Total que el periódico llenó un hueco y fue generalmente bien recibido* (710).

También circuló una edición apócrifa del diario *ABC* que llevaba en portada la fotografía de Don Juan de Borbón y todas las páginas dedicadas a la propaganda de la restauración, a la democratización de España y a la sucesión en la Jefatura del Estado. Cuenta Sainz Rodríguez que enseñó un ejemplar al marqués de Desio comentando que acababa de comprarlo en un quiosco de Lisboa. El marqués asombrado comentó: *Al fin, Franco se ha decidido*. También al ministro Castiella le colocaron un ejemplar encima de la mesa de su despacho. El ministro de Asuntos Exteriores telefoneó a Franco, pues pensaba que la aparición del «extraordinario» *ABC* dedicado al Conde de Barcelona significaba una operación emanada de *El Pardo*. El Generalísimo le respondió que se dejara de historias y que le mandara el periódico con un motorista, pues tenía mucho interés en conocerlo (711).

Sin embargo, estos actos antigubernamentales no cambiaron la táctica de acercamiento al Régimen. Los recién casados realizaron un viaje relámpago a Madrid para saludar al Jefe del Estado. Esta visita desoía la solicitud de los monárquicos que desaconsejaba al Conde de Barcelona que el Príncipe volviese a España hasta que finalizara su viaje de novios, regresando después a Estoril. Allí se planearía «cuidadosamente» su visita a *El Pardo* y se trazaría un plan político que no podría ser alterado con posterioridad. *Parece evidente —decían— que el Generalísimo desea continuar por lo pronto su política de presentar varios Príncipes concursantes al Trono.* Destaparse declarando que pagaba el piso y ayudaba a Don Hugo, era «precisamente» para probar que el hecho de alojar o auxiliar financiamiento al Príncipe *no quiere decir que esto signifique reconocimiento, puesto que lo hace con varios.* Para seguir esta táctica *es por lo que hace alarde del auxilio a Don Hugo* (712). Efectivamente, media hora antes del almuerzo que Franco ofreció al Príncipe Don Juan Carlos, había recibido en audiencia a Valiente y a Zamanillo, y por la mañana al Archiduque don Francisco José, dejando bien sentado que pese al *Canarias* y a las condecoraciones, el Príncipe Juan Carlos no era más que uno de los candidatos. *La gente ha dicho que sólo faltaba allí aquel día Alfonso de Borbón Dampierre* (713).

13.3. Veleidades regencialistas

El Consejo Privado del Conde de Barcelona continuaba dividido. En la primavera de 1962 se produjeron varios contactos y reuniones de este organismo monárquico. Gil-Robles y Carrascal se quejaban del excesivo carácter tradicionalista del Consejo Privado, criticando la falta de representatividad proporcional de las fuerzas monárquicas. No pretendían ser los primeros dentro de la causa monárquica, pero advertían que estaban muy lejos de ser los últimos. *Y, sin embargo, sí lo somos en cuanto a representación numérica del Consejo* (714).

La salida de Gil-Robles del Consejo Privado por el asunto de Munich, no logró la uniformidad de criterios. De este modo no puede resultar asombroso que en la sesión del Consejo Privado celebrada el 30 de julio de 1962, en la que no participaron los nuevos consejeros, y que fue presidida por el Conde de Barcelona, no se llegase a acuerdos de ninguna importancia. Se procedió a redactar un capítulo de agravios de la propaganda oficial del Régimen para que Don Juan pudiera hacer uso del mismo en cualquier momento; se redactó un documento de política monárquica para que circulara privadamente entre las altas autoridades eclesiásticas, militares y civiles; y se fijó el texto de una nota verbal para transmitir a Manuel Fraga Iribarne, que había sustituido a Arias Salgado en el Ministerio de Información y Turismo (715).

Parece ser que Manuel Fraga envió una carta al Conde de Barcelona que no conozco pero que supongo cordial, puesto que Sainz Rodríguez recibió una nota expresada en los siguientes términos: *Supongo en tu poder la copia de la carta de Fraga y me parece que el semblante de la Prensa empieza a reflejar los buenos propósitos que en ella se vislumbraban* (716). Que Fraga tenía intenciones sanas respecto a la Monarquía está avalado por la mencionada nota verbal de Don Juan de Borbón que comentaba conocer todas las noticias referentes a la actuación del ministro desde su nombramiento y eran de su gusto los sentimientos que resplandecían en las mismas. *El Rey cree poder cooperar a su labor, nada fácil, ordenando a los elementos monárquicos que no se lancen a propagandas que pudieran producirle dificultades* (717). En este primer año de Fraga en el Ministerio de Información y Turismo la cordialidad con los monárquicos fue tal que incluso hubo algún intento de dar oficialidad al «Boletín de la Secretaría del Consejo Privado del Conde de Barcelona».

En la misma crisis que llevó a Fraga al Ministerio de Información y Turismo, Muñoz Grandes alcanzó la Vicepresidencia del Gobierno. Pese al marcado carácter falangista del general, los monárquicos intentaron convencerle de la necesidad de la Monarquía. Víctor Salmador, desde Montevideo, explicó al general que el Régimen español se reducía a Franco y que España no podría ingresar en los organismos económicos europeos mientras no contase con un Régimen democrático. Aseguraba que la restauración de la Monarquía en la persona del Conde de Barcelona acabaría con el pretexto para la negativa de Europa al ingreso de España en la Comunidad (718). Cuando a finales del año el vicepresidente se trasladó a Portugal para asistir a una cacería, en los mentideros políticos se hablaba de un simple pretexto para entrevistarse con Don Juan. Igualmente, con ocasión de una conferencia de Estados Mayores Peninsulares celebrada en Portugal con la asistencia de Muñoz Grandes, un grupo de españoles que estaba a las órdenes del vicepresidente visitó al Conde de Barcelona. En su carta a Muñoz Grandes, Salmador no se equivocaba en sus apreciaciones. Si por algo se ha caracterizado la Monarquía española más contemporánea ha sido por su europeísmo y occidentalismo. Seguramente Víctor Salmador desconocía que el Conde de Barcelona había asistido en agosto a la recepción ofrecida al término de las maniobras de la O.T.A.N. También había tenido una conversación con Kennedy que el embajador español en Portugal, Ibáñez Martín, pensaba promovida y preparada por Calvo Serer y Pérez Embid (719).

1963 no fue un año bueno para la Monarquía. En el Consejo de Ministros del 5 de enero López Bravo propuso que se seleccionaran dos pretendientes al Trono y que se sometieran sus nombres a referéndum. Naturalmente, tal planteamiento fue rechazado de inmediato. El general Franco parecía tener algunas vacilaciones en cuanto a la futura forma de Estado de España. En ese mismo mes de enero comentó a Ibáñez Martín que la Monarquía era una «antigualla». A Carrero Blanco había apuntado la posibilidad de someter a elección el nombramiento de un Regente (720).

El presidente del Consejo Privado, José María Pemán, mantuvo conversaciones a fondo con tres ministros, de los que calificaba como «monarquizantes», y le reflejaron con unanimidad que Franco estaba «empastillado» en no evolucionar porque *después de él ya se encargaría el Ejército de aplicar la Ley de Sucesión, de un modo u otro,* según la actitud del Conde de Barcelona y el clima público del momento. Sin ninguna duda, el suceso de Munich y el alarde propagandístico durante la boda del heredero del Conde de Barcelona habían disgustado al Generalísimo. No obstante, comentaba que para el Príncipe Don Juan Carlos *las puertas están siempre abiertas,* pero sin previas negociaciones (721).

Con estos antecedentes no resulta extraño que el Conde de Barcelona se dirigiera al Generalísimo para darle su conformidad a la residencia de Don Juan Carlos en España. Prefería Don Juan que su hijo no lo hiciera permanentemente en Madrid para evitar que *la vida de la joven pareja* se convirtiera en *algo ocioso y frívolo.* Proponía que su estancia en Madrid fuera interrumpida por variadas visitas a provincias. Tampoco creía conveniente que su primogénito ocupara el palacio de la Zarzuela por la *innata repugnancia que siento a que la Familia Real sea una carga para el Estado sin estar en funciones* (722).

El Boletín del Consejo Privado correspondiente al mes de febrero explicó la presencia de los Príncipes en España como continuación de la educación del heredero de Don Juan en contacto con el pueblo español y ostentación de la representación de su padre. *Precisamente el hecho de estar él en España y no su padre indica la realidad de esa presencia popular y psicológica que lleva en sí la legitimidad. La carga emocional e histórica del Rey es tal que a él no se le puede ofrecer más que una de estas dos cosas: o la suprema justicia del Trono; o mientras tanto, el supremo homenaje de la distancia* (723).

Por otra parte, la inseguridad en los ambientes políticos oficiales y la indiferencia de Franco reanimaban a los elementos «regencialistas» y «presidencialistas» enquistados en el aparato falangista. Se rumoreaba que Solís presumía de haber encargado al director del Instituto de Estudios Políticos, Fueyo (quien hizo los proyectos de Leyes Fundamentales presentadas por Arrese en 1956) la redacción de otros proyectos de disposiciones políticas en *línea equívoca y amenazadora* (724). López Rodó señala que la presencia antimonárquica aumentaba en estos momentos. Personas con influencia proponían que se sometiese a referéndum la forma de gobierno. También un grupo de democristianos encabezados por Ángel Herrera Oria defendían, para después del fallecimiento del general Franco, el establecimiento de una larga Regencia, tras la cual se pronunciaría el pueblo por la forma de Estado que creyera oportuna para España (725).

La Causa Monárquica realizó una «declaración» criticando la

posibilidad de una República, que aunque llevase el calificativo de presidencialista, estaría enfrentada a lo que el pueblo rechazó en 1936. Alegaba después que la Monarquía sería más viable para lograr la incorporación de España a la Comunidad Europea, así como a los organismos atlánticos. La Causa Monárquica reconocía la Ley de Sucesión cuando indicaba que el mero hecho de insinuar una hipotética República estaba al margen de la Ley *desde que España quedó oficialmente reinstituida en Reino y desde que fue proclamada forma política del Estado español la Monarquía Católica, Social, Tradicional y Representativa* (726).

El 25 de julio el Conde de Barcelona puso en conocimiento de Franco que su nuera, la Princesa Sofía, esperaba su primer hijo. Suponía que el bautizo debería celebrarse en la Zarzuela con asistencia de su madre, la Reina Doña Victoria, de la Condesa de Barcelona y la suya. Invitaba a Franco y a su señora al acto, y se mostraba dispuesto a celebrar una nueva entrevista con el Caudillo. A mediados de noviembre Franco dio su conformidad al Conde de Barcelona en lo relativo al bautizo, pero solicitando que la estancia de Don Juan en España no fuera *explotada por alguno de vuestros adictos con fines partidistas* (727). La Infanta Elena nació el 20 de diciembre. Al bautizo asistió Franco, pero no hubo entrevista política, sino una conversación *amable y descomprometida* (728).

Para evitar problemas con los monárquicos durante el tiempo que el Conde de Barcelona permaneciera en España, el Generalísimo había declarado a Guillemé-Brulon que en el tema de la sucesión existía una sola alternativa: Rey o Regencia, *pero no República que por dos veces, ha causado nuestra ruina* (729).

Suárez Fernández apunta en su interesante trabajo que en febrero de 1964 el Caudillo había recibido un memorándum instándole a institucionalizar la Monarquía y a declarar que era Don Juan de Borbón el *Príncipe con mejor derecho* a que aludía la Ley de Sucesión. En el archivo de Francisco Franco se encuentra el borrador de respuesta que entre otras cosas mencionaba: *la discrepancia doctrinal de quien puede ser titular indubitado. La desconfianza y repulsa que produjo en el país. Su desvío de lo que ha sido y es el Movimiento. El espectáculo de cuatro o cinco pretendientes en el horizonte. La juventud no siente la Monarquía. Monarquía sin Régimen es volver al pasado, a saltar en unos cuantos años a la República. La Monarquía queda firmemente institucionalizada. Más me preocupa a mí que a los españoles. Institucionalización de la persona de Don Juan. No. Lo primero. Seguidamente unir a los monárquicos para que sea posible la designación de un sucesor. Príncipe... Lo peor que podría pasar es que la nación cayese en manos de un Príncipe liberal, puente hacia el comunismo... Lo interesante*

*la Monarquía, lo secundario, las personas. Y no hay Príncipe califi-
cado y en la esperanza de la Nación. Necesidad de que lleguen a
la unidad de los monárquicos. Que el pueblo la acepte. ¿Usted cree
que el pueblo votó Monarquía?* (730)

El documento recibido por Franco fue enviado por José María
Pemán. El 3 de marzo mantuvo el presidente del Consejo Privado
unas conversaciones con el Generalísimo. Éste le agradeció el informe que le había enviado sobre la situación política, le expresó
su conformidad con los temas fundamentales allí expuestos y criticó duramente al Conde de Barcelona, a quien hizo responsable de
que no se resolviese la cuestión sucesoria. Franco comentó además
que promulgaría una Ley Orgánica del Estado y una Ley Sindical,
pero no daría su visto bueno a una Ley de Prensa (731).

El conde de Barcelona continuó con su doble táctica. Por una
parte su política de acercamiento al Régimen y, por la otra, seguía
con sus declaraciones y contactos con elementos de oposición. Aunque el 29 de marzo Don Juan felicitó al Generalísimo por sus XXV
años de paz, el 27 de abril en *Le Figaro* hablaba de una Monarquía
como alternativa al régimen franquista. *La Monarquía debe ser la
salida natural y pacífica del actual momento español, que encontrará en ella las vías legales indispensables para el pleno gozo de su
libertad y de su desarrollo* (732). Pemán hizo gestiones para que
las declaraciones del Conde de Barcelona aparecieran en la Prensa
española. Pero no lo consiguió. También se negó Franco a que el
presidente del Consejo Privado del Condè de Barcelona publicase
en *ABC* un artículo titulado «Don Juan de Borbón» en el que des-
cribía la personalidad del heredero de Alfonso XIII.

Las palabras del Conde de Barcelona no evitaron que su hijo,
el Príncipe Don Juan Carlos, contemplara el desfile militar desde
la tribuna, junto al Generalísimo. Esta presencia disgustó a un núcleo de carlistas y falangistas. La víspera, López Rodó recibió una
llamada telefónica amenazadora. *Si mañana sube el Príncipe a la
tribuna, morirás* (733). Antonio Girón publicó una carta abierta que,
en resumen, era una llamada a los ex combatientes para defender
el Régimen (734). El 28 de septiembre Solís conversó con el Conde
de Barcelona durante hora y media. Al finalizar hizo el ministro
secretario del Movimiento grandes elogios de Don Juan. Se pensaba entonces que Solís contaba con el apoyo de Franco y que la
entrevista suponía un acercamiento de Don Juan al Régimen (735).

La veleidades regencialistas o presidencialistas impulsadas por
los falangistas y los apoyos económicos y políticos de este sector
hacia el carlismo hicieron que el Consejo Privado del Conde de
Barcelona pensara en una nueva reorganización. Además, la infruc-
tuosa entrevista de Pemán con Franco coadyuvó a que las relaciones entre el Jefe del Estado y Don Juan volvieran a enfriarse. La

crisis se reflejó inmediatamente en el Consejo Privado. Mientras una facción no quería variar la política seguida hasta entonces, otros abogaban por abrir la Monarquía a elementos más alejados del Régimen. Cada Consejero elevó al presidente la propuesta que creía más viable para reorganizar la Causa Monárquica.

Sobre la natural variedad de la consulta, extrajo el presidente del Consejo privado varias conclusiones generales: 1.º Unanimidad en desear que los órganos del Consejo acentuaran, si fuera necesario, su carácter representativo de los sectores que incidían en la necesidad de la solución monárquica en la persona del Conde de Barcelona; 2.º Casi unanimidad en desear que la función ejecutiva se encargase a una única persona, con la máxima autoridad en la directa comunicación con Don Juan de Borbón; 3.º Indicación generalizada de que la persona encargada de la función ejecutiva tuviese a su disposición comisiones con encargos específicos; 4.º Indicación, muy generalizada también, de que fuese Yanguas Messía investido de la función ejecutiva y coordinador de las comisiones que le asistirían. Personalmente, José María Pemán pensaba que la existencia de una persona encargada de la función ejecutiva, aparte de ser funcionalmente necesaria para que las comisiones tuvieran condición y unidad, era indispensable para evitar toda apariencia desastrosa de nombramientos y dirección personal de esas comisiones por parte del Conde de Barcelona (736).

La candidatura de Yanguas Messía no prosperó. Las comisiones sin mando ejecutivo fueron desestimadas incluso por quienes deberían haber formado parte de ellas: Luca de Tena, Ansón, conde de los Andes y conde de Melgar. El presidente del Consejo Privado aconsejó al Conde de Barcelona que prescindiera del proyecto de comisiones y que hiciera en la persona de Jesús Pabón el nombramiento del ejecutivo unipersonal. *«Me parece ver clarísimamente por ahí que tenemos un camino de actividad con ritmo novísimo, dirigido por un buen criterio que tengo muy constatado, y con dedicación de la jornada entera a la labor, lo que es absolutamente preciso en estos momentos cuando todo parece acelerarse.»* Pabón contaba con el apoyo de Luca de Tena, Ansón y Andes (737).

El Conde de Barcelona nombró a Jesús Pabón delegado político. La nueva forma de estructura hacía preciso reorganizar la comisión permanente del Consejo, para que ésta pudiera cumplir la misión específicamente consultiva que tenía. Para ello la Comisión Permanente tendría que lograr una composición lo más representativa posible de la totalidad del Consejo. Con este objetivo los consejeros enviaron sus apreciaciones a Pemán sin que se llegara a la deseable uniformidad de criterios (738).

Según Calvo Serer, con el nombramiento de Pabón, la Causa Monárquica encauzó en la línea de contactos personales con las gentes del Régimen, en el sentido de que el ilustre historiador llevaba varios años retirado de la política activa y no se relacionaba con los personajes que ostentaban el poder efectivo. Por esta razón orientó su política en la dirección de defender el prestigio del Conde de Barcelona, de mantener relaciones con el Príncipe Don Juan Carlos y de establecer contactos con los altos jefes militares. En sus trabajos contó con la ayuda de Valdecasas, Gámero del Castillo, Martínez Campos y el duque de Alba (739). Pabón lo logró una audiencia con el Generalísimo hasta que cesó en su cargo. Entonces el delegado político del Conde de Barcelona contestó al Generalísimo que su visita no tenía ya sentido porque deseaba plantearle el problema de sus relaciones con la dinastía, pero que ya había cesado en su labor política. Franco le respondió *ha hecho usted muy bien. Aquello es una corte de fracasados* (740).

13.4. El tema monárquico en la Prensa: Las declaraciones de Fraga

En su discurso de fin de año de 1964 el Generalísimo se refirió a la Monarquía como algo consustancial con el Régimen. *Constituida España en Reino por exigencia insobornable de nuestra historia y por abrumadora mayoría de sufragios, la Monarquía Tradicional, Católica, Social y Representativa, es uno de los principios inmutables de nuestro Movimiento Nacional.* En este momento, varios ministros españoles instaron al Jefe del Estado para que evolucionase hacia la institucionalización de la Monarquía. El 14 de enero le comentó Camilo Alonso Vega que sólo el establecimiento de la Corona podría garantizar el futuro. *La gente está intranquila por el futuro.* En las vacilaciones que impedían institucionalizar la Monarquía, veía Lora Tamayo el origen de las huelgas universitarias de primeros de año. *No se ha hecho nada para garantizar el futuro, y esto el país lo acusa.* En el Consejo de Ministros del 5 de marzo se oyeron las mismas interpretaciones (741).

El 9 de mayo el Príncipe Don Juan Carlos volvió a ocupar, en el desfile de la Victoria, la tribuna junto al Generalísimo. Un grupo de jóvenes falangistas, cuando el automóvil del Príncipe pasaba por la Gran Vía madrileña, se acercaron a la ventanilla y gritaron *¡Franco Sí, Don Juan no!* (742). En contraposición circuló por Madrid una carta anónima dirigida a los españoles señalando ese día como una fecha histórica porque *el Ejército y el pueblo sano de*

España apoyan la feliz restauración de la Corona en la sienes de un Príncipe recto y bueno, S.A.R. Don Juan Carlos de Borbón —hijo y nieto de Rey, no de pretendientes— y ligado estrechamente al glorioso soldado que ha mantenido nuestra patria en el seno del orden y el respeto a las tradiciones (743).

En Barcelona también se repartía una «hoja monárquica» de periodicidad mensual —«Hacia la Monarquía»—. La del mes de noviembre incidía en el tema de la sucesión de la Jefatura del Estado, especulando que irremediablemente se plantearía en plazo relativamente breve. Señalaba la *radical incapacidad* del Régimen para encauzar el futuro de otra forma que no fuese la *repetición exacta de lo existente, porque las dictaduras no tienen sucesión.* La continuidad, fundamento básico de un país, fuera del Régimen, sólo tendría viabilidad *en la restauración de la Monarquía en la persona de S.A.R. el Conde de Barcelona.* También realizaba una crítica a los *grupos instalados en el poder* que pensaran que tras la muerte o incapacidad del jefe del Estado todo continuaría igual. *O una inmediata restauración de la Monarquía en la persona de Don Juan de Borbón, o una nueva interinidad tras la cual todo puede ser posible* (744).

El 20 de noviembre de 1965 Fraga Iribarne concedió unas declaraciones al diario británico *The Times.* Se extendió sobre los problemas internacionales de España, pero también se ocupó del futuro cambio de Régimen declarando:

> «... Es ahora cada vez más admitido que cuando acabe el régimen de Franco sea Don Juan Carlos el que ocupe el trono de España. El General Franco desea un arreglo de transición con la ayuda de una nueva persona en el Gobierno que llevaría adelante el período inmediato, hasta que el Gobierno haya trabajado por un nuevo arreglo estrechamente basado en las fuerzas adictas al Movimiento de Franco. Los extremistas monárquicos y falangistas que hubiesen deseado supervisar dicho acuerdo, actualmente, son tan pocos, que no podrían tener influencia sobre estas fuerzas que se encuentran en el Estado y que apoyan sólidamente el orden presente.» (745)

José María Pemán calificó las declaraciones de Fraga de «indignantes» y Pabón se «movió» bastante para contrarrestarlas. No obstante Pemán *hubiera querido más, pues era tema y ocasión en que forzar la visita a Franco o escribirle bien claro; no habría modo de que estuviera fundamentado sobre tal cantidad de razón que por lo menos tendría que ser escuchado* (746). Los seguidores del Conde de Barcelona se mostraron disgustados porque no creían que las declaraciones de Fraga fueran un hecho aislado y carente de transcendencia, sino que formaban parte de una estrategia de más envergadura dirigida desde el Ministerio de Información con el consentimiento de Franco. Hay que tener en consideración que Fraga no había sido desautorizado. *¿Cabe pensar que un ministro se permita expresar opiniones que no sean eco exacto del pensamiento del Jefe de Estado, sin que se le destituya automáticamente?* (747).

Pero si Franco no desautorizó al ministro de Información y Turismo, el Conde de Barcelona tampoco hizo ninguna declaración contraria al texto de Fraga. Ello podría dar pábulo a pensar que, cuando menos, no le disgustó. Además se molestó porque algún consejero suyo utilizó, indebidamente —al menos eso dijo entonces— el formato y nombre del «Boletín del Consejo Privado» para dar una supuesta contestación a las declaraciones aparecidas en el diario londinense.

Aunque Don Juan Carlos declaró a *Time Yo nunca, nunca aceptaré la Corona mientras viva mi padre* (748), su candidatura se veía impulsada por el apoyo de Carrero Blanco, López Rodó, Gonzalo Fernández de la Mora, Javier Carvajal, Alfredo Sánchez Bella y Torcuato Fernández Miranda, entre otros. El 9 de febrero de 1966 Franco comentó a López Rodó que el Conde de Barcelona estaba descartado porque no servía. *Ya debía haber renunciado en favor de su hijo; yo se lo di a entender en una carta que le escribí hace varios años* (749).

Estas declaraciones aumentaron el confusionismo. Además, con motivo del vigésimo quinto aniversario del fallecimiento de Don Alfonso XIII, se celebró en Estoril un homenaje de adhesión a Don Juan de Borbón al que el Príncipe Don Juan Carlos no pudo asistir. Suárez Fernández afirma que esa decisión fue del agrado del Generalísimo (750). No obstante, el primogénito del Conde de Barcelona envió el siguiente telegrama de adhesión: *En el homenaje y recuerdo a los 25 años muerte del abuelo quiero enviarte un abrazo muy fuerte con todo cariño, lealtad y respeto.* José María Pemán leyó un discurso que posteriormente fue entregado a Don Juan firmado por todos los consejeros. Proclamó su confianza en la Institución y su fe en el titular. *Celebramos en V.M. veinticinco años de prudencia, de patriotismo, de paciencia, de firmeza y de esperanza en los españoles: de dedicación íntegra a esa función histórica de la realeza, la más difícil, por extraída de su natural contorno, cuando se ejerce en la ausencia y en el destierro.* El Rey, que lo sería de todos los españoles, estaría encargado de *nacionalizar las soluciones todas,* superar las pasiones y aunar voluntades *para presidir una evolución sin claudicaciones ni sobresaltos.* Cuando desapareciese el Régimen franquista no podrían darse divagaciones ni especulaciones dinásticas porque *se impondrá por su evidencia y su legitimidad la solución histórica que significa V.M., como heredero indiscutible de la Corona de España.* El Conde de Barcelona respondió que se consideraba, por imperativos históricos y hereditarios, el titular de la dinastía que habría de instaurarse en España para *continuar y asegurar la evolución progresiva que en todos los órdenes podemos contemplar en la vida española.* Todo con *la aquiescencia del pueblo español.* Concluyó señalando que el Príncipe de Asturias era garantía de continuidad dinástica para *cuando Dios disponga que las responsabilidades de la Corona pasen de mis manos a las suyas* (751).

13.5. Polémica en la Prensa: la Tesis de Emilio Romero

Durante los meses de abril y mayo de 1966 el diario *Madrid* realizó una *encuesta sobre la Monarquía.* Varias personalidades del Régimen explicaron las líneas que debería adoptar la Monarquía para que fuera viable. El primer encuestado fue el ex ministro Alberto Martín Artajo, que se posicionó por una conjunción de Régimen monárquico y presidencial; José Ignacio Escobar, marqués de Valdeiglesias, Gonzalo Fernández de la Mora y Francisco Labadie abogaron por una Monarquía continuadora del Movimiento hasta su culminación; Emilio Lamo de Espinosa y Ramón Serrano Suñer se decantaron por una Monarquía social y reformadora; y, finalmente, querían una Monaquía democrática Joaquín Satrústegui, Florentino Pérez Embid, José de Yanguas Messía, José María de Areilza y José María Pemán. Este último apuntaba la necesidad de que tuviera *suficiente carga de derecha como para poder realizar una política de izquierdas. Y suficiente izquierdismo social y progresista para poderlo imponer a una derecha excesivamente inmóvil* (752).

Al comenzar el verano la Prensa española arremete una vez más contra la Monarquía. El origen de esta nueva campaña hay que situarla en un artículo del marqués de Quintanar publicado en el diario *ABC.* A este artículo, «Barco a la vista», contestó el diario *Arriba* con otro titulado «Barco Pirata» y en *Pueblo* Emilio Romero transcribía otro artículo, «¿Por qué se impacientan?», que centraba el debate en torno a la figura del Conde de Barcelona. Creía Romero que no era oportuna la propaganda monárquica que se hacía desde *ABC* porque irritaba a ciertos sectores políticos, y opinaba que si la Monaquía pretendía continuar el Régimen franquista, la operación futura habría que emprenderla sobre la base del Régimen. *Hay que hacer un grande, un robusto, un satisfactorio «presente» para que el futuro venga un día sobre ruedas y no me-*

diante una convulsión. Calificaba de «mística monárquica» el artículo del marqués de Quintanar, apuntando que si la Monarquía no venía de la mano del Régimen, ésta no se instauraría, *porque si la trajeran otros que no fuera el Régimen sería para merendársela.* Pensaba que era imprudente pasarle al Régimen una Monarquía llamando a la puerta:

> ... La Monarquía, en el Régimen, luce; fuera de él, o despotenciándole, moriría como un pez fuera del agua. Mi frialdad en materia institucional te dice, querido compañero y monárquico de convicciones, que debéis cuidar al Régimen como a la niña de vuestros ojos; y si de paso dais algunas vacaciones a algunas plumas monárquicas —de esas que hacen republicanos de la noche a la mañana— todo podría ir un poco mejor (753).

Luca de Tena contestó a Emilio Romero echando balones fuera, declarándose contrario al artículo del marqués de Quintanar y anunciando poner término a la campaña emprendida. Al día siguiente un editorial de *ABC* asumía las opiniones de los carlistas. Mientras esta polémica estaba en la calle, el Infante Don Juan Carlos mantenía una conversación con el Jefe del Estado que giró, fundamentalmente, en torno al papel del Rey en la futura Ley Orgánica. Don Juan Carlos preguntó sobre la separación de la Jefatura del Estado y la Presidencia del Gobierno y sobre la aplicación inmediata de la mencionada Ley. También hizo alusión el Caudillo al tema sucesorio. Comentó que en el momento oportuno diría a cada miembro de la Familia Real cuál era su sitio. Sobre el Conde de Barcelona dijo que tenía interés «en dejarlo bien» y que Don Juan Carlos debería *ser leal y respetar a su padre* (754).

En este mes de junio quedaría reforzada la candidatura del Príncipe Don Juan Carlos y la desviación hacia él de un grupo de monárquicos que hasta entonces habían apoyado a su padre. La presencia del Príncipe en el desfile de la Victoria, durante varios años consecutivos, hacía pensar a muchos que sería el sucesor del Generalísimo. Sin embargo, desde *ABC* los partidarios del Conde de Barcelona abogaban por el reconocimiento absoluto inmediato de éste, que impondría una apertura política (755). Más actual resultó el artículo de Ansón, «La Monarquía de todos» en el que refiriéndose a una cena ofrecida al Conde de Barcelona con motivo de su onomástica, a la que asistieron socialistas, liberales, democristianos y otras fuerzas de oposición, mencionaba la capacidad de convocatoria de Don Juan de Borbón e infería que *la salvación de España estaba en una Monarquía democrática con Don Juan de Borbón* (756). Franco ordenó a Fraga que secuestrase el número de *ABC*; en *Arriba* se publicó un ataque muy virulento contra la Monarquía, y des-

de *Pueblo* Romero contestó diferenciado la situación española de
la danesa o la sueca.

Para Emilio Romero la única propaganda monárquica que podía realizarse con *tranquilidad de todos los monárquicos* estaba
en el Régimen, porque todos sabían que era inamovible. *Los monárquicos de solera, no los otros, se pasan el día ensalzando a la
Institución, pero luego se miran hacia sus cosas y dicen: que dure
esto, y se pasan el día explorando la salud de Franco, preguntando
la cara que tiene a todos los que le ven.* Veía en la propalación
de una Monarquía democrática *un romanticismo político anticua-
do y una carencia de análisis histórico y de vivencias* (757). Franco
calificó el artículo de Ansón como *tendencioso, inoportuno e impo-
lítico.* Dijo a su primo Salgado-Araujo que *el mayor enemigo de
la Monarquía y del Régimen no hubiera escrito nada más lamentable.* Después de una guerra civil con más de un millón de muertos
y media España destruida, no se le ocurría a Ansón *otra cosa que
la salvación de España está en una Monarquía democrática con Don
Juan de Borbón, que aún no ha rectificado el manifiesto de 1945
y está rodeado de todos los enemigos del Régimen, entre los que
figuran algunos que fueron colaboradores míos y que, sin saber el
motivo, ahora son enemigos, tal vez por haber cesado en sus cargos
que querían que fuesen vitalicios.* Con tales antecedentes y partidarios, *poco podría durar el reinado de Don Juan* (758).

La Jefatura de un llamado «grupo antimonárquico» lanzó una
«circular única» en un tono despectivo para los monárquicos y para
el Rey. *Nuestra patria, España, podrá ser un Reino, pero tenemos
que decir que no a la Monarquía y más al niño bonito de Juan
Carlos S.A.R., pues como dice el dicho, «no queremos reyes idiotas
que no sepan gobernar».* Pensaban que a Franco debería suceder
otro Jefe de Estado que fuera totalmente militar, y solicitaban a
los españoles que abjurasen de la Monarquía e ingresaran en organizaciones afines a la Falange para impedir que *el presunto Rey
de España Juan Carlos* llegase a reinar (759).

Estas polémicas no impedían que en los diarios más liberales
del anterior Régimen continuaran apareciendo artículos sobre la
viabilidad de la Monarquía. En contra de lo expuesto por Emilio
Romero, un editorial del *Madrid* señalaba que para que la Monarquía fuera solución tendría que servir de factor de integración de
todos los españoles y estar asentada en *una sociedad de pluralismo
político.* Sobre estas bases, la Monarquía tendría más valor que
la República: frenaría la disgregación producida por el pluralismo,
al no estar el Rey mezclado con las tendencias políticas, representado, por ello, la Unidad Nacional. Por esta misma razón paliaría
los problemas que acarreara la diversidad regional; ayudaría a garantizar las colaboraciones financieras del exterior al estar *vincu-*

lada a la concepción de orden. Además, *la única forma democrática con que transigirían las fuerzas que se hallan en el poder sería la Monarquía.* El ejemplo del Partido Laborista inglés, que ostentaba el poder dentro de la Institución habría de hacer ver a la izquierda que la forma de gobierno, por sí sola, nada indica. Finalizaba señalando que para que la Monarquía no fuera simplemente una salida del Régimen, sino la solución, tendría que tener *como programa futuro a realizar las posibilidades de una democracia económica, social y política* (760).

14. EL SUCESOR

*Siempre es más fácil reparar los daños producidos
por el silencio, que el causado por afirmaciones
de alcance imprevisible.*

EUGENIO VEGAS LATAPIE

14.1. El secretariado político del Conde de Barcelona

En agosto de 1964 José María de Areilza presentaba por escrito su renuncia de embajador en París. Remitida la solicitud por mediación de Castiella fue aceptada por el Jefe de ·Estado. El ministro de Asuntos Exteriores había comentado a Areilza: *Esta carta tuya es dinamita*. El conde de Motrico replicó que la decisión era fruto de una larga reflexión sobre la situación política de España y de la imposibilidad práctica de acceder a las instituciones europeas sin una reforma democrática del sistema franquista.

Como Don Juan de Borbón había insinuado a Areilza que si abandonaba algún día el servicio diplomático activo le gustaría contar con su colaboración en la tarea de propiciar la causa de la Monarquía en España, se dirigió, a finales de 1965, a Estoril, donde mantuvo una larga conversación con el Conde de Barcelona. Éste le refirió minuciosamente el proceso de organización de la Causa Monárquica. También le puso al corriente de las relaciones Estoril-El Pardo después de las entrevistas. Don Juan señaló la idea de que existiera un Secretariado que fuera una especie de Comité directivo organizador e invitó al conde de Motrico a incorporarse a él. Areilza debería coordinar las actividades del Secretariado hasta darle plena eficacia y coherencia.

El nombramiento de Areilza se produjo en abril de 1966. Propuso al Conde de Barcelona un esquema de organización y de actividad dentro y fuera de España. Pocos días después mantuvo una conversación con el Príncipe Don Juan Carlos a quien dio cuenta de lo acordado. También escribió al general Franco una larga carta en la que razonaba sus puntos de vista favorables a un desenlace monárquico (761). Franco no tomó en consideración lo expuesto;

sin embargo, en el Consejo de Ministros, Carrero planteó la cuestión del Secretariado. Castiella hizo un gran elogio y defensa de Motrico y Fraga le apoyó muy ardientemente. Comentó, según Pemán, que era *lo más inteligente que había hecho, hasta ahora, la Monarquía* (762).

A la primera reunión del Secretariado político, celebrada en Villa Giralda el 6 de mayo, asistieron Eduardo Gil de Santivañes y Fernando Aramburu, procedentes del Tradicionalismo; el conde de los Andes, del grupo de Acción Española; Luis María Ansón, periodista partidario de una Monarquía Constitucional; Luis Ussía, hombre de negocios; duque de Maura, conservador; Guillermo Luca de Tena y Santiago Nadal, dirigentes de la Prensa monárquica; Juan Jesús González, democratacristiano, aunque acudió a la reunión a título personal; José María Ramón de San Pedro, partidario del entendimiento Franco-Don Juan, próximo a los sectores tecnocráticos del Gobierno; y, Jesús Obregón, cercano a Sainz Rodríguez (763). Formaban parte del Secretariado personas de procedencia política dispar. Era natural que así fuese porque se pretendía dar preeminencia a las personas por encima de las ideas.

El propósito y las teorías fundamentales de la opción política fueron sintetizadas por Areilza, en un informe que se encuentra en el Archivo de Sainz Rodríguez, en torno a 3 puntos: El primero se refiere a la cuestión dinástica y a la existencia de dos soluciones distintas en la misma línea; la de Don Juan y la de su hijo. El segundo punto era de tipo táctico y estaba centrado en el mejor camino y el más viable para lograr que la salida del Régimen personal de Franco desembocara en la Monarquía. El tercer punto trataba sobre las características y contenidos que habría de tener esa Monarquía para que fuera aceptada por la mayoría del pueblo español.

El primer apartado era, sin duda, el más delicado. El Conde de Barcelona mantenía un diálogo frecuente con su hijo. Existía entre ambos un clima de respeto mutuo. Don Juan seguía con atención los pasos de su primogénito y sus contactos con El Pardo. Areilza conversó con el Conde de Barcelona de lo que estimaba fundamental para arrostrar cualquier solución que se presentase repentinamente. Lo denominó «Pacto de Familia»; ante el desenlace posible era evidente la conveniencia de un acuerdo total, de tal naturaleza que cada una de las partes aceptase la solución que pudiera corresponder a la otra, por considerarla como viable en el momento oportuno. Areilza comunicó esta misma idea a Don Juan Carlos, quien manifestó la aceptación del principio. El «Pacto de Familia» significaba simple y llanamente que el Conde de Barcelona aceptaría el nombramiento de su primogénito de forma pasiva, porque es obvio que el Príncipe Don Juan Carlos no iba a

poner el más mínimo impedimento al nombramiento de su padre.
En el punto referente al terreno táctico, el campo de acción estaba limitado por las restricciones que el Gobierno imponía a cualquier género de propaganda que de la Institución se hiciera en territorio nacional. Tenían que actuar de forma semiclandestina, complicado todavía más, al estar presentes en el círculo interior del poder personalidades que, de acuerdo con Carrero Blanco, propiciaban la candidatura del Príncipe Don Juan Carlos como continuidad doctrinal del Régimen. Además la propaganda del Secretariado no podía tener las características de una difusión doctrinal de partido porque intentaban presentar a la Monarquía como alternativa, y al Conde de Barcelona como Jefe de la dinastía española y representante de la legitimidad histórica. Sin embargo, a pesar de estas restricciones, el Secretariado aumentó el ambiente monárquico, logrando grandes concentraciones coincidiendo con la onomástica de Don Juan y el bautizo del Infante don Felipe.

El apartado más importante era, sin duda, el doctrinal. ¿Qué Monarquía? Es interesante a este respecto transcribir taxativamente lo que Areilza escribió en el mencionado informe:

> ... Era evidente que en 1966 la sociedad española se había convertido en una comunidad económica desarrollada, urbanísticamente concentrada en grandes aglomeraciones; industrialmente, preponderante; con masificación universitaria; explosión cultural; televisiva en su mayoría y con una irresistible marea ascendente de permisividad en todos los terrenos. Al mismo tiempo la contestación política era creciente e inequívoca. ¿Cómo la Monarquía futura podía ser indiferente a estas realidades? ¿Qué hombre de Estado podía cerrar los ojos a estos tangibles desafíos del cambio? ¿Quién podría propiciar para asentar en España una Institución antigua —y olvidada por muchos después de treinta años de ausencia— otra cosa que no fuera un Estado moderno, democrático, progresivo, y con libertades efectivas; sufragio, partidos y Parlamento; centrales sindicales y capaz de superar de una vez por todas el trauma psicológico y la fractura social de la Guerra de 1936-39 (764).

Los contactos personales, gestos políticos, actitudes deliberadas, artículos y conferencias, etc., coadyuvaron a hacer posible la Monarquía propalada por el Secretariado Político. El Conde de Barcelona no votó el referéndum de la Ley Orgánica del Estado, a pesar de haber sido invitado a depositar su papeleta en Badajoz. Líderes destacados de la clandestinidad socialista y dirigentes sindicales asistían a reuniones sobre la futura Monarquía. Y, finalmente, Don Juan de Borbón prestó especial atención a las figuras destacadas del pensamiento y de la cultura que se hallaban alejadas del Régimen.

En Cataluña y en el País Vasco se establecieron vínculos de información permanente con los sectores más activos del nacionalismo vasco y catalán. A través de Julio de Jáuregui, ex diputado de las Cortes de la República en 1936, Areilza estableció conversaciones con Juan Ajurriaguerra, Francisco Basterrechea, vocal del Tribunal de Garantías Constitucionales durante la República y con Telesforo Monzón, que se decía entonces monárquico de Don Juan. Conoció también a Manuel de Irujo, Ministro de Justicia durante la Guerra Civil en el bando republicano. Más tarde se entrevistó con José María de Leizaola, Presidente del Gobierno Vasco en el exilio. También Don Juan de Borbón recibió en «Ouhaldia» a un grupo de comisionados oficiales del partido Nacionalismo Vasco, con objeto de examinar qué condiciones debería tener la futura Monarquía para que los nacionalistas pudieran participar políticamente en ella (765).

En lo referente a Cataluña, el secretariado contactó con Josep Andreu Abelló, presidente del Alto Tribunal de Cataluña hasta la Guerra Civil, afiliado al Partido Socialista de Cataluña. A través de él conoció a Reventós, al doctor Gutiérrez, al finado Pallach, a Cornudella, a Solé Barberá y a Solé Tura, a Benet, a Cañella, a Jordi Pujol, a Sureda, a Jiménez de Parga, a Vergés, a Luján, etc. Santiago Nadal fue el principal personaje del Secretariado en Barcelona, junto a Milá, Muntañola, José María Ramón de San Pedro, Ramón de Abadal, Darío Viver y Antonio Senillosa (766).

Un grupo de empresarios apolíticos catalanes del sector del textil, manifestaron a los miembros del Secretariado su preocupación por la situación de inmovilismo del Régimen, su falta de apertura y de distancia creciente en que se situaba la realidad política y social de España de las estructuras oficiales. De tradición republicana se mostraron dispuestos a acatar la Monarquía si *como habían oído decir* ofrecía una salida evolutiva hacia un Estado de Derecho de corte europeo.

Posteriormente mantuvieron los monárquicos una reunión con personas autorizadas y representativas de la Esquerra Catalana, la Unión Democrática de Cataluña, el Front Català, el Partido Socialista de Cataluña y la Confederación Nacional de Trabajadores. Querían conocer la posición de la Monarquía en esos momentos y el punto de vista del Conde de Barcelona. Igual que los empresarios dijeron ser republicanos, pero estaban dispuestos a aceptar lealmente la Institución monárquica si ésta se presentaba como democrática y sacaba al país del poder personal, encaminándolo hacia un Estado de Derecho, con gradual devolución del ejercicio de soberanía a la Nación. Pensaban además que la fórmula del Rey sería más aceptable para las Fuerzas Armadas al concluir el Régimen del general Franco.

También expuso la oposición catalana su punto de vista sobre la especifidad de Cataluña. Compartían el criterio de que la comunidad catalana había sido innecesariamente maltratada por 30 años de Régimen, en lo referente a la cultura, a la lengua, y a la alta personalidad política y administrativa. Solicitaban unánimemente el respeto a la singular personalidad de Cataluña.

Los catalanes anularían su apoyo a la Monarquía por dos razones: porque fuera continuista; encarnada, aparentemente en Don Juan Carlos, lo que les merecería una repulsa total *por considerarla un truco de los grupos de presión encaramados al poder para continuar esquilando el presupuesto. Contra ellos estaríamos todos*, adujeron de modo terminante; la segunda delimitación se referiría al tiempo. Si la Monarquía no lograba sustituir al Régimen en un plazo de tiempo medio, podría producirse una radicalización progresiva de los sectores obreros, con infiltraciones comunistas, que originarían nuevas reacciones ultras del elemento militar.

Los monárquicos del Secretariado mantuvieron, finalmente, conversaciones con los intelectuales catalanes católicos y con la derecha catalanista, en teoría, no monárquica. Benet, Castellet, Pujol, Millet, Carulla, Riera Andreu, etc. En líneas generales expresaron los mismos puntos de vista que la oposición de izquierda (767). Está claro que en Cataluña, «el trozo» más politizado de España, la comunidad más europea del país, las diversas fuerzas políticas respetarían una Monarquía como la impulsada por el Secretariado Político del Conde de Barcelona.

Por otra parte, el 9 de diciembre de 1967 se celebró en la sede del P.S.O.E. de París una reunión de los representantes de la oposición al Régimen. Acudieron Gil-Robles, Ramos Armero, Quintana y Moreno, pertenecientes a los círculos democristianos; Dionisio Ridruejo, Isidoro Infantes y Martín Zaco, en nombre de Acción Democrática; Valera, Maldonado y Colomer, representantes de Acción Republicana Democrática Española; Sauret, de Esquerra Republicana de Cataluña; Nardiz por Acción Nacionalista Vasca; Irujo y Rezola por el P.N.V. y Rodolfo Llopis por el P.S.O.E. Según informes de la policía que no hay que tomar al pie de la letra y que pueden tener bastante de irreal, Gil-Robles comenzó diciendo que no había hablado con el Conde de Barcelona desde Munich, pero que se proponía hacerlo, aunque lejos de Estoril, porque esta ciudad olía a *colaboración con el franquismo*. Pensaba comentar a Don Juan la gravedad de la situación española y sugerirle que adoptase una actitud pública, de franca y total ruptura con el Régimen. Explicó también que tenía noticias de las gestiones que, en nombre de Don Juan, estaba realizando Areilza, aunque no podía afirmar con precisión su contenido.

Llopis interrumpió a Gil-Robles para explicar la propuesta que

el Conde de Motrico había transmitido a un representante del
P.S.O.E.: Don Juan de Borbón garantizaba el establecimiento en
España de un régimen de Derecho semejante a los europeos. Necesitaba, para ello, contar con el Ejército para garantizar la transición. Si socialistas, democristianos, nacionalistas vascos y catalanes y monárquicos llegaban a un acuerdo, tendrían el apoyo de
Estados Unidos y del Vaticano. Según esta propuesta de Motrico,
el Conde de Barcelona se comprometía a *convocar elecciones sobre
la Institución*. También Rezola, del Partido Nacionalista Vasco, manifestó haber mantenido contactos con el Conde de Motrico (768).

El Secretariado acabó con el inactivismo monárquico, remar-
cando el matiz constitucional de la Monarquía. Don Juan, como
comentaba Areilza, otorgó su beneplácito a esta operación. Ello
significaba que deseaba enseñar su fuerza y apoyos al Generalísimo, o bien, que había perdido ya toda esperanza de alcanzar, por
la legalidad del Régimen, la Corona. El caso es que la actuación
del Secretariado sacó a la Monarquía del impasse en que se encontraba para darle el cariz que tuvo en la década de los cuarenta.
Ello fue posible por tres importantes razones: 1.º La laboriosidad
del Secretariado Político y la alta cotización política que el Conde
de Motrico estaba adquiriendo. 2.º Sin ninguna duda el éxito del
secretariado no habría sido tan amplio sin la promulgación de la
Ley de Prensa Fraga de 1966. Esta Ley que abolía la censura, no
ponía la Prensa a nivel de los países democráticos, pero supuso
un avance importante. En los periódicos aparecían normalmente
artículos sobre la Monarquía y sobre el propio Conde de Barcelona. Incluso algún discurso de éste, grandes referencias a actos celebrados por el Secretariado y abundantes noticias sobre la Monarquía. Con anterioridad a que esta Ley entrara en vigor, todas
estas cuestiones eran inimaginables; 3.º La avanzada edad del Generalísimo era el último motivo que ayudó sustancialmente a que
los españoles se interesasen por su sucesión —«morbo futurista»—,
dando pábulo a todo tipo de conversaciones privadas y comentarios públicos a través de los medios de comunicación. El Secretariado nació en el momento más idóneo; cuando Franco estaba siendo presionado para que institucionalizase el Régimen y asegurase
el futuro.

14.2. La Ley Orgánica del Estado.
Bautizo del Infante Don Felipe

El Secretariado político no nació sin problemas. En el momento de su constitución se reunió la permanente del Consejo privado, en el domicilio de José María Pemán, quejándose algunos consejeros de la falta de información. Las discrepancias entre el Secretariado y el Consejo en estos primeros momentos fueron inevitables. García Atance, que en un principio aceptó formar parte del Secretariado de Organización, cambió de actitud, presionado quizá por Germiniano Carrascal. Éste llegó a oponerse a entregar al conde de los Andes la documentación de provincias que estaba en su poder. También se produjeron las dimisiones de Yanguas y Valdecasas de los cargos de Vicepresidente y Secretario respectivamente, sin que la resolución se debiese a la constitución del nuevo organismo monárquico (769).

José María Pemán rogó al Conde de Barcelona le relevase de la presidencia del Consejo Privado por considerar que la coyuntura política en 1966, con la Ley de Prensa Fraga y el anuncio de otras leyes constitucionales, requerían un nuevo ritmo y una actividad política en la labor monárquica, que consideraba no podía realizar. Las dimensiones de Yanguas y de Valdecasas, durante años en estrecha compenetración con la Presidencia del Consejo Privado, hacían, según Pemán, deseable su sustitución, *en la que siempre ponía excesivo cuidado de que no pudiera confundirse con ningún movimiento de desvío o retiro al entrar la nueva etapa ejecutiva de Areilza, que dije y repito que me parece adecuadísima al momento* (770).

Don Juan de Borbón, lejos de admitir la decisión de Pemán, nombró a Eduardo Gil de Santivañes secretario del Consejo Privado para que trabajase junto a Pemán. El cese del presidente del Consejo Privado en estos momentos constituyentes —L.O.E.— podría tener una apariencia que presentarían ante los españoles como *pieza polémica o factor de desunión*. La función asesora y consultiva del Consejo Privado no parecía al Conde de Barcelona demasiado laboriosa ni constante para que Pemán continuara demostrando su talentosa labor (771). Exceptuando a su presidente y a un número bastante limitado de consejeros, el resto del Consejo Privado no había realizado demasiado trabajo político. Ahora, el nacimiento del Secretariado minimizaría aún más el valor práctico de este organismo.

Todavía en el mensaje que el Conde de Barcelona envió a la cena de confraternidad que se celebró en Madrid, presidida por Areilza, con motivo de la onomástica de Don Juan de Borbón, se presentaba a la Monarquía como una continuación del Régimen encargada de *realizar aquella evolución perfeccionadora que el pueblo español necesita manifestándose por medio de sus instituciones legales* (772). Ya en el telegrama enviado por el Conde de Barcelona a Franco con motivo de cumplirse el XXX aniversario de la elevación del último a la Jefatura del Estado está dentro de la línea del Secretariado. Aunque veladamente aparece el tema de la continuidad, en él no se menciona ni el Movimiento Nacional ni el 18 de julio.

Por otra parte, la posición abstencionista adoptada por Don Juan de Borbón en el referéndum de finales de 1966, con motivo de la ratificación popular de la Ley Orgánica del Estado, contrarió a sus consejeros partidarios de que el titular de la Corona votase afirmativamente la Ley.

Según López Rodó, también el Príncipe Don Juan Carlos había hecho un viaje a esa ciudad portuguesa, encontrando un ambiente hostil al referéndum. No obstante, habría convencido a su padre para que enviara un telegrama de felicitación a Franco por el resultado del referéndum (773). Sin embargo, Suárez Fernández afirma que el Príncipe telefoneó a Don Juan para que le aconsejara la actitud que tendría que adoptar ante el referéndum. El Conde de Barcelona le escribió una carta autógrafa que pese a estar publicada voy a reproducir por qué aclara la posición de Don Juan en este tema:

> ... Mi querido Juanito: Me alegré que me llamases el otro día para darme noticias sobre las diversas reacciones que se iban produciendo con motivo de la Ley Orgánica. Mis impresiones son muy parecidas a las tuyas: la gente «bien» y todos los que vemos en la nueva ley una posibilidad de evolución hacia un Estado de derecho sin pasar por una revolución, aplaudimos y esperamos. Ahora bien, la ley no es perfecta ni mucho menos y defrauda a una gran parte de la opinión pública que esperaba mucho más y por esto quiero que asumas tus responsabilidades, con pleno conocimiento de causa. Lo más importante es tu participación en el referéndum. Cuando estuvo Sofía en Estoril le pregunté si habías recibido insinuaciones para votar y me dijo que era una necesidad porque iba a votar Alfonso Segovia (D. Alfonso de Borbón Dampierre). Tú, por teléfono me has dicho lo mismo y la cosa me preocupa muchísimo porque me parece imposible comparar tu situación política con la de Alfonso, el cual, desde hace años, funciona por su cuenta en abierta deslealtad hacia lo que represento y de rechazo, en pugna contigo.
> Para aclarar ideas te diré: «la realeza acata las leyes del país, pero no tiene por qué manifestarse hasta que lo sean», y además ha

sido tradición en nuestra familia no votar en los comicios públicos, por la sencilla razón de que nos consideramos permanentes y las leyes pueden cambiar con otra votación. Pero en tu caso particular todavía iría más lejos. Obtener la opinión directa de Franco en forma explícita, antes de tomar una decisión. Dudo mucho que se atreva a obligarte a votar (774).

Efectivamente, Don Alfonso de Borbón Dampierre dificultaba la libre actuación del Príncipe Don Juan Carlos. El 27 de diciembre declaraba a *Le Figaro* que no se consideraba pretendiente al Trono de España, aunque comprendía que era su deber *estar a la disposición de mi país por si algún día quiere disponer de mi persona* (775).

Definitivamente Don Juan de Borbón no participó en el referéndum; no obstante, envió un telegrama al Generalísimo sumando su voz a la de los españoles que habían refrendado la L.O.E. José María de Areilza no podía oponerse moralmente a este telegrama porque él no sólo había votado positivamente el referéndum de 1947, sino que había enviado un telegrama de felicitación al ministro de Asuntos Exteriores rogándole lo hiciera extensible al Jefe del Estado (776). Algunos monárquicos se opusieron, a pesar de todo, a la Ley y al referéndum. La «Acción Monárquica Catalana» que publicaba unas hojas de periodicidad mensual, comentó que con la Ley Orgánica del Estado el Régimen pretendía asegurar la permanencia de su ideario autoritario y antiliberal; mientras que la sociedad española avanzaba en sentido inverso, obviando que la democratización tendría que ser auténtica, con partidos políticos. *Al Régimen sucederá una Monarquía Constitucional, con todas las consecuencias institucionales y de legitimidad inherentes al sistema monárquico; o una República, también democrática.* Señalaban por enésima vez que los intereses y el futuro de España no estaban en la continuidad del Régimen sino en el futuro de la Monarquía (777).

En lo relativo a la sucesión en la L.O.E. aparecía una pluralidad de fórmulas y figuras jurídicas coordinadas entre sí. Al producirse la muerte o declarada la incapacidad del Jefe del Estado, el Consejo de Regencia asumiría los poderes del Jefe del Estado para emprender, inmediatamente, la puesta en marcha del mecanismo de sucesión. El Consejo de Regencia, el Gobierno y el Consejo del Reino tomarían parte en la propuesta y las Cortes decidirían sobre dicha proposición. Contemplaba la L.O.E. dos posibles fórmulas de propuesta de Sucesión: la primera era potestad del Caudillo. La segunda se refería al supuesto de que quedase vacante la Jefatura del Estado sin que éste hubiera propuesto sucesor. En tal caso, habría correspondido la propuesta al Gobierno y al Con-

Don Alfonso de Borbón Dampierre fue utilizado por Franco y por grupos falangistas para frenar las actitudes de don Juan y de su heredero. Don Alfonso no se consideraba pretendiente al Trono de España, pero estaba a disposición de Franco por si quería disponer de su persona.

La Reina de España doña Victoria Eugenia, con su hijo el Conde de Barcelona, en el bautizo del Príncipe Felipe. La vuelta a España de la Reina supuso una gran apoteosis monárquica.

sejo del Reino, en reunión conjunta, aprobada por los dos tercios que, en todo caso, debería equivaler a la mayoría absoluta. En ambos supuestos la aprobación correspondería a las Cortes por mayoría de dos tercios de los procuradores, que se reducirían a tres quintos si fuera precisa una tercera votación. En el supuesto de que Franco fuese sucedido por una Regencia, debería estipularse plazo y condición de duración. Como advierte López Rodó, la L.O.E. modificaba la Ley de Sucesión dejando que la eventual Regencia se configurase como un paréntesis *en tanto no se cumplan las previsiones del artículo 11 de la Ley de Sucesión.* Así la Monarquía pasaba a ser la única dirección de dicha ley, que había rebajado a tres quintos el quórum exigido para la aceptación de la propuesta por las Cortes, e introduciendo modificaciones de signo monarquizante (778).

Después de la promulgación de la L.O.E. el movimiento monárquico se redujo prácticamente a la actividad realizada por el Secretariado. La boda de la Infanta Pilar no fue utilizada, en contraste con lo ocurrido con su puesta de largo, como trampolín propagandístico. Don Juan decidió que la recepción que iba a ofrecerse por este motivo fuese conjunta para españoles y portugueses para evitar cualquier brote de politización (779). Hubo muchos comentarios sobre la ausencia del Príncipe Don Juan Carlos e incluso algunos gratuitos. Se rumoreaba que el Príncipe, en su afán por aparecer distanciado de su padre, no quiso estar en Estoril en aquella fecha que hubiera podido ser utilizada como un acto antifranquista. El presidente del Consejo Privado, quizás con el fin de anular estos comentarios, invitó a Don Juan Carlos a trasladarse a Estoril. El Príncipe se excusó alegando que tenía que asistir, junto con la Princesa, a la inauguración de la Feria Metalúrgica española, el día 6 de mayo en Frankfurt. No pensaba que su ausencia al almuerzo pudiera prestarse *a ninguna interpretación maliciosa,* añadiendo que sería el primero en prestar a su padre, en la recepción que con posterioridad al enlace iba a celebrarse en los claustros de la Iglesia, *el homenaje debido* (780).

Los actos celebrados con motivo de la onomástica del Conde de Barcelona tuvieron una importante repercusión porque se celebraron en varias provincias españolas y fueron recogidos por la Prensa. Pero, pese a la celebración de estos acontecimientos, los «juanistas» se vieron pronto desilusionados. Carrero Blanco fue nombrado en septiembre vicepresidnete del Gobierno. Sin duda alguna, el ascenso de Carrero suponía que la Monarquía contaba con un gran sostén frente a los presidencialistas o regencialistas. Pero no era un apoyo incondicional a cualquier Monarquía, sino a una Monarquía continuadora del Régimen franquista. La candidatura del Príncipe Don Juan Carlos se revalorizaba. Precisamente López

Rodó entregó una nota a Carrero Blanco dirigida a conseguir la pronta designación del Príncipe Don Juan Carlos. Señalaba que no era necesario esperar a que el heredero del Conde de Barcelona cumpliese 30 años para que fuera nombrado sucesor. Esa edad era preceptiva solamente para ejercer las funciones de Rey (781).

El 5 de enero de 1968 alcanzó el Príncipe Don Juan Carlos la edad de 30 años sin que hubiera sido nombrado sucesor. Se trataba sin duda de una fecha psicológica que puso nerviosos a muchos «juanistas». En *ABC* de Sevilla, José María Pemán felicitaba al Príncipe, pero recordaba que Franco era una institución que sólo podría ser sustituida por otra. Como el Jefe del Estado había resuelto que ésa fuese la Monarquía, caería dentro de lo ilusorio pensar que querría, antes de usarla, vaciarla de sustancia y eficacia trastocando el automatismo sucesorio que, en definitiva, era y es la esencia y grandeza de la Monarquía. *Nadie puede querer, en estas horas de tanta exaltación de la familia como primera célula social, se violente y deforme ante el país la familia que tiene que ser más visible y ejemplar* (782).

Veinticinco días más tarde nacía el único hijo varón del Príncipe Don Juan Carlos. Aunque en principio este hecho iba a significar el fin de la candidatura del Conde de Barcelona, lo cierto es que todos los actos celebrados derivaron hacia manifestaciones de afecto a Don Juan de Borbón, que fueron utilizadas por sus partidarios como pantalla propagandística. El Príncipe comentó al Caudillo que su padre y su abuela, la Reina Victoria estarían presentes en el bautizo de su hijo. Es más, recomendó a Franco que fuera al aeropuerto a recibir a su abuela. El Generalísimo contestó que no podía comprometerse pero que enviaría como representante suyo al jefe de su Casa Civil, conde de Casa Loja. Ante la insistencia de Don Juan Carlos, le dijo entonces que acudiría el ministro del Aire (783).

El 7 de febrero, llegó la Reina Victoria Eugenia a Barajas. Su hijo, el Conde de Barcelona, fue a recibirle al aeropuerto, congregándose allí una gran masa de españoles que vitoreaban al Rey. López Rodó ha calificado esta manifestación de monarquismo del pueblo de Madrid como de *apoteosis monárquica*. Sin embargo, aún pudo serlo más. Una representación de comerciantes e industriales de Madrid solicitó al Ayuntamiento el cierre del comercio madrileño durante la tarde de ese día para adherirse al recibimiento de la Reina Victoria. La petición fue denegada por el ministro de la Gobernación (784). También los republicanos se unieron al homenaje a la agregia dama. El que fuera secretario político del Gobierno provisional de la República de 1931, Eduardo Paz, envió a Joaquín Satrústegui un telegrama en estos términos: *comparto y traduzco patrióticos sentimientos republicanos en España, al ro-*

garle ofrezca a la Reina Victoria Eugenia a su regreso, la reitera-
ción de los respetos que a su marcha acreditamos a una Soberana
que sólo se acercó a su pueblo a aliviar sus penas. Nos unimos a
ustedes para alentar su sincero y común ¡Viva España! A usted, per-
sonalmente, repetimos sentimientos españolísimos (785).

Cinco ministros recibieron a la Reina: el general Lacalle, en representación del Caudillo, Castiella, Oriol, Espinosa y Lora Tamayo. Camilo Alonso Vega quiso acudir, pero Franco no se lo permitió. También intentó Alonso Vega que acudieran a Barajas los
marqueses de Villaverde. Desagradó a Franco la asistencia de los
ministros que habían acudido sin su beneplácito, comentando que
no sabía lo que hacían allí (786). Suárez Fernández ha escrito que
la Reina Victoria no quiso que su presencia en España fuera utilizada para hacer propaganda en favor del Conde de Barcelona. En
todo caso, si era inevitable, sería a favor de la Institución y no
de un Pretendiente concreto (787). Personalmente no comprendo
en qué puede basar esta inferencia. La Reina, antes de abrazar
al Conde de Barcelona, le hizo la reverencia que es protocolaria
al Jefe de la Casa Real. Como afirma López Rodó, ese detalle fue
algo más que una anécdota que no pasó despercibido por quienes
presenciaron el encuentro (788).

La «apoteosis monárquica» para Emilio Romero no fue más que
un hecho *humano, normal, emotivo,* pero en ningún caso podría
hablarse de *efusión monárquica de otro signo.* Decía de los monárquicos que recibieron a la Reina que no garantizaban la permanencia de la Monarquía, ni siquiera tenían fuerza para restaurarla.
Quien únicamente puede traer a la Monarquía es el Régimen. Don-
de hay que plantear el tema monárquico —finalizaba— es en su-
puestos más veraces y realistas, y que podrían ser éstos: dado que
existe una gran indiferencia nacional y popular por la Monarquía,
y una vez que el Régimen, mediante referéndumes, tiene prevista
la sucesión monárquica, vamos a ver si conseguimos que los mo-
nárquicos se callen, a ver si de esta manera nadie se asusta, y la
Monarquía puede volver, a pesar de que nadie la echa de menos.

José María Pemán había mantenido una conversación con el Jefe
del Estado, planteándole crudamente el problema sucesorio. Nada
satisfactorio para el poeta gaditano salió de los labios del Caudillo: a Don Juan no le conocía el pueblo español y el Movimiento
no le quería. Pemán replicó que el país sólo aceptaría una Monarquía que respondiera al orden hereditario en su sucesión. El Jefe
del Estado contestó tajantemente: *Cuando llegue el momento, que*
discutan los partidarios del padre con el hijo (789).

Era cierto que el Conde de Barcelona pasaba por ser un gran
desconocido para el país. No en vano el Régimen había hecho todo
lo necesario para que así fuese. El 12 de enero de 1968 en *ABC*

se preparaba el viaje de Don Juan a España para asistir al bautizo de su nieto. En la portada del diario monárquico apareció una fotografía del Conde de Barcelona conversando con un grupo de obreros. Alguien envió una portada a Franco con una nota: el obrero que estaba en el centro era Pepín «*el de la Camocha*», *uno de los dirigentes de CC.OO* (790).

Ya en Madrid, el Conde de Barcelona visitó en su domicilio a Menéndez Pidal y en el de García Trevijano mantuvo una entrevista con el general Díez Alegría. La conversación entre Don Juan y el general Alegría discurrió sobre la conveniencia de tener preparada una solución para el momento en que Franco falleciese si no había nombrado sucesor. En tal caso Don Juan de Borbón estaría en España en contacto con el general Alegría. No se descuidó en la conversación la prevención ante la posible reacción de los sectores ultras del Ejército y de algunos personajes de la Zarzuela de talante ultraconservador. La idea fundamental consistía en que Don Juan desde el Trono, convocase a los españoles a un referéndum para que se pronunciasen entre una Monarquía Constitucional o la República (791).

Las agencias de prensa «*Reuter*» y «*France Press*» señalaron, como detalle muy significativo, la entrevista de Don Juan con Raúl Morodo y Carlos Zayas, representantes de Tierno Galván, ausente en aquel momento de España.

Con motivo de la onomástica del Conde de Barcelona Areilza había preparado un enardecido acto. Celebraría el almuerzo en la barriada popular de Cuatro Caminos, *para una comida popular y barata*. Como ornamentos utilizarían banderas nacionales y el retrato del Rey. A los postres, mediante un circuito cerrado de Televisión el Conde de Barcelona pronunciaría unas palabras. Cuando ya estaba todo preparado el Gobierno prohibió el acto. Sin embargo, en la capital de España tuvo lugar una reunión en un restaurante de la carretera de La Coruña, a la que asistieron conocidas personalidades del monarquismo (792).

La alocución que Don Juan había grabado circuló por España en forma de opúsculo. Don Juan aceptaba públicamente los partidos políticos y caracterizaba a la Monarquía como arbitral, aunque en su afán por apaciguar los ánimos de los monárquicos más franquistas, afirmaba que la Monarquía no partiría de cero. *La Monarquía que es, por esencia, continuidad de generaciones, entiende posiblemente mejor que ninguna otra forma de Estado el difícil equilibrio entre el impulso renovador y todo lo que querría cambiar, y el freno moderador que jamás debe caer en el inmovilismo o quietud.* Veía innumerables ventajas para el prestigio de la Institución en la coincidencia de los mecanismos legales sucesorios con el respeto a la legitimidad histórica, y precisaba que la Monarquía tendría en consideración los movimientos sociopolíticos que se estaban produciendo en España, entre los que no olvidaba, las especificidades regionales. Concluía señalando que, en todo caso, era el pueblo español a quien competía la tarea de configurar su futuro:

> ... A su voluntad auténtica manifestada me confío. Sin apoyo popular, sin soporte de la opinión libre, la Monarquía ni tendría sentido, ni capacidad de perduración. Pueblo y Rey tienen que conjugar sus funciones en la órbita legal del Estado de Derecho. Solamente la perfecta sincronización de ambos elementos hace posible la evolución armónica de una Monarquía moderna (793).

Desde la promulgación de la Ley de Prensa Fraga los medios de comunicación escritos, publicaban en sus páginas temas relacionados con la Monarquía. El diario *Madrid* se había convertido desde 1967 en un importante centro de oposición al Régimen en favor dcl Conde de Barcelona. Impulsado por Rafael Calvo Serer, el periódico había sido adquirido por F.A.C.E.S., sociedad a la que pertenecían Fernández de la Mora y Florentino Pérez Embid, respaldados por el Banco Popular. Fue director del diario Antonio Fontán, perteneciente al Consejo Privado de Don Juan y contaba con el abogado Antonio García Trevijano. El fin era poseer un diario monárquico que apoyase a la Corona durante los últimos años del Régimen y durante la transición democrática (794). El 31 de mayo Calvo Serer publicó un artículo —«Retirarse a tiempo. No al general De Gaulle»—, que le costó el cierre del diario durante dos meses. El Gobierno pensó que el artículo era un ataque velado contra Franco. Sin embargo, el interesado me comentó que nunca pretendió dar a su escrito la intención que le atribuyeron (795).

Calvo Serer apoyaría posteriormente, una solución centrista para España. Señalaba que las dictaduras eran transitorias por su propia naturaleza y, en la mayoría de los casos, ocultaban y agrandaban los problemas reales, *impiden la formación de futuros gobernantes no revolucionarios.* Tampoco aceptaba Serer un radicalismo democrático. Así, como el Régimen tras la desaparición de Franco no podría continuar inamovible por la carencia de otra personalidad política excepcional, sería necesario, para evitar el inmovilismo sin cambios o la revolución, un Gobierno que pudiera *pactar con la derecha y dialogar con la izquierda*; un Gobierno representativo que otorgase confianza a las fuerzas de oposición. Un Gobierno capaz de atraer el más amplio número posible de españoles. Como el proceso de democratización en España era irreversible, sería la Monarquía *por su independencia de los grupos e intereses encontrados y por la continuidad que representa*, la institución ideal que llevase a buen término la solución centrista que España necesitaba (796).

Al comenzar 1968 Emilio Romero conversó con el Príncipe Juan Carlos sobre temas de actualidad política. Dijo que la Monarquía era una *institución de arbitraje y moderación sobre las diferencias políticas de la sociedad.* No quiso comentar cómo sería la futura Monarquía española, pasándole la pelota a su interlocutor: *Eso el gallito (Emilio Romero) puede contestarlo mejor.* Dijo además que era harina *de otro costal* saber si el Rey reinaba o gobernaba. Emilio Romero rehízo la pregunta para conocer la posición del Príncipe en el supuesto de que Franco decidiese nombrarle sucesor. *Mi reacción sería en ese momento la que mejor conviniera al país,* contestó el Príncipe. Entonces Romero insistió y quiso saber si el Príncipe podría ser Rey con su padre vivo y con su consentimiento. La respuesta de Don Juan Carlos también fue evasiva: *creo que todo ello depende de cómo se desarrolle el momento político de España en ese tiempo.* El ilustre periodista confiesa que llegó a perder la paciencia y en un intento de taponar las salidas del heredero del Conde de Barcelona preguntó tajantemente: *¿Su padre puede abdicar o no?* La respuesta del Príncipe fue de antología: *Por poder, puede, ¿no?* (797)

14.3. La designación de Don Juan Carlos

El ministro de la Gobernación, don Camilo Alonso Vega, utilizaba las acciones antimonárquicas y el hecho de que algunos sectores falangistas empujasen a Don Alfonso de Borbón Dampierre, para hacer visible ante Franco la división de los monárquicos. El único modo de acabar con esas intrigas y divisiones sería nombrar sucesor. *Debemos hacerlo cuanto antes.* Señaló que era monárquico, aunque ni había sido palaciego ni había mantenido relación especial con el Príncipe. *Pero sé por signos inequívocos que es tu preferido. Nunca te he preguntado quién es tu candidato porque está más claro que la luz del día. Además el Príncipe es discreto, está en su sitio, es inteligente, se entera de las cosas... todo aconseja hacer la designación cuanto antes.* También López Rodó insistía ante Franco en la necesidad de la Monarquía. La elección de un Jefe de Estado dividiría al país. Como mucho alcanzaría el apoyo de un 60 % de los españoles, pero el 40 % estaría en contra. *La Monarquía tiene la virtualidad de dejar fuera de discusión la primera magistratura y es factor de unidad y de continuidad.*

En julio de 1968 se publicó un decreto de precedencias, en el que se disponía que el heredero de la Corona ocuparía el lugar inmediatamente siguiente al Jefe del Estado. Alguien intuyó por este decreto que el Príncipe era el heredero de la Corona. Pero la decisión todavía tardaría en llegar un año. El 20 de septiembre don Camilo habló nuevamente con el Generalísimo. Comentó la sucesión de Salazar y expresó: *Toma ejemplo de Portugal y deja claramente establecido quién habrá de sucederte.* Días después Antonio Oriol despachó con Franco asuntos eclesiásticos e infirió ante el Caudillo que la actitud del Vaticano cambiaría en sentido favorable si se designara sucesor. *Esto habrá que meditarlo,* contestó Franco. También el cardenal Quiroga Palacios, Arzobispo de Santiago, comentó a López Rodó que las relaciones entre la Iglesia y el Estado eran difíciles porque en Roma dudaban del futuro del Régimen. Era necesario dilucidar el pleito dinástico.

A comienzos del otoño, López Rodó propuso un largo informe sobre el tema de la sucesión enfocado desde un punto de vista jurídico. Días después Carrero Blanco entregó a Franco otro informe sobre el tema de la sucesión que iba acompañado de un *currículum vitae* del Príncipe. Carrero leyó detenidamente su larga nota a Franco, en la que analizaban los posibles sucesores, posicionándose abiertamente por Don Juan Carlos. *Si S.E. tiene hecha la elección, creo que retrasar la propuesta a las Cortes no puede propiciar ya ningún beneficio.* Al término de la lectura Franco dijo lacónicamente, *conforme con todo* (798).

El Conde de Barcelona conocía todos los requerimientos que los ministros del Gobierno español hacían a Franco para que nombrase sucesor a su hijo. Por ello, el 12 de octubre le dirigió una carta como Jefe de la Dinastía española. Comentaba en ella Don Juan que el valor y la esencia de la Monarquía se anulaban cuando el automatismo dinástico dejaba de funcionar y la Institución pasaba a ser intervenida por decisiones puramente ocasionales y políticas.

> Lo más destructivo que pudiera ocurrirle a la serenidad antipolémica que requiere el momento de la instauración, es presentar ante los españoles como dividida o rota la familia que tiene que ser ejemplo y norma al frente de la Patria, puesto que ello sería dar al país un Rey tachado sobre su origen por una incorrección dinástica que, inevitablemente, recibiría interpretaciones ofensivas de deslealtad e infidelidad.

Señalaba Don Juan como un deber mantener la compenetración entre padre e hijo y como una obligación, seguir fielmente la doctrina monárquica.

> El hecho de haber cumplido treinta años no debe, en manera alguna, modificar en ti esa posición leal y disciplinada, pero si debe

darte una nueva entereza frente a los que quisieran desviar tu camino, y también, como representante mío personal y legítimo, una nueva manera de dialogar e intervenir en torno al planteamiento del
futuro español para que, haciendo coincidir legitimidad y legalidad,
quede el porvenir fuera de toda confusión e inseguridad vacilante
(799).

Naturalmente el Conde de Barcelona no pretendía con esta carta adoctrinar a su hijo en materia monárquica. El Príncipe tenía
ya los conocimientos y la edad suficiente para pasar de la teoría
a la acción. El lenguaje utilizado en el texto tampoco es el que
usaría un padre con su hijo. Es obvio que la misiva se escribió
para que la conociesen otras personas. ¿Qué pretendía don Juan?
En primer lugar que el Régimen pensara que el Conde de Barcelona no aceptaría la designación de su hijo. Cinco días después de
que Don Juan firmara la carta, Carrero Blanco entregaba una copia a Franco. El Jefe del Estado tuvo conocimiento de la misma,
unos días más tarde, por mediación del embajador de España en
Portugal (800). Parece claro que Don Juan tenía interés en que Franco conociese el texto. Utiliza en estos momentos la misma táctica
que Franco. Éste usaba el confusionismo dinástico para retrasar
el nombramiento del sucesor; el Conde de Barcelona lo utiliza para
intentar acelerarlo. Las declaraciones de Don Juan Carlos a la revista francesa *Point de Vue*, afirmando que *jamás, jamás aceptaré
reinar mientras viva mi padre; él es el Rey*, aumentaron la confusión.

Las palabras de Don Juan Carlos cayeron como un jarro de agua
helada en los monárquicos de dentro del Régimen. El Príncipe Don
Juan Carlos llegó a excusarse de asistir a una cacería en la que
también participaba Franco. En España se pensaba que las declaraciones del Príncipe eran la respuesta a la misiva del Conde de
Barcelona. La solución Príncipe corría peligro. El marqués de Mondéjar tuvo que escribir sendas cartas a los directores de los diarios
monárquicos *ABC* y *Madrid* señalando que las declaraciones a la
revista francesa eran apócrifas. Franco, aceleró, sin embargo, los
preparativos para el nombramiento del sucesor. Richard Eder, corresponsal en Madrid de *The New York Times* publicó una crónica
el 29 de diciembre en la que, aparte de referirse a las cartas del
marqués de Mondéjar comentaba que Don Juan Carlos aclararía
próximamente su posición en la cuestión sucesoria. Con la carta
dirigida a su hijo por el Conde de Barcelona, y con las declaraciones a *Point de Vue* que apócrifas o no fueron oportunísimas, habían hecho temer al Régimen que la solución continuidad se pusiera en peligro.

En segundo lugar, Don Juan deseaba mostrar ante el elemento
monárquico una imagen de «desolidaridad» con la futura designa-

ción de su hijo para poder mantener en torno a su persona la necesaria legitimidad monárquica en los últimos años del franquismo. Este punto enlaza con la tercera de las causas. Don Juan necesitaba mantener ante las izquierdas la legitimidad de la Corona para que ésta pudiera ser el centro sobre el que girara la futura política española. El Príncipe Don Juan Carlos aparecía como el Príncipe de la Continuidad, del Movimiento. En una palabra, el futuro Rey de los vencedores en la Guerra Civil. El Conde de Barcelona, como auténtico titular de la Corona, totalmente ajeno a la política de *El Pardo* podía ofrecer a derecha e izquierda democráticas una solución viable.

A principios de 1969 el Príncipe Don Juan Carlos confirmó claramente que estaba dispuesto a aceptar la Corona. Tras comentar que respetaba las leyes e instituciones españolas apuntó: *He dicho varias veces que el día que juré la bandera prometí entregarme al servicio de España con todas mis fuerzas. Cumpliré la promesa de servirla en el puesto en que pudiera ser más útil al país, aunque esto pueda costarme sacrificios. Puede usted comprender, de lo contrario, no estaría donde estoy. Es una cuestión de honor, a mi entender* (801).

A propósito de estas declaraciones, Franco comentó a López Rodó que el Príncipe discurría muy bien. *¿Quién se las habrá hecho?* Sobre esta cuestión se barajaron muchos nombres y se habló de muchas reuniones. Se afirmaba, casi con toda seguridad, que Gonzalo Fernández de la Mora era reconocible en algunas líneas de la entrevista. Para poder asesorar al Príncipe habría solicitado la dimisión de su cargo de Consejero Privado del Conde de Barcelona. De la Mora, sin embargo, negó a un redactor de «Pyresa» todos los comentarios que se le imputaban. Por su parte, Emilio Romero, en una de las fiestas del diario *Pueblo* comentó que habían sido unas declaraciones con muchos colaboradores. Lorenzo Contreras escribió en el diario *Tele-Express que eran un refuerzo para los hombres del Plan de Desarrollo.* Desde las páginas del diario *S.P.* expresó Julián Agesta que *Franco decidirá mientras viva, lo que mejor le parezca. Después ya se verá.*

El 12 de enero el matutino *ABC* publicó un editorial en el que tras comparar la identidad ideológica existente entre Don Juan y su hijo, finalizaba con un párrafo que se interpretó como un cambio de posicionamiento: *Jamás ABC ha colaborado en confundir, sino en esclarecer; en dividir, sino en unir y esta postura la mantendrá incluso por encima de sus más íntimas convicciones si con ello se facilita una solución esperanzadora y viable, sea o no, a nuestro juicio, la mejor para el bien de España.* También se comentaba por Madrid que la expulsión de los Borbón-Parma no estaba relacionada con la inminencia de las declaraciones. *Sí lo estaría, en cambio, la presencia de la Familia Real griega en Madrid en el instante de producirse las declaraciones* (802).

A pesar de que el diario *Pueblo* comentase que Don Juan se mostraba perplejo, lo cierto es que su reacción no pudo ser más calmada. Además Don Juan ya había adelantado la respuesta a estas declaraciones con la famosa carta que dirigió a su hijo el 12 de octubre. En esta ocasión no realizó declaración alguna acerca de las palabras de su primogénito. Se limitó a escribir una misiva al presidente de su Consejo Privado señalando que aquéllas fueron *hechas sin mi conocimiento ni intervención alguna de mi parte.* Se trataba de una observación demasiado indirecta, en la que además, disculpaba a su hijo. *Las especiales circunstancias que rodean la estancia en España del Príncipe de Asturias confiere un relativo valor a esas afirmaciones, que más parecen tener el carácter de compromiso con algún grupo o sector dominante, que reflejar el espontáneo pensamiento de mi hijo en materias tan delicadas e importantes como son las de sucesión y legitimidad.* El Conde de Barcelona formulaba una consulta personal a los miembros de su Consejo Privado recabando su opinión sobre la actitud que debiese adoptar. Esta carta, junto con la que dirigió Don Juan a su hijo en octubre de 1968, fueron publicadas por la Prensa española (803).

Un editorial de *Pueblo* solicitaba la publicación de la carta de respuesta del Príncipe a su padre. *No se nos pasa por la imaginación que una epístola de la importancia política e histórica de aquella tuviera la callada por respuesta* (804). López Rodó afirma que el Príncipe no quiso publicar la carta de contestación. Prefería que fueran los miembros del Consejo Privado quienes preguntaran por la cuestión a Don Juan y éste decidiera hacer pública o no la respuesta de su primogénito (805). También cabe la posibilidad, si admitimos como una maniobra la carta de Don Juan, de que no existiese contestación. Si no es así, ésta no diferiría sustancialmente de lo expresado por Don Juan Carlos a la Agencia «Efe».

La respuesta del Consejo Privado a la demanda de Don Juan le fue favorable. Éste encargó a Pemán que transmitiera a todos los miembros del Consejo Privado su agradecimiento por la rapidez de la consulta. *También me ha expresado el Rey que la mayoría de adhesiones incondicionales a su persona que contienen las respuestas y sus ecuánimes opiniones sobre la situación, juntamente con otras muchas y valiosas que le han llegado de los varios sectores, refuerzan una vez más su permanente propósito de cumplir con los deberes irrenunciables que, como Jefe de la Dinastía, tiene contraído con el pueblo de España* (806).

La Secretaría de Organización envió una extensa «carta confidencial» a los miembros del Consejo Privado que explicaba el momento político. Tras hacer historia de las declaraciones del Príncipe Don Juan Carlos a la agencia «Efe» y de la respuesta del Conde de Barcelona por medio de la carta dirigida a Pemán, exponía media docena de puntos que demostraban el propósito de seguir trabajando en la línea seguida hasta entonces: 1.º Don Juan de Borbón era el único titular de la dinastía española. 2.º El principio básico de la Monarquía era el principio sucesorio. *¿En qué se pueden basar los derechos del Príncipe Don Juan Carlos sino es en el principio de legitimidad dinástico y, en su día, en el automatismo sucesorio?* 3.º Nada impedía que coincidieran en la sucesión legitimidad jurídica y legitimidad histórica. 4.º No existía razón humana, política, histórica o social para eliminar al Conde de Barcelona. Solamente *una campaña de ataques y difamaciones llevadas a cabo contra él, desde hace muchos años, con fines políticos interesados.* 5.º Con el manifiesto de Lausanne Don Juan quiso evitar una vuelta a la *caótica fórmula de 1936;* y 6.º Bajo el poder arbitral de la Monarquía encontrarían *cauce y diálogo las corrientes de opinión, los intereses diversos, las inquietudes generacionales, el anhelo educativo y la promoción social de los mejores. También pensamos que la Corona puede facilitar nuestra tarea exterior en términos notables, derribando con su sola presencia, murallas de recelos e incomprensión, que hoy existen en el ámbito internacional* (807).

El Conde de Barcelona había recibido un informe de miembros del Secretariado Político que señalaba tres posibles supuestos sobre la sucesión. En el supuesto de que se reconociese Príncipe Heredero o Príncipe de Asturias a Don Juan Carlos, en la medida en que la ambigüedad de los términos lo permitiese, podría aprobarse positivamente la designación. La fórmula sería ambigua, *del siguiente tenor: he visto con gozo el reconocimiento de mi hijo el Príncipe Don Juan Carlos como heredero o Príncipe...* En el supuesto de que el reconocimiento fuera como «sucesor» cabría distinguir dos situaciones: a) que hubiera una consulta previa. En tal caso, sólo Don Juan podría enjuiciar si convenía o no aprobar esa designación; b) que no se hiciese consulta o se realizase una simple notificación. Procedería entonces lamentar públicamente que se desvirtuara la esencia misma de la Institución. En el último supuesto de que fuera designado directamente el Conde de Barcelona, procedería, como una primera medida de Gobierno, sancionar mediante refrendo la restauración y algunas reformas importantes de carácter constitucional. Las más importantes serían: disolución de las Cortes y convocatoria de otras en la que todos los diputados lo fueran por elección; modificación de la estructura del Consejo del Reino; supresión del Consejo Nacional sustituyéndolo por un Senado; proclamación de la libertad de asociación sin otras limitaciones que la prohibición de aquellas *que sean contrarias a los principios de un orden democrático fundado en la libertad* (808).

A propósito de las declaraciones del Príncipe Don Juan Carlos mantuvo Pemán sendas entrevistas con Fraga y con Franco. Según la redacción que hizo el presidente del Consejo Privado de Don Juan sobre esas entrevistas, Fraga se mantuvo empeñado en explicar las razones de las declaraciones y asegurar que deberían ser tomadas como un episodio concreto, pero de ninguna manera como principio de una acción política que continuaría. Pemán creía que ello significaría que Franco no había respaldado la maniobra de las declaraciones y, aún menos, la designación del Príncipe. *Quería presentar el episodio concreto como respuesta a unas «provocaciones» y amenazas (un poco chantajistas) de continuar o no el desarrollo de la operación según que fueran buenos o malos chicos.* Las dos preocupaciones a las que se refería Fraga eran las declaraciones del príncipe a *Point de Vue —el ministro se quejó de que se hubiesen aireado sabiendo que eran apócrifas—* y la apoteosis monárquica del viaje del Conde de Barcelona a España con motivo del bautizo del Infante Don Felipe. Del primer asunto comentó Pemán que Don Juan conoció el ejemplar de *Point de Vue* por mediación de Areilza y de él mismo que se lo habían llevado a Portugal. El Príncipe Don Juan Carlos había telefoneado a su padre para suavizar las declaraciones argumentando que no habían recogido bien sus expresiones. En Estoril contactaron con la redacción de la revista francesa constatando que eran auténticas. No obstante, la consigna del Conde de Barcelona fue tajante: *Que no se publicaran traducidas y no se hiciera triunfalismo sobre ese texto.* En cuanto al bautizo del Príncipe, le replicó Pemán a su contertulio, *con la más rotunda verdad, que no había existido ninguna preparación* (809).

El Generalísimo se limitó a repetir casi literalmente las palabras de Fraga, que había despachado con Franco la tarde anterior, después de parlamentar con Pemán: su ausencia del tema de las declaraciones a «Efe» y la seguridad de que no se trataba de un inicio de campaña u operación que hubiese de continuar. Dijo después que no cerraba ninguna puerta y que los problemas se resolvían *mejor más tarde, pues así se recogen todos los datos.* Pemán argumentó entonces que la instauración de Don Juan sería más eficaz porque había sido ajeno a la acción política de todo el período; independiente por ello, y con buenas relaciones con los países norteamericanos y europeos. Por el contrario, el Príncipe Don Juan Carlos era una pieza más del Régimen que no podría añadir nada nuevo y que, por lo tanto, correría el peligro de heredar la contestación que el Régimen sufría. Además lo más claro y menos polémico en el tema de la sucesión sería hacer coincidir legitimidad con legalidad. *Tendrá que buscarse en cualquier caso el consenso popular,* respondió Franco. Entonces añadió Pemán que interpretando desapasionadamente el episodio de la visita a Madrid de Don Juan con motivo del bautizo de su nieto, podía concebirse la esperanza de que ese consenso existía adormecido y expectante, pero que podría reaparecer al ocurrir una excitación nacional en ese sentido. *Y que yo creía que se facilitaría mucho para que esa expresión se produjera con claridad, el que él, que poseía en buena parte ese consenso, lo traspasara al Rey y no al Príncipe.* Franco se limitó a agradecerle la visita y los consejos (810).

Julián Marías, Juan Enrique Lafuente, Fernando Chueca y Jesús Prados Arrarte, antiguos republicanos, se dirigieron al Conde de Barcelona para protestar por las declaraciones del Príncipe Don Juan Carlos y reafirmar su fe en la futura Monarquía Constitucional representada por Don Juan de Borbón (811).

14.4. Príncipe de España

El 15 de enero el Príncipe mantuvo una conversación con Franco en la que el último se quejó de la actitud del Conde de Barcelona porque no *se hace cargo de las cosas.* Además le dio a entender su decisión de nombrarle sucesor en el curso de aquel año. Don Juan Carlos le contestó que estaba dispuesto a declarar solemnemente su aceptación. Así, el 12 de julio, Franco comentó al heredero del Conde de Barcelona su decisión, a cuyo efecto, el día 17 se convocaría una sesión extraordinaria en las Cortes. Le indicó además que nombrado sucesor, no podría trasladarse al extranjero sin autorización del Gobierno. También le anotó que sería nombrado general honorífico de los tres Ejércitos. El Príncipe dio cuenta a Don Juan de la entrevista mantenida con Franco. Le escribió una carta en la que huyó de formalismos. Se dirigió, según López Rodó, al corazón de su padre. Le indicó que estaba dispuesto a aceptar la propuesta de Franco como un servicio a la Patria, a la que aprendió a amar de acuerdo con sus enseñanzas. Concluía solicitando a Don Juan su bendición (812).

También el general Franco se dirigió a Don Juan para informarle que daba cumplimiento al artículo VI de la Ley de Sucesión proponiendo a las Cortes la designación de su hijo Don Juan Carlos. Con ello proponía el Generalísimo una nueva Monarquía, una instauración *como coronación del proceso político del Régimen.* Se permitía prevenir a Don Juan *contra el consejo de aquellos seguidores que ven defraudadas sus ambiciones políticas* (813).

El nuevo embajador de España en Portugal, Juan Antonio Giménez Arnau fue el encargado de llevar esta última misiva a su destino. Carrero Blanco le ordenó: *del modo más discreto tomarás un avión para estar aquí el lunes por la mañana, con el bien entendido de que deberás regresar el mismo día por la tarde y que de esto no se debe enterar a ser posible nadie.* Ya en España, Franco, personalmente, le entregó la carta, con la indicación de que se la diese al Conde de Barcelona *lo más tarde posible. Con ese plazo que la «dichosa» ley exige para las cuestiones de este rango, tenemos una paréntesis de cinco días en los que nos van a bombardear. De modo que tómese usted el máximo tiempo posible, siempre que esa dilación no perjudique el éxito de la operación.* Añadió Franco que tratase a los Condes de Barcelona con la misma cortesía de siempre e incluso mayor si fuese necesario. El día 16 festividad de la Virgen del Carmen, Don Juan recibió ambas cartas (814).

Sobre aquel momento histórico comentó el Conde de Barcelona:

> Aquella mañana vino a verme el embajador Giménez Arnau, con la comisión oficial de informarme. Pero yo ya lo sabía todo por mi hijo, con el que acababa de hablar por teléfono. Para mí no hubo sorpresa, porque todo venía gestándose desde hacía mucho tiempo. Tenía que ocurrir tarde o temprano porque Franco eliminaba las posibilidades de todo lo que no se plegase a sus deseos. Yo era el que menos podía hacerlo, porque o estaba llamado a ser Rey en una alternativa lógica, o tenía que transmitir limpio el legado histórico que había recibido. Como no podía ser el moderador lógico, que hubiera facilitado la transición, pensé que en el momento que mejor conviniese al servicio de España podría hacer llegar a mi hijo la herencia que había recibido de mi padre Alfonso XIII (815).

El Secretariado Político del Conde de Barcelona con Areilza y Andes a la cabeza, estuvo reunido en Portugal hasta el 16 de julio. Eran totalmente ajenos a los acontecimientos que se estaban fraguando. El último mantuvo una reunión con el embajador Giménez Arnau, apuntando que todo estaba en orden. *Hemos tenido hoy un almuerzo con Su Majestad y todos esos rumores que últimamente nos han estado volviendo locos en España no tienen fundamento alguno. Pasado mañana se va el Rey a navegar y hasta octubre no hay problemas previsibles* (816).

Areilza se mostraba perplejo porque el Príncipe había hablado con su padre el mismo día en que tuvo conocimiento de la decisión de Franco y también dos días después. Según el Conde de Barcelona Don Juan Carlos le habría tranquilizado *diciendo que no había nada y que podía irse de veraneo.* Lo cierto es que resulta difícil creer que Don Juan no tuviera conocimiento, por parte de su hijo, de todo lo que se preparaba. Areilza pensaba entonces que si Don Juan no sabía nada, al menos Doña María y Juan Tornos conocían lo que ocurría. *De ahí el furor de ambos al saber el 18 de julio que Don Juan de Borbón iba a dar una nota explicando su actitud* (817).

Carrero Blanco e Iturmendi enseñaron a Don Juan Carlos el texto de la ley que iba a presentarse a las Cortes. Según esta Ley el heredero de Don Juan podría utilizar el título de Príncipe de Asturias. Don Juan Carlos se negó a este tratamiento porque ello significaba la existencia de un Rey, lo cual podría originarle algunas palabras con Estoril. Suárez Fernández afirma que se trataba de una objeción más sutil de lo que pudiera imaginar sus interlocutores. Es cierto que la restauración del Título de Príncipe de Asturias equivalía al reconocimiento de la existencia de una legitimidad monárquica, pero también le cabe en la cabeza la sospecha de *que el rechazo haya podido deberse, aparte de limar asperezas con Estoril, a no dar pie para que se reconociese en Franco una legitimidad que ahora más que nunca había empeñado en negar* (818). En todo caso, el título definitivo del Príncipe Don Juan Carlos sería el de «Príncipe de España».

Cuando la publicidad de la noticia iba a ser una realidad, López Rodó intentó frenar cualquier oposición de Estoril. Habló con Juan Herrera, miembro del Consejo Privado, y le rogó que viajase a Portugal para evitar una reacción negativa. El mismo día le comentó el tema a Federico Silva y le pidió que movilizara a las personas de su confianza, pertenecientes al Consejo Privado, para que fuesen a Estoril. Muy especialmente le rogó que hablara con el duque de Alba. También preparó López Rodó el borrador de una hipotética declaración del Conde de Barcelona por la que aceptaba complacientemente la designación de su hijo (819). Igualmente contactó con Joaquín Bau para que intentara de Luca de Tena y del conde de Godó una postura favorable de *ABC*, *La Vanguardia* y del *Diario de Barcelona*. Más tarde solicitó al ministro de Comercio, García Moncó, que hablara con su subsecretario, Isasi Isasmendi, yerno de José María Pemán, para que también se moviera cerca de su suegro.

José María Pemán envió un escrito urgente a Areilza indicándole las iniciativas que podrían ponerse en práctica si se confirmaba la veracidad de la información que tenía. Proponía que el Príncipe, en concordancia con Franco, viajase a Estoril para anunciar a su Padre que el Generalísimo había decidido nombrarle sucesor y solicitarle una declaración favorable. Pemán sugirió varios puntos que, en definitiva, se resumían en la no responsabilidad de Don Juan en la operación; la necesidad de no dividir a la opinión ni a los monárquicos; y la voluntaria renuncia de Don Juan a sus derechos como elemento coadyuvante al proceso. Pensaba Pemán que ello debería realizarse en forma de carta de Don Juan a su hijo y que fuera el propio Don Juan, a través de la televisión española, quien la hiciese pública. El Conde de Barcelona estudió el proyecto, pero lo desestimó (820).

El mismo día 16, Antonio Fontán, director del diario *Madrid*, comentó a López Rodó que el nombramiento del Príncipe no debería ser a título de Rey, sino a título de Regente. En tal caso, el Conde de Barcelona podría alcanzar la Corona. El 21 de julio apareció en la primera página del *Madrid* un editorial que propugnaba la misma tesis (821). Calvo Serer envió una carta a Franco para que el nombramiento de Don Juan Carlos se hiciese en el sentido solicitado por el *Madrid*. También confesó a Salvador Pániker para sus famosas «Conversaciones en Madrid» que existía la posibilidad de que Don Juan y su hijo se pusieran de acuerdo para nombrar un Regente. Como, evidentemente, el Regente tendría que ser un general, significaría un *sistema provisional que habría de desembocar a una dictadura o a una democracia* (822).

Las gestiones de López Rodó para evitar una nota desfavorable del Conde de Barcelona fueron infructuosas. El 19 de julio de 1969 señalaba Don Juan de Borbón que las previsiones que él había hecho cuando tuvo conocimiento de que se gestaba la Ley de Sucesión *se han visto confirmadas ahora, cuando al cabo de 20 años se anuncia la aplicación de esta Ley. Para llevar a cabo esta operación no se ha contado conmigo, ni con la voluntad libremente manifestada del pueblo español.* Se decía, pues, mero espectador de *las decisiones que se hayan de tomar en la materia y ninguna responsabilidad me cabe en esta instauración.* El Conde de Barcelona, como hizo su padre, el Rey Alfonso XIII cuando abdicó, comentó que no pretendía dividir a los españoles, que durante los últimos treinta años se había dirigido a ellos para exponerles lo que él consideraba esencial en la futura Monarquía:

> Que el Rey lo fuera de todos los españoles, presidiendo un Estado de Derecho; que la Institución funcionara como instrumento de la política nacional al servicio del pueblo y que la Corona se erigiese en poder arbitral por encima y al margen de los grupos y sectores que componen al país. Y junto a ellos, la representación auténtica popular, la voluntad nacional presente en todos los órganos de la vida pública, la sociedad manifestándose libremente en los cauces establecidos; la garantía integral de las libertades colectivas e individuales, alcanzado con ello el nivel político de la Europa Occidental de la que España forma parte (823).

La declaración del Conde de Barcelona no fue excesivamente dura si tenemos en consideración que era necesaria para poder mantener la táctica de los dos frentes: Don Juan Carlos contaba con el apoyo de las fuerzas que sustentaban a Franco; el Conde de Barcelona capitalizaba una gran parte de la oposición democrática. Don Juan se mostraba contrario a una Monarquía autoritaria; pero, como señalaría posteriormente Areilza a *Nuevo Diario*, no había levantado bandera contra su hijo (824). Además disolvió el Consejo Privado y el Secretariado Político.

La censura no permitió que la declaración de Don Juan apareciera en la prensa española. Solamente unas líneas del último párrafo fueron publicadas en *ABC*: *Nunca pretendí, ni ahora tampoco, dividir a los españoles. Seguiré defendiendo a mi patria como un español más, a la que deseo de corazón un porvenir de paz y prosperidad* (825). Esta parte de la declaración es la única que permitía suponer a los lectores que no conociesen íntegramente el texto de la declaración, la no disconformidad de Don Juan con todo lo que acaecía.

El 22 de julio se proclamó en las Cortes españolas sucesor a título de Rey al Príncipe Don Juan Carlos. El Jefe del Estado pronunció un largo discurso en el que lo esencial se centraba en el recuerdo de que la nueva Monarquía había nacido del 18 de julio, *nada debe al pasado*. Por ello la base de la nueva Monarquía estaría construida por la legitimidad de ejercicio, *en que lo importante no es la forma, sino precisamente el contenido*. Había decidido proponer sucesor al «Príncipe de España» porque además de pertenecer a una Dinastía que reinó durante varios siglos, había dado muestras de lealtad a los principios fundamentales e institucionales del Régimen, se hallaba vinculado a los Ejércitos y había sido preparado para tal cargo durante veinte años. El Príncipe aseguraría *la unidad y la permanencia de los Principios del Movimiento Nacional*, estaría *en todo conforme con las normas y previsiones de nuestras leyes* y en su persona confluirían las dos ramas que se enfrentaron durante un siglo. Franco repitió: *se trata, pues, de una Instauración y no de una Restauración* (826).

El resultado de la votación fue favorable al Príncipe por 491 votos a favor y 19 en contra. Hubo 9 abstenciones. Luca de Tena y García Valiño votaron negativamente la propuesta de Franco en atención hacia el Conde de Barcelona. Valdecasas, Valdeiglesias y José Manuel Fanjul, miembros del Consejo Privado, lo hicieron afirmativamente. Otros miembros del Consejo Privado como Fernández de la Mora, duque de Alba, Juan Herrera, López Ibor y Carlos Ollero se mostraron también partidarios de la designación del Príncipe. Sin embargo, las adhesiones y felicitaciones que llegaban a la Zarzuela provenían, en un tanto por ciento muy elevado, de los jefes locales y provinciales de la Falange y de los alcaldes de los pueblos. Además, el resto de los miembros del Consejo Privado se mantuvo fiel y disciplinado. Como dijo Areilza, *es un dato para la historia que conviene no olvidar.*

Al día siguiente, el Príncipe contestó a Franco asintiendo que recibía de sus manos *la legitimidad política surgida del 18 de julio de 1936*. Con esas palabras aceptaba plenamente la instauración, el surgimiento de una nueva dinastía. No hizo ninguna mención a la legitimidad histórica. Se limitó a decir que pertenecía, por línea directa, a la Casa Real española y que en su familia se habían unido las dos ramas dinásticas. No obstante, con estas palabras deseaba cohonestar en lo posible la disfunción existente entre lo dinástico y lo jurídico. En el discurso original el Príncipe llegaba a realizar una mención especial de su padre, pero Franco la censuró. *En el lamentable discurso del Príncipe una alusión a su padre fue tachada por la censura de Carrero, a quien fue sometido el texto* (827).

Señalaba posteriormente Don Juan Carlos, en un intento de conectar con la Falange, que *nuestra concepción cristiana de la vida, la dignidad de la persona humana como portadora de valores eternos, son base y, a la vez, fines de la responsabilidad del gobernante en los distintos niveles del mando*. También puede apreciarse en el discurso un intento de conexión con los sectores democráticos cuando dijo que la Monarquía *puede y debe ser un instrumento eficaz como sistema político si se sabe mantener un justo y verdadero equilibrio de poderes y se arraiga en la vida auténtica del pueblo español*. Señalaba, además, su fe en la tradición siempre que no frenase la necesaria evolución de la sociedad en constante transformación. *La tradición no puede ni debe ser estática, hay que mejorar cada día* (828). Posteriormente el Príncipe juró lealtad al Generalísimo y fidelidad a los principios del Movimiento Nacional y demás Leyes Fundamentales del Reino.

ABC escribió, tras este acto, un editorial para comentar, en palabras de Areilza *que se pasaba con armas y bagajes al Príncipe y que se acabó lo que se daba. Ya* solicitó a los juanistas que aceptaran a Don Juan Carlos. *Pueblo* y *Arriba* presentaban al heredero del Conde de Barcelona como el Príncipe del Régimen y del Movimiento.

La Prensa extranjera no fue muy benévola con el Príncipe. *The Times* publicó un editorial comentando que el Príncipe comenzaba su labor de *sustituto de Rey, siendo desleal hacia su padre. La elección habría recaído sobre Don Juan Carlos porque ha sido educado y adoctrinado bajo el ojo del general Franco. Éste determinará su tendencia a oponerse a los cambios, por graduales que sean, que España requiere, en lugar de defender los derechos de su pueblo, como ha hecho Don Juan* (829). En *Le Figaro Litteraire*, Dominique Jamet comentaba que el Príncipe había admitido que no obtenía el Trono por sus propios derechos, sino por la voluntad del Generalísimo. *Juan Carlos es el primer Rey de la dinastía Borbón-*

El 22 de julio de 1969 el Príncipe don Juan Carlos es proclamado en las Cortes sucesor de Franco a título de Rey.

Don Juan de Borbón, en palabras de Tierno Galván, fue «durante muchos años, la única fuerza social y política que luchó contra el franquismo racionalmente y con posibilidades de éxito». En la fotografía aparece Don Juan de Borbón con el general Franco y su esposa doña Carmen Polo.

Franco (830). Similar opinión expresaba Eduard Bailby en *L'Express*. Franco había decidido violar la legitimidad monárquica para crear un Rey a la manera de Napoleón. E infería que a Don Juan Carlos no le sería fácil afirmar su base. *Si llega a ser un día Rey, será el Rey del Movimiento Nacional. Pero a la muerte de Franco, ¿qué quedará del franquismo? El padre quería traer la Monarquía para evitar la República. El hijo corre el riesgo de traerla contra su voluntad, y quizás, por la de los coroneles* (831).

El Partido Socialista Obrero Español y el Partido Comunista de España realizaron sendas declaraciones oponiéndose a la designación de Franco. El primero dijo que *los que destruyeron un futuro de justicia y de libertad hace treinta años, eligen ahora a un Príncipe como heredero del dictador, como última oportunidad de sobrevivir.* Calificaban al heredero del Conde de Barcelona de «Príncipe de comedia musical» y su nombramiento de *grotesco medievalismo impuesto al pueblo español,* encaminado a frenar la democracia. *Nosotros, los socialistas españoles, unidos con los otros grupos democráticos, seguiremos combatiendo el Régimen de Franco... a fin de reinstaurar las libertades públicas. España se unirá al mundo moderno sólo cuando los españoles puedan elegir su propio Gobierno* (832).

El Partido Comunista señalaba que con la instauración de la Monarquía pretendía Franco *asegurar la supervivencia del franquismo como régimen* tras su muerte; *trata así de reinar después de morir.* Añadían que lo que presentaba como la sucesión del Movimiento Nacional era, sobre todo, un episodio más por la lucha de la hegemonía dentro del Régimen, *entre los elementos más reaccionarios del Opus Dei y los falangistas tradicionales.* La designación del Príncipe no sólo indisponía a los falangistas, sino también a los carlistas y a los «juanistas». *Por ello, lo que en la intención de sus promotores es una tentativa de institucionalizar el inmovilismo, puede transformarse, de hecho, en un bache más hacia la descomposición y el enfrentamiento mutuo de los grupos dominantes, y por tanto, en la aceleración de la marcha de España hacia la libertad bajo el impulso de la lucha de las masas, facilitada por la disgregación interna del sistema.* En fin, calificaba de «reaccionaria» y «fascista» la Monarquía instaurada, ante la que defendían la República. *Al proclamar sucesor y Rey a Juan Carlos, Franco ha destruido toda posibilidad monárquica en España, arruinando las ilusiones en las que habían caído ciertos sectores sobre la posibilidad de una* monarquía democrática (833).

Tampoco Salvador de Madariaga vio con agrado la designación del Príncipe, calificando los actos como *un ejemplo típico de despotismo.* Decía que España no aceptaría nunca un Monarca que traicionaba a su padre, y declaraba abiertamente que Don

Juan Carlos sería el Rey de los vencedores en la Guerra Civil (834).

Los monárquicos demócratas partidarios del Conde de Barcelona se posicionaron en contra. Joaquín Satrústegui se dirigió al Príncipe, antes de la reunión de las Cortes para que, en ellas, presentase a su padre contrario a la operación política que se estaba realizando y comentase que no contaba con su aquiescencia. Le dijo además que la Monarquía se habría establecido hacía ya tiempo si su padre se hubiera plegado al concepto de institución al que él estaba siendo llamado (835).

También una serie de personas representativas del sector «Demócrata Monárquico» de la nación concretaba su actitud ante el hecho de la designación del Príncipe Don Juan Carlos como sucesor de Franco. Propugnaba una evolución política hacia la democracia para conseguir una convivencia política auténtica, la superación de la Guerra Civil y la integración de España en Europa. El mejor instrumento para lograr tales propósitos sería la restauración en Don Juan de Borbón y Battemberg. En su persona confluían las dos ramas dinásticas, se mantuvo al margen de la Guerra Civil y se había mostrado partidario de un Estado de Derecho. No aceptaban el nombramiento de Don Juan Carlos porque con él Franco quería sustituir la Monarquía de todos los españoles por la Monarquía del Movimiento Nacional, la de los vencedores, para continuar en el inmovilismo (836).

Tampoco «Acción Monárquica Catalana» creía en conciencia beneficioso para la Monarquía ni para España lo acordado en la sesión de las Cortes del 22 de julio. Recalcaba que el Príncipe juró lealtad a Franco y fidelidad a los Principios del Movimiento Nacional y demás Leyes Fundamentales, pero que el nombre de España no había sido mencionado (837). En fin, la designación del Príncipe no constituía más que un intento extremo de perpetuar las esencias totalitarias del sistema, obstaculizando la solución que representaba su padre, el Conde de Barcelona, al mostrarse con creciente arraigo en la opinión pública española (838).

Verdaderamente el progresivo empuje que el Conde de Barcelona estaba obteniendo en la opinión pública fue una de las causas que hizo a Franco nombrar sucesor en vida. Desde la Ley Fraga se inició en la Prensa una campaña de rectificaciones que hizo posible situar a Don Juan de Borbón en el lugar que le correspondía. Fruto de esta campaña fue el espectacular acontecimiento de Barajas, ocurrido a raíz del bautizo del Infante Don Felipe. Allí se congregaron decenas de millares de ciudadanos para recibir a la Reina Victoria Eugenia. El homenaje que este público rindió a Don Juan de Borbón, presenciado por varios ministros del Gobierno español, fue tan arrollador que no tuvo necesidad de interpretación. Solamente la Prensa del Régimen desfiguró el acontecimiento.

Otra causa que hizo necesaria la designación del sucesor fue la perentoriedad que el Régimen tenía de presentar ante los países con los que se relacionaba, un futuro. Acabar con la interinidad que el Régimen de Franco significaba. También fueron importantes las presiones constantes que el Generalísimo recibía de sectores del Ejército, de la Iglesia e incluso de sus propios ministros para que designara sucesor. Pero ¿por qué Don Juan Carlos y no Don Juan? Sencillamente porque Don Juan no había querido plegarse a las exigencias del dictador. No había querido ser como el «Rey Títere». Si Don Juan hubiese sido un Carlos VIII, posiblemente habría sido sucesor de Franco en 1969, pero en la actualidad España no sería un Reino.

Por otra parte, el tiempo vendría a demostrar que todos los juicios que se hicieron entonces contra el Príncipe Don Juan Carlos eran errados. La Monarquía del Rey Don Juan Carlos sería la Monarquía de todos los españoles, la Monarquía preconizada por su padre, el Conde de Barcelona, en sus discursos y documentos. Tampoco puede decirse que el Príncipe Don Juan Carlos traicionó o se mostró de una forma desleal con su padre. Existía un Pacto de Familia. Cualquiera de las dos personalidades que tuviese oportunidad de alcanzar la Corona, prepararía la sustitución del Régimen. Además, el Conde de Barcelona no quiso que Pemán protestara ante Franco por las declaraciones que Fraga hizo en 1965. Dijo entonces el ministro de Información y Turismo que Don Juan Carlos sería el sucesor de Franco. También impidió Don Juan que se diese por válida una rectificación que el Consejo Privado hizo sobre esas declaraciones.

Igualmente ordenó a Pemán que las palabras del Príncipe a la revista francesa *Point de vue* en las que afirmaba que nunca aceptaría ser Rey mientras su padre viviese, no se publicasen en España. No desdijo a su hijo cuando declaró en enero de 1969 que aceptaría la designación de Franco. Tampoco rechazó su nombramiento. Se limitó a señalar que no había tomado parte en él. No es creíble, además, pese a lo que López Rodó haya expresado en su libro, que el Conde de Barcelona y su hijo llevasen una política autónoma, máxime sabiendo que ambos conversaban prácticamente a diario. A finales de 1966 el ingeniero-escritor Juan Benet y el abogado Fernando García Lahiguera, miembros del Partido de Acción Democrática de Dionisio Ridruejo, escucharon del propio Don Juan que la coincidencia de puntos de vista con su hijo era total. Y que ninguno de los dos entendía que fuera posible reinar en España sin restablecer las libertades democráticas. Tres meses después, García Lahiguera escuchaba de los labios del Príncipe Don Juan Carlos la confirmación de las palabras de su padre. Existía un entendimiento entre padre e hijo (839).

La designación del Príncipe supuso el mayor fracaso político de Franco; fracaso por partida doble. El primero se debía a no haber conseguido durante treinta años que el Conde de Barcelona aceptase su doctrina monárquica o abdicase en su primogénito. El segundo, a pensar que podía instaurar una Monarquía nueva para salvar su Régimen nada menos que en el hijo del Conde de Barcelona. Este acto significaba el principio del fin del Régimen. A partir de este momento el doble juego de la Institución se hacía más necesario que nunca. El Príncipe Don Juan Carlos, ensanchando la futura base de la Monarquía con los sectores del Régimen, ganándose al Ejército y a los poderes que sustentaban a Franco, y relacionándose con las Cancillerías occidentales. Su padre, que mantenía la legitimidad histórica, en contacto con los sectores de oposición al sistema, de izquierda y de derecha. El camino emprendido por la Familia Real en julio de 1969 culminó en diciembre de 1976 con el refrendo popular de la Ley para la Reforma Política. Hoy Don Juan Carlos de Borbón es, como postuló su padre durante siete lustros, el «Rey de todos los españoles».

CONCLUSIONES

Esta persona no ha sido aún juzgada, me parece, con la suficiente objetividad. Se puede afirmar que, durante muchos años, fue la única fuerza social y política que luchó contra el franquismo racionalmente y con posibilidades de éxito. Me estoy refiriendo a Don Juan de Borbón y Battemberg.

ENRIQUE TIERNO GALVÁN

Lo primero que se desprende de la lectura de esta memoria es que, en contra de lo que han afirmado H. Heine en su tesis doctoral y Ramón Tamames en su interesante libro de Historia Contemporánea, en los que otorgan un protagonismo desmesurado al Partido Comunista (840), la alternativa encabezada por el Conde de Barcelona ha sido la oposición al franquismo cualitativamente más importante. Como ha dejado escrito Enrique Tierno Galván, la oposición monárquica *durante muchos años fue la única fuerza social y política que luchó contra el franquismo racionalmente y con posibilidades de éxito* (841). Sobre todo durante la década de los cuarenta supuso para Franco un peligro potencial superior a cualquier otro, incluido el maquis.

Hoy ya nadie podrá dudar que la alternativa monárquica fue el verdadero handicap que tuvo que superar el Generalísimo. Pero, ¿en qué me baso para realizar esta inferencia tan concluyente? No es muy difícil explicar este interrogante. En primer lugar, y como causa más remota, en el fracaso de la Segunda República. La República española no fue una democracia ideal que podría tomarse como ejemplo a imitar. Los duros enfrentamientos entre la derecha y la izquierda; la falta de respeto hacia los símbolos religiosos, llegando a la quema de conventos en un país ancestralmente católico; el temor a las innovaciones en los sectores más conservadores; las desviaciones de la política nacional hacia el comunismo, con huelgas tan poco consecuentes como la célebre de 1934; la desconfianza de los sectores más reaccionarios con la gestión del Frente Popular; el terrorismo anarquista, etc., acabaron con el Régimen republicano. No hay que olvidar que la Guerra Civil pertenece a la historia de la República. Con este recuerdo no resultó difícil que muchos españoles esperasen la restauración, si no con ilusión, al menos con una cierta esperanza. Máxime cuando a partir de 1941 y sobre todo de 1942 la Monarquía se presentaba como reconciliadora y arbitral.

En segundo lugar, el fracaso político-económico del nuevo Régimen durante la posguerra. Al finalizar la Guerra Civil, España se encontraba carente de medios para una rápida reconstrucción. La Administración se corrompía rápidamente, como en todos los regímenes de fuerza. Los españoles no tenían los alimentos necesarios para llevar una dieta equilibrada. A lo que hay que sumar la creciente dificultad para adquirir artículos exteriores indispensables, por las trabas que el intervencionismo del Estado ponía a las transaciones comerciales. Además, los españoles se encontraban moralmente destruidos, por lo que supuso una guerra fratricida y porque la mayoría de las familias habían perdido algún familiar en el frente de batalla. Y no hay que olvidar la represión indiscriminada ejercida por parte de los vencedores. No es extraño, pues, que en 1942 la mayoría de los españoles, incluidos los de la izquierda, ante el fracaso de la República y las calamidades que estaban padeciendo en el nuevo Régimen, desearan la Monarquía. Los embajadores de Francia, Italia, Gran Bretaña y Alemania en España así lo apreciaron como ya expliqué en el capítulo II. Sir Samuel Hoare había oído comentar en una barriada a un grupo de españoles que *nada ha marchado bien desde que el Rey dejó España*. El ilustre conde Ciano fue todavía más explícito en el deseo que los españoles sentían por la Monarquía: *La Monarquía podrá no resolver nada, pero todos los españoles la quieren* (842).

Insisto en este punto porque me parece transcendental y no deseo que quede ninguna duda. El coronel Arturo Bray, ministro plenipotenciario de Paraguay cerca del Gobierno español, en la primera mitad de 1939, autocalificado de imparcial en la Guerra Civil española, desarrolla claramente por qué los españoles deseaban la Monarquía: la vuelta a la República no traería la paz, pues desataría nuevos enfrentamientos por motivos de revancha. A la República le faltarían, además, los hombres dirigentes que consolidaran el nuevo régimen sobre bases estables y duraderas. Los jefes y dirigentes de la Segunda República no contarían con el prestigio suficiente porque *huyeron a uña de caballo en la hora del desastre, dejando abandonados a su suerte y a la ferocidad del vencedor a quienes, durante tres largos y duros años, combatieron en las trincheras por la causa de la República*. Añadía que ni Indalecio Prieto, Martínez Barrio, Álvarez del Vayo, Negrín u otros ganarían una simple elección municipal en el último y más pobre villorrio de España, aunque les otorgasen las garantías más extremas de pureza e imparcialidad comicial. No se equivocaba Arturo Bray. Ninguno de los mencionados representaba ya a nadie. Además, con qué licitud iban a presentarse ante los españoles quienes habían llevado, o no habían podido evitar una guerra fratricida. Indalecio Prieto comentó a los monárquicos que no quería nada para él, solamente el cambio de Régimen para que lo administrasen otros. Desechada la República, se posicionaba Bray por la Monarquía. Ésta contaba con *numerosa fuerza de opinión en su favor*. Recordaba que en las elecciones de abril de 1931, los votos monárquicos eligieron 41.224 concejales, lo que representaba el 40 por ciento del total (843). Después del fracaso de la República, de la Guerra Civil y del fracaso político y económico del Régimen franquista en estos primeros años, es lógico suponer que aquella fuerza electoral había aumentado. Así lo constataron los embajadores extranjeros en España que son imparciales testimonios.

En tercer lugar, la Monarquía contaba con mayores apoyos que la República dentro del Régimen franquista. Desde el primer momento Franco recibió innumerables presiones del Ejército y de las clases conservadoras para que diese paso a la Monarquía. Ya en 1941, en una reunión del Consejo Superior del Ejército, oyó voces en ese sentido. Durante 1942 varios generales comentaron al Jefe del Estado, individualmente, la necesidad de la restauración monárquica. En 1943 los tenientes generales que habían nombrado a Franco Jefe del Gobierno del Estado español durante el período bélico, le rogaron que diese paso a la Institución. También los procuradores, catedráticos, abogados, banqueros, etc. solicitaron al Jefe del Estado la restauración. Durante el trienio 1944-46, tras el fracaso de Alemania en la Guerra Mundial, la situación del Régimen fue inquietante y la necesidad de la Monarquía era, para el Ejército y las clases conservadoras, perentoria.

Tras la apertura de relaciones con Estados Unidos y con el Vaticano en 1953, el Sistema estaba asentado, pero la Monarquía continuaba contando con apoyos dentro del Régimen. En 1954 y en 1960, Franco tuvo que desplazarse hasta la frontera con Portugal para entrevistarse con Don Juan de Borbón. Durante la década de los sesenta el Jefe del Estado recibió innumerables presiones, en un tono mucho más moderado que en 1944 ó 1945, para que nombrara sucesor a título de Rey. Los enlaces de la Monarquía con la Alta Burguesía y el Ejército han sido constantes. Estos dos elementos, necesarios para sustentar cualquier Régimen, no apoyarían otra forma de Estado diferente de la Monarquía.

En cuarto lugar, la oposición monárquica contaba con mayores simpatías en las Cancillerías occidentales que la República. Durante la Guerra Mundial nadie estaba interesado en ningún cambio político en España, porque ello podría llevar o bien a una invasión de Alemania en un caso, o bien a la beligerancia de España en el otro, según el cambio hubiese virado hacia una democracia o hacia el entendimiento con el Eje. En la posguerra mundial, los países occidentales, sobre todo Gran Bretaña, deseaban ardientemente la caída de Franco y la restauración de la Monarquía. El Régimen español estaba siendo muy utilizado por Rusia en su propaganda para minar la unidad occidental. En aquellos momentos de guerra fría, con un triunfo electoral del comunismo en Francia, los anglosajones no apoyaban una República que pudiese virar en corto plazo hacia el comunismo. Sus ojos estaban puestos en la Monarquía. Sin embargo, la guerra fría entre occidente y el comunismo sirvió a Franco, empeñado en persistir a cualquier precio, para oponerse a la restauración.

Las relaciones exteriores de la Monarquía fueron constantes. El Conde de Barcelona tuvo varias entrevistas con el Vaticano, con los Reyes de Inglaterra, con el general De Gaulle, con presidentes de los Estados Unidos, etc. También los políticos monárquicos se relacionaron con el personal de los Ministerios de Asuntos Exteriores de las potencias occidentales. El Príncipe Don Juan Carlos, igualmente, jugó un importante papel en el aspecto diplomático, sobre todo después de su nombramiento como sucesor. En fin, el apoyo de las Cancillerías occidentales fue también para la Monarquía en detrimento de una nueva República.

En quinto lugar, por los contactos de la Monarquía con la oposición moderada. La primera declaración pública en la que el Conde de Barcelona hablaba de reconciliación data de marzo de 1942, aniversario del fallecimiento de Alfonso XIII. A partir de ese momento, este tema va a ser una constante en sus discursos y documentos. Aspiraba a ser el Rey de todos los españoles. Con el «manifiesto de Lausanne» de 1945 y las declaraciones a *The Observer* en 1947 el Conde de Barcelona acabó con las pretensiones republicanas al proclamarse, públicamente, partidario de un Estado de Derecho. Las izquierdas dificultaron la solución monárquica en las conversaciones de 1945-1948, al no aceptar la superioridad de la Monarquía, aun reconociendo que tenía mayores posibilidades ejecutivas que la República. Estos contactos fueron la última posibilidad de la izquierda emigrada. No ocurrió lo mismo con la oposición interior surgida a partir de 1956, pues aceptaban una Monarquía democrática. Joaquín Satrústegui y los monárquicos de «Unión Española» jugaron un importante papel en estas relaciones con la izquierda moderada. Tierno Galván fue también una pieza fundamental en el entendimiento entre oposición moderada de izquierdas y Monarquía. La izquierda del interior consideraba «trasnochada» la actitud de Llopis y demás exiliados. Aceptaban la Monarquía del Conde de Barcelona porque ya no necesitaban la República para desarrollar el juego democrático.

Después de leer el desarrollo de estos puntos, alguien puede preguntarse por qué con tales apoyos no pudieron los monárquicos forzar a Franco a la Restauración. La cuestión tampoco resulta muy difícil de comprender. Franco sabía que su Régimen sólo tenía un adversario: la Monarquía. A ella se enfrentó con todos los métodos que tuvo a su alcance. Presentó ante las clases conservadoras del país una disyuntiva que le dio muy buenos resultados: *el comunismo o yo*. Cualquier oposición por moderada que fuese desembocaría en el comunismo, incluida la Monarquía del Conde de Barcelona. Las clases conservadoras y el Ejército apoyaban la Monarquía, pero temían profundamente los desórdenes. La propaganda de Franco coadyuvó a que estos sectores se apiñaran con más fuerza alrededor del Régimen. No tenían otra alternativa. Si Franco les había concienciado que la Monarquía, única fuerza que hubiera podido sustituir a Franco de forma ordenada, no lograría realizar una transición pacífica y asentarse definitivamente, sin derivar hacia el comunismo o la anarquía, no quedaba otra opción a las clases dirigentes del Régimen que aceptarlo con espíritu de comprensión y servicio. El recuerdo de la Guerra Civil, que Franco no cejaba de conmemorar, también influyó notablemente, no sólo en las clases conservadoras, sino en el resto del pueblo. El miedo a los desórdenes y el temor a una nueva guerra civil disminuyeron las posibilidades de cualquier oposición, pero, sobre todo, de la Monarquía, que necesitaba ganarse el apoyo de las clases que sustentaban al Régimen de Franco.

La conflagración mundial supuso un trastorno para la política monárquica. El temor a una invasión de Alemania impedía a los partidarios del Conde de Barcelona intrigar con fuerzas y desarrollar una acción más visible. Cualquier actividad importante que Don Juan realizara tenía que tener en consideración la posibilidad de la invasión alemana. Por otro lado, las potencias aliadas no deseaban que España tomase parte en la contienda; por ello no apoyaron ningún cambio político en España durante el período bélico. Además, a partir de 1943, cuando se tuvo la certeza de que Alemania perdería la guerra, sectores de la izquierda que anteriormente aceptaban la Monarquía, quizá como mal menor, se van alejando de esta solución porque interpretaban erróneamente que el triunfo de los aliados en la guerra mundial significaría la vuelta de la República. La guerra fría que siguió al final del conflicto bélico fue otro gran obstáculo con el que se encontró la política monárquica.

La falta de entendimiento con los sectores de la izquierda también fue una de las causas que coadyuvaron a hacer imposible la restauración de la Corona. La oposición española no fue capaz de presentar ante los aliados un frente común. Las izquierdas del exterior, empeñadas en mantener la legitimidad republicana, dieron al traste con una solución monárquica que, a buen seguro, habría alcanzado el apoyo de los aliados. ¿Por qué los republicanos debie-

ron haber aceptado la Monarquía, y no a la inversa? Porque la
Monarquía tenía mayores posibilidades que la República. La Monarquía tenía apoyos dentro del Régimen franquista y en las Cancillerías occidentales. Los republicanos no tenían más que la hipotética seguridad, o la esperanza, de que los aliados no permitiesen
la permanencia del Régimen de Franco y les ayudaran a restaurar
la República. Craso error porque los occidentales, ante el temor
de que una República sin demasiado sustentos moderados derivase hacia el comunismo, mantendrían el Régimen de Franco. Es obvio que la oposición republicana tenía muy pocos apoyos. Vuelvo
a insistir en que los republicanos conocían la superioridad de la
alternativa monárquica; pero con su intransigencia republicana ayudaron a impedir la restauración de la Monarquía y, por ende, de
un Estado de Derecho. Fue un error que supo salvar la oposición
del interior a partir de 1956. Con la captación de los sectores de
la izquierda lograba entonces la Monarquía tener una nueva vía
de restauración alejada del Régimen franquista.

Importantísimo para la desfiguración de lo que la Monarquía
suponía fueron las empresas antimonárquicas ordenadas por Franco. El Generalísimo ha sido el promotor y responsable de las campañas más insidiosas y eficaces que se han desencadenado contra
la Monarquía. Franco comentaba a los partidarios de Don Juan
que él era el más monárquico de todos, pero que aún no era el
momento de la restauración. Con esta falsa afirmación de monarquismo sus astucias contra los monárquicos resultaban mucho más
eficaces al titularse adalid de la Monarquía. Desde el momento en
que Franco asumió el mando mantuvo una política de total hostilidad hacia la Corona. Prohibió todo lo que significase propaganda,
no sólo de la Familia Real, sino de la Institución en sí. Autorizó,
en cambio, cuanto doctrinal e históricamente socavase el prestigio
de una y otra y mermase y anulase los sentimientos de adhesión
y respeto hacia el Conde de Barcelona y hacia la Institución.

Educó a la juventud no sólo en el olvido de lo que la Monarquía
podría significar para España, sino en el desprecio y la aversión
hacia ella. Desde las instituciones del Régimen franquista nunca
se hablaba de la Corona o de sus representantes, a no ser para
dibujarles como causantes de la decadencia española. En los colegios, los niños aprendían en manuales de educación política de estudio obligatorio en todos los centros docentes de España que, después de Felipe II, *los reyes pensaban más en divertirse que en
gobernar* (844). En libros de religión se utilizaba el ejemplo del Príncipe Don Juan Carlos, que habría dado muerte a su hermano de
forma accidental cuando limpiaba una pistola, para preguntarse
qué circunstancias modificaban la culpabilidad del accidente (845).
Desde la Guerra Civil, hasta la Ley de Prensa Fraga de 1966,

en el Ministerio de Información se prepararon solapadas y sistemáticas campañas de ataques y difamaciones contra el Conde de Barcelona con fines políticos interesados. En el diario monárquico *ABC* la censura llegó a tachar el nombre de Don Juan de Borbón de entre las personalidades que acudieron a una recepción, ofrecida al cuerpo diplomático de su país en Portugal, por el presidente de los Estados Unidos, Eisenhower. Una simple portada del diario monárquico dedicada a los Reyes de Inglaterra fue motivo de amonestación (846). La Dirección General de Radiodifusión y Televisión Española se dirigió al Instituto Nacional belga de Radiodifusión y Televisión para quejarse del trato de favor que había recibido Don Juan de Borbón en la transmisión de la boda de los Reyes de Bélgica. Aquella anécdota mereció al Régimen *las más unánimes protestas de disgustos e indignación* (847).

Los monárquicos nada podían hacer para anular estas campañas en un régimen de Prensa intervenida. Franco permitió, además, publicaciones de libros como los de Marucio Carlavilla en los que se preguntaba si el Conde de Barcelona era o no masón, en un tiempo en que la propaganda política del Régimen presentaba a la masonería como la anti-España (848). O afirmaba que seguiría *fielmente la línea trazada en la dinastía borbónica ilegítima desde su calavérico alumbramiento, gracias a los masónicos fórceps de la mujer del Gran Maestre, Carlota, con fidelidad estricta, superando a todos sus antepasados; porque obedeciendo los masónicos dictados de Inglaterra, se alía y conspira con los enemigos de la Patria: masonería, separatismo, anarquismo y marxismo* (849).

Todas estas facilidades que tenían los partidarios del Régimen para criticar e insultar a la Institución y a la Familia Real española eran inconvenientes para los partidarios de la Monarquía, a los que se prohibió acceder a la Prensa y escribir sobre la Institución. El ministro de Información llegó a cerrar alguna de las poquísimas revistas monárquicas autorizadas, por el mero hecho de informar sobre el acatamiento por parte del Conde de Barcelona de los principios tradicionalistas; lo que significaba acabar de un plumazo con la propaganda de los sectores oficiales empeñados en presentar al Conde de Barcelona como antiespañol; Franco deseaba seguir exhibiendo a los monárquicos ante los conservadores como aliados de los revolucionarios; frente a los católicos, como masones; frente a la clase media como «señoritos explotadores» frente a los obreros como «señoritos holgazanes».

Tampoco estuvieron libres de la represión del Régimen. Naturalmente, Franco no ordenó fusilar a ningún monárquico. Teóricamente no podía hacerlo porque pertenecían al bando de los vencedores. Sin embargo, hubo quien alcanzó la muerte en la cárcel por gritar ¡Viva el Rey! Por algo tan simple como dar vítores a su Rey, o por la impresión de octavillas, los monárquicos eran encarcelados. Nada importaba que en 1947 Franco hubiese constituido España como un Reino. Desde 1945 a 1950 las detenciones de los monárquicos fueron cuantitativamente importantes. Con ello pretendía el Generalísimo desbaratar cualquier organización de este sector político. Las deportaciones fueron uno de los actos represivos utilizados por Franco para atemorizar a los monárquicos. En 1942 Sainz Rodríguez y Vegas Latapie tuvieron que huir de España. Posteriormente, fueron deportados el marqués de Quintanar, el conde de los Andes y el coronel de aviación Ansaldo. También Valdecasas, López Ibor, los generales Aranda y Kindelán. En la década de los sesenta Satrústegui, Ruiz Navarro, Álvarez de Miranda, etc. Tampoco las multas fueron insignificantes. La duquesa de Valencia llegó a juntar una bonita colección de denuncias.

Todas estas causas, junto con el confusionismo dinástico hicieron posible la perduración del Régimen franquista. No sé si será válido realizar una «historia retrospectiva» o «historia ficción» e intentar aventurar alguna idea que hubiera servido para acelerar la caída de Franco. Algunos historiadores lo han hecho, aunque no muy afortunadamente. Sergio Vilar ha indicado en dos libros consecutivos que la sublevación que proponía el general Orgaz habría triunfando porque podía haberse articulado con el apoyo de las fuerzas armadas norteamericanas. Una aseveración demasiado pueril porque los anglosajones no deseaban en aquel momento de guerra mundial ningún cambio político en España, por lo tanto, no apoyarían un golpe de Estado; el franquismo mantenía el apoyo de la Iglesia, que no deseaba realizar ninguna intervención política activa contra el Régimen; los grados inferiores del Ejército no eran «juanistas» y estaban al servicio del Régimen por lealtad, ambiciones personales o por fe en los ideales de la nueva España; la Nobleza y la Alta Burguesía apoyaban al Conde de Barcelona, pero sus movimientos políticos no eran suficientes, y pese al desencanto, tenían miedo a la sustitución de Franco por no ver una salida estable; la masa obrera en 1943 había emprendido ya su despegue de soluciones monárquicas y no se sumaría con fuerza a la aventura de Orgaz cuando creían posible la restauración de la República. A ello hay que añadir que la reacción del pueblo para excluir del poder a Franco era prácticamente imposible en un Régimen autoritario; no apoyar la aventura golpista en bases firmes daría por resultado el total fortalecimento de Franco; y además, un intento de violencia del Conde de Barcelona, apoyándose en la parte del Ejército que estaba con él, sería arriesgadísimo para el futuro de la solución monárquica. La gran fuerza moral de la Monarquía pasaba por representar la paz para todos. Es obvio que el golpe de fuerza propuesto por el general Orgaz no habría prosperado.

Quizá si el Conde de Barcelona hubiese optado por integrarse en el Régimen aceptando la casa civil y militar que Franco le propuso, habría cambiado la historia. Dentro del Régimen, como el caballo de Troya, Don Juan podía contactar con todos los elementos civiles y militares y preparar, con mayores posibilidades de éxito, la sustitución del Caudillo. No obstante, si esta hipótesis hubiera sido algo más que un supuesto, el Conde de Barcelona se habría encontrado maniatado a la hora de realizar las necesarias reformas y el ensanchamiento de la base de la Monarquía. Sin el apoyo de las izquierdas, esa Monarquía nunca se consolidaría.

En fin, no son más que conjeturas, pero lo que sí es cierto es que Don Juan de Borbón ha tenido que trabajar por la restauración de la Monarquía enfrentándose con una coyuntura nada favorable: primero un país dividido y hundido por una larga guerra civil. Después una guerra mundial que imposibilitó los movimientos políticos necesarios para coaccionar a Franco y que desencadenó una bifuración política del mundo —democracia versus comunismo—, con la caída de algunas monarquías. Todo ello con el interés del general Franco por perdurar en el poder el mayor tiempo posible, utilizando las artimañas ya mencionadas. Es obvio que lo que no consiguieron ni los republicanos ni los vencedores de la guerra mundial, Francia, Rusia, Estados Unidos o Gran Bretaña, esto es la caída de Franco, nadie puede reprochárselo a los monárquicos. Porque a pesar de todas las circunstancias, el Conde de Barcelona se mantuvo durante años como la única alternativa posible al general Franco.

Ya ha quedado aclarado que la Monarquía defendida por el Conde de Barcelona ha sido el mayor peligro al que ha tenido que hacer frente el Régimen de Franco. Pero, ¿qué Monarquía defendía Don Juan de Borbón? Durante la Segunda República y la Guerra Civil, el Conde de Barcelona parecía apegado a una concepción de la Monarquía Tradicional contraria a los principios democráticos. Se encontraba muy cercano a los postulados de «Acción Española», quizás para atraerse al núcleo carlista que con el levantamiento militar de 1936 volvía a alcanzar un valor considerable. El Conde de Barcelona había intentado participar dos veces en la contienda civil. Franco se lo prohibió porque la estancia del Príncipe de Asturias en España hubiera supuesto un impedimento para sus ambiciones políticas. No obstante, la mutación ideológica, si es que la hubo, se produjo muy pronto. Sin duda ayudaron a ello las barbaridades cometidas por el Régimen franquista en la posguerra española y las constantes relaciones del heredero de Alfonso XIII.

Desde antes de concluir la Guerra Civil hubo conspiraciones civiles y militares que pretendían la sustitución del Régimen de Franco por la Monarquía. Sin embargo, en estos primeros años, la actividad de Don Juan es mínima. Quizás porque esperaba de buena fe que Franco diera paso a la Institución. Cuando Don Juan comprendió que eso no sería así, ya en 1941, comenzó a pensar en la reprobación pública del franquismo. Las conspiraciones monárquicas aumentaron durante la guerra mundial cuando el Régimen de Franco se acercaba a las potencias del Eje, y se hicieron inquietantes cuando comenzó a vislumbrarse que Alemania perdería la guerra. En marzo de 1943 Don Juan se negó al requerimiento que Franco le había hecho para que se identificase con la Falange. En la negativa de Don Juan se hace visible su interés por superar la Guerra Civil y evitar una República, posicionándose a favor de una Monarquía arbitral, alejada de las contiendas partidistas.

Conforme avanzaba la guerra mundial, Don Juan se identificaba más con las democracias. En marzo de 1945, en su famoso manifiesto dibujó las líneas que seguiría la futura Monarquía: aprobación de una Constitución política popular; reconocimiento de los derechos inherentes a la persona humana y garantía de las libertades políticas; establecimiento de Cortes democráticas elegidas por sufragio; y reconocimiento de las autonomías. Estos postulados estaban en la mente del Conde de Barcelona desde hacía, al menos, tres años. No obstante se mantuvo en silencio y no quiso aceptar las propuestas que le hicieron destacados elementos castrenses para derribar la dictadura de Franco, en evitación de que sirviera de pretexto para una intervención alemana en España, a la que Franco habría apelado para conservarse en el poder.

Entre 1945 y 1948 la Monarquía democrática proclamada por el Conde de Barcelona podría haber sido una realidad, si no hubiese tenido que hacer frente a los problemas anteriormente mencionados. La Ley de Sucesión que constituía España en Reino, no fue más que una maniobra de Franco para dividir a los monárquicos. Aunque en principio pudiera parecer que se reforzaban las perspectivas de la Monarquía, en seguida se vio que, sustituyendo el principio hereditario, esencia de la Monarquía, por el electivo, Franco pretendía una duración vitalicia de su dictadura. El Generalísimo supo jugar muy bien sus cartas y aguantó con entereza el temporal.

Que el monarquismo había sido considerable lo demuestra la desafortunada frase que el hispanista Gerald Brenan escribió en 1950, reduciéndolo a *una débil fronda de políticos y descontentos de café* (852). Todavía en 1954 aparecía la oposición monárquica, para los servicios secretos de la Embajada norteamericana en España, como la única fuerza política organizada capaz de inquietar a Franco, superior a cualquier partido de izquierda. El movimiento estudiantil de 1956, protagonizado por los «hijos del Régimen», y que contó entre sus protagonistas con destacados monárquicos, no puede considerarse como algo originario de sectores izquierdistas. La oposición ciudadana a la subida de los precios de los tranvías en Barcelona y el subsiguiente boicot, contó, cuando menos, con la pasividad del capitán general de Cataluña, el monárquico Juan Bautista Sánchez. Las huelgas obreras tampoco tuvieron un germen exclusivamente de izquierdas; en las primeras influyó decididamente la precaria situación económica de España; en las de la década de los sesenta, el propio desarrollo económico. Hoy a nadie se le ocurrirá calificar como antifranquista, ni mucho menos como democráticos, los atentados asesinos de las organizaciones terroristas. Las palabras de Brenan habrían sido de antología si se hubieran referido a la oposición en general y no solamente al único sector político que tuvo en jaque a Franco durante algún tiempo. Esas palabras no resaltan más que la superioridad de la opción monárquica en los años posteriores a la Guerra Civil.

Ante el comienzo de las negociaciones del Régimen con los EE.UU. y la inexistencia de óptimos resultados, en el verano de 1948, Don Juan optó por enviar a su hijo a España y acercarse tácticamente al Régimen de Franco. Este acercamiento táctico no supuso un cambio ideológico. Es cierto que sus declaraciones fueron mucho más moderadas, pero también es cierto que los contactos con las izquierdas continuaron e incluso aumentaron. Ello suponía una gran dificultad para el heredero de Alfonso XIII, porque a la vez que intentaba ganarse la confianza de las clases conservadoras, las únicas capaces de lograr la restauración, tenía el deber de atender a los elementos de izquierda e intentar acercarles a la Monarquía para ir preparando el futuro. Esta táctica de acercamiento a las fuerzas «nacionales» dio algunos resultados. La aceptación en 1957 de los principios tradicionalistas supusieron un duro golpe para Franco, hasta el punto de intentar por todos los medios que los españoles no conociesen ese acto. Por otra parte, los principios aceptados tampoco significaban que el Conde de Barcelona tuviese que seguir fielmente la doctrina tradicional que además, como él señaló en el discurso de aceptación, no era algo reaccionario y sí absolutamente incompatible con una concepción tiránica del poder público.

A partir de este momento, el Consejo Privado del Conde de Barcelona se hace mucho más conservador y colaboracionista, con el consentimiento de Don Juan. Se ha señalado que esta táctica no dio ningún resultado diferente al acercamiento de una parte de los carlistas y la neutralización de la candidatura de Don Alfonso de Borbón Dampierre. Y que la política del Conde de Barcelona en estos momentos tenía el rechazo de la izquierda. Ello no es del todo cierto. Aunque el Consejo Privado de los años sesenta no podía considerarse representativo de la opinión pública del país y, muchísimo menos, de su futuro, podía utilizarse en aquellos momentos como enlace útil con el sistema. Es cierto que no consiguieron resultados palpables inmediatos. Incluso ni el rechazo de Don Alfonso, ni la designación de Don Juan Carlos, porque aquello fue tarea laboriosa de los monárquicos del interior del Régimen, Carrero Blanco, Alonso Vega y López Rodó, sobre todo. Pero cuanto más visible fuese esta táctica monárquica, más libertad tendría el Conde de Barcelona para contactar con las clases conservadoras y con los elementos de la izquierda. El Consejo Privado no significaba nada, no era más que una pantalla que el Conde de Barcelona ponía delante de Franco y de las clases conservadoras. Era lo más tradicionalista, lo más afín al 18 de julio que podía presentarse. Su carácter consultivo, rara vez ejecutivo, acentuaba esta característica. Nunca deliberó Don Juan con su Consejo Privado cuando tuvo que realizar un acto importante. No había intervenido, por ejemplo, en los prolegómenos de la boda del Príncipe, en las respuestas a la revista *Life* o en los contactos políticos del Conde de Barcelona.

Además, éste necesitaba mantener a los tradicionalistas en el Consejo Privado porque su salida serviría a Franco para presentarle ante las clases conservadoras como antitradicionalista y acrecentar el confusionismo dinástico presentando a la oposición monárquica mucho más dividida de lo que estaba. Por ello, optó Don Juan cuando el suceso de Munich por una tibia descalificación de Gil-Robles. Al fin y al cabo, Gil-Robles ya no representaba a nadie. Con esta afirmación no trato de minimizar la actuación monárquica del ex dirigente de la C.E.D.A. pues fue, durante sus años de oposición al Régimen que encabezaba el general Franco, nexo de unión entre al Conde de Barcelona y las izquierdas. Aunque también es cierto que esas izquierdas tampoco representaban ya a nadie. La izquierda y la derecha del futuro estaba surgiendo en el interior de España. Gil-Robles reconocía, en el verano de 1962, en una carta en la que criticaba el carácter acomodaticio del Consejo Privado, que la política táctica del Conde de Barcelona era consecuente. *Comprendemos que en el terreno movedizo en el que se desenvuelve la política monárquica, los elementos más o menos adictos a una táctica colaboracionista, tienen más libertad de movimiento y originan menos complicaciones que los que colocados en una posición más rígida, hemos defendido y seguiremos defendiendo una orientación de la política monárquica en relación con el Régimen vigente, que sea firme sin necesidad de rupturas y ágil sin dar pábulo a confusiones* (851).

Por lo demás, es muy significativa la respuesta que el Conde de Barcelona dio a Sainz Rodríguez para esas entrevistas, tan antinaturales y a veces inexactas, dicho sea de paso, que cierran el interesante libro que escribió sobre la trayectoria política de los monárquicos durante el Régimen de Franco. Le preguntaba su consejero si resultó de utilidad el Consejo Privado, y contestó *Yo creo que sí, cubrió, por lo menos, una etapa. No es que hiciera grandes cosas porque los consejos son para eso. Para no hacer* (852). Es obvio que el Consejo, que repito, no representaba la opinión nacional del momento, ni el futuro, era una pantalla designada por el Conde de Barcelona *para no hacer*.

El heredero de Alfonso XIII seguía pensando que la única alternativa que tenía la Monarquía para subsistir, era encabezar una democracia. Por ello no cejó nunca en su empeño por atraerse a los sectores de la izquierda. Salvador de Madariaga, promotor de la revista *Ibérica*, estaba convencido, después del incidente de Munich, que sólo a través de la Monarquía podría derrocarse o sustituirse a Franco con decoro. Fuera de la Institución sólo quedaría la dictadura militar o el «castrismo». E incluso se preguntaba Madariaga si podría el Conde de Barcelona asistir el cmbate de las fuerzas de derecha cuando intentase sentar las bases de una sociedad tipo europeo (853).

El táctico acercamiento del Conde de Barcelona al Régimen de Franco no disminuyó sus posibilidades en los sectores de la izquierda. Al contrario, durante la década de los sesenta, los contactos del Conde de Barcelona con estos sectores, sobre todo con los del interior, aumentaron. Y ello significaba como ha señalado Areilza, que la transición hacia la democracia comenzaba a hacerse viable cuando una parte considerable del país, izquierda incluida, veía en la Monarquía el instrumento arbitral capaz de regir la reconciliación (854).

No puede afirmarse que durante este tiempo de oposición silenciosa, la ideología del Conde de Barcelona hubiese cambiado. Ocurría que el poder de presión de la Monarquía frente a Franco residía en su posibilidad de promover una concentración política que desbordase el círculo de «los nacionales»; mientras que, por otra parte, sus posibilidades para promover esa concentración estaban determinadas por el hecho de que la Monarquía constituyese una necesidad irremplazable para las Fuerzas Armadas. El Conde de Barcelona tenía muy claro que sería imposible restaurar la Monarquía sin el concurso del Ejército, y sería imposible sostenerla sin un conjunto de fuerzas que garantizasen la representación de la mayoría del país en el juego democrático. Es necesario comprender esto y no ver en la actuación del Conde de Barcelona, durante estos años, claudicaciones ni entreguismos. Don Juan de Borbón intentaba que llegar al poder y consolidarse no fueran problemas incompatibles.

Desde el comienzo de la Ley de Prensa de 1966 los españoles

gozaron de una mejor información. Ello hizo posible que en los periódicos apareciesen artículos monárquicos que situaron a Don Juan de Borbón en el horizonte de la opinión nacional con un perfil y personalidad propios. Además, la actuación del Secretariado fue muy clarificadora para las personas que se habían mantenido ajenas al problema político o que sólo habían tenido como medios de información los permitidos por el Gobierno. En ese momento el Conde de Barcelona se había decidido por una Monarquía *como forma de Estado moderno, occidental y democrático, progresivo y liberal; reconciliadora del pueblo español consigo mismo y restituyente de la soberanía política de la comunidad* (855). Ello significa que Don Juan continuaba en la línea del «manifiesto de Lausanne» y de las declaraciones a *The Observer*. No se trata de ninguna innovación, sino de una continuación de pensamiento.

Exactamente, los textos monárquicos del Secretariado son fruto de la propia evolución del Régimen de Franco. Si el franquismo comenzaba a destruirse, con el proceso de liberalización de mediados de los sesenta, la Monarquía podía desarrollarse en el mismo sentido. Por ello, la actuación del Secretariado no significaba un cambio de ideología en la mente del Conde de Barcelona. Los artículos de prensa favorables a la Institución, o las reuniones para celebrar alguna festividad relacionada con la Monarquía, estaban permitidos por el Gobierno. Cuando el Régimen los prohibía, se acataba la orden sin más. Lo que verdaderamente dio bríos a la causa monárquica en 1966 fue la abolición de la censura, la Ley de Prensa Fraga.

En cuanto a las reuniones del Secretariado con las izquierdas, que fueron importantes, tampoco supusieron nada más que una continuación de la política emprendida en la década de los cuarenta por el Conde de Barcelona. Éste describió un largo discurso en junio de 1968, pronunciándose una vez más por la democracia y por los partidos políticos. En 1969, cuando Franco nombró sucesor al Príncipe Don Juan Carlos, su padre volvió a divulgar su pensamiento sobre la futura Monarquía: *Que el Rey lo sea de todos los españoles, presidiendo un Estado de Derecho.*

Posteriormente, Don Juan de Borbón ha mantenido el banderín de la Monarquía Constitucional, en contraposición con su hijo, que, teóricamente, representaba la Monarquía del Movimiento Nacional. En un *examen objetivo de las opciones de futuro* se barajaba la posibilidad de que una vez que Don Juan Carlos comenzase a reinar el Conde de Barcelona facilitara su reinado abdicando. Ello no se produciría nunca en el caso de que la Monarquía se pusiera al servicio de la dictadura (856). Todavía el 17 de abril de 1975 Don Juan comentaba a Sainz Rodríguez que *nuestras ideas sobre la futura Monarquía son las únicas que harían viable en España dicha Institución.* Y añadía que los contactos que había mantenido en Palma de Mallorca con diversas personas de diferentes sectores políticos, había que observarlas desde el marco en que siempre se había movido, *que todo español bien nacido tiene acceso a mí, y llevo treinta años haciéndolo* (857).

Creo que es necesario realizar un pequeño apunte sobre la personalidad del Conde de Barcelona. Los apologetas del franquismo, Ricardo de la Cierva, Suárez Fernández y Emilio Romero, entre otros, han comentado que el Conde de Barcelona estaba mal aconsejado. No han realizado tamaña apreciación para intentar minimizar su figura histórica, sino en un tono disculpatorio, dando a entender que Don Juan se había enfrentado a Franco debido a los consejos que recibía de los monárquicos más antifranquistas. Personalmente, me niego a creer que Don Juan tuviese un pensamiento voluble o estuviese mal aconsejado. Hay que tener en la mente que se trataba de un Rey en el destierro, sin sujeción a ninguna norma, y que sus partidarios estaban muy divididos. Existían, al menos, seis grupos diferentes desde el tradicionalismo carlista hasta el liberalismo progresista de Unión Española. Cada uno de estos grupos intentaba que Don Juan realizase la política que ellos defendían, que acatara su ideología. Así, cada declaración o cada acto del Titular de la Corona, era recibido por unos grupos con simpatía, pero los restantes consideraban que no actuaba bien porque había aceptado un mal consejo.

Es cierto que a veces Don Juan tuvo que realizar algunas acciones, que no pasaron de meras declaraciones, para mantener el acatamiento de todos y cada uno de los diferentes grupos monárquicos. Pero ello no significaba que estuviese mal aconsejado o que no fuera capaz de tomar una decisión en un momento determinado. Gil-Robles, Vegas Latapie, Sainz Rodríguez, el conde de los Andes o José María Pemán, por nombrar a alguno de sus consejeros, fueron verdaderas intelectualidades que aconsejaron a Don Juan. Sin embargo, el Conde de Barcelona no siempre aceptó sus consejos. Tomó la determinación que creía más oportuna para cada momento según se desarrollase la política internacional o evolucionase el Régimen español.

En el centro de todas las interpretaciones sobre los consejos del Conde de Barcelona, hay que situar el doble lenguaje que estaba obligado a utilizar para obtener, al mismo tiempo, el apoyo de las clases conservadoras y de la izquierda. Por ello la actitud de Don Juan ha podido dar, en algunos momentos, sensación de superficialidad o de inconstancia. Enrique Tierno Galván pensaba del Príncipe Don Juan Carlos que no era fácil que, habiendo mantenido durante años lealtad filial y respeto a la dinastía y, a la vez, convivido con el Generalísimo disciplinadamente, estuviese mal dotado ni psíquica ni intelectualmente. De su padre puede afirmarse lo mismo. Una persona que ha mantenido en alto durante casi ocho lustros el banderín de una legitimidad monárquica, que ha tenido que enfrentarse a numerosos problemas que no voy a repetir, y, sobre todo, que ha resistido contra el poder omnímodo del general Franco, difícilmente subyugable; que, pudiendo llevar una vida cómoda, eligió su reinado en el destierro sin claudicaciones ni desmayos, ha tenido que ser fuerte, inteligente, luchador y, sobre todo, poseedor de un gran espíritu patriótico.

Sus palabras, sus silencios, sus actuaciones o su inactividad, han estado siempre sujetas a interesadas malinterpretaciones por parte de la Prensa del Régimen y, por qué no decirlo, de algunos sectores de la izquierda más radical, a los que no avergonzaba comentar que el Príncipe Don Juan Carlos era un tarado como toda su familia (858); o un «degenerado» sin cualidades de gobernante, hijo de un borracho y marido de «esa griega» que *le manda, le grita y le trata peor que a un sirviente*, para preguntarse después, *¿qué puede esperar España de un borracho o de uno a quien le «casca» su mujer, puestos al frente del timón gubernamental de la vieja y gloriosa España?* (859) Ése es el origen de todas estas calificaciones de superficialidad o volubilidad que ha rodeado a la Familia Real española durante sus años de destierro. Hasta hace poco tiempo, los monárquicos han tenido que recurrir a las hojas volanderas, totalmente ilícitas y clandestinas, para defenderse de los ataques de sus adversarios. Tampoco han podido publicar grandes libros sobre la ideología monárquica para intentar penetrar en el pensamiento de los españoles, varado por la constante invasión de propaganda franquista. El ilustre poeta gaditano, presidente del Consejo Privado del Conde de Barcelona, captó muy bien este problema: *Padre e hijo han tenido que ser mucho más silencio, discreción y paciencia que brillantez publicitaria. Han tenido que ser titulares sin panegírico y figuras sin apologética. Don Juan obligado a una lejanía, Don Juan Carlos obligado a una presencia, han tenido que fabricar su propia opacidad discreta* (860).

Es preciso terminar estas referencias con un tema que ha recibido interpretaciones encontradas. El interrogante es el siguiente: ¿Franco se comportó como un monárquico o gobernó como un Monarca? Los historiadores ideológicamente más cercanos al franquismo afirman que Franco fue un monárquico. El periodista Emilio Romero ha llegado a escribir que el Caudillo fue el más monárquico de todos los generales y que tuvo un comportamiento ejemplar con la Monarquía (861). Y Suárez Fernández ha dicho que no hay un solo dato, por pequeño que sea, capaz de desvirtuar tal afirmación (862). Pues bien, estoy convencido que después de leer este trabajo, nadie podrá mantener objetivamente que Franco se comportó como un monárquico.

Deportó a civiles y militares que pretendían únicamente la restauración de la Monarquía. Degradó a militares partidarios del Conde de Barcelona. Dividió a los monárquicos con ascensos y amenazas. Aireó la candidatura de otros «príncipes» para equivocar a la opinión pública. Preparó la Ley de Sucesión, la más antimonárquica de todas las leyes. Creó una nueva dinastía sin ninguna legitimidad. Del libro de López Rodó he extraído una cita muy curiosa. No pertenece a un cargo político, sino a un simple presidente de un hogar extremeño: *porque soy franquista soy republicano. Si el Caudillo fuera realmente monárquico, ya habría traído al Rey en los pasados treinta años; tiempo no le ha faltado. Si no lo ha hecho es porque es republicano* (863). Ante tan simple evidencia no cabe ninguna contestación. Si Franco hubiese sido un monárquico de convicción habría restaurado la Monarquía en el menor tiempo posible. No sólo no lo hizo, sino que, durante todo el período de su Gobierno, fue su mayor enemigo.

Ello no significa que Franco haya sido republicano, porque Franco no ha tenido ideologías. Franco ha sido un franquista, un Caudillo, un «Monarca». Toda su política ha estado dirigida a perpetuarse en el poder. Desde el final de la Guerra Civil se procedió con tenacidad a la divinización exaltada de la figura del general Franco. Este ambiente se glosó y reflejó en los comentarios políticos y discursos que los partidarios de la deización de Franco prodigaron con motivo de las solemnidades del día de la Victoria, el 19 de mayo de 1939. Obedeciendo a estas consignas, Sánchez Mazas en un editorial de *Arriba* y Giménez Caballero en un discurso radiado, fueron los encargados de explicar el sentido de la celebración de la victoria. *Alzado sobre el pavés* dijo el primero, precisando que era un acto fundacional de Monarquía guerrera alcanzada en la batalla; lo que significaba una auténtica regresión histórica. Se proclamaba la instauración de una Monarquía electiva a la manera antigua y batalladora de la victoria en la lucha. *Monarcato absoluto* comentó el segundo, *ante el que todas las viejas dinastías pierden su razón de ser*, y. hubo quien, refiriéndose al Caudillo, le dio el tratamiento de «Su Majestad».

Al día siguiente, en la antigua iglesia regia de Santa Bárbara tenía lugar un importante rito eclesiástico, con un conjunto de reminiscencias históricas, bíblicas, carolingias y, hasta un poco napoleónicas. El Generalísimo ofreció su espada a Dios recibiendo de la Iglesia la legitimación de su poder y el firme apoyo del catolicismo militante. Por la noche y al día siguiente, la radio y la Prensa publicaron, una vez más, *la buena nueva*. Franco era el ungido, el designado por Dios, el Rey natural que la providencia enviaba.

Y a la vuelta de mil ejemplos diversos, desde Melquisedec y David, hasta el Sacro Imperio Romano, pasando por Recaredo, quedaba justificado por la Prensa y la radio que el monarcato absoluto era ya una realidad incontrovertible en nuestra Patria.

Esta propaganda continuó acentuándose. En Medina del Campo se celebró una especie de fiesta pagana, con ofrendas de frutos, flores y faunas al Señor de las Españas. Los discursos continuaron en el mismo tono, con reiteradas invocaciones al «Señor y Caudillo nuestro». Giménez Caballero continuó escribiendo sobre el «Monarcato» y el absolutismo de Franco. Fernández Cuesta, en el Consejo Nacional, habló de la *soberanía carismática del Jefe del Estado.* Todo ello no tenía más que una dirección: excluir por razones de incompatibilidad a la Monarquía hereditaria, colocándola en antítesis con la Monarquía natural del guerrero triunfante. Se presentaba a la Monarquía histórica como algo caduco. Así, si Franco era definido y proclamado en la Prensa oficial como Rey absoluto, sería difícil convencer a la opinión popular de la necesidad de la vuelta del auténtico Monarca. Algunos sectores comenzaban a gritar ¡Franco Sí, los Borbones nunca! Era el primer paso para la exclusión de la Monarquía. Así pues, la Monarquía histórica se escamoteaba de la organización del Estado y el orden nuevo se basaba exclusivamente *en la omnímoda voluntad de un hombre exaltado hasta el paroxismo* (864).

Este ambiente no se sofocó en seguida. Hubo varias personas que aconsejaron a Franco que se proclamase Rey. Todavía el 28 de septiembre de 1942, víspera de la celebración del primero de octubre, fiesta del Caudillo, Carrero Blanco le sugirió esa posibilidad. Franco no lo hizo porque pensaba que para ello se requería antigüedad. La verdadera razón es que contaba con la oposición total de los tradicionalistas y de los monárquicos partidarios del heredero de Alfonso XIII; los generales y la alta oficialidad del Ejército, tenían una concepción de la Monarquía bastante diferente a la proclamada por los ideólogos del franquismo; la Iglesia también era reacia a aceptar una fórmula híbrida entre el bonapartismo francés y el caudillismo revolucionario sudamericano. Además, la Iglesia católica no veía con agrado los contactos del Régimen con el nacionalsocialismo alemán; las clases dirigentes deseaban un Régimen estable. Todo ello no impidió que Franco continuase actuando como un Monarca absoluto, semejante a los que reinaron en Europa hasta la Revolución Francesa. Cuando en 1943, en su carta a Franco, Don Juan hizo referencia a la *vinculación exclusiva del poder en una sola persona,* el Generalísimo le contestó que esa era precisamente la característica del Régimen monárquico, se titulase o no de Rey quien ejercía la suprema potestad. Según de la Cierva es una prueba palpable de que para Franco su Régimen era una Monarquía (865).

El Generalísimo aparecía como un Rey de derecho divino con capacidad de acción frente a la Iglesia, sólo responsable ante Dios. Pero el fin teórico del absolutismo se produce en 1942 cuando creó las Cortes para frenar a la opinión monárquica. Como muy bien ha visto Juan Beneyto la actuación absolutista del Caudillo responde a la teorización de Hobbes y Bossuet (866). También hay que señalar el afán de Franco por entroncar con la Monarquía de los Reyes Católicos. En varias ocasiones en que se dirigió al Conde de Barcelona aprovechó para indicarle que la Monarquía debería ser como la de los Reyes Católicos. Franco utilizó para los símbolos de su Régimen el yugo y las flechas de los históricos monarcas. La frase de Franco, «responsable ante la Historia», hay que situarla en este entronque con la España de los siglos XV y XVI.

Sin embargo, en sus actuaciones, Franco no ha sido un modelo puro de Monarca absoluto. Alguno de sus actos van muchos siglos más atrás. Ordenó construir su tumba: el valle de los Caídos. Tal monumento funerario nos hace pensar en las construcciones faraónicas del antiguo Egipto. Incluso se ha comentado que en su construcción intervino mano de obra penitenciaria. Como ha comentado el sociólogo Amando de Miguel, Franco vivió más como un Rey medieval que como un Jefe de Estado contemporáneo. Su poder ha sido vitalicio, ha nombrado heredero político, no ha comparecido en ruedas de Prensa, no ha salido, prácticamente, al extranjero, no se ha sometido al riesgo de perder una elección, prohibió que su caricatura apareciese en los periódicos, ha ostentado el derecho a nombrar obispos y ha entrado bajo palio en la iglesia, ha hecho imprimir sellos de correo con su figura y en las monedas ha figurado su efigie con la expresión por la «Gracia de Dios», ha concedido títulos de nobleza y ha tenido una «guardia mora». Ni siquiera los líderes fascistas *han gozado de tales privilegios y símbolos de la realeza más absoluta* (867).

En 1947, el Generalísimo, para oponerse al movimiento monárquico español, promulgó la Ley de Sucesión, revisada en 1966 en la Ley Orgánica del Estado. Estas leyes proyectaban una Instauración, lo que significaba el nacimiento de una nueva dinastía. Se innovaba en la determinación de la persona del futuro rey; y, en el momento en que el Caudillo hizo uso de esta Ley, julio de 1969, se creó una apelación nueva para el Príncipe, llamándole Príncipe de España; se determinaron unas condiciones nuevas para su nombramiento totalmente contrarias a la legislación monárquica española, como eran, entre otras, la de que el Trono no podía ser regentado por mujeres. Con ello Franco negaba una tradición ancestral que había dado frutos tan importantes como la unión de Aragón y Cataluña con la boda de la Reina Petronila con el Conde de Barcelona o la Unión de Castilla y Aragón con el enlace de la Reina

Isabel y del Rey Fernando. La mención de la sangre regia como condición necesaria para ser instaurado eran tan vaga, que podría haberse aplicado a la mayor parte de las Casas de Nobleza, pues un número considerable de ellas llevan las bordaduras de Castillos y Leones o las barras de Aragón en el escudo, que significan las descendencias de algún Rey coronado.

Lo que interesa resaltar es que con esta acción tan antimonárquica, Franco se convierte en algo más que un Rey, en «hacedor de Reyes» al crear una nueva dinastía. Así cuando se rumoreaba que el Príncipe Don Juan Carlos sería declarado sucesor en la Jefatura del Estado o Príncipe «heredero de la Corona de España», nadie pensaba que pudiera utilizarse la segunda posibilidad. Según la Ley de Sucesión y la Ley Orgánica del Estado, no podría ser declarado como tal, porque la declaración de «heredero de la Corona» exigía la previa restauración de la Monarquía en la persona de un Rey. Sin embargo, Don Juan Carlos fue designado «heredero de la Corona» por un decreto de la Presidencia del Gobierno de julio de 1968 (868). Es obvio que por ese decreto se da por segura la existencia de un rey transmisor de la Corona.

Tampoco la designación del Príncipe Don Juan Carlos puede contemplarse como un acto de fe monárquica del general Franco. Amando de Miguel ha escrito que el Generalísimo consintió en la sucesión monárquica porque era la manera implícita de reconocer que él había sido un Rey. Para ello se permitió romper la línea de sucesión y nombrar al Príncipe que él había educado (869). Naturalmente si a Franco le hubiese sucedido otro militar su figura histórica quedaría reducida a la de un simple dictador. De esta manera Franco se convertía insólitamente en algo más que un Rey, en «facedor de reyes». La hermana de Franco comentó del franquismo que fue *el reinado mejor que tuvo España*. En el transfondo de esa frase se aprecia algo más que la ignorancia de esa señora (870).

En fin, Franco se ha comportado como un Monarca, pero no como un buen monárquico. El Generalísimo ha sido el mayor enemigo de la Monarquía durante todo el tiempo en que ocupó la Jefatura del Estado. Teóricamente, Franco nombró sucesor al Príncipe Don Juan Carlos, difícilmente podría haber adoptado una solución diferente de la Monarquía; pero, en la práctica, ha sido la causa que impidió que la Monarquía se restaurase en su legítimo titular durante la posguerra española. Ha quedado constatado, y me parece incuestionable, aunque Ricardo de la Cierva afirme lo contrario (871), que en 1942 el pueblo español deseaba la Monarquía. Ésta no se restauró por la oposición de Franco. En una línea, Franco ha retrasado la Monarquía al menos en seis lustros.

NOTAS

(1) Sainz Rodríguez, Pedro: «Un reinado en la sombra», Barcelona, 1981, p. 360.

(2) Cierva, Ricardo de la: «Franco», 1986, pp. 361.

(3) Conde de los Andes: «La Segunda República Española». Borrador de una conferencia. A.C.A.

(4) Diario 16: «Historia del Franquismo». Cap. IV. «La Constitución del nuevo Estado», p. 56.

(5) «Acuerdo entre Goicoechea y Primo de Rivera». A.C.A.

(6) Comentarios sobre la mencionada carta en A.S.R.

(7) Conde de los Andes: «La Segunda República Española». A.C.A.

(8) Sainz Rodríguez, Pedro: «Testimonio y recuerdos». Barcelona, 1978, pp. 232-233.

(9) Minuta para una entrevista de Alfonso XIII con Mussolini. 1940. A.S.R.

(10) Testimonio de Fal Macías. Sevilla. Cuando Queipo dijo que iba a fusilar a Franco, seguramente no pensaba en ello. El verbo fusilar era muy utilizado por los militares en tiempos de guerra, sin que tuviera una significación aniquiladora.

(11) Clemente, Josep Carles: «Historia del carlismo contemporáneo». Barcelona, 1977, p. 22.

(12) Sainz Rodríguez, Pedro: op. cit., p. 347.

(13) Luca de Tena, Torcuato: «Mis amigos muertos». Barcelona, 1971, p. 27.

(14) Carta de Don Jaime de Borbón a Franco. A.C.A.

(15) H.M.M.: «El Requeté. Dios. Patria. Fueros. Rey». 1-VI-39.

(16) Testimonio de E.V.L.

(17) García Venero: op. cit., p. 441.

(18) Sainz Rodríguez, P.: op. cit., p. 223.

(19) H.M.M.: «El Requeté». 1-IV-39.

(20) H.M.M.: «El Requeté». 1-VI-39.

(21) MARQUINA BARRIO, A.: «La España de Franco y el Vaticano». Madrid, 1983. p. 184.

(22) Dictamen sobre la oportunidad de unas declaraciones de S.M. el Rey y consideraciones sobre la política que hasta el momento viene siguiendo la causa monárquica española. Eugenio Vegas Latapie, 24-III-A.V.L. A.S.R.

(23) LÓPEZ RODÓ, Laureano: «La larga marcha hacia la Monarquía». Barcelona, 1978, p. 19.

(24) Informe para S.A.R. 21-II-1940. A.S.R.

(25) Carta a S.A.R. el Príncipe de Asturias. Eugenio Vegas Latapie, 18-IV-40. A.V.L.

(26) B.F.F.L.B.: «El Pensamiento Carlista sobre cuestiones de actualidad». «El Requeté». «Algunas notas informativas sobre el estado actual de España». Artes gráficas. Buenos Aires, 1940, pp. 89-91.

(27) Notas sobre la urgencia de un organismo rector. A.S.R.

(28) Informe sobre la situación política. Burgos, 6-IV-39. A.S.R.

(29) Renuncia de Alfonso XIII. I.M.H.B.

(30) Reproducción del testamento de Alfonso XIII. A.S.R.

(31) Nota sobre la improcedencia de un manifiesto público de S.A.R. 19-II-41. A.S.R.

(32) La carta en A.S.R.

(33) VEGAS LATAPIE, E.: op. cit., p. 44.

(34) H.M.M. ABC, 4-III-84. «Contestación amistosa a Serrano Suñer». Eugenio Vegas Latapie.

(35) H.M.M. ABC, 23-II-84. «La muerte de Alfonso XIII y el Gobierno español». Serrano Suñer.

(36) H.M.M. ABC, 23-II-84.

(37) VEGAS LATAPIE, E.: op. cit., p. 44.

(38) H.M.M. «La Nación», 2-III-41.

(39) HAMILTON, Thomas J.: «La España de Franco». México D.F. 1943, p. 118. Sir Samuel Hoare también se hizo eco de la ola monárquica que originó el fallecimiento de Alfonso XIII. «Embajador ante Franco en misión especial», Madrid, 1976, p. 333.

(40) HAMILTON, Thomas J.: op. cit., p. 117.

(41) H.M.M. ABC, 22-III-84.

(42) El documento fechado el 4-III-41 procede de A.C.A.

(43) HAMILTON, Thomas J.: op. cit., p. 118.

(44) Informe A.S.R.

(45) Palabras de S.M. el Rey Don Juan III a los españoles que acudieron a Roma con motivo de la muerte de Don Alfonso XIII y copia textual de la carta que les leyó. I.M.H.B.

(46) GUTIÉRREZ RAVE, J.: «El Conde de Barcelona». Madrid, 1962, pp. 135-138. Lo reproduce del libro del marqués de Quintanar, «La muerte de Alfonso XIII en España».

(47) Carta de Eugenio Vegas Latapie y José María de Areilza a Pedro Sainz Rodríguez, 11-III-41. A.S.R.

(48) GIL ROBLES, José María: «La Monarquía por la que yo luché». Madrid, 1976, p. 17.

(49) SUÁREZ FERNÁNDEZ, L.: op. cit., t. III, p. 258.

(50) GIMÉNEZ ARNAU, Juan Antonio: «Memorias de memoria. Descifre Vuecencia personalmente». Barcelona, 1978, p. 121.

(51) SAINZ RODRÍGUEZ, P.: op. cit., p. 146.

(52) El Acuerdo en A.S.R.

(53) Borrador de una carta de Pedro Sainz Rodríguez. A.S.R.

(54) Testimonio de Pedro Sainz Rodríguez.

(55) HEINE, Harmut: «La oposición política al franquismo». Barcelona, 1983, p. 255.

(56) ANÓNIMO: «El Movimiento...». A.S.R.

(57) Borrador de una carta de Pedro Sainz Rodríguez para Don Juan de Borbón. 1-IV-41. A.S.R.

(58) Carta de Eugenio Vegas Latapie y José María de Areilza a Pedro Sainz Rodríguez. 11-III-41. A.S.R.

(59) Borrador de una carta de Pedro Sainz Rodríguez para Don Juan de Borbón. 1-VII-41. A.S.R.

(60) El documento no está firmado y es anterior al fallecimiento de Don Alfonso de Borbón.

(61) Carta de Eugenio Vegas Latapie a Don Juan de Borbón. 13-V-41. A.V.L.

(62) Nota confidencial a S.M. 30-XI-41. A.S.R.

(63) Carta de Eugenio Vegas Latapie a Don Juan de Borbón. 4-II-42. A.V.L.

(64) SAINZ RODRÍGUEZ, P.: op. cit., pp. 349-351.

(65) ANSALDO, J. A.: «Y ahora qué». Buenos Aires, 1951, p. 280.

(66) KINDELÁN, A.: op. cit., pp. 37-41.

(67) HAMILTON, Thomas J.: op. cit., p. 119. Escribe: *la policía andaba muy ocupada en borrar los letreros de «Viva el Rey» con que arreciaba cada ocho días el monumento que había cerca de nuestro piso.*

(68) SUÁREZ FERNÁNDEZ, L.: op. cit., t. III, p. 266.

(69) ANSALDO, J. A.: op. cit., p. 274. Según Ansaldo, este acto estuvo a punto de causar la destitución del gobernador militar.

(70) Carta de Eugenio Vegas Latapie y José María de Areilza a Don Juan de Borbón. 23-XII-41. A.V.L.

(71) Nota confidencial a S.M. 30-XII-41. A.S.R.

(72) KINDELÁN, A.: op. cit., pp. 46-49.

(73) Carta de Eugenio Vegas Latapie a Su Majestad el Rey Don Juan III. 23-XII-41. A.V.L. Una copia en A.S.R. También en Kindelán.

(74) Carta de Eugenio Vegas Latapie a Don Juan. 14-II-42. A.V.L.

(75) H.M.M. *ABC.* 29-I-42.

(76) *Fue para el Generalísimo sin duda una satisfacción que el Infante Don Juan recogiera el eco de su discurso sintonizando con él.* SUÁREZ FERNÁNDEZ, op. cit., t. III, pp. 311-313.

(77) Palabras de S.A.R. el Conde de Barcelona al despedirse de los españoles que fueron a Roma con motivo del primer aniversario de la muerte de su augusto padre Don Alfonso XIII (q.e.p.d.) el 1.º de marzo de 1942. I.M.H.B.

(78) «Documentos secretos sobre España del Ministerio de Asuntos Exteriores de Alemania», Madrid, 1974, p. 93.

(79) Las cartas en A.V.L.

(80) VEGAS LATAPIE, E.: op. cit., p. 45.

(81)   SAINZ RODRÍGUEZ, P.: op. cit., pp. 275-276.
(82)   HEINE, H.: op. cit., p. 256.
(83)   SAINZ RODRÍGUEZ, P.: op. cit., pp. 275-276.
(84)   Ibídem, pp. 351-353.
(85)   CIERVA, R. de la: op. cit., p. 336. Califica de «gran verdad» la afirmación de Franco.
(86)   «Documentos secretos...», op. cit., pp. 95-96.
(87)   Ibídem, p. 103.
(88)   CONDE CIANO: «Diario». Barcelona, 1946, p. 545.
(89)   TUSELL, Javier y GARCÍA QUEIPO DE LLANO, Genoveva: «Franco y Mussolini. La política española durante la Segunda Guerra Mundial». Barcelona, 1985, pp. 156-157.
(90)   HOARE, Samuel: op. cit., p. 333.
(91)   PIETRIE, François: «Mes années d'Espagne». 1940-1948, p. 41.
(92)   SUÁREZ FERNÁNDEZ, L.: op. cit., p. 337.
(93)   Carta de Don Juan a los procuradores monárquicos. A.S.R.
(94)   HEINE, H.: op. cit., pp. 258-259.
(95)   Frente a la traición, reacción de la Falange Auténtica. Julio, 1942, A.G.V.
(96)   Carta de Saliquet a Varela. 20-V-42. A.G.V.
(97)   Copia de unas notas autógrafas del general Varela, llevadas al despacho del Jefe del Estado el día 8 de abril de 1942. A.G.V.
(98)   Informe del general Aranda. A.S.R.
(99)   Informe del conde de los Andes. A.C.A.
(100) Informe del general Aranda. A.S.R. Informe del conde de los Andes. A.C.A.
(101) Informe del general Aranda. A.S.R.
(102) TUSELL, J.; GARCÍA QUEIPO DE LLANO, G.: op. cit., p. 169.
(103) Informe del conde de los Andes. A.C.A.
(104) Ibídem.
(105) Informe del general Aranda. A.S.R.
(106) TUSELL, J.; GARCÍA QUEIPO DE LLANO, G.: op. cit., p. 157.
(107) Carta de Don Juan de Borbón a Pedro Sainz Rodríguez. A.S.R.
(108) LÓPEZ RODÓ, L.: op. cit., pp. 31-33.
(109) Carta del general Aranda a Don Juan de Borbón. A.S.R.
(110) Carta de J. M. Gil-Robles a Pedro Sainz Rodríguez. A.S.R.
(111) GUTIÉRREZ RAVE, J.: «Gil-Robles. Caudillo frustrado». Madrid, 1967. p. 225.
(112) Borrador de una conversación de Pedro Sainz Rodríguez con el embajador Hoare. A.S.R.
(113) Las declaraciones en A.S.R.
(114) H.M.M. Arriba. 9-XII-42.
(115) Carta del general Aranda a Pedro Sainz Rodríguez. A.S.R.
(116) KINDELÁN, A.: op. cit., pp. 32-37.
(117) SUÁREZ FERNÁNDEZ, L.: op. cit., t. III, p. 364. Informe D.G.S. 31-I-43.
(118) LÓPEZ RODÓ, L.: op. cit., pp. 31-38. Informe de Carrero Blanco a Franco, 28-XI-42.
(119) ANSALDO, J. A.: op. cit., p. 294.
(120) GIL ROBLES, J. M.: op. cit., p. 29.
(121) SUÁREZ FERNÁNDEZ, L.: op. cit., t. III, p. 388.

(122) RODRÍGUEZ MOÑINO, R.: «La misión diplomática del XVIII duque de Alba». Valencia, 1971, p. 129.

(123) Carta del general Aranda a Pedro Sainz Rodríguez. 24-III-43. A.S.R.

(124) Una copia de la carta de A.S.R.

(125) ANSALDO, J.A.: op. cit., pp. 292-296.

(126) SAINZ RODRÍGUEZ, P.: op. cit., p. 124.

(127) El comunismo o yo. A.S.R.

(128) Informe del general Aranda para Pedro Sainz Rodríguez. A.S.R.

(129) GIL-ROBLES, J. M.: op. cit., p. 36.

(130) Una copia de la carta en A.S.R.

(131) Una reproducción del documento de los procuradores en A.S.R.

(132) LÓPEZ RODÓ, L.: op. cit., p. 39.

(133) VEGAS LATAPIE, E.: op. cit., pp. 45-46.

(134) A los monárquicos auténticos. A.S.R.

(135) Carta de Don Juan de Borbón a Pedro Sainz Rodríguez. 6-VII-43. A.S.R.

(136) GIL-ROBLES, J. M.: op. cit., p. 42.

(137) LÓPEZ RODÓ, L.: op. cit., pp. 39-41.

(138) Las planchas fueron publicadas por El Español y reproducidas por varias publicaciones carlistas partidarias de Carlos VIII.

(139) José Antonio Sangróniz a Pedro Sainz Rodríguez. 7-VIII-43. A.S.R.

(140) Informe del conde de los Andes. A.C.A.

(141) Una copia de la carta en A.C.A.

(142) Carta de Pedro Sainz Rodríguez al general Aranda. A.S.R.

(143) Una copia de la carta en A.C.A.

(144) «Conversaciones con el embajador de Alemania el 23-VIII-43». A.M.A.E. R. 1.372/22.

(145) SUÁREZ FERNÁNDEZ, L.: op. cit., t. III, p. 421.

(146) Carta del general Beigbeder a Pedro Sainz Rodríguez. A.S.R. Temas de propaganda en EE.UU.

(147) Documento de los tenientes generales. A.S.R.

(148) Carta del general Aranda a Pedro Sainz Rodríguez. A.S.R.

(149) Informe del conde de los Andes. A.C.A.

(150) KINDELÁN, A.: op. cit. pp. 124-125.

(151) Carta de J. M. Gil-Robles al general Asensio. 28-IX-43. A.S.R. Con anterioridad, Gil-Robles había escrito también al general Aranda explicándole la misma tesis: La victoria aliada no significaría tan sólo la derrota militar de las potencias del Eje, sino la caída implacable de todos los regímenes totalitarios. Carta de Gil-Robles al general Aranda. 25-VI-43. A.S.R.

(152) VILAR, S.: op. cit., p. 70.

(153) Informe del general Aranda. A.S.R.

(154) El documento primitivo de los tenientes generales en A.G.V.

(155) Carta del general Aranda a Pedro Sainz Rodríguez. A.S.R.

(156) Borrador del informe sobre «La conveniencia de un traslado». A.S.R.

(157) Carta conjunta de Pedro Sainz Rodríguez y J. M. Gil-Robles a Don Juan. A.S.R.

(158) GIL-ROBLES, J. M.: op. cit., p. 34.

(159) Carta de J. M. Gil-Robles. 1-V-43. A.S.R.

(160) Carta de J. M. Gil-Robles. A.S.R.

(161)   Informe conjunto de José María Gil-Robles y Pedro Sainz Rodríguez sobre la situación en julio de 1943. A.S.R.

(162)   Carta de López Oliván a Pedro Sainz Rodríguez. A.S.R.

(163)   HEINE, H.: op. cit., p. 269.

(164)   Pedro Sainz Rodríguez y J. M. Gil-Robles a López Oliván. A.S.R.

(165)   Testimonio de Eugenio Vegas Latapie.

(166)   Informe del conde de los Andes. A.C.A.

(167)   Carta de J. M. Gil-Robles y Pedro Sainz Rodríguez a López Oliván. 27-XI-43. A.S.R.

(168)   Carta de J. M. Gil-Robles a Don Juan de Borbón. 27-XIII-43. A.S.R.

(169)   GIL-ROBLES, J. M.: op. cit., p. 59.

(170)   Informe de Luca de Tena. A.C.A.

(171)   La carta de Don Juan en A.C.A.

(172)   Informe del conde de los Andes. A.C.A.

(173)   Ibídem.

(174)   «Dictamen sobre la oportunidad...» A.V.L.

(175)   SAINZ RODRÍGUEZ, P.: op. cit., p. 329.

(176)   Una copia de ambas cartas en A.S.R.

(177)   SAINZ RODRÍGUEZ, P.: op. cit., pp. 359-364.

(178)   Carta de Don Juan de Borbón al Infante de Orleans. Ver nota 287.

(179)   Carta de Don Alfonso de Orleans a Franco. Informes recibidos por el general Varela. A.G.V.

(180)   SUÁREZ FERNÁNDEZ, L.: op. cit., t. III, p. 488.

(181)   GIL-ROBLES, J. M.: op. cit., p. 81.

(182)   SUÁREZ FERNÁNDEZ, L.: op. cit., t. III, p. 489.

(183)   Carta de Don Juan de Borbón a J. M. Gil-Robles. 13-II-44. A.S.R.

(184)   Carta del conde de los Andes a Don Juan de Borbón. Borrador. A.C.A.

(185)   «La actitud de S.M. el Rey Don Juan III ante los graves peligros que amenazan a la Patria». Contiene este documento las declaraciones del Conde de Barcelona al Journal de Genève y a La Prensa y la carta de Don Juan al Infante de Orleans. C.E.H.I.

(186)   Carta de Pedro Sainz Rodríguez a Don Juan de Borbón. 18-III-44. A.S.R.

(187)   GIL-ROBLES, J. M.: op. cit., p. 89.

(188)   Carta de J. M. Gil-Robles al Jefe del Estado en «Texto de dos...» A.C.A.

(189)   Despacho de Nicolás Franco. A.M.A.E. R. 2.306/6.

(190)   Nota para el Sr. ministro de Asuntos Exteriores. A.M.A.E. R. 2.681/4.

(191)   Nota informativa sobre las actividades en Portugal de los marqueses de Pelayo. A.M.A.E. R. 2.681/4.

(192)   SAINZ RODRÍGUEZ, P.: op. cit., p. 125.

(193)   Carta del Conde de Barcelona a Juan Vigón. A.S.R.

(194)   Carta de don Juan Vigón, ministro del Aire, a Don Juan de Borbón. 6-VI-44. A.S.R.

(195)   Carta de los monárquicos de Lausanne a Pedro Sainz Rodríguez. A.S.R.

(196)   Informe de un diplomático inglés. Febrero 1944. A.S.R.

(197)   Despacho del duque de Alba. A.M.A.E. R. 1.373/23⁶.

(198) Carta de Don Juan de Borbón a Juan Ventosa. 30-XI-44. A.S.R.

(199) Informe de la situación en España tras el discurso de Churchill. El informe no está firmado; puede ser de los generales Kindelán o Aranda. A.S.R.

(200) Carta de Don Juan de Borbón a Ventosa. 30-XI-44. A.S.R.

(201) *Daily Herald.* 6-XI-44. A.S.R.

(202) Carta de Don Juan al general Kindelán. 23-XI-44. A.S.R.

(203) KINDELÁN, A.: op. cit. pp. 76-79.

(204) Carta de los monárquicos de Lausanne para Pedro Sainz Rodríguez. A.S.R.

(205) Texto del manifiesto de Su Majestad el Rey. I.M.H.B. Naturalmente este documento está reproducido en multitud de publicaciones.

(206) Texto de la nota entregada a la Legación de Berna en España, junto con el manifiesto dirigido por S.M. a los españoles el 19-III-45. I.M.H.B.

(207) La carta de don Antonio Goicoechea en el «Boletín Semanal de Información Exterior (Frontera francesa) del Estado Mayor Central del Ejército». SECRETO. 14-IV-45. A.M.A.E. R. 1.373/23[2].

(208) Carta manuscrita de Nicolás Franco al ministro de Asuntos Exteriores. A.M.A.E. R. 1.373/23[6].

(209) Estado Mayor Central del Ejército. Boletín... 19-IV-45. A.M.A.E. R. 1.373/23[2].

(210) GIL-ROBLES, J. M.: op. cit., p. 117.

(211) Borrador de una carta de Pedro Sainz Rodríguez. A.S.R.

(212) KINDELÁN, A.: op. cit., pp. 60-68.

(213) LÓPEZ RODÓ, L.: op. cit., pp. 54-55.

(214) CIERVA, R. de la: op. cit., p. 374. Dice: *queda totalmente en claro el hecho de que Don Juan y sus consejeros están casi exclusivamente preocupados por la dimensión exterior del manifiesto, y en cambio dejan en blanco el análisis de su viabilidad interior.*

(215) Carta desde Lausanne. A.S.R. El subrayado es mío.

(216) H.M.M. *ABC.* 3-IV-45.

(217) Hojas informativas. N.º 13. 12-IV-45. «El manifiesto del Rey». A.C.A.

(218) CIERVA, Ricardo de la: «Historia del franquismo. Orígenes y configuración. 1939-1945». Barcelona, 1975. p. 296.

(219) TUSELL, Xavier: «La oposición democrática al franquismo». Barcelona, 1977. p. 108.

(220) KINDELÁN, A.: op. cit., pp. 226-238.

(221) Ver en KINDELÁN, A.: op. cit., p. 251, la Organización, el Consejo, la Junta y delegaciones de la Causa monárquica.

(222) KINDELÁN, A.: op. cit., p. 254.

(223) GARRIGA, R.: op. cit., vol. II, p. 334.

(224) CIERVA, R. de la: op. cit., p. 18.

(225) Carta de J. M. Gil-Robles a Pedro Sainz Rodríguez. Oporto. 22-VII-45. A.S.R.

(226) Informe. Noviembre, 1945. A.G.V.

(227) LÓPEZ RODÓ, L.: op. cit., pp. 60-61.

(228) Informe del general Aranda a Pedro Sainz Rodríguez. 20-IX-45. A.S.R.

(229) Despacho de Antonio Gullón con las declaraciones del general Kindelán. A.M.A.E. R. 2.441/2.

(230) KINDELÁN, A.: op. cit., p. 89.

(231) Hojas informativas. 15-XII-45. N.º 23. I.M.H.B.

(232) LÓPEZ RODÓ, L.: op. cit., t. IV, pp. 61-62.

(233) SUÁREZ FERNÁNDEZ, L.: op. cit., t. IV, pp. 62-63.

(234) Observaciones al escrito sobre las conversaciones celebradas en Lausanne el 18-X-45 y días sucesivos por el señor Oriol. A.S.R.

(235) Carta de L. Oliván a Pedro Sainz Rodríguez. 29-X-45. A.S.R.

(236) Carta de Don Juan de Borbón al general Kindelán. 7-I-46. A.S.R.

(237) TUSELL, X.: op. cit., p. 110.

(238) Carta de Don Juan de Borbón al general Kindelán. 7-I-46. A.S.R.

(239) Carta de Gil-Robles a Francisco Herrera. 17-I-46. A.S.R.

(240) Carta de Gil-Robles. 15-X-45. A.S.R.

(241) Las declaraciones en A.M.A.E. R. 2.441/6.

(242) Carta de Don Juan de Borbón a Kindelán. 7-I-46. A.S.R.

(243) SAINZ RODRÍGUEZ, P.: op. cit., pp. 366-368.

(244) LÓPEZ RODÓ, L.: op. cit., pp. 62-64.

(245) Comunicado entregado por el Infante Don Juan a la Prensa el jueves día 31 de enero a las 8 de la tarde. A.M.A.E. R. 2.681/5. También en I.M.H.B. «Nota de la Secretaría de S.M. el Rey». El texto no es el mismo aunque tiene la misma significación. este último lleva fecha 1-II-46. También «Despacho del embajador Antonio Gullón», 1-II-46. A.M.A.E. R. 2.681/4.

(246) Despacho de Nicolás Franco a Martín Artajo. 5-II-46. A.M.A.E. R. 2.681/4.

(247) A.M.A.E. 1-II-46. R. 2.681/4.

(248) Carta de Gil-Robles a Francisco Herrera. 17-I-46.A.S.R.

(249) Informe recibido por el general Varela. 20-II-46. A.G.V.

(250) TUSELL, X.: op. cit., p. 181.

(251) Informe recibido por el general Varela los días 18 y 19 de febrero de 1946. A.G.V.

(252) GIL-ROBLES, J. M.: op. cit., p. 385.

(253) Informe recibido por el general Varela. 1-III-46. A.G.V.

(254) Informe recibido por el general Varela. 20-II-46. A.G.V.

(255) Informe recibido por el general Varela. 6-II-46. A.G.V.

(256) TUSELL, X.: op. cit., pp. 98-104.

(257) Carta de Eugenio Vegas a Pedro Sainz Rodríguez. A.S.R.

(258) Nota sobre política exterior interior en el momento presente. 3-X-45. A.J.E. 5:1 leg. 41.

(259) SUÁREZ FERNÁNADEZ, L.: op. cit., t. IV, p. 113.

(260) Ibídem, pp. 124-125.

(261) Ibídem, pp. 135-136.

(262) TUSELL, X.: op. cit., p. 154.

(263) «Juventudes Monárquicas», n.º 3, diciembre de 1946. A.S.R.

(264) Hojas informativas, n.º 29. 20-VI-46.

(265) Informe del general Aranda. A.S.R.

(266) La nota en A.S.R.

(267) Comentarios que circulan en Lisboa y Estoril acerca del Rey. A.S.R.

(268) El Consejo de Acción Monárquica. A.S.R.

(269) Carta de Eugenio Vegas a Pedro Sainz Rodríguez. 18-IV-46. A.S.R.
(270) Informe. 28-IV-46. A.S.R.
(271) Carta de Eugenio Vegas a Pedro Sainz Rodríguez. 21-IV-46. A.S.R.
(272) Javier Martínez Bedoya, agregado de Prensa de la Embajada de España en Portugal al Ministerio de Asuntos Exteriores. A.M.A.E. R. 2.301/2. Las referencias las obtuvo por el periodista portugués Urbano Rodrigues, hombre de confianza de la Embajada inglesa.
(273) José María Bermejo a Tomás Suñer, subsecretario de Asuntos Exteriores. A.M.A.E. Ref. 2.301/2.
(274) Carta de Eugenio Vegas a Pedro Sainz Rodríguez. 18-IV-46. A.S.R.
(275) Informe del ambiente internacional. 1-VI-46. A.S.R.
(276) Cosa, Juan de la: «Artículos». Madrid, 1973, p. 278.
(277) Conversaciones del duque de Alba con el ministro de la Gobernación. A.C.A.
(278) Carta de Eugenio Vegas a Pedro Sainz Rodríguez. 4-V-46. A.S.R. Vegas conocía la situación del Ejército por sus «amigos militares».
(279) Carta del general Ponte al general Varela. A.G.V.
(280) Carta del general Varela al general Ponte. A.G.V. Tetuán. 23-III-46.
(281) Gil-Robles, J. M.: op. cit., pp. 177-178.
(282) Carta del general Aranda a Eugenio Vegas. 27-XI-46. A.S.R.
(283) Kindelán, A.: op. cit., pp. 135-136.
(284) Gil-Robles, J. M.: op. cit., p. 197.
(285) Informe del general Aranda. 5-XI-46. A.S.R.
(286) Kindelán, A.: op. cit., p. 286.
(287) Informe recibido por el general Varela. 6-II-47. A.G.V.
(288) Informe recibido por el general Varela. 13-II-47. A.G.V.
(289) Testimonio de Leopoldo Lovelace.
(290) «Juventudes Monárquicas», n.º 1. Agosto de 1946.
(291) «Juventudes Monárquicas», n.º 4. 31-I-47.
(292) Arrese, J. L.: «Una etapa constituyente». Barcelona, 1982, p. 19.
(293) «Restauración», n.º 1. A.S.R.
(294) Testimonio de Leopoldo Lovelace.
(295) Ibídem.
(296) «La Libertad» de Friburgo. 18-II-47. A.M.A.E. R. 2.681/4.
(297) «Maniobra frustrada». A.S.R.
(298) Testimonio de Leopoldo Lovelace.
(299) Informe recibido por el general Varela. 18-III-47. A.G.V.
(300) Informe recibido por el general Varela. 19-III-47. A.G.V.
(301) «La Libre Belgique», 1-III-47. A.M.A.E. R. 2.681/4.
(302) Testimonio de Leopoldo Lovelace.
(303) De la calumnia como instrumento de Gobierno. 2-III-47. Escándalo farisaico. A.S.R.
(304) «Circular n.º 7 a los delegados provinciales y locales. Organización de la Causa Monárquica». Asunto: situación política. 7-I-47. A.S.R.
(305) «Circular n.º 8 a los delegados provinciales y locales. Organización de la Causa Monárquica». Asunto: situación internacional de España. 3-III-47.
(306) Baquero, Arcadio: «La España de la postguerra». En «La Actualidad Española». B.N.M.

(307) F.E.T. y de las J.O.N.S. Delegación Nacional de provincias. R.S. n.º 407 A.J.E. 2.1. leg. 41.
F.E.T. y de las J.O.N.S. Delegación Nacional de provincias. R.S. n.º 650. Estadística de encuestación política. 26-VI-46. A.J.E. 2.2. leg. 41. En el mismo legajo se encuentra un sondeo correspondiente a la provincia de Salamanca.
(308) Enmienda presentada por don José Luis Goyoaga y Escario, presidente de la Diputación de Vizcaya. I.M.H.B.
(309) Cosa, Juan de la: op. cit., pp. 271-272.
(310) «Circular n.º 8 a los delegados. "Ante situación internacional de España"». 3-III-47.
(311) «El mensajero de Franco en Estoril». I.M.H.B.
(312) López Rodó, L.: op. cit., pp. 75-90.
(313) Gil-Robles, J. M.: op. cit., p. 208.
(314) Declaraciones de Don Juan de Borbón a «The Observer». A.S.R.
(315) Dictamen sobre la oportunidad... A.V.L.
(316) Dictamen sobre la oportunidad de unas declaraciones de S.M. y fijación de un criterio sobre la actuación personal del Rey. Pedro Sainz Rodríguez. A.S.R.
(317) Dictamen sobre la oportunidad... A.V.L.
(318) Dictamen sobre la oportunidad... A.V.L.
(319) Kindelán, A.: op. cit., pp. 333-335.
(320) H.M.M. «Arriba», 15-IV-47.
(321) H.M.M. «Arriba», 9-IV-47.
(322) «Juventudes Monárquicas», n.º 5, agosto de 1947.
(323) Carta del conde de los Andes al marqués de Villamagna. A.C.A.
(324) Carta del Infante Don Jaime al Infante Don Juan. A.M.A.E. Ref. 1.466/24. 17-VI-47. Carta del Infante Don Jaime a S.M. el Rey Don Juan III. 23-VI-45. A.C.A.
(325) «La libre Belgique». 18-IV-47. A.M.A.E. R. 2.681/4.
(326) Nota verbal de la Embajada española en Portugal al ministro de Asuntos Exteriores de Portugal. A.M.A.E. R. 3.117/60. 17-IV-47.
(327) Nota al ministro de Asuntos Exteriores de Portugal del embajador español. A.M.A.E. R. 3.117/60.
(328) «Circular n.º 9 a los delegados...». Asunto: la Ley de Sucesión en la Jefatura del Estado. B.S.R.
(329) ¿Qué se propone el general Franco? Abril, 1947. C.E.H.I.
(330) España se constituye en Rei-No. F.I.E.H.S.
(331) Carta de Satrústegui al director general de Prensa... 19-IV-47. I.M.H.B.
(332) Gil-Robles, J. M.: op. cit., p. 212.
(333) Carta del general Aranda a Pedro Sainz Rodríguez. 24-VI-47. A.S.R.
(334) Informe del interior. 18-V-47. A.S.R.
(335) Informe del interior. 18-VI-47. A.S.R.
(336) Carta de Eugenio Vegas a Don Juan. 5-VII-47. A.V.L.
(337) Gil-Robles, J. M.: op. cit., p. 226.
(338) Carta del duque de Alba al conde de los Andes, 6-V-47. A.C.A.
(339) Kindelán, A.: op. cit., pp. 341-342.
(340) «Juventudes Monárquicas», agosto, 1945, n.º 5.
(341) Kindelán, A.: op. cit., pp. 328-346.

(342) Informe del Consejo de Acción Monárquica. A.S.R.
(343) Carta de J. M. Gil-Robles a Pedro Sainz Rodríguez. 7-XII-47. A.S.R.
(344) Carta de Pedro Sainz Rodríguez a Gil-Robles. 9-I-48. A.S.R.
(345) SANTA CRUZ: op. cit., t. IX, pp. 280-285.
(346) GIL-ROBLES, J. M.: op. cit., p. 255.
(347) H.M.M. «La Nación». 30-IV-48.
(348) H.M.M. «La Nación». 29-II-48.
(349) Informe del Interior. 20-VI-48. A.S.R.
(350) Carta de Pedro Sainz Rodríguez a J. Valdecasas. 19-VII-48. A.S.R.
(351) GIL-ROBLES, J. M.: op. cit., pp. 267-268.
(352) SUÁREZ FERNÁNDEZ, L.: op. cit., t. IV, p. 250.
(353) KINDELÁN, A.: op. cit., pp. 343-345.
(354) GIL-ROBLES, J. M.: op. cit., pp. 267-273.
(355) Escrito de Pedro Sainz Rodríguez. 11-IX-48. A.S.R.
(356) A.M.A.E. R. 2.681/5. Prensa.
(357) «Un poco de claridad». A.S.R.
(358) «Morgenbladet». 8-IX-48. A.M.A.E. R. 2.681/5.
(359) Recortes de prensa en A.M.A.E. R. 2.681/5.
(360) Recortes de prensa en A.M.A.E. R. 2.681/4.
(361) Escrito de Pedro Sainz Rodríguez. 11-IX-48. A.S.R.
(362) GIL-ROBLES, J. M.: op. cit., p. 273.
(363) A.M.A.E. R. 2.681/5.
(364) H.M.M. «La Nación». 16-V-47.
(365) Carta de López Oliván a Pedro Sainz Rodríguez y J. M. Gil-Robles. 2-IX-48. A.S.R.
(366) KINDELÁN, A.: op. cit., pp. 359-363.
(367) Ibídem, p. 363.
(368) La carta del Conde de Barcelona en A.C.A.
(369) Informe del conde de los Andes. A.C.A.
(370) GIL-ROBLES, J. M.: op. cit., p. 274.
(371) «Messaggero» Beniamino de Ritis. Fechado en Madrid. A.M.A.E. Ref. 2.681/2.
(372) GIL-ROBLES, J. M.: op. cit., p. 286.
(373) B.N.M. «Cambio 16», n.º 336. 10-XII-78. «El único mártir de la Monarquía». Xabier Domingo.
(374) Testimonio de Leopoldo Lovelace.
(375) GIL-ROBLES, J. M.: op. cit., pp. 292-304.
(376) SAINZ RODRÍGUEZ, P.: op. cit., p. 369.
(377) GIL-ROBLES, J. M.: op. cit., pp. 308-310.
(378) Nota Informativa. I.M.H.B. En el discurso de mayo de 1949, Franco comentó: *La nación ve constituido plenamente su Régimen, enraizado tras diez años de paz y de comodidad fecundas, sin que nadie pueda en lo sucesivo especular con la inestabilidad de una situación que no admite parangón con los dos últimos siglos de nuestra historia... Y que aún, para ese futuro que, gracias a Dios aparece todavía ajeno, de que lleguen a agotarse mis energías, o se extinga mi vida, la Ley de Sucesión refrendada por la casi totalidad de la nación, ofrece la suficiente flexibilidad para que, llegado el caso, rija la vida española quien, a propuesta del Consejo del Reino y a juicio de las Cortes, tenga títulos suficientes y encarne las mayores promesas para la continuidad y la división de nuestra Patria.*

(379) Escrito de Pedro Sainz Rodríguez. 20-XI-49. A.S.R.
(380) KINDELÁN, A.: op. cit., p. 369.
(381) Nota de la Organización Monárquica Española para el secretario de Exteriores de los Estados Unidos, Mr. Dean Acheson. 28-I-50. «Daily Telegraph». 6-II-50. A.M.A.E. R. 2.681/3.
(382) A Su Excelencia el Jefe del Estado. 4-IV-49. A.G.V.
(383) Manifiesto del general Aranda a todos los generales y jefes del Ejército. I.M.H.B.
(384) A los generales del Ejército, la Marina y la Aviación Española. De un general que ama mucho a España. A.S.R.
(385) SUÁREZ FERNÁNDEZ, L.: op. cit., t. IV, p. 374.
(386) Escrito de Pedro Sainz Rodríguez. 20-XI-49. A.S.R.
(387) A.M.A.E. R. 2.681/2.
(388) Ver nota 324.
(389) SUÁREZ FERNÁNDEZ, L.: op. cit., t. IV, pp. 373-374.
(390) GIL-ROBLES, J. M.: op. cit., p. 316.
(391) Agencia «Efe». 22-XII-49. A.M.A.E. R. 2.681/2.
(392) SUÁREZ FERNÁNDEZ, L.: op. cit., t. III, p. 391.
(393) Carta del general Aranda a Pedro Sainz Rodríguez. A.S.R.
(394) Carta de Pedro Sainz Rodríguez al general Aranda. A.S.R.
(395) Informe del General Aranda. 25-IX-45. A.S.R.
(396) LÓPEZ RODÓ, L.: op. cit., pp. 57-59.
(397) 12-II-45. A.M.A.E. R. 1.373/233.
(398) KINDELÁN, A.: op. cit., pp. 251-252.
(399) Ibídem, pp. 258-261.
(400) «La Bataille». 27-XII-45. A.M.A.E. R. 2.681/4.
(401) Carta de Francisco Herrera a J. M. Gil-Robles. 15-XI-45. A.S.R.
(402) Carta de J. M. Gil-Robles a Francisco Herrera. 28-XII-45. A.S.R.
(403) De la Alianza Nacional de Fuerzas Democráticas a la Delegación monárquica que con ellos se relaciona. 3-II-46. A.S.R.
(404) Orientación general e instrucciones concretas para negociar con elementos obreros y de izquierdas. A.S.R.
(405) Carta de Francisco Herrera a J. M. Gil-Robles. 7-II-46. A.S.R.
(406) TUSELL, X.: op. cit., p. 156.
(407) NADAL, Santiago: «Todos contra Franco. La Alianza Nacional de Fuerzas Democráticas». Madrid, 1982, pp. 119-120.
(408) Ibídem, pp. 121-124.
(409) El documento en A.S.R.
(410) NADAL, S.: op. cit., p. 116.
(411) Carta del general Aranda a Pedro Sainz Rodríguez. 5-XI-46. A.S.R.
(412) Carta de Santa María a Pedro Sainz Rodríguez. 23-XI-46. A.S.R.
(413) NADAL, S.: op. cit., p. 189.
(414) Nota para el señor Luque. A.S.R.
(415) NADAL, S.: op. cit., pp. 191-192.
(416) GIL-ROBLES, J. M.: op. cit., pp. 197-198.
(417) Carta del general Aranda a Eugenio Vegas. 22-XI-46. A.S.R.
(418) Carta de S.I.R. a Pedro Sainz Rodríguez. 6-XII-46. A.S.R.
(419) Carta de la C.E.F.M. a Luque. 28-IV-47. A.S.R.
(420) Carta de Josep Marquet al conde de Navas del Tajo. 18-X-46. A.S.R.
(421) Catalunya, València i Balears per Joan III. I.M.H.B.

(422) Recorte de «Solidaridad Obrera». A.S.R.

(423) Informe político del Comité Ejecutivo Nacional del Partido Laborista de España (reservado a los que desempeñan funciones directivas en los diferentes escalones directivos del partido). 25-XI-46. A.S.R.

(424) Dictamen aprobado en el pleno nacional celebrado el día 16 de febrero de 1947. Contestación a la consulta celebrada por los representantes del sector monárquico sobre nuestra posición y colaboración gubernamentales, ante un posible cambio político. A.S.R. Orientación y actuación coincidente entre la C.E.F.M. y el Partido Laborista de España, para el restablecimiento de las libertades y derechos democráticos en nuestra Patria. A.S.R. 21-IV-47.

(425) «Estado Mayor Central del Ejército. 2.ª sección. Boletín diario de información político-militar». N.º 3, Madrid, 3-I-46. N.º 23. A.M.A.E. R. 2.299/11.

(426) Postulados políticos de Miguel Maura. A.M.A.E. R. 2.299/11.

(427) Noticias procedentes de París. 1946. A.S.R.

(428) Acuerdo U.G.T.-Monárquicos. A.S.R.

(429) Socialista Spanish Congress Date Toulousse. 24/5 A.S.R.

(430) Diversas cartas de Eugenio Vegas Latapie desde Europa. A.S.R.

(431) Instrucciones al representante de S.M. cerca del Gobierno británico. A.S.r.

(432) Tusell, X.: op. cit., pp. 170-175.

(433) A.M.A.E. R. 2.681/4.

(434) Baquero, A.: op. cit., pp. 342-343. B.N.M. «La Actualidad Española».

(435) Gil-Robles, J. M.: op. cit., p. 211.

(436) El documento en A.S.R.

(437) H.M.M. «La Nación», 8-IV-47.

(438) Gil-Robles, J. M.: op. cit., p. 219.

(439) Ibídem, p. 227.

(440) Carta de J. M. Gil-Robles a Pedro Sainz Rodríguez. 6-IX-47. A.S.R.

(441) Gil-Robles, J. M.: op. cit., p. 228.

(442) Carta de J. M. Gil-Robles a Pedro Sainz Rodríguez. 6-IX-47. A.S.R.

(443) Gil-Robles, J. M.: op. cit., p. 228.

(444) Informe entregado por Gil-Robles al cardenal Tedeschini. A.S.R.

(445) Carta de J. M. Gil-Robles a Pedro Sainz Rodríguez. 6-IX-47. A.S.R.

(446) Gil-Robles, J. M.: op. cit., p. 233.

(447) Carta de Pedro Sainz Rodríguez a S.I.R. 30-VII-47. A.S.R.

(448) Gil-Robles, J. M.: op. cit., p. 236.

(449) Carta de Don Juan de Borbón a Pedro Sainz Rodríguez. 6-IX-47.

(450) Resumen de Instrucciones sobre las conversaciones con las izquierdas. 8-VII-47. Indicaciones para las conversaciones previas. 29-X-47.

(451) H.M.M. «La Nación». 7-I-46.

(452) Nota de la Comisión Ejecutiva del P.S.O.E. sobre el acuerdo con la Confederación Española de Fuerzas Monárquicas. A.S.R.

(453) Memorándum de José María Gil-Robles para el Gobierno británico. 19-X-47. A.S.R.

(454) Memorándum de Indalecio Prieto para el Gobierno británico. 19-X-47. A.S.R.

(455) Gil-Robles, J. M.: op. cit., p. 243.

(456) Carta de Gil-Robles a Alberto Martín Artajo, 23-X-47. A.M.A.E.R. R. 2.299/11.

(457) Carta de Martín Artajo a Gil-Robles. 24-X-47. A.M.A.E. R. 2.299/11.

(458) La censura ha impedido la publicación de la siguiente nota de José María Gil-Robles. 25-X-47. A.S.R.

(459) Nota de la Embajada de España al Ministerio de Asuntos Exteriores de Portugal, 31-X-47. A.M.A.E. R. 117/60.

(460) H.M.M. «La Nación», 25-X-47.

(461) Informe del Interior. A.S.R.

(462) Nota de J. M. Gil-Robles a sus amigos. A.S.R.

(463) Informe de los monárquicos del interior. 9-XII-47. A.S.R.

(464) Borrador de una carta de Pedro Sainz Rodríguez. A.S.R.

(465) Carta de Don Juan de Borbón a Pedro Sainz Rodríguez. 4-XI-47. A.S.R.

(466) GIL-ROBLES, J. M.: op. cit., p. 249.

(467) Manuscrito en A.S.R.

(468) Fórmula final presentada por nosotros en el texto conocido y utilizado por Prieto. A.S.R. Texto de la Nota utilizada por S.M. en su viaje a América. Febrero, 1948. A.S.R.

(469) Carta de la C.E.F.M. a Prieto. 9-X-48. A.S.R.

(470) Carta de Prieto a Fernando de los Ríos. 12-I-48. A.S.R.

(471) Carta de Prieto a la C.E.F.M. 2-V-47. A.S.R.

(472) Instrucciones. Febrero, 1948. A.S.R.

(473) Memorándum Indalecio Prieto a la C.E.F.M. 2-V-48. A.S.R.

(474) Memorándum de la C.E.F.M. 15-V-48. A.S.R.

(475) *Los firmantes, fulano de tal, en representación de... y Mengano de cual, en representación de..., coincidentes en el afán de liberar y salvar de la ruina, liberación y salvación sólo posibles mediante la desaparición del Régimen despótico que le oprime y, coincidentes también en el deseo de abrir camino a una libre expresión de la voluntad nacional, se manifiestan partidarios de un Gobierno provisional que, por su composición política y la significación personal de sus miembros, ofrezca garantías de imparcialidad para cumplir los siguientes fines...*

(476) Memorándum presentado por I. Prieto a la C.E.F.M. 25-V-46. A.S.R.

(477) *Sean cuales fueran las circunstancias en que por la fuerza de los hechos se produzca la sustitución del actual Régimen de España, las fuerzas políticas signatarias de la presente declaración, movidas por su deseo de evitar la ruina inminente de la Patria y de impedir los nuevos sufrimientos que traerían consigo cualquier solución violenta, ajena a la verdadera voluntad de la nación, se comprometerán de un modo solemne a llevar a la práctica y a apoyar con toda decisión la realización de los principios siguientes.* Prieto no cede por la intromisión del ala izquierda de su partido. Por su parte, a Gil-Robles le ocurre lo mismo debido a la intransigencia de los monárquicos del interior.

(478) 31-V-48. Memorándum de la C.E.F.M. A.S.R.

(479) Memorándum de Indalecio Prieto. 8-VI-48. A.S.R.

(480) Memorándum de la C.E.F.M. 13-VII-48.

(481) Memorándum de Indalecio Prieto. 25-VII-48. A.S.R. Memorándum de la C.E.F.M. 9-VIII-48.

(482) Pacto de San Juan de Luz. A.S.R.

(483) Instrucciones. A.S.R.
(484) Carta de López Oliván a Pedro Sainz Rodríguez. 21-IX-48. A.S.R.
(485) Carta de Pedro Sainz Rodríguez a Oliván. 8-X-48. A.S.R.
(486) Carta de J. M. Gil-Robles y Pedro Sainz Rodríguez a López Oliván. A.S.R.
(487) López Oliván a J. M. Gil-Robles. 9-X-48. A.S.R.
(488) NADAL, S.: op. cit., p. 238.
(489) Instrucciones. Febrero, 1948.
(490) Carta de Trifón Gómez a Indalecio Prieto. 7-X-48. A.S.R.
(491) Un comentario de la «B.B.C.». 9-X-48. A.S.R.
(492) Carta de J. M. Gil-Robles y Pedro Sainz Rodríguez a López Oliván. 9-VIII-48. A.S.R.
(493) Observaciones complementarias a los escritos 20-V-50 y 3-VI-50 que pueden ser útiles para la Organización monárquica. Pemartín. A.S.R.
(494) Informe del general Aranda. 3-V-50.
(495) Servicio de Información de temas españoles. O.I.D. A.M.A.E. R. 2.681/3.
(496) Despacho de José Rojas y Moreno, embajador español en Río de Janeiro. R. 3.476/13. O.I.O. Nota informativa de Prensa francesa. R. 2.681/3.
(497) SUÁREZ FERNÁNDEZ, L.: op. cit., t. IV, pp. 404-405.
(498) Servicio de Información de temas españoles. O.I.O. A.M.A.E. R. 2.681/3.
(499) A.M.A.E. R. 3.117/60.
(500) Servicio de Información de temas españolas. O.I.D. Combat. 23-XI-50. La Croix, 24-XI-50. Nota informativa de Radio Euskadi. 26-XI-50. A.M.A.E. R. 3.117/60.
(501) Carta de J. M. Gil-Robles al director de The Observer. 27-XI-50. A.C.A.
(502) A.M.A.E.R. 2.681/3.
(503) Carta de Don Juan de Borbón al general Franco. A.C.A.
(504) SUÁREZ FERNÁNDEZ, L.: op. cit., t. V, p. 62.
(505) SAINZ RODRÍGUEZ, P.: op. cit., pp. 374-378.
(506) Carta del Conde de los Andes a Martín Artajo. A.C.A. Nota de «United Press». 21-V-52. A.M.A.E. R. 2.681/2, 21-V-52.
(507) SUÁREZ FERNÁNDEZ, L.: op. cit., t. V, p. 134.
(508) A.M.A.E.R. 2.681/2.
(509) La Víspera, n.º 1, marzo, 1951. F.I.E.H.S.
(510) La Víspera, n.º 3, junio, 1951. F.I.E.H.S.
(511) La Víspera, n.º 5, agosto, 1952. F.I.E.H.S.
(512) Agencias. 2-XII-52. A.M.A.E. R. 2.681/2.
(513) CALVO SERER, Rafael: «Teoría de la Restauración». Madrid, 1953, p. 135.
(514) ARTIGUES, Daniel: «El Opus Dei en España». París, 1971, p. 167.
(515) Nota de las conversaciones mantenidas por el conde de los Andes con Iturmendi, ministro de Justicia. A.C.A.
(516) H.N.M. «Le Monde». 16-V-53.
(517) «La Politique intérieure dans l'Espagne de Franco». «Ecrits de Paris. Revue des Questions actuelles». Septiembre, 1953, pp. 9-18. B.F.F.L.B. Política interior en la España de Franco, pp. I.M.H.B. Apéndices n.º 63.

(518) Gómez Pérez, Ramón: «Política y Religión en el Régimen de Franco». Barcelona, 1976, p. 68.

(519) H.N.M. *Le Figaro*. 18-II-49.

(520) «United Press». 9-IV-53. *La Patria*. 10-IV-53. *La Croix*. 15-IV-53. O.I.D. A.M.A.E. R. 2.994/6.

(521) «United Press». 16-IV-53. O.I.D. A.M.A.E. R. 2.994/6.

(522) «United Press». 17-IV-53. O.I.D. A.M.A.E. R. 2.994/6.

(523) Despacho de José Rojas y Moreno, embajador español en París. 22-IV-53. Nota informativa de Radio París. Despacho del embajador español en Italia con noticias de prensa. A.M.A.E. R. 2.994/6.

(524) Noticia difundida por la Agencia «France Press» enviada por «Efe» a O.I.D. A.M.A.E. R. 2.994/6.

(525) Suárez Fernández, L.: op. cit., t. V, p. 137.

(526) Gil-Robles, J. M.: op. cit., p. 326.

(527) Ibídem, p. 321.

(528) Calvo Serer, Rafael: «Franco frente al Rey». París, 1972, p. 25.

(529) O.I.D. «United Press». Lisboa, 20-IV-53. A.M.A.E. R. 2.994/6.

(530) *España Republicana*. Ejemplar sin fecha en A.M.A.E. R. 2.994/6.

(531) Conversaciones del conde de los Andes con Trifón Gómez. A.C.A.

(532) Despacho personal y reservado de Fernando María Castiella a Martín Artajo. 20-V-53. A.M.A.E. R. 3.476/13.

(533) «Asociated Press». 11-VI-53. «United Press». 11-VI-53. O.I.D. A.M.A.E. R. 3.837/31.

(534) Gil-Robles, J. M.: op. cit., p. 323.

(535) Despacho del marqués de Desio al director general de Política Exterior. 18-VI-53. A.M.A.E. R. 3.837/31.

(536) Suárez Fernández, L.: op. cit., t. V, p. 153.

(537) Gil-Robles, J. M.: op. cit., p. 326.

(538) Agencia A.P.A. O.I.D. A.M.A.E. R. 3.837/37.

(539) Agencia «Reuter». 25-VI-54. O.I.D. A.M.A.E. R. 3.837/31.

(540) Suárez Fernández, L.: op. cit., t. V, p. 155.

(541) Sainz Rodríguez, P.: op. cit., pp. 378-382.

(542) Gil-Robles, J. M.: op. cit., pp. 412-413.

(543) Ibídem, pp. 417-418.

(544) Pemán, José María: «Mis almuerzos con gente importante». Madrid, 1970, pp. 253-256.

(545) Sainz Rodríguez, P.: op. cit., pp. 387-388.

(546) Franco Salgado-Araujo, F.: «Mis conversaciones privadas con Franco». Barcelona, 1976.

(547) Tusell, X.: op. cit., p. 235.

(548) *Il Messaggero*. 16-X-54. A.M.A.E. R. 3.837/31.

(549) Agencia «Reuter». 22-X-54. A.M.A.E. R. 3.837/30.

(550) Suárez Fernández, L.: op. cit., t. V, p. 157.

(551) A.M.A.E. R. 3.837/30.

(552) Calvo Serer, R.: op. cit., p. 31.

(553) Testimonio de Leopoldo Lovelace.

(554) *La Prensa*. 7-XII-54. A.M.A.E. R. 3.587/16.

(555) Testimonio de Leopoldo Lovelace.

(556) Información que realiza la Embajada norteamericana en Madrid

sobre la oposición organización que pueda existir en España al Régimen y al Caudillo. A.M.A.E. R. 3.587/16.

(557) «United Press». 21-IX-54. O.I.D. A.M.A.E. R. 3.837/30.
(558) LÓPEZ RODÓ, L.: op. cit., p. 118.
(559) «United Press». 6-X-54. O.I.D. A.M.A.E. R. 3.837/30.
(560) Informe de Ramón de San Pedro para Pedro Sainz Rodríguez. 10-IV-55. A.S.R.
(561) Confidencial: Entrevista de S.M. el Rey y el Generalísimo Franco en la finca de «Las Cabezas» (Navalmoral, Cáceres) el día 29 de diciembre de 1954. C.E.H.I.
(562) SUÁREZ FERNÁNDEZ, L.: op. cit., t. V, p. 163.
(563) H.M.M. Arriba. 23-I-55.
(564) Junta política celebrada en el palacio de El Pardo. C.E.H.I.
(565) H.B.N. La Actualidad Española. 28-IV-74, n.º 1.195.
(566) «No queremos Rey». A.S.R. O Seculo. 14-II-55. A.M.A.E. Ref. 3.837/29.
(567) H.M.M. Arriba. 22-II-55.
(568) SUÁREZ FERNÁNDEZ, L.: op. cit., t. V, p. 227.
(569) La Tribuna. 13-III-55. A.M.A.E. R. 3.820/16.
(570) La Notte de Milán y Il Citta Dino Nuevo de Génova. 25-X-55. A.M.A.E. R. 3.837/29. La Croix afirmó que los falangistas tenían orden de realizar una manifestación antimonárquica. La Croix. 18-V-55. A.M.A.E. R. 3.815/10.
(571) LÓPEZ RODÓ, L.: op. cit., p. 119.
(572) La entrevista de Don Juan con el general Franco en «Las Cabezas» redactada por José Ramón de San Pedro. A.S.R.
(573) El Comercio de Lima. 11-VII-55. A.M.A.E. R. 3.815/10.
(574) TUSELL, X.: op. cit., pp. 240-241.
(575) FRANCO SALGADO-ARAUJO, F.: op. cit., p. 161.
(576) Carta de un grupo de monárquicos a S.E. el Jefe del Estado. A.S.R. 23-I-59. Eusko Deia. 1-IV-55. A.M.A.E. R. 3.815/10.
(577) O Seculo. 14-XII-59. A.M.A.E. R. 3.837/29.
(578) «Cataluña y la Monarquía en el momento actual». Informe entregado a S.A.R. la Infanta Doña Margarita para que lo pusiera en manos de su augusto padre. C.E.H.I.
(579) Ver el libro de ARRESE, J. L.: «Una etapa constituyente», Barcelona, 1982.
(580) Ver en LÓPEZ RODÓ, L.: op. cit., pp. 124-125 los anteproyectos de las leyes.
(581) LÓPEZ RODÓ, L.: op. cit., pp. 127-132.
(582) «Las Leyes Fundamentales». Noviembre, 1956. I.M.H.B.
(583) CALVO SERER, R.: op. cit., p. 36.
(584) SAINZ RODRÍGUEZ, P.: op. cit., pp. 165-166.
(585) SUÁREZ FERNÁNDEZ, L.: op. cit., t. V, p. 311.
(586) Informe de José Ramón de San Pedro. 10-IV-77. A.S.R.
(587) «Lealtad, continuidad y configuración de futuro». Amigos de Maeztu, 1957.
(588) Informe de Ramón San Pedro. 10-IV-77. A.S.R.
(589) SAINZ RODRÍGUEZ, P.: op. cit., pp. 385-387.

(590) Dictamen sobre la situación política en mayo de 1957. A.S.R. y A.C.A.

(591) Entregarse a Franco no; afianzar el arraigo en las fuerzas que sostienen a Franco. 22-XI-57. A.S.R.

(592) LÓPEZ RODÓ, L.: op. cit., pp. 145-148.

(593) Informe de José Ramón de San Pedro. 10-IV-77.

(594) Ibídem.

(595) Carta a los suscriptores de Círculo.

(596) Nota acerca de la declaración de principios. 18-VI-58. A.S.R.

(597) Despacho de Alfredo Sánchez Bella al ministro de Asuntos Exteriores. A.M.A.E. R. 5.027/29.

(598) Despacho del cónsul general de España en Puerto Rico, Ernesto Laorden al ministro de Asuntos Exteriores. A.M.A.E. R. 5.027/31.

(599) Mensaje de escritores españoles al Conde de Barcelona con ocasión de su visita al poeta Juan Ramón Jiménez. Junio, 1958. A.S.R.

(600) Despacho de José María de Areilza al ministro de Asuntos Exteriores. 15-V-58. A.M.A.E. R. 5.027/31. Apéndice n.º 77.

(601) SUÁREZ FERNÁNDEZ, L.: op. cit., t. VI, pp. 62-64.

(602) Despacho del embajador de Brasil, Tomás Suñer Ferrer, al ministro de Asuntos Exteriores. A.M.A.E. R. 5.027/30.

(603) SUÁREZ FERNÁNDEZ, L.: op. cit., t. VI, pp. 66-69.

(604) Testimonio de José Luis Ruiz Navarro.

(605) LÓPEZ RODÓ, L.: op. cit., p. 161.

(606) GUTIÉRREZ RAVE, J.: op. cit., pp. 221-229. Discursos en el día de la Realeza. Villa Giralda, enero, 1959. C.E.H.I. Declaraciones políticas de S.M. el Rey, 1950-1964, pp. 23-24. B.N.

(607) «Acción Monárquica Catalana». Septiembre, 1967. A.C.A. Ver LÓPEZ RODÓ, L.: op. cit., pp. 574-579.

(608) FRANCO SALGADO ARAUJO, F.: op. cit., p. 259.

(609) Nota para el señor ministro plenipotenciario, cónsul general de España. 18-II-59. A.M.A.E. R. 5.429/11.

(610) Recorte de prensa «La question monarchique en Espagne». 15-V-59. A.M.A.E. R. 5.429/15.

(611) LÓPEZ RODÓ, L.: op. cit., p. 167.

(612) Ver A.M.A. R. 5.951/16. Recortes de prensa.

(613) Carta de Sangróniz a Pedro Sainz Rodríguez. 11-III-60. A.S.R.

(614) Sobre este tema el Conde de Barcelona envió una nota a las Cancillerías.

(615) Relato de S.M. A.S.R.

(616) «Ni compromisos ni concomitancias». Unión Española. A.S.R.

(617) Carta de Luis María Ansón al director de ABC. A.S.R.

(618) Carta de José Yanguas Messía a Don Juan de Borbón. 31-X-60. A.S.R.

(619) Carta de Luis María Ansón al director de ABC. A.S.R.

(620) Cartas de José Yanguas Messía a Don Juan de Borbón. 31-X-60. A.S.R.

(621) Sobre la educación de S.A.R. el Príncipe Don Juan Carlos puede verse «La educación del Rey». En «Historias del Franquismo». Segunda parte, cap. 40. Diario 16.

(622) Carta de José Yanguas Messía a Don Juan de Borbón. 31-X-60. A.S.R.

(623) TUSELL, X.: op. cit., pp. 319-323.

(624) Testimonio de José Luis Ruiz Navarro.

(625) COCHO GIL, M.: «Acción y frustración. Páginas históricas y anti-históricas de la España errante». México, 1966, pp. 175-179.

(626) «Un documento importante». A.S.R.

(627) Carta de Vicente Girbau León a Don Juan de Borbón y Battemberg. París, 1-X-57. A.S.R.

(628) Carta de Miguel Sánchez Mazas a Su Alteza Real el Conde de Barcelona. Ginebra, 14-VIII-57. A.S.R.

(629) Informe de Raúl Morodo. A.S.R.

(630) Palabras pronunciadas por Enrique Tierno Galván en la cena del Hotel Menfis. En «Hacia la solución nacional», p. 36.

(631) Carta de Don Juan de Borbón a Enrique Tierno Galván. A.S.R.

(632) TIERNO GALVÁN, E.: «Cabos sueltos», Madrid, 1981, pp. 476-377.

(633) TUSELL, X.: op. cit., p. 313.

(634) Carta de Dionisio Ridruejo a S.M. el Rey Don Juan de Borbón. 23-VI-58. A.S.R.

(635) Carta de la C.N.T. a Su Majestad el Rey Juan III. Noviembre, 1957. A.S.R.

(636) Manifiesto del Movimiento Nacional de Resistencia. A.S.R.

(637) Manifiesto del Frente Nacional de Liberación. 8-XII-57. A.S.R.

(638) UNIÓN ESPAÑOLA: «Hacia la solución nacional». Montevideo, 1962, pp. 13-14.

(639) «Los españoles meditan», junio, 1958. C.E.H.I. En «Hacia la solución nacional», pp. 23-26.

(640) «La Restauración de la Monarquía debe ser obra de todos los españoles», diciembre, 1958. «Hacia la solución nacional», pp. 16-19.

(641) Informe de Unión Española. Junio, 1960. A.S.R.

(642) Texto del informe de don Joaquín Satrústegui en la cena del hotel Menfis. 2-I-59. En «Hacia la solución nacional», pp. 20-36.

(643) Extracto de las palabras de Jaime Miralles en la cena del hotel Menfis en Madrid el 29 de enero de 1959. En «Hacia la solución nacional», p. 19.

(644) Recortes de prensa en A.M.A.E. R. 5.429/15.

(645) Carta de Joaquín Satrústegui a José María Pemán. 10-XII-60. A.S.R.

(646) Carta de José María Pemán a Joaquín Satrústegui. 26-XII-60. A.S.R.

(647) Informe de Joaquín Satrústegui para Don Juan de Borbón. 25-XI-60. A.S.R.

(648) «Elecciones auténticas en las que no votó ni el 22 % del censo». C.E.H.I.; I.M.H.B. En «Hacia la solución nacional», pp. 52-56.

(649) «Unión Española ante Europa». Mayo, 1959. En «Hacia la solución nacional», p. 37.

(650) Reflexiones en torno a la boda del Príncipe de Asturias. Septiembre, 1961. I.M.H.B.

(651) Texto del discurso leído por don Joaquín Satrústegui el 5 de noviembre de 1961. I.M.H.B.

(652) «Pese al Gobierno: o nación europea o Andorra de Europa». Mayo, 1962. I.M.H.B.

(653) Informaciones sobre el Pacto de Munich. Cartas del grupo monárquico de Unión Española. C.E.H.I.

(654) Carta de Gil-Robles al subsecretario de la Presidencia. Informes sobre el Pacto de Munich. C.E.H.I. Informe sobre el conflicto de Munich elevado al Jefe del Estado. I.M.H.B.

(655) Munich, 1962. Explicaciones de un hecho histórico. C.E.H.I. F.I.E.H.S. 3-51-8.

(656) TUSELL, X.: op. cit., pp. 399 y ss.

(657) Munich 1962: Explicaciones... C.E.H.I. F.I.E.H.S. 3-51-8.

(658) Joaquín Satrústegui a Pedro Sainz Rodríguez. 10-XI-62. A.S.R. Crónica de Munich. Vicente Ventura. C.E.H.I. 26-6-22.

(659) Unión Española. En «Hacia la solución nacional», pp. 103-109.

(660) Carta de las esposas de algunos de los deportados en Fuerteventura. Informaciones sobre el pacto de Munich. C.E.H.I.

(661) Informaciones sobre Munich. París, 14-VI-62. I.M.H.B.

(662) SUÁREZ FERNÁNDEZ, L.: op. cit., t. VI, p. 382.

(663) Ibídem, p. 377.

(664) Texto de la Exposición que hizo don Joaquín Satrústegui en Munich el 6-VI-62. En «Hacia la solución nacional», pp. 85-94.

(665) Escrito de elementos tradicionalistas del Consejo Privado para Don Juan de Borbón. 13-VI-62. A.S.R.

(666) Información anexa para la carta de Gil-Robles. 20-VI-62. A.S.R.

(667) «Boletín de la Secretaría del Consejo Privado de S.A.R. el Conde de Barcelona», junio, 1962. Suplemento anticipado al n.º 6.

(668) «Unión Española ante Europa». Mayo, 1959. En «Hacia la solución nacional», pp. 37.

(669) SUÁREZ FERNÁNDEZ, L.: op. cit., t. VI, p. 385.

(670) Guión para una carta carlistas-Gil-Robles. A.S.R.

(671) TUSELL, X.: op. cit., p. 425.

(672) Testimonio de Fernando Álvarez de Miranda.

(673) Carta de Dionisio Ridruejo a López Oliván. 26-VII-62. A.S.R.

(674) Informe confidencial para S.M. París. 17-VII-62. A.S.R.

(675) SUÁREZ FERNÁNDEZ, L.: op. cit., t. VI, p. 173.

(676) Ibídem, p. 180.

(677) El acuerdo en A.S.R.

(678) Carta de Emilio Attard a Juan Colomina Barberá. 6-VI-60. A.S.R.

(679) SAINZ RODRÍGUEZ, P.: op. cit., p. 81.

(680) Ibídem, pp. 90-91.

(681) GÓMEZ PÉREZ, R.: op. cit., pp. 100-110.

(682) «Los últimos acontecimientos en Cataluña». Julio, 1960. A.S.R.

(683) La Verdad. Boletín n.º 1. A.S.R.

(684) «Está fuera de la Ortodoxia política actual el que rechace a la Monarquía». Importante discurso del gobernador civil de Sevilla. Carmona. Noviembre, 1960. A.S.R.

(685) LÓPEZ RODÓ, L.: op. cit., p. 171.

(686) SUÁREZ FERNÁNDEZ, L.: op. cit., t. VI, p. 286.

(687) Discurso de Luis María Ansón. 20-V-61. A.C.A.

(688) FRANCO-SALGADO ARAUJO, F.: op. cit., p. 319.

(689) H.M.M. Le Monde. 13-VI-51.

(690)   Proyecto de transición a una situación política regular y estable. Marzo, 1961. A.S.R. I.M.H.B.

(691)   H.M.M. *Arriba*. 4-VI-1961.

(692)   SAINZ RODRÍGUEZ, P.: op. cit., pp. 403-404.

(693)   Ibídem, pp. 405-407.

(694)   «Boletín de la Secretaría del Consejo Privado del Conde de Barcelona». N.º 1, julio, 1961.

(695)   «Boletín de la Secretaría del Consejo Privado del Conde de Barcelona». N.º 3 y suplementos 1 y 2 al número tres.

(696)   Discurso de S.M. el Rey a los miembros de su Consejo Privado. 4-XI-61. A.S.R. Suplemento 2 al n.º 3.

(697)   SUÁREZ FERNÁNDEZ, L.: op. cit., t. VI, pp. 307-310.

(698)   LÓPEZ RODÓ, L.: op. cit., pp. 184-186.

(699)   «Boletín de la Secretaría del Consejo Privado del Conde de Barcelona», n.º 2. A.S.R.

(700)   CIERVA, R. de la: op. cit., p. 434.

(701)   SUÁREZ FERNÁNDEZ, L.: op. cit., t. VI, p. 305.

(702)   PEMÁN, J. M.: «Mis encuentros con Franco». Barcelona, 1956, p. 218.

(703)   «Boletín de la Secretaría del Consejo Privado del Conde de Barcelona». N.º 3, diciembre, 1961. A.S.R.

(704)   SUÁREZ FERNÁNDEZ, L.: op. cit., t. VI, p. 315.

(705)   LÓPEZ RODÓ, L.: op. cit., p. 202.

(706)   Carta del conde de Melgar a Pedro Sainz Rodríguez. 9-VI-62. A.S.R.

(707)   SAINZ RODRÍGUEZ, P.: op. cit., p. 183.

(708)   Confidencial. Atenas 12. A.S.R.

(709)   SAINZ RODRÍGUEZ, P.: op. cit., pp. 186.

(710)   Carta del conde de Melgar a Pedro Sainz Rodríguez. 9-VI-62. A.S.R.

(711)   SAINZ RODRÍGUEZ, P.: op. cit., pp. 183-184.

(712)   Nota sobre la situación en 14 de mayo de 1962. A.S.R.

(713)   Carta del conde de Melgar a Pedro Sainz Rodríguez. 9-VI-62. A.S.R.

(714)   Carta de Gil-Robles y Germiniano Carrascal a José María Pemán. 6-III-62. A.S.R.

(715)   Acuerdos tomados en la primera sesión celebrada en treinta de julio de 1962 bajo la presidencia de S.M. el Rey. A.S.R.

(716)   Carta de Emilio Attard a Pedro Sainz Rodríguez. 28-VII-62. A.S.R.

(717)   Acuerdos tomados... A.S.R.

(718)   Carta de Víctor Salmador Muñoz Grandes. 14-XI-62. A.S.R.

(719)   SUÁREZ FERNÁNDEZ, L.: op. cit., t. VII, pp. 66-67.

(720)   LÓPEZ RODÓ, L.: op. cit., pp. 207-208.

(721)   Carta de Florentino Pérez Embid a Pedro Sainz Rodríguez. 18-I-63. A.S.R.

(722)   SAINZ RODRÍGUEZ, P.: op. cit., pp. 409-410.

(723)   «Boletín de la Secretaría del Consejo Privado del Conde de Barcelona». N.º 10, febrero, 1963.

(724)   Carta de Florentino Pérez Embid a Pedro Sainz Rodríguez. 18-I-63. A.S.R.

(725)   LÓPEZ RODÓ, L.: op. cit., pp. 209-210.

(726)   «Boletín de la Secretaría del Consejo Privado del Conde de Barcelona». N.º 11, abril, 1963.

(727) Sainz Rodríguez, P.: op. cit., p. 412.
(728) López Rodó, L.: op. cit., pp. 211-212.
(729) H.N.M. *Le Figaro*. 16-XII-63. Declaraciones del general Franco.
(730) Suárez Fernández, L.: op. cit., t. VII, pp. 90 y 127-129.
(731) Calvo Serer, R.: op. cit., pp. 180-181.
(732) H.N.M. *Le Figaro*. 27-IV-64. Declaraciones del Conde de Barcelona.
(733) López Rodó, L.: op. cit., p. 221.
(734) H.M.M. *Madrid*. 17-IV-64.
(735) López Rodó, L.: op. cit., p. 224.
(736) Carta de José María Pemán a Don Juan de Borbón. 21-VII-64. A.S.R.
(737) Carta de José María Pemán a Don Juan de Borbón. 6-X-64. A.S.R.
(738) Carta de José María Pemán al Conde de Barcelona. 19-I-65. A.S.R.
(739) Calvo Serer, R.: op. cit., p. 182.
(740) Testimonio de Fernando Ybarra, marqués de Arriluce de Ybarra.
(741) López Rodó, L.: op. cit., pp. 225-230.
(742) Suárez Fernández, L.: op. cit., t. VII, p. 197.
(743) López Rodó, L.: op. cit., p. 230.
(744) «Hacia la Monarquía». «Los últimos años». Noviembre, 1965. I.M.H.B.
(745) H.N.M. *The Times*. 20-XI-65.
(746) Nota para Estoril. José María Pemán. A.S.R.
(747) «Hacia la Monarquía». Diciembre, 1965. «Confusión». I.M.H.B.
(748) «Hacia la Monarquía». Marzo, 1966. I.M.H.B. Se comentaba que estas declaraciones eran apócrifas.
(749) López Rodó, L.: op. cit., p. 241.
(750) Suárez Fernández, L.: op. cit., t. VII, p. 326.
(751) Secretaría del Consejo Privado del Conde de Barcelona. Nota informativa sobre el acto de Estoril del día 5 de marzo de 1966. A.S.R.
(752) H.M.M. *Madrid*. 18, 20, 22, 25, 27 y 29 de abril, y 2, 4, 9, 10 y 23 de mayo de 1966.
(753) «¿Por qué se impacientan?». Artículo de Emilio Romero.
(754) López Rodó, L.: op. cit., p. 247.
(755) S.B.B. *ABC*. 24-VI-66.
(756) S.B.B. «La Monarquía de todos». *ABC*. 21-VII-66.
(757) H.M.M. *Pueblo*. 21-VII-66. «Alta tensión». Artículo firmado por Emilio Romero.
(758) Franco Salgado Araujo, F.: op. cit., p. 478.
(759) Circular única de la Jefatura del grupo antimonárquico. C.E.H.I.
(760) «La Monarquía, ¿vale todavía hoy?».
(761) Informe de José María de Areilza. A.S.R.
(762) Carta de José María Pemán a Don Juan de Borbón. 16-VII-6.
(763) Areilza, José María: «Crónica de Libertad». Ed. Planeta. 1985, pp. 65-66.
(764) Informe de José María de Areilza. A.S.R.
(765) Areilza, J. M.: op. cit., p. 52.
(766) Ibídem, pp. 52-54.
(767) Informe del Secretariado Político. 13-VI-66. A.S.R.
(768) Suárez Fernández, L.: op. cit., t. VIII, pp. 17-20.

(769) Informe de Santibañes. Carta del conde de los Andes a Pedro Sainz Rodríguez. A.S.R.

(770) Carta de José María Pemán a Don Juan de Borbón. 4-I-67. A.S.R.

(771) Carta del Conde de Barcelona a J. M. Pemán. 14-I-67. A.S.R.

(772) H.M.M. *Madrid.* 25-VI-66.

(773) Ibídem, p. 261.

(774) SUÁREZ FERNÁNDEZ, L.: op. cit., t. VII, pp. 363-364.

(775) H.N.M. *Le Figaro.* 27-XII-66.

(776) «En mi nombre y personal a mis órdenes, incluyendo todos los cónsules en Argentina y misión militar, transmito V.E. nuestro voto favorable plebiscito Ley Sucesión, rogando a V.E. eleve a S.E. Jefe del Estado nuestra respetuosa adhesión y mejores deseos.» Areilza, A.M.A.E. R. 1.617/14.

(777) Acción Monárquica catalana. Reflexiones al inicio del año. Enero, 1967. I.M.H.B.

(778) LÓPEZ RODÓ, L.: op. cit., pp. 257-258. .

(779) Ibídem, p. 262.

(780) Carta de Don Juan Carlos a José María Pemán. 27-IV-67. A.C.A.

(781) LÓPEZ RODÓ, L.: op. cit., pp. 265-266.

(782) «El Príncipe», José María Pemán. *ABC* Sevilla. 5-I-68. Este artículo fue reproducido por el Consejo Privado del Conde de Barcelona y circuló por mentideros monárquicos. Una copia en A.C.A.

(783) LÓPEZ RODÓ, L.: op. cit., p. 267.

(784) H.M.M. *Madrid.* 6 y 7 de febrero de 1968.

(785) Ibídem. 12-II-68.

(786) LÓPEZ RODÓ, L.: op. cit., p. 270.

(787) SUÁREZ FERNÁNDEZ, L.: op. cit., t. VIII, p. 26.

(788) LÓPEZ RODÓ, L.: op. cit., p. 270.

(789) CALVO SERER, R.: op. cit., p. 187.

(790) SUÁREZ FERNÁNDEZ, L.: op. cit., t. VIII, p. 24.

(791) SALMADOR, Víctor: «Las dos Españas y el Rey». Madrid, 1981, pp. 82-84.

(792) H.B.N. *La Actualidad Española.* 4-VII-68. N.º 861.

(793) Mensaje de Don Juan de Borbón a los españoles. Estoril. Junio, 1968. A.C.A.

(794) Todo lo relacionado con el diario *Madrid* puede verse en «La Dictadura de los franquistas». CALVO SERER, R. París, 1970.

(795) Testimonio de Rafael Calvo Serer.

(796) H.M.M. «Madrid», 4-III-68. «La democratización es incontenible. Una solución centrista es viable en España». Por Rafael Calvo Serer.

(797) H.M.M. *Pueblo.* 6-I-68. «Conversaciones en la cumbre. Emilio Romero, entrevista al Príncipe Don Juan Carlos».

(798) LÓPEZ RODÓ, L.: op. cit., pp. 274-279.

(799) H.B.N. *La Actualidad Española.* 23-I-69. N.º 890.

(800) SUÁREZ FERNÁNDEZ, L.: op. cit., t. VIII, p. 62.

(801) H.M.M. *Pueblo.* 7-I-69. «Declaraciones a tumba abierta. Juan Carlos habla». Una entrevista de Carlos Mendo, director de la Agencia «Efe».

(802) H.B.N. *La Actualidad Española.* N.º 890, 21-I-69.

(803) Ibídem.

(804) H.M.M. *Pueblo.* 18-I-69.

(805) LÓPEZ RODÓ, L.: op. cit., p. 298.

(806) El presidente del Consejo Privado de S.A.R. el Conde de Barcelona... 10-II-69. I.M.H.B.

(807) Secretaría de Organización. Distinguido amigo. A.C.A.

(808) Informe, nota adjunta. A.C.A.

(809) Entrevista con Fraga. Informe de José María Pemán para el Conde de Barcelona. A.S.R.

(810) Entrevista con Franco. Informe de José María Pemán para el Conde de Barcelona. A.S.R.

(811) LÓPEZ RODÓ, L.: op. cit., pp. 299-301.

(812) LÓPEZ RODÓ, L.: op. cit., p. 338.

(813) SAINZ RODRÍGUEZ, P.: op. cit., pp. 414-415.

(814) GIMÉNEZ ARNAU, J. A.: op. cit., pp. 318-321.

(815) CABEZAS, José Antonio: «La cara íntima de los Borbones». Madrid, 1979, p. 276.

(816) GIMÉNEZ ARNAU, J. A.: op. cit., p. 322.

(817) Carta de José María de Areilza a Pedro Sainz Rodríguez. 26-VII-69. A.S.R.

(818) SUÁREZ FERNÁNDEZ, L.: op. cit., t. VIII, p. 95.

(819) LÓPEZ RODÓ, L.: op. cit., pp. 336-337.

(820) AREILZA, J. M.: op. cit., p. 94.

(821) H.M.M. Madrid. 21-VII-69. «Ante las Cortes Generales del 22 de julio». Editorial.

(822) PÁNIKER, S.: «Conversaciones en Madrid». Barcelona, 1969, p. 116.

(823) Don Juan de Borbón, Jefe de la Casa Real española, ha hecho pública la siguiente nota a través de su Secretaría particular. 19-VII-69. A.S.R. I.M.H.B.

(824) H.M.M. Nuevo Diario. 22-VII-70.

(825) H.S.B. ABC, 20-VII-69.

(826) Texto del mensaje dirigido por S.E. el Jefe del Estado al pleno extraordinario de las Cortes españolas reunidas el 22 de julio de 1969. En «La Sucesión Española. Proclamación del Príncipe de España. Mensaje de Franco ante el pleno extraordinario de las Cortes españolas. Discurso del Príncipe de España y del ministro secretario General del Movimiento», pp. 5-16. B. N. Cv. 7.362-3.

(827) Carta de J.M. Areilza a Pedro Sainz Rodríguez. 26-VII-69. A.S.R.

(828) Palabras de S.A.R. el Príncipe de España. Don Juan Carlos de Borbón y Borbón, pronunciadas ante el pleno de las Cortes el día 23 de julio de 1969. En «La Sucesión española...». B. N. Cv. 7.362-3.

(829) H.N.M. «Menos que medio Rey». The Times. 24-VII-69.

(830) «Juan Carlos de España, el primero de los Borbón-Franco». Le Figaro Litteraire. 28-VII/3-VII-1979. Dominique Jamet.

(831) H.N.M. «Franco detiene la Historia». L'Express. 28-VII-69. Eduard Bailby.

(832) SUÁREZ FERNÁNDEZ, L.: op. cit., t. VIII, p. 105.

(833) Declaración del P.C.E. El Comité Ejecutivo del Partido Comunista de España. I.M.H.B.

(834) SUÁREZ FERNÁNDEZ, L.: op. cit., t. VIII, p. 105.

(835) Carta de Joaquín Satrústegui al Príncipe Don Juan Carlos. 20-VII-69. A.S.R.

(836) Nota. Sector Demócrata-Monárquico. Agosto, 1969. A.S.R. I.M.H.B.

(837) «Acción Monárquica catalana». Julio, 1969. «En conciencia...».
I.M.H.B.

(838) «Acción Monárquica catalana». Septiembre, 1969. «Designación de sucesor y colaboracionismo». I.M.H.B.

(839) JÁUREGUI, Fernando y VEGA, Pedro: «Crónica del antifranquismo». V. II, p. 202. Barcelona, 1984.

(840) Ramón Tamames ha escrito que es indudable que los monárquicos «nunca comportaron grandes pretensiones ni corrieron los mínimos riesgos». TAMAMES, Ramón: «La República. La era de Franco». Alfaguara, V. VIII. Alianza Universidad 1973, p. 400.

(841) TIERNO GALVÁN, E.: op. cit., p. 141.

(842) CIANO: Diario, op. cit., p. 345.

(843) BRAY, Arturo: «La España del brazo en alto». Buenos Aires, 1943, pp. 203-210.

(844) SERRANO DE HARO, Agustín: «Yo soy español». Ed. Escuela Española. Obra aprobada para su uso en las escuelas nacionales y privadas de enseñanza primaria; por orden ministerial 8-III-1960. «B.O. del M.E.N.» 1-V-1961, p. 76.

(845) «La Moral Católica». 5.º Bachillerato del plan de 1957. Aprobado por orden ministerial de 27-IX-60. B.O. de 3 de octubre 1960, p. 28.

(846) En A.S.R. existen varias galeradas de prensa retiradas por la censura. En un «Reinado en la Sombra», ver ABC y la censura, pp. 128-145.

(847) Cartas de José María Revuelta. Director General de Radiodifusión y Televisión al director general del Instituto Nacional belga de Radiodifusión y televisión, 19-XII-60. A.S.R.

(848) CARLAVILLA, M.: «Anti-España. Autores, cómplices y encubridores del comunismo». Madrid, 1959.

(849) CARLAVILLA, M.: «Borbones masones». Ed. Acervo, Barcelona, 1967, p. 227.

(850) BRENAN, Gerald: «La faz actual de España». Buenos Aires, 1964, p. 11.

(851) Carta de Gil-Robles y Carrascal a José María Pemán. Junio, 1962. A.S.R.

(852) SAINZ RODRÍGUEZ, P.: op. cit., p. 275.

(853) Informe de López Oliván. 8-I-63. A.S.R.

(854) AREILZA, J. M.: op. cit., p. 78.

(855) Informe de J. M. Areilza. A.S.R.

(856) Examen objetivo de las opciones de futuro y situación actual. A.S.R.

(857) Carta de Don Juan a Pedro Sainz Rodríguez. 17-IV-1975. A.S.R.

(858) VÁZQUEZ DE SOTA: «El general franquísimo. O la muerte civil de un militar moribundo». París, 1971, p. 74.

(859) MARQUINA, V.: «Los problemas fundamentales de la España contemporánea». Buenos Aires, 1967, pp. 127-128.

(860) «El Príncipe». ABC Sevilla. 5-I-68. José María Pemán. A.C.A.

(861) H.M.M. Ya 19-II-84. Diario de un espectador. «Otra vez con la Historia», por Emilio Romero.

(862) SUÁREZ FERNÁNDEZ, L.: op. cit., t. II, p. 106.

(863) LÓPEZ RODÓ, L.: op. cit., p. 311.

(864) Informe sobre la situación política. 6-VI-39. A.S.R.

(865) CIERVA, Ricardo de la: op. cit., p. 350.

(866) BENEYTO, Juan: «La identidad del franquismo». Madrid, 1979, p. 89.

(867) DE MIGUEL, Amando: «Historia del franquismo. Franco, Franco, Franco». Madrid, 1976, p. 74.

(868) FERRANDO BADÍA, Juan: «Teoría de Instauración en España». Madrid, 1975, pp. 73-74.

(869) DE MIGUEL, A.: op. cit., p. 47.

(870) GIRONELLA, J. M. y BORRÁS BETRIU, R.: «100 españoles y Franco». Barcelona, 1979, p. 196.

(871) «A comienzos de 1942, Kindelán envió al Conde de Barcelona un plan de operación para restaurar la Monarquía. Comenzaba señalando la necesidad de articular la masa inmensa de la población que deseaba la Monarquía.» La Cierva anuncia que ese supuesto es totalmente falso. Ver De la Cierva, Ricardo: op. cit., p. 330.

COMENTARIO SOBRE LAS FUENTES
Y AGRADECIMIENTOS

«Franco y Don Juan» es un estudio basado fundamentalmente en material que procede de disímiles archivos públicos y privados. Entre los primeros debo reseñar el Archivo de la Jefatura del Estado (A.J.E.); el Archivo del Ministerio de Asuntos Exteriores (A.M.A.E.); el Centre d'Estudis d'Història Contemporània (C.E.H.C.); el Instituto Municipal de Historia de Barcelona (I.M.H.B.); el Centre d'Estudis Històrics Internacionals y Fundació Internacional d'Estudis Històrics i Socials (C.E.H.I.F.I.E.H.S.) de la Universidad de Filosofía y Letras de Barcelona, el Seminario de Historia de la Facultad de Geografía e Historia de Barcelona (B.F.F.L.B.), y las Hemerotecas de la Biblioteca Nacional (H.B.N.), Municipal de Madrid (H.M.M) y Nacional de Madrid (H.N.M.).

Entre los archivos privados merecen resaltarse el de Don Pedro Sainz Rodríguez (A.S.R.). Sainz Rodríguez fue diputado monárquico en las Cortes de la República. Perteneció al bando nacional en la Guerra Civil, realizando una misión de importancia vital en la Italia de Mussolini. En 1938 Franco le nombró Ministro de Educación. En 1942 tuvo que abandonar España por realizar acciones contra el Régimen de Franco y favorables al Conde de Barcelona. Se estableció en Portugal y fue hasta 1969 consejero de Don Juan de Borbón.

El archivo del Conde de los Andes y del Marqués de la Eliseda (A.C.A.) ha sido otro de los fondos imprescindibles para la realización de este trabajo. El Conde de los Andes fue ayudante de Cáma-

ra de Don Alfonso XIII. En 1952 ocupó el cargo de representante
en España del Conde de Barcelona. Su hijo, el Marqués de la Eliseda, abandonó muy pronto las filas falangistas para formar parte
de la oposición monárquica. Fue consejero del Conde de Barcelona
y perteneció también a su Secretariado Político.

El archivo del General Varela (A.G.V.) es una verdadera joya
histórica. El General don José Enrique Varela Iglesias, Marqués
de Varela de San Fernando, llegó a alcanzar dos laureadas por sus
gestas en el norte de África durante el reinado de Alfonso XIII.
Fue Ministro de la Guerra con el General Franco hasta 1942. A partir de 1945 ocupó el cargo de Alto Comisionado en Marruecos.

Por último, el archivo de don Eugenio Vegas Latapie (A.V.L.),
Vegas, durante el reinado de Alfonso XIII, ingresó en el Cuerpo
jurídico Militar y en el Cuerpo de Letrados del Consejo de Estado.
En 1931 fue cofundador de la revista «Acción Española». Fue vocal
de la comisión de cultura de la Junta Técnica de Estado durante
la Guerra Civil. En 1942 tuvo que abandonar España por sus actuaciones en pro de la restauración monárquica. Desde 1942 hasta
1947 fue Secretario Político del Conde de Barcelona. En 1948 preceptor del Príncipe don Juan Carlos. Posteriormente perteneció al
Consejo Privado del Conde de Barcelona.

Debo agradecer públicamente a don Eugenio Vegas Latapie
(q.e.p.d.) y a su viuda; a don Álvaro Moreno y a doña Imelda Moreno, Conde de los Andes y Marquesa de Pozas; a doña Casilda Ampuero, Marquesa de Varela de San Fernando; y a don Pedro Sainz
Rodríguez (q.e.p.d.) no sólo los fondos documentales que me han
proporcionado, imprescindibles para el desarrollo de este trabajo,
sino la amabilidad y cariño que en todo momento me han dis-
pensado.

Quiero también expresar mi consideración a don Mariano Ca-
sassús por haberme permitido consultar, en el Instituto Municipal
de Historia de Barcelona, su colección de hojas clandestinas. Agradecimiento que hago extensible al personal del Instituto barcelonés que me atendió con entusiasmo. El mismo sentimiento deseo
expresar a los encargados del C.E.H.I. y F.I.E.H.S., en la Universidad de Filosofía y Letras de Barcelona, ejemplo de profesionalidad.

Deseo, igualmente, expresar mi reconocimiento a don José Luis
Ruiz Navarro y a don Fernando Álvarez de Miranda, provenientes
de la oposición democristiana, por sus valiosos testimonios. El mismo reconocimiento merecen don Joaquín Satrústegui, don Rafael
Calvo Serer y don Leopoldo Lovelace. Las tres personalidades per-
tenecieron a la oposición monárquica y fueron partidarios del Conde de Barcelona.

Mi agradecimiento también para los profesores don Javier Tusell, don Ángel Viñas, don Manuel Tuñón de Lara y don Josep Car-

les Clemente por sus apreciaciones y colaboraciones. También a Don Laureano López Rodó y a Carlos Seco Serrano por los apuntes que realizaron el día de la defensa de mi tesis doctoral, origen de este libro. Mención aparte merece el director de este trabajo, don Fernando García de Cortázar, por todas sus indicaciones.

Voluntariamente he dejado para el final la gratitud que adeudo a mi familia por sus constantes apoyos morales y económicos. Y, cómo no, la debida consideración de agradecimiento que se merece don Fernando Ybarra, marqués de Arriluce de Ybarra, por sus testimonios y apoyos.

BIBLIOGRAFÍA
Y OTRAS OBRAS CONSULTADAS

OBRAS GENERALES

ABAD DE SANTILLANA, Diego: «Alfonso XIII, la Segunda República, Francisco Franco. Crónica general de España». Madrid, 1975.

ABELLA, Rafael: «Por el Imperio hacia Dios. Crónica de una post-guerra». Barcelona.

ARMERO, José María: «La política exterior de Franco». Barcelona, 1978.

ARONSON, Theo: «Venganza Real. La Corona de España. 1929-1968». Barcelona, 1968.

ARTIGUES, Daniel: «El Opus Dei en España». París, 1971.

BARBERI, Rane: «Dopo Franco». Milán, 1968.

BLAYE, Edouard de: «Franco ou la Monarchie sans Roi». París, 1974.

BOCA, Angele del: «L'altra Spagna». Milán, 1961.

BORRÁS, Tomás: «Política internacional (1939-1957)». Madrid, 1957.

BRAY, Arturo: «La España del brazo en alto». Buenos Aires, 1943.

BRENAN, Gerald: «La faz actual de España». Buenos Aires, 1964.

BURGO, Jaime del: «Conspiración y Guerra Civil». Madrid-Barcelona, 1970.

CABEZAS, José Antonio: «La cara íntima de los Borbones. Pequeña historia de una dinastía». Madrid, 1979.

CARDEALL, Carlos: «La Casa de los Borbones en España». Madrid, 1984.

CARR, R. y FUSI, J. P.: «España de la dictadura a la democracia». Barcelona, 1985.

CIERVA, Ricardo de la: «Historia del franquismo. Orígenes y configuración. 1939-1945». Barcelona, 1975. «Aislamiento, transformación, agonía». Barcelona, 1978.

CIERVA, Ricardo y VILLAR, S.: «Pro y Contra Franco. Franquismo y antifranquismo». Barcelona, 1985.

CREACH, Jean: «Le coeur et l'epée». París, 1968.

Diario 16: «La historia del franquismo. Franco, su régimen y la oposición». 2 volúmenes. Madrid.

DÍAZ, Elías: «El pensamiento español 1939-1973». Madrid, 1974.

ELLWOOD, Sheelagh: «Prietas las filas. Historia de la Falange española. 1933-1983». Barcelona, 1984.

EQUIPO RESEÑA: «La cultura española durante el franquismo». Bilbao, 1977.

FERRER, Melchor y otros: «Historia del tradicionalismo español». Sevilla.

GALLO, Max: «Historia de la España franquista». París, 1971.

GARCÍA NIETO, M. C.: «La España de Franco 1939-1973». Madrid, 1975.

GARCÍA VENERO, M.: «Falange en la Guerra de España. La unificación y Hedilla. París, 1967. «Historia de la Unificación. Falange y Requeté en 1937». Madrid, 1970.

GARRIGA, Ramón: «La España de Franco». Madrid, 1976. 2 volúmenes.

GEORGEL, Jacques: «El franquismo. Historia y balance». París, 1970.

GÓMEZ PÉREZ, R.: «Política y religión en el régimen de Franco». Barcelona, 1976.

GONZÁLEZ, M. J.: «Economía política del franquismo». 1940-1970. Dirigismo, mercado y planificación. Madrid, 1975.

GULLINO CESARE, A.: «Il problema della restaurazione monarchica in Spagna». Estratto della revista «Nuova Antologia», n.º 1856, agosto, 1955.

HAMILTON, Thomas J.: «La España de Franco». México D.F., 1943.

HERNET, Guy: «La politique dans l'Espagne franquiste. París, 1971.

HUGHES, E. J.: «L'Espagne de Franco. París, 1948.

LAVARDIN, Javier: «El último pretendiente». París, 1976.

LÓPEZ PIÑA, A. y ARANGUREN, E.: «La cultura política de la España de Franco». Madrid, 1976.

LOVEDAY, Arthur F.: «¿Hacia dónde va España? De la Guerra Civil a la Guerra Mundial». Santiago de Chile, 1948.

MAMMUCARI, Giovanni: «Il Caudillo di Spagna e la sua succesione». Roma, 1955.

MARQUINA BARRIO, A.: «El atentado de Begoña». En «Historia 16», n.º 76, pp. 11-19. «La diplomacia vaticana y la España de Franco», 1939-1945. Madrid, 1983.

MARTÍNEZ VAL, J. M.: «¿Por qué no fue posible la Falange?». Barcelona, 1976.

MAURRAS, Charles: «Vers l'Espagne de Franco». París, 1943.

MELGAR, Francisco de: «El noble fin de la escisión dinástica». Publicaciones del Consejo Privado de S.A.R. el Conde de Barcelona. Madrid, 1964.

MIRANDET, François: «L'Espagne de Franco». París, 1984.

MURY, Gilbert: «Franco contre l'Espagne». París, 1984.

OYARZÚN, Román: «Historia del carlismo». Madrid, 1969.

PAYNE, Stanley, G.: «Franco's Spain». Londres, 1967. «Politics and militaries in modern Spain». Barcelona, 1968. «Falange, historia del falangismo español». Madrid, 1985.

PÉREZ MATEOS, J. A.: «Los Confinados. Desde la dictadura de Primo de Rivera hasta Franco». Barcelona, 1976.

PICÓ I LÓPEZ, J.: «El Franquisme». Valencia, 1982.

PRESTON, Paul: «España en crisis. La evolución y decadencia del Régimen de Franco».

PRIEUR, Alberto: «Franco est mort». París, 1945.

SHENEIDMAN, J. Lee.: «Spain and Franco. 1949-1959». Nueva York, 1973.

SOUCHERE, Elena de la: «De Franco a Don Juan». En «Temps Moderns». Mayo-junio, 1958. «Explication de l'Espagne». París, 1962.

SUEIRO, D. y DÍAZ NOSTY, B.: «Historia del Franquismo». Madrid, 1986. 2 vols.

TAMAMES, Ramón: «La República. La era de Franco». En Historia de España Alfaguara. Vol. VII. Madrid, 1973. «España 1931-1975. Una antología histórica». Barcelona, 1980.

TOVAR, A. y otros: «Franco. Diez años de historia». En Historia 16, n.º 115, 1986.

TUÑÓN DE LARA, M.: «La España del siglo XX». Barcelona, 1974. 3 vols. «España bajo el franquismo». En «Historia de España». T. X. Madrid, 1983.

TUSELL, Xavier: «Historia de la democracia cristiana en España». 2 vols. Madrid, 1974. «La España del siglo XX. Desde la muerte de Alfonso XIII a la muerte de Carrero Blanco». Barcelona, 1975. «Franco y los católicos. La política interior española entre 1945 y 1957». Madrid, 1984.

TUSELL, X. y QUEIPO DE LLANO, G.: «Franco y Mussolini. La política española durante la Segunda Guerra Mundial». Barcelona, 1985.

VALIN SEELE, J.: «Les pretendientes aux trons d'Europe». París, 1967.

VÁZQUEZ-AZPIRI, H.: «De Alfonso XIII al Príncipe de España». Barcelona, 1973.

VILLERS, André: «L'Espagne de Franco». Bruxelles, 1955.
VIÑAS Ángel: «Los pactos secretos de Franco con los Estados Unidos. 1939-1953. Bases, ayuda económica, recortes de soberanía». Barcelona, 1981.
VIZCAÍNO CASAS, Fernando: «La España de la posguerra». Barcelona, 1974.

BIOGRAFÍAS SOBRE EL CONDE DE BARCELONA

BONMATÍ DE CODECIDO, F.: «El Príncipe Don Juan de España». Valladolid, 1938.
GONZÁLEZ DORIA, F.: «Don Juan de España». Madrid, 1968. «Don Juan de Borbón. El padre del Rey». Madrid, 1976.
GUTIÉRREZ RAVE, J.: «El Conde de Barcelona». Madrid, 1963.
LEAL, Alfonso: «Pensamiento político del Conde de Barcelona». Madrid, 1971.
MONTES AGUILERA, Francisco: «Un marino español. El Conde de Barcelona». Madrid, 1966.
SÁNCHEZ-BOXA, G.: «Don Juan. Le roi qu'on veut pour l'Espagne». Toulousse (París), febrero, 1946.
SALMADOR, Víctor: «Don Juan de Borbón. Grandeza y servidumbre del deber». Barcelona, 1976.
SIERRA BUSTAMANTE, R.: «Don Juan de Borbón». Madrid, 1965.

BIOGRAFÍAS SOBRE FRANCO

CESÁREO RODRÍGUEZ, D.: «¿Franco, rey de España?». Puerto Rico, 1964.
CIERVA, Ricardo de la: «Franco. Un siglo de España». Madrid, 1973. «Franco. Una obra definitiva sobre la figura más polémica de la historia de España». Barcelona, 1986.
CROZIER, Brian: «Franco. A Biographial Essay». Londres, 1967.
FERNÁNDEZ, Carlos: «El general Franco». Barcelona, 1983.
FUSI, J. P.: «Franco. Autoritarismo y poder personal». Madrid, 1985.
HILLS, George: «Franco, el hombre y su nación». Madrid, 1968.
NOURRY, Phillipe: «Francisco Franco. La conquista del poder».
RAMÍREZ, Luis: «Vie de Francisco Franco, Régent du Royaume d'Espagne par la grâce de Dieu». París, 1965.
SUÁREZ FERNÁNDEZ, L.: «Francisco Franco y su tiempo». Madrid, 1984. 4 vols.
TEBIB ARRUMI, El.: «La Historia del Caudillo». Madrid, 1939.
TRYTHALL, J. W. D.: «El Caudillo 1892-1970». Nueva York, 1970.

OTRAS BIOGRAFÍAS

BUÑUEL, Luis A.: «La embajada del duque de Alba en Londres». En «Historia 16», n.º 108, 1985, pp. 11-24.

CAVA MESA, M. J.: «José Félix de Lequerica y Erquicia: Biografía política y acción diplomática (sus intervenciones en la estrategia política exterior española entre 1910-1960)». Tesis doctoral defendida por... Universidad de Deusto.

FIDALGO, Ana M. y BURGUEÑO, M.: «In Memorian. Manuel Fal Conde. Puesta la fe en Dios y mirando la Patria». Sevilla, 1980.

GARCÍA LAHIGUERA, F.: «Ramón Serrano Suñer. Un documento para la historia». Barcelona, 1983.

GARRIGA, Ramón: «El cardenal Segura y el nacional catolicismo». Barcelona, 1977. «Franco-Serrano Suñer, un drama político». Barcelona, 1976.

GUTIÉRREZ RAVE, J.: «Gil-Robles. Caudillo frustrado». Madrid, 1967.

MARQUINA BARRIO, A.: «Conspiración contra Franco. El Ejército y la injerencia extranjera en España: el papel de Aranda 1939-45». En «Historia 16», n.º 72, abril, 1982.

MARIÑAS, F. J.: «General Varela». Barcelona, 1956.

NOURRY, Philippe: «Juan Carlos. Un Rey para los republicanos». Barcelona, 1986.

PÉREZ DE LA REGUERA, M.: «Carlos e Irene». Santander, 1964.

RODRÍGUEZ MOÑINO, R.: «La misión diplomática del XVII duque de Alba en la Embajada de España en Londres (1939-1945)». Valencia, 1971.

SAINZ VALDIVIELSO, C.: «Indalecio Prieto. Crónica de un Corazón». Barcelona, 1984.

VEGAS LATAPIE, E.: «In Memoriam». Separata de «Verbo», n.º 239-240. «Para una semblanza del conde de los Andes». Madrid, 1978.

MEMORIAS

ALDERETE, Ramón de: «¿Y estos Borbones nos quieren gobernar? Recuerdos de veinte años al servicio de S.A.R. Don Jaime de Borbón». Asnières, 1974.

ANSALDO, J. A.: «¿Para qué? De Alfonso XIII a Juan III». Buenos Aires, 1951.

AREILZA, J. M.: «Así los he visto. Testimonios de la España de nuestro tiempo». Barcelona, 1976. «Memorias Exteriores. 1947-1964». Barcelona, 1984. «Crónica de Libertad». Barcelona, 1985.

ARRESE, J. L.: «Una etapa constituyente». Barcelona, 1982.

BALBONTIN, J. A.: «La España de mi experiencia. Reminiscencias y esperanzas de un español en el exilio». México, 1952.

CALVO SERER, R.: «Franco frente al Rey. El proceso del Régimen». París, 1972. «La dictadura de los franquistas. El "affaire" del "Madrid" y el futuro político». París, 1970.

CASTIELLA, Fernando: «Política exterior de España». Cuadernos hispano-americanos, n.º 124. 1960, pp. 5-18.

CIANO, G.: «Diario». Barcelona, 1946.

FRAGA IRIBARNE, M.: «Memoria breve de una vida pública». Barcelona, 1980.

FRANCO SALGADO-ARAUJO, F.: «Mis conversaciones privadas con Franco». Barcelona, 1976. «Mi vida junto a Franco». Barcelona, 1977.

GIL-ROBLES, J. M.: «La Monarquía por la que yo luché (1941-1954)». Madrid, 1976.

GIMÉNEZ ARNAU, J. A.: «Memorias de memoria. Descifre vuecencia personalmente». Barcelona, 1978.

GIMÉNEZ CABALLERO, E.: «Memorias de un dictador». Barcelona, 1979.

HOARE, Samuel: «Embajador ante Franco en misión especial. Puntualizaciones en un viejo libro». Prólogo de Serrano Suñer. Madrid, 1977.

KINDELÁN, Alfredo: «La verdad de mis relaciones con Franco». Barcelona, 1980.

LAÍN ENTRALGO, P.: «Descargo de conciencia (1930-1960)». Barcelona, 1976.

LIZARDA IRIBARREN, A.: «Memorias de la conspiración». Pamplona, 1954.

LÓPEZ RODÓ, L.: «La larga marcha hacia la Monarquía». 6.ª ed., 1978. «La larga marcha hacia la Monarquía». 7.ª ed. corregida y aumentada, 1979.

LUCA DE TENA, Torcuato: «Mis amigos muertos». Barcelona, 1971.

MADARIAGA, S.: «España. Ensayo de historia contemporánea». Buenos Aires, 1964.

MARIO NADAL, E.: «Todos contra Franco. La Alianza Nacional de Fuerzas Democráticas (1944-1947)». Madrid, 1982.

MATA, Gabriel de la: «Impresiones de posguerra. 1945-1948». 1948.

MELGAR, Francisco: «Veinte años con Don Carlos». Madrid, 1943.

PEMÁN, José María: «Mis encuentros con Franco». Barcelona, 1976.

PIETRI, François: «Mes années d'Espagne 1940-48». París, 1948.

RIDRUEJO, Emilio: «En algunas ocasiones. 1943-1956». 1960. «Casi unas memorias». Barcelona, 1978.

ROMERO, Emilio: «Tragicomedia de España. Una memoria sin contemplaciones». 1985.

SAINZ RODRÍGUEZ, P.: «Un reinado en la sombra». Barcelona, 1981. «Testimonios y recuerdos». Barcelona, 1978.
SERRANO SUÑER, R.: «Entre el silencio y la propaganda. La Historia como fue. Memorias». Barcelona, 1984.
TIERNO GALVÁN, E.: «Cabos sueltos». Madrid, 1981.

DOCUMENTOS. DISCURSOS. ENTREVISTAS...

BAYOD, Ángel: «Franco visto por sus ministros. Crónica de medio siglo. 1931-1982». Barcelona, 1981.
CASTILLO PUCHE, J. L.: «Entrevista con Su Alteza el Conde de Barcelona». Separata del capítulo XV del libro «Diario íntimo de Alfonso XIII». Madrid, 1961.
COSA, Juan de la: «Artículos». Madrid, 1973.
DÍAZ PLAJA, F.: «La posguerra española en sus documentos». Barcelona, 1970.
DOCUMENTOS: «... secretos sobre España del Ministerio de Asuntos Exteriores de Alemania». Madrid, 1979.
Ferrer, M.: «Documentos de Don Alfonso Carlos de Borbón y Austria-Este, duque de San Jaime». Madrid, 1950.
FRANCO, Francisco: «Discursos y mensajes del Jefe del Estado. 1964-1967». Recopilación de Agustín del Río Cisneros. Madrid, 1968.
GARCÍA VENERO, M.: «Manuel Hedilla. Testimonio». Barcelona, 1972.
GIRAL I REVENTÓS, E.: «El franquisme i l'oposició. Una bibliografia crítica» (1939-1975). Barcelona, 1981.
GIRONELLA, J. M.: «Conversaciones con Don Juan de Borbón». Madrid, 1967.
GIRONELLA, J. M. y BORRÁS BETRIU, R.: «100 españoles y Franco». Barcelona, 1976.
MÉRIDA, María: «Testigos de Franco. Retablo íntimo de una dictadura». Prólogo de Ricardo de la Cierva. Barcelona, 1977.
MINISTERIO DE CULTURA: «Archivos para la Historia del siglo XX». Ministerio de Cultura. Dirección General de Bellas Artes. Archivos y Bibliotecas, Madrid, 1980.
OFICINA DE INFORMACIÓN ESPAÑOLA: «Referendo popular a la Ley de Sucesión». Madrid, 1948.
OLIVER Y OTROS: «La prensa clandestina (1939-1958)». Barcelona, 1978.
PÁNIKER, Salvador: «Conversaciones en Madrid». Barcelona, noviembre, 1969. 9.ª ed.
PEMÁN, José María: «Mis almuerzos con gente importante». Madrid, 1970.
PRIETO, Indalecio: «Convulsiones de España. Pequeños detalles de

grandes sucesos». México, 1968. 3 vols. «Discursos fundamentales». Prólogo de Edward Malefakis. Madrid, 1975.

Puy, Francisco: «Actas de las primeras jornadas universitarias de estudios tradicionalistas» (Madrid, 16-17 de octubre de 1971). Madrid, 1971.

Ramón de san Pedro, J. M.: «Las entrevistas del jefe del Estado y Don Juan de Borbón en el palacio de "Las Cabezas". Notas e impresiones de un testigo». En «Blanco y Negro», n.º 2825. 25-VI-66.

Romero, Emilio: «Los papeles reservados de...». Barcelona, 1985-1986. 2 vols.

Salmador, Víctor: «Las dos España y el Rey». Madrid, 1981.

Santa Cruz, M.: «Apuntes y documentos para la historia del tradicionalismo español. 1939-1966». 13 vols.

Saña, Heleno: «El franquismo sin mitos. Conversaciones con Serrano Suñer». Barcelona, 1982.

Sauerwen, Jules: «Monarcas de ayer y mañana, Conde de París, Juan de España, Humberto de Italia. Recuerdos y entrevistas». México, 1953. «Exiliados regios no Estoril». Lisboa, 1955.

Veinticinco: «Veinticinco años de paz vistos por veinticinco españoles». Madrid, 1964.

Vilar, Sergio: «Protagonistas de la España democrática. La oposición a la dictadura. 1939-1969». París, 1969.

OPOSICIÓN AL FRANQUISMO

Alba, Víctor: «Historia de la resistencia antifranquista. 1939-1955». Barcelona, 1978.

Borrás, José: «Política de los exiliados españoles. 1944-1950». París, 1976.

Cocho Gil, M.: «Acción y Frustración». Páginas históricas y antihistóricas de la España errante». México, 1966.

Colomer, Josep M.: «Els estudiants de Barcelona sota el franquisme». Barcelona, 1978.

Farga, Manuel J.: «Universidad y democracia en España. Treinta años de lucha estudiantil». México, 1969.

Fernández Varga, Valentina: «La resistencia interior en la España de Franco». Madrid, 1981.

Flores, Xavier: «El exilio y España» en «Horizonte español». 1966. París, 1966.

González Casanova, J. A.: «La lucha por la democracia en España». Barcelona, 1975.

Heine, Harmunt: «La oposición política al franquismo». Barcelona, 1983.

JÁUREGUI, F. y VEGA, P.: «Crónica del antifranquismo». Vol. I. 1939-62: «Los hombres que lucharon por devolver la democracia a España». Vol. II 1963-1970: «El nacimiento de una nueva clase política». Barcelona, 1983-84.

LINZ, Juan: «Opposition in and under an authoritarian regime: the case of Spain». En Robert Dahl «Regimes and oppositions». Nueva York, 1973.

LLORENS, Vicente: «La emigración republicana de 1939». En «El exilio español de 1939». Madrid, 1976.

MELIÁ, Josep: «El largo camino de la apertura». Barcelona, 1975.

MOLINA, J. M.: «El Movimiento clandestino en España. 1939-1949». México, 1976.

SEMPRÚN, Jorge: «La oposición política en España». 1956-1966. En «Horizonte Español». París, 1966.

TUSELL, X.: «La oposición democrática al franquismo». Barcelona, 1977.

VIGIL VÁZQUEZ, M.: «Aquellos gritos de clandestinidad. Hoy normas del Gobierno de la Monarquía española». Barcelona, 1983.

VILAR, Sergio: «Historia del antifranquismo. 1939-1975». Barcelona, 1984.

ESTUDIOS SOCIOLÓGICOS

BENEYTO, Juan: «La identidad del franquismo. Del Alzamiento a la Constitución». Madrid, 1979.

MIGUEL, Amando de: «Sociología del franquismo. Análisis ideológico de los ministros del Régimen». Barcelona, 1975. «Historia del franquismo. Franco, Franco, Franco». Madrid, 1976. «Veinte millones de españoles cuarenta años después». Barcelona, 1976.

ESTUDIOS DOCTRINALES SOBRE LA MONARQUÍA

ANSÓN, Luis M.: «La hora de la Monarquía». Zaragoza, 1958.

BORRÁS VIDAOLA, E.: «La Monarquía, nacionalidad instituida». Madrid, 1965.

CALLEJA, J. L.: «Don Juan Carlos, ¿por qué?». Madrid, 1972.

CALVO SERER, R.: «Teoría de la Restauración». Madrid, 1952.

CARLOS GÓMEZ, J.: «Instituciones de la Monarquía española». Madrid, 1960.

CARNAVAL, Gustavo A.: «La Monarquía, forma política del mañana». Madrid, 1957.

CENTRO DE ESTUDIOS HISTÓRICOS: «La Restauración española en el siglo XX». Badajoz, 1968.

ESCOBAR, J. L.: «Estudios sobre la instauración monárquica». Madrid, 1975.

FERRANDO BADIA, J.: «Teoría de la instauración monárquica en España». Madrid, 1975.

GONZÁLEZ DORIA, F.: «¿Por qué la Monarquía?». Madrid, 1976.

HERRERO DE MIÑÓN, M.: «El principio monárquico». Madrid, 1972.

JIMÉNEZ DE PARGA, M.: «Las monarquías europeas en el horizonte español». Madrid, 1966.

LÓPEZ AMO, A.: «La Monarquía de la reforma social». Madrid, 1952.

MORENO Y DE HERRERA, F.: «Autoridad y libertad». Madrid, 1945. «Teoría y Acción». Madrid, 1975. «Ensayos políticos». Madrid, 1972.

PABÓN, Jesús: «La otra legitimidad». Madrid, 1968.

ESTUDIOS DOCTRINALES SOBRE EL CARLISMO

BORBÓN-PARMA, C. H.: «¿Qué es el carlismo? Barcelona, 1976. «La vía carlista al socialismo autogestionario». Barcelona, 1977.

BORBÓN-PARMA, M. T.: «La clarificación ideológica del Partido Carlista». Madrid, 1979.

BURGO, Jaime del: «Ideario». Pamplona, 1937.

CARNICERO, Carlos y otros: «Asamblea Federal del frente obrero del Partido Carlista». Madrid, 1977.

CODON, J. R.: «Tradición y Monarquía», Palencia, 1961.

ENCISO, E. y ZABALLA, P. J.: «¿Qué es el carlismo?». Zaragoza, 1966.

FAL CONDE, M.: «El pensamiento carlista sobre cuestiones de actualidad». Buenos Aires, 1941.

FERNÁNDEZ, J.: «Cartas a un tradicionalista». Madrid, 1961.

FERRER, Melchor: «Breve historia del legitimismo español». Madrid, 1958. «Historia del tradicionalismo español». Madrid, 1941-1960.

FORTALEZA, marqués de la: «La usurpación de un Trono». Madrid, 1946.

GAMBRA, Rafael: «La Monarquía social y representativa en el pensamiento tradicionalista». Madrid, 1954.

OYARZÚN, Román: «Pretendientes al Trono de España. La cuestión dinástica a la luz de la Historia». Barcelona, 1965.

POLO, Fernando: «¿Quién es el Rey?» Madrid, 1949.

REDONDO, L. y ZABALA, L.: «El requeté. La tradición no muere». Barcelona, 1957.

TEJADA, Elías de: «La Monarquía Tradicional». Abril, 1954.

VÁZQUEZ DE MELLA, J.: «Regionalismo y Monarquía». Madrid, 1957.

ZABALA, J. M.: «Partido Carlista». Barcelona, 1976.

ESTUDIOS DOCTRINALES SOBRE EL RÉGIMEN Y SU FUTURO

ARRESE, Domingo: «La España de Franco». Madrid, 1946.

CALVO HERNANDO, P.: «Juan Carlos escucha. Primer balance de la España sin Franco». Madrid, 1976.

CARLAVILLA, Mauricio: «AntiEspaña. Autores, cómplices y encubridores del comunismo». Madrid, 1959. «Borbones masones». Barcelona, 1967.

CONDE, F. J.: «Escritos y fragmentos políticos». Madrid, 1974.

CHAO, Ramón: «Después de Franco, España». Madrid, 1976.

DOUSINAGUE, J. M.: «España tenía razón. 1939-1945». Madrid, 1949.

FERNÁNDEZ DE CASTRO, I y MARTÍNEZ, J.: «España hoy». París, 1963.

FLORES, Xabier: «La tradición católica y el futuro político de España». Nueva York, 1958.

FRANCO, Francisco: «Pensamiento político de Franco». Madrid, 1975.

JIMÉNEZ LANAI, A.: «Una Ley de Sucesión y 15 años de Historia». Madrid, 1968.

SÁNCHEZ PATIÑO, A.: «El momento Ibérico. En torno al referéndum del 47». Lima, 1965.

REVISTAS MONÁRQUICAS

Acción Monárquica Catalana: Sin numeración. Boletines comprendidos entre 1967 y 1974.

A.E.T.: Portavoz político de la agrupación de estudiantes tradicionalistas. Dios. Patria. Fueros. Rey. Diciembre, 1957.

A.E.T.: Dios. Patria. Rey. Local, n.º 3.

Afirmación: Dios. Patria. Rey. N.º 7 y suplemento que dice: «Trascendental discurso de S.M. Católica Don Juan de Borbón...»

Ante todo España: N.ᵒˢ 1, 2, 3, 4, 5 y 6.

ASCIEM (Asociación Secreta de Comerciantes e Industriales Españoles Monárquicos). Boletín n.º 1.

AURRERA: Edita el departamento de prensa de la A.E.T. de Navarra. N.ᵒˢ 3 y 5.

AZADA Y ASTA: N.º 12.

BOINAS ROJAS: (Málaga). Números comprendidos entre 1939 y 1940.

BOINA ROJA: Portavoz político del carlismo combatiente. N.ᵒˢ: 12, 25, 32, 40, 41, 43, 48, 54, 56, 62, 64, 69, 71, 81, 84 y 92.

Boletín Carlista: N.ᵒˢ 52, 53, 54, 55, 56, 57, 58, 59 y 60.

Boletín Carlista: Dios, Patria, Fueros y Rey Legítimo. Un boletín sin numeración ni fecha que dice: «La familia del Rey Don Antonio».

Boletín de la Secretaría del Consejo Privado de S.A.R. el Conde de Barcelona. N.ᵒˢ 1 al 17 y suplementos.

Boletín de orientación tradicionalista: N.ᵒˢ 6 y 8.

Boletín informativo (reservado y confidencial) *Junta Monárquica regional de Andalucía Occidental*: Sin numeración. 15-IX-60.

Boletín Oficial de los Requetés de Cataluña: N.ᵒˢ 7 y 12.

CÍRCULO: Revista de cultura y política. Revista dedicada a la difusión de la doctrina monárquica: n.º 3.

Boletín Tradicionalista: N.º 8.

Boletín Tradicionalista: Publicaciones para América del Sur: N.ᵒˢ 1, 2, 3, 4, 5, 6, 7, 8, 9, 10, 11, 12, 13, 14, 15, 16 y 17.

Cuarteto, El: Boletín n.º 1.

18 de julio: Dios. Patria. Fueros. Rey. N.ᵒˢ 3 y 8.

Don Carlos: Boletín periódico publicado por la Comunión Tradicionalista carlista española y panhispánica. N.º 1.

Esfuerzo Común: Revista quincenal de información general. Zaragoza. 1967-74.

Firmes. Requetés de Cataluña: Dios. Patria. Rey. N.ᵒˢ 1, 2, 3, 4, 5, 6, 8, 9, 10, 11, 12, 13, 14, 15, 16, 17, 18, 19, 20, 21, 22, 23, 24, 25, 26, 27, 28, 29, 30, 32, 33, 34, 35, 36, 37, 38, 39 y 48.

Hacia la monarquía: Sin numeración. Febrero 1964, marzo, mayo y septiembre, 1966.

Hoja de Información Política: N.ᵒˢ 5 y 6.

Hoja Informativa Extraordinaria: Sin numeración. Marzo y octubre de 1966.

Hojas informativas: N.ᵒˢ 8, 13, 20, 21, 22, 23, 25, 26, 28 y 29.

I.M. Información Mensual. Servicio de Prensa de la Comunión Tradicionalista exclusivo para los carlistas. Números comprendidos entre marzo de 1965 y enero de 1967.

Instauración: Dios. Patria. Rey. Portavoz de la Comunión Tradicionalista Legitimista. N.ᵒˢ 10 y 11.

Juanete, El: Boletín oficioso del pretendiente de Estoril. Número único sin fecha ni numeración.

Juventudes Monárquicas: Nuestro espíritu es el 10 de agosto de 1932 y el 18 de julio de 1936. Luchamos contra su falsificación: n.ᵒˢ 1, 2, 3, 4, 5, 6 y 7.

Libertades, Las: Dios. Patria. Rey. Órgano de la Comunión Carlista. Oviedo. N.ᵒˢ 7, 11, 12, 13 y 14.

Monarquía Popular: N.ᵒˢ 2, 3, 4, 5, 6, 7, 8, 9 y 10.
Montejurra: Revista mensual de información general. Números comprendidos entre 1962 y 1971.
Organización de la Causa Monárquica: Circulares n.ᵒˢ 7, 8 y 9.
Pacto: Carlismo hacia el futuro. Sin numeración: junio y noviembre de 1972.
Quintillo: Sin numeración: 25-IV-65, 9-IV-67 y 16-IV-78.
REINO: Semanario de la Asociación de los Amigos de Maeztu. N.ᵒˢ 1, 2, 3, 4, 5, 6 y 7.
Requeté, El: Dios. Patria. Fueros. Rey. Ni me caso, ni me vendo, de retóricas no entiendo y al traidor llamo traidor. N.ᵒˢ 1, 2, 6, 7, 8, 9, 10, 11, 13 y 17.
Requeté, El: Órgano oficial de los Requetés. N.º 5.
Requetés de Cataluña, El. Centinela: Boletín de Orientación e información. N.ᵒˢ 1, 2, 3, 6 y 11.
Requetés de Cataluña. Boletín mensual al servicio de España, del Tradicionalismo y de Carlos VIII. N.ᵒˢ 11, 13, 24, 26, 27, 29, 30, 45, 46 y 47.
Restauración: N.º 1.
Siempre: Periódico tradicionalista. N.ᵒˢ 1, 2, 3, 4, 5, 6 y 7.
Símbolo: Órgano de la C.T. del Santo Reino de Jaén. Dios, Patria y Rey. N.ᵒˢ 3, 4, 6, 7, 8 y 9.
Tiempos críticos: Dios. Patria. Fueros. Rey. En un lugar de la mancha. Nᵒˢ 4, 24, 25, 26, 27 y 30.
Tradición: Revista política mensual. Sin numeración. Desde 1963 a 1965.
Unidad: Semanario de F.E.T. y de las J.O.N.S. de Álava. N.ᵒˢ 7, 10, 13, 14, 21 y 24.
Verdad, La: Almanaque tradicionalista. 1940.
Verdad, La: Por Dios, por la Patria y el Rey. Publicación de los carlistas asturianos al servicio de Carlos VIII. N.ᵒˢ 14, 21, 22, un boletín sin numeración ni fecha y un especial que decía: «Carlos VIII, el Rey que necesita España».
Víspera, La: N.ᵒˢ 1, 3 y 5.
Volveré: Dios, Patria, Rey. Portavoz de la Comunión Tradicionalista. N.ᵒˢ 26 y 35.
Volveré: Dios, Patria, Rey. Portavoz carlista. N.ᵒˢ 1, 2, 3, 5 y 6.

HOJAS SUELTAS

A la conciencia de los buenos españoles, 4 pp.
Alerta Camaradas, 1 p.
Alerta Españoles, 1 p.
A los monárquicos auténticos, 1 p.
A su Majestad el Rey Don Juan III. Junio, 1949. 1 p.
Barcelonés, 1 p.
Bases Institucionales de la Monarquía. 1946. 2 pp.
Carta de don Joaquín Satrústegui al director general de Prensa. 1947. 4 pp.
Carta de Don Juan a Don Javier de Borbón-Parma. 8-III-40. 1 p.
Carta de don Pascual Agramunt Matutano al vicepresidente del Gobierno, don Luis Carrero Blanco. Valencia. 29-XII-68. 4 pp.
Carta de Fernando González Doria al Príncipe Don Juan Carlos. 25-VII-69. 3 pp.
Carta del cardenal primado al ministro secretario general del Movimiento. 15-XI-60. 2 pp.
Carta del Conde de Barcelona al conde de Rodezno. 20-IV-43. 1 p.
Carta del conde de Fontanar al ministro de la Marina. 20-I54. 1 p.
Carta del marqués de Luca de Tena a Goicoechea. 1945. 2 pp.
Carta de un tradicionalista. 12-II-64. 2 pp.
Catalunya, València i Balears, per Joan III. 1946. 2 pp.
Circular única de la jefatura del grupo antimonárquico. 1966. 1 p.
Comunión tradicionalista. Servicio de Prensa. Estella, 5-V-68. 3 pp.
Conclusiones sobre sindicalismo aprobadas por el tercer congreso del Movimiento Obrero Carlista, reunidos en Madrid los días 31 de octubre y 12 de noviembre de 1965. 2 pp.
Con el mejor estilo de la República. 25-VII-42. 1 p.
Con motivo de la festividad de S.M. Don Juan III, Rey de España. 24-VI-50. 1 p.
Declaración de la Comunión Tradicionalista. 25-VII-42. 2 pp.
Declaración de don Carlos Hugo. 4 pp.
Declaraciones de Don Javier. 2 pp.
De la calumnia como instrumento de Gobierno. 1 p.
Diferencias gravísimas. 1960. 1 p.
Dios, Patria y Rey. ¿Quién es Carlos VIII? 4 pp.
Discurso de Su Majestad el Rey en Estoril el 6 de enero de 1959. 1 p.
Don Carlos de Austria. Duque de Madrid. 1944. 1 p.
El acto religioso en la Iglesia de Jesús de Medinaceli en sufragio de Su Majestad Don Alfonso XIII. Marzo, 1948. 1 p.
El Carlismo ante la expulsión de Carlos Hugo. 1 p.

El Carlismo en pie. Diciembre, 1945. 1 p.

El Carlismo es... A.E.T. 1 p.

El domingo día 23 embarcarán en el *Cabo de Hornos* de nuevo hacia el destierro. Juan III es la paz. 1 p.

El Juanismo es... A.E.T. 1 p.

El Presidente del Consejo Privado de S.A.R. el Conde de Barcelona. 10-II-69. 1 p.

El Príncipe. Por José María Pemán. 2 pp.

El pueblo saluda a SS.MM. los Reyes de España que Dios guarde, Don Juan III y Doña María de las Mercedes. 1 p.

El resultado de una encuesta. 1-IX-46.

En el primer centenario de la muerte del Rey Carlos V. 1 p.

Escándalo farisaico. 2 pp.

Escrito a Su Majestad el rey. 4 pp.

España se constituye en un Reino. 1947. 4 pp.

Españoles... 2 pp.

Españoles... 1 p.

Españoles... oct. 1949. 1 p.

Españoles... 1 p.

Españoles leed con atención el manifiesto de Su Majestad el Rey. 1947. 1 p.

Españoles somos los del 18 de julio. 1 p.

Españoles. Todos unidos contra el contubernio de los traidores. 1 p.

Esquema de la maniobra revolucionaria. 3 pp.

Ésta es la nota de Don Juan desde Estoril. 19-VII-69. 1 p.

Estudiantes... Madrid, 19-V-42. 1 p.

Excmo. Sr. conde de Rodezno. 2 pp.

Falangistas. Enero, 1957. 1 p.

Fragmento del testamento del rey Alfonso XIII. 8-VIII-39. 2 pp.

Frente a la traición, la Falange Auténtica. Julio, 1942. 2 pp.

Fuero Imperial. Marzo, 1939. 1 p.

Funeral por el eterno descanso del alma de José Antonio. 20-XI-41. 2 pp.

Futuro Carlista. 1 p.

Genealogía del excelentísimo señor don Francisco Franco Bahamonde. Caudillo de España. 1 p.

Hoja informativa de la causa monárquica en el reino de Granada. 2 pp.

Hoja oficial del lunes. Caudilandia. 7-VII-47. 2 pp.

Informaciones sobre el pacto de Munich. 3 pp.

Informe sobre el asociamiento político. Febrero 1975. 3 pp.

Jamás Don Juan ni Don Juan Carlos. 1 p.

Jamás el carlismo ha estado tan unido en unas objeciones tan concretas. La autoridad legítima que no es, no puede ser otra que Don Javier. Ahora más que nunca aquí unidos. 1 p. 6-I-62.

Joven español... Diciembre, 1946. 1 p.

Julio no es sólo el mes del Alzamiento. Es también el mes de uno de los hechos cumbres de la gran traición de la Cruzada. 2 pp.

Kruschef los aplaude. Y todos por ambición personal, agentes directos o indirectos de Moscú. 1 p.

La actitud de S.M. el Rey Don Juan III ante los graves peligros que amenazan la Patria. 4 pp.

La censura ha impedido la publicación de la siguiente nota de don José María Gil Robles. 26-X-47. 1 p.

La Comunión Tradicionalista ante el referéndum. 22-IV-47. 1 p.

La lección de los hechos. El fracaso de todos los extremistas. 12-X-44. 4 pp.

La Juventud Carlista de Navarra en la fiesta de los mártires de la Tradición. Pamplona. Marzo, 1985. 1 p.

La Monarquía Tradicional y la Cruzada. Mayo, 1960. 2 pp.

La Monarquía, única solución. 4 pp.

Las Leyes Fundamentales. Noviembre, 1956. 1 p.

Las maniobras de Don Juan al descubierto. 2 pp.

La túnica sin costuras. 4 pp.

La única solución. 4 pp.

La verdadera doctrina social. 2 pp.

La Nacional. 1 p.

Los crímenes de la Falange en Begoña. Un régimen al descubierto. 1 p.

Manifestaciones de Su Majestad el Rey Don Juan III. 2 pp.

Manifestaciones hechas por Su Alteza Real Don Carlos de Austria y de Borbón a un corresponsal de prensa. 2 pp.

Manifiesto de Abdicación de Don Alfonso XIII. 2 pp.

Manifiesto de S.A.R. el Príncipe Don Javier de Borbón-Parma. Julio, 1945. 2 pp.

Manifiesto de S.M. el Rey. 1 p. 1945.

Manifiesto de S.M. el Rey. 2 pp. 1947.

Maniobras Frustradas. 1 p.

Más de 200.000 españoles en el acto carlista de Montejurra. 2 pp.

Más totalitarismo y anarquía. 1 p.

Mensaje de escritores españoles al Conde de Barcelona con ocasión de su visita al poeta Juan Ramón Jiménez. 2 pp.

Montejurra. 8-V-60. 4 pp.

Montejurra, 75. Declaración del Partido Carlista. 6 pp.

Muy señores nuestros. 1965. 1 p.

Nota cursada por S.A.R. el Conde de Barcelona a S.E. el Generalísimo por conducto de la Embajada de España en Portugal el día 28-II-46. 2 pp.

Nota de don José María de Areilza al cesar en su cargo de Secretario General. 1 p.

Nota de la junta carlina de defensa de Barcelona. 2 pp.

Nota de la secretaría de S.M. el Rey 1-II-46. 1 p.

Nota del sector Demócrata-Monárquico. 4 pp.

Nota Informativa. Noviembre 1949. 1 p.

Nota Informativa sobre el acto de Estoril del día 5 de marzo de 1966. 4 pp.

Nota publicada por las agencias «Associated Press», «United Press», «Ofi-Havas» y «Reuter». Mayo 1946. 1 p.

Nota reservada cursada por la Delegación Nacional de Sindicatos. 1 p.

No queremos Rey. 1 p.

Nunca nos gustaron las medias tintas que hemos tenido que soportar. 1 p.

O el comunismo o yo. 3 pp.

Palabras de S.A.R. el Conde de Barcelona al despedirse de los españoles que fueron a Roma con motivo de la muerte de su augusto padre, Don Alfonso XIII, y copia textual de la carta que les leyó. 2 pp.

Palabras pronunciadas en Montejurra por un miembro de la Junta Suprema. 4-V-69. 1 p.

Por el pervindre d'Espanya. Juny del 47. 4 pp.

Principios políticos fundamentales de la Monarquía. 2 pp.

Proclama carlista en Montejurra. 5-V-57. 1 p.

Proyecto de transición a una situación política regular y estable. 4 pp.

Promesas y nada más que promesas. 1 p.

¿Qué se propone el general Franco? 1947. 1 p.

¿Quién es Don Carlos VIII? 20-VI-50. 1 p.

Reproducción del texto íntegro de la entrevista que la revista «Cambio 16» hizo al Príncipe Don Carlos Hugo de Borbón-Parma y que por su publicación parcial fue secuestrada dicha revista el pasado día 1 de mayo de 1974. 4 pp.

Salve Franco, rey de los españoles. 1 p.

Secretaría Permanente de la Comunión Tradicionalista de Cataluña. Circular número 1. 24-XI-65. 1 p.

Secretaría Permanente de la Comunión Tradicionalista de Cataluña, Circular número 2. 25-XI-65. 1 p.

Segundo Aniversario del fallecimiento de Su Majestad el Rey Alfonso XIII. 2 pp.

Servicio de Prensa del Carlismo. Madrid. Palabras pronunciadas en Montejurra por el secretario nacional del carlismo del día 4 de mayo de 1969. 2 pp.

Sobre unas declaraciones del Conde de Barcelona. febrero 1952. 1 p.

Su Alteza Real el Conde de Barcelona ha hecho pública la siguiente declaración a través de su Secretaría. 1 p.

Su Alteza Real Don Juan de Borbón y Battemberg, Conde de Barcelona. 2 pp.
Texto de la nota entregada a la Delegación de España en Berna juntamente con el manifiesto dirigido por S.M. a los españoles el 19-III-45. 1 p.
Texto del manifiesto de S.M. el Rey. 1945. 1 p.
Transcendental discurso del Caudillo ante el Consejo Nacional del Movimiento. El día 5 de junio de 1939. Año de la Victoria. 2 pp.
Una carta del Infante Don Jaime. 23-VI-45. 1 p.
Una inicua maniobra. 1 p.
Un documento importante. Febrero, 1957. 4 pp.
Un episodio significativo. 1 p.
Único planteamiento lógico de la sucesión del régimen. 1960. 2 pp.
Un poco de claridad. 1 p.
Un Régimen al descubierto. Agosto, 1942. 1 p.

OPÚSCULOS

«ABC», los domingos de: *Don Juan de Borbón. Antología de Textos.* 12-I-69.
— *Don Juan de Borbón.* 23-VI-70.
— *Retrato de un patriota.* 22-VI-80.
— *Don Juan de Borbón. Una vida al servicio de España.* 19-VI-83.
Acto: *... de Estoril.* 20-XII-57.
A.E.T.: *Habla el tradicionalismo.* Imprenta carlista.
— *Publicaciones de la Delegación Nacional de la... Esquema Doctrinal.* Madrid, 1964.
— *Esquema Doctrinal.* Carlismo 68. Zaragoza, 1969.
Agrupación de Españoles de América: *Hacia la solución nacional.* Montevideo. 1962. Documentos de Unión Española.
Aliseda, Marqués de la: *Liquidación de la Monarquía parlamentaria.* Asociación de Amigos de Maeztu.
Almanaque Monárquico: *Al servicio del pueblo.* Madrid, 1936.
Anónimo: *El Movimiento Nacional y el Manifiesto de 1945.*
— *La veritat sobre l'expulsió d'Espanya de la Família Borbó-Parma.*
Borbón y Battemberg, Juan de: *Declaración de Don... a los tradicionalistas.* Amigos de Maeztu. 1958.
— *Declaraciones políticas de S.M. el Rey.*
— *Discurso del Consejo Privado de S.A.R. el Conde de Barcelona.* Madrid, 1964.
— *Discurso del jefe de la Casa Real española a un grupo de jóvenes.* Estoril, 1968.

— *Mensaje de Don... a los españoles.* Madrid, 1968.
— *Mi vida marinera.* Conferencia pronunciada por S.A.R. el Conde de Barcelona en el Centro Cultural de la villa de Madrid el 19 de enero de 1978. Asociación de escritores y artistas españoles. Madrid, 1978.
BORBÓN-PARMA, Carlos Hugo: *Pensamiento político de Don Carlos Hugo.*
BORBÓN-PARMA, Javier de: *A los carlistas.* 25-VII-41.
— *Declaraciones de Don... al pueblo carlista.* 6-XII-70.
— *El pensamiento político de don... 1968-1977.* Partido Carlista.
— *Una vida ejemplar al servicio de la causa más noble. Declaraciones de don...* Madrid, 1977.
CALVO SERER, Rafael: *La monarquía popular.* Amigos de Maeztu, 1957.
— *Política interior en la España de Franco.*
CONGRESO DE MUNICH: *Contra la paz de España. Del Pacto de Vergara en San Sebastián (agosto 1930) al Pacto de Munich (junio, 1962).* Madrid, 1962.
— *Informe sobre el...* 14-VI-62.
COORDINACIÓN: *... entre los principios del Movimiento promulgados como Ley Fundamental por S.E. el jefe del Estado y la doctrina sustentada por el pensamiento tradicionalista a través de sus figuras más relevantes.* 1958.
COMUNIÓN CATÓLICA-MONÁRQUICA: *Carlos VIII. In Memorian.* Abril, 1954.
COMUNIÓN TRADICIONALISTA: *Manifiesto que hacen los requetés en el cuarto aniversario del Alzamiento nacional de su sentir y su pensamiento ante la... y ante España.* 1940.
— *Los subscribientes, oficiales guipuzcoanos y vizcaínos, representantes de los Tercios de Requetés de la... reunidos en el día de la fecha en la Villa de Bilbao acuerdan...* 19-I-41.
— *Ante la gravedad e inminencia del peligro que amenaza a la Patria, la... reclama el poder por ser la solución nacional y única garantía de la solución patria.* 1943.
— *Cartas cruzadas entre el delegado de la... y el conde de Rodezno, sobre el acatamiento prestado por este último a Don Juan de Borbón.* 1946.
— *El por qué de la presente carta.* 1956.
ESTRELLA, José Emilio: *Don Juan de Borbón y Battemberg.* Talleres Prensa Española. Centro de Estudios Históricos. Cáceres. Madrid. 1967.
FERRER, Melchor: *La legitimidad y los legitimistas. Observaciones de un viejo carlista sobre las pretensiones de un Príncipe al trono de España.* Febrero, 1940.

— *Observaciones de un viejo carlista a unas cartas del conde de Rodezno.* Gráficas Legier. 4-XI-46.

GUERNICA: *Centenario de la jura de...* Julio, 1975.

HEDILLA, Manuel y SERRANO SUÑER, Ramón: *Cartas cruzadas entre... y...* 1947.

INTEGRISMO: *El... tradicionalista. Extrema derecha del franquismo.*

LEALTAD, Barón de la: *Monarquía y Legitimidad. ¿Don Juan o Don Carlos?,* Madrid, 1944.

LEGITIMIDAD: «El Rey en Lourdes». 1958.

LUCA DE TENA, Torcuato y otros: *La Monarquía del futuro.* Amigos de Maeztu. Madrid, 1960.

MOVIMIENTO NACIONAL: *La Sucesión española. Proclamación del Príncipe de España. Mensaje de Franco ante el pleno extraordinario de las Cortes españolas. Discurso del Príncipe de España y mensaje del ministro secretario o general del Movimiento.* Badajoz, 1969.

— *Franco y el Príncipe de España. La Monarquía del Alzamiento nacional.* Madrid, 1972.

MONTEJURRA: ... 72.

— ... 73.

— *Un... para la unidad.* 1975.

— *Una cita para el pueblo.* 1976.

— *Dossier de...* 1976.

— ... 77.

— *Dossier. Interpelación...*

— ... 78.

OFICINA INFORMATIVA DE PRENSA: *Referendo popular a la Ley de Sucesión.* Madrid, 1948.

PALLACH, Josep: *Los problemas de la sucesión y las izquierdas españolas.* En tribuna Libre. F.I.E.H.S.

PARTIDO CARLISTA: *El...* 28-I-73.

— *Línea táctica del... por un frente unido de oposición.* 1974.

— *Ayer y hoy del carlismo. La trayectoria histórica del partido más antiguo de España.* Febrero, 1975.

— *Autogestión. Síntesis.* 1977.

— *Autogestión Global.* 1977.

— *Autogestión económica.* 1977

— *Autogestión en la enseñanza.* 1977.

— *Alternativa Municipal.*

PEMÁN, José María: *El Conde de Barcelona.* Amigos de Maeztu, 1962.

— *Lecciones y experiencias de un aniversario.* Alocución radiada el día 20 de febrero de 1949, ante los micrófonos de Radio Nacional, por... Carts y Ripoll. Valencia, 1949.

PRIETO, Indalecio: *El Besamanos de Estoril.* De «El Socialista».

Ramón de San Pedro, José María: *Las entrevistas de Don Juan con el General Franco en «Las Cabezas» (Término de Castejada en la provincia de Cáceres) los días 29 de diciembre de 1954 y 29 de marzo de 1960.*

— *Los amigos de Maeztu,* 1975.

Regencia de Estella: *La única solución de España en todos los órdenes está en la verdad. En lo político-social en la Regencia carlista nacional.* Montserrat. 20-IV-56.

— *Carlistas españoles todos. Restablezcamos la unidad conseguida en el Alzamiento popular de 1936 para evitar el hundimiento de España. Continuemos así la permanente Cruzada de nuestra Patria con la Regencia Nacional de Estella en el aplec carlista de Montserrat.* Tibidabo. Barcelona. 22-V-60. Mecanografiado.

— *Declaraciones de la... en defensa de la unidad católica de España, frente al estatuto de los pseudoconfesionales acatólicos proyectados por el Régimen.* Barcelona, 1965.

— *Decíamos aquí hace ocho años y lo repetimos con el mayor apremio hoy: la única salvación de España en todos los órdenes está en la verdad. En lo político social en la Regencia carlista nacional. Español, carlista o no, lee esta exposición de la verdad y programa de acción hasta el final. Y después tírala o hazla tuya con todas sus consecuencias.* Barcelona, 1966.

Ruiseñada, Conde de: *Lealtad, continuidad y configuración de futuro.* Asociación Amigos de Maeztu. 1957.

Satrústegui, Joaquín: *Una lealtad a Don Juan.* Entrevista concedida por don... a una publicación española y prohibida en el momento de su publicación por la censura.

Sentís, Carlos: *El Rey.* Folleto preparado por... 1946.

Servicio de Prensa del Carlismo: *Éste es el carlismo.* San Sebastián, 1970.

— *Montserrat 1965. Discursos.* Publicaciones del...

— *Don Carlos Hugo. Un príncipe para el futuro.* Zaragoza, 1967.

Un Patriota Navarro: Alegaciones de los mejores derechos al trono de España del Príncipe Don Cayetano de Borbón-Parma. 1946.

Valdeiglesias, marqués de: *Escritos sobre la Instauración monárquica.* Amigos de Maeztu. Madrid, 1957.

— *El Movimiento Nacional y la Monarquía.* Conferencia pronunciada en el Círculo Balmes de Valencia el 7 de abril de 1963. Imprenta Escobar. 1963.

Varios: La Monarquía española. Un año histórico. Afrodisio Aguado. Madrid, 1957.

Ventura, Vicente: *Crónica de Munich.* En «Colaboraciones». C.E.H.I.

ÍNDICE ONOMÁSTICO

José María Toquero

A William Fairchild con la esperanza de que disfrute con la lectura de este libro.

11-XII-91